# Das Beste vom Bösen

# Das Beste vom Bösen

## Abgründige Geschichten von der Nachtseite der menschlichen Seele

Herausgegeben von
Gisela Eichhorn

Scherz

1. Auflage 1997

# *Inhalt*

PATRICIA HIGHSMITH

# *Wein aus Schottland*

Henry und Sarah Pilsbury lebten auf einer Südseeinsel. Sie waren die einzigen Kinder von zwei Missionarsehepaaren, die vor vierzig Jahren auf die Insel gekommen waren. Die Eltern hatten es als selbstverständlich betrachtet, daß Henry und Sarah heiraten würden, und das hatten sie getan, als sie etwa dreißig waren. Die Heirat änderte nur wenig an ihrem Leben. Die größte Veränderung kam, als die Medizinmänner der Insel den Eingeborenen versicherten, daß ein Orkan bevorstehe. Henrys und Sarahs Eltern war es trotz aller Predigten nicht gelungen, die Inselbewohner dem Christentum auch nur einen Schritt näherzubringen, und sie fanden auch jetzt nur taube Ohren für ihre Behauptung, der Orkan sei nichts als Aberglaube. Sämtliche Eingeborenen stiegen in ihre Boote und fuhren davon, ins Ungewisse.

Der Orkan kam. Henry und Sarah und ihre Eltern hatten gerade noch Zeit, sich in den Boden unter dem stabilsten der selbstgebauten Holzhäuser – der Kirche – einzugraben, bevor der Sturm alles vernichtete: die Kirche, die von den Eingeborenen verlassenen Hütten und einen großen Teil der Vögel und anderen Tiere. Henry und Sarah und die Eltern kamen aus ihrem Erdloch hervor und begannen mit charakteristischer Beharrlichkeit, das Zerstörte neu aufzubauen. Doch nach einem Jahr waren die alten Leute an Tropenfieber gestorben. Henry und Sarah blieben verschont, sie erlitten nur eine vorübergehende Schwächung.

Nun, da Henry und Sarah allein waren, machten sie das Inselland ordentlicher und produktiver, als es je gewesen war. Wo früher ein ungeordneter Haufen von Schilfgrashütten gestanden hatte, gab es jetzt einen tadellosen Obstgarten mit schnurgeraden Baumreihen. Mitten durch den Obstgarten ging ein gerader Weg, der weiterführte durch adrette Turapflanzungen* bis zu dem walmgedeckten Haus, das Henry aus selbstgeschnittenen Brettern erbaut hatte. Die Bibel war ihr Grundpfeiler, der einzige Lesestoff, den sie je gekannt hatten, abgesehen von ein paar religiösen Schriften, die sich meist mit sexueller Abstinenz von primitiven Völkern befaßten. Dinge, die sie nicht wußten – etwa wie Europa oder Amerika oder ein Flugzeug aussah –, kümmerten sie nicht. Henry redete nicht viel, so daß sich Sarah zuweilen einsam fühlte, und Sarah hatte etwas Widerborstiges an sich, das Henry manchmal ärgerte, etwa wenn sie behauptete, ihr Vater habe gesagt, daß Massachusetts an der Westküste Amerikas liege und daß sich die Sonne nicht bewege. Henry erinnerte sich sehr gut an die Landkarte, die im Orkan verlorengegangen war. Und für die Bewegung der Sonne hatte man ja das Wort der Bibel.

Nichtstun war ihnen verhaßt; von Sonnenaufgang bis Sonnenuntergang fanden sie immer etwas zu schaffen. Unablässig waren Kleider auszubessern, Seile und Werkzeug und Dächer zu reparieren, die Böden waren zu kehren, im Garten war Unkraut zu jäten, Grünzeug mußte eingebracht und die gefräßigen wilden Hühner, die sie im Hühnerstall hielten, mußten gefüttert werden; obgleich auf der Insel so viele wilde Hühner herumliefen, daß man nirgends weit gehen konnte, ohne auf Eier zu treten, die die Hühner ins Gras gelegt hatten. Je mehr Henry und Sarah zu tun hatten, desto glücklicher waren sie. Zuweilen, wenn sie ganz besonders emsig und fröhlich waren, schwebte durch die sonnen-

* *Tura* und *Bola* sind Erfindungen der Autorin

warme Luft die Melodie einer alten Neu-England-Hymne, ein wenig entstellt von der Zeit und der Tatsache, daß Henry und Sarah – ebenso wie ihre Eltern – gar kein Ohr für Musik hatten.

Henry hatte sich angewöhnt, morgens an den Strand hinunterzugehen, wo er einen der trägen weißfleischigen Bolas aufspießte, die dort im seichten Wasser schwammen. Den brachte er Sarah, und sie machte ihn zum Frühstück zurecht. Eines Morgens sah er weit draußen im Meer etwas, das aussah wie eine Anzahl treibender Kisten. Er rief Sarah zu, er werde mit dem Bola erst später kommen; dann nahm er das Boot und ruderte auf den seltsamen Gegenstand zu. Die Kisten trugen seitlich die Aufschrift SCOTS WHISKY PRODUCT OF SCOTLAND. Das zweite Wort kam Henry unbekannt vor, doch die Kisten selbst waren gut zu gebrauchen. Überdies bestand das Boot, auf dem sie trieben, aus aufgeblasenem Gummi: Das war das wunderbare Material, von dem ihm sein Vater erzählt hatte und das Henry nur in der Form von ein paar modrigen Ringen in seines Vaters Schreibtisch kannte. Henry sammelte noch ein paar andere Dinge ein, die in der Nähe im Wasser trieben: ein Stück glattes abgeschrägtes Holz und einen Segeltuchring mit der Aufschrift SS ARCADIA.

«Irgendwo muß ein Schiff untergegangen sein», sagte Henry zu Sarah.

Die Holzkisten enthielten Flaschen mit einer bräunlichen Flüssigkeit, zwölf Flaschen pro Kiste. Auf allen Etiketten stand *Cutty Sark Scots Whisky*.

«Whisky?» Sarahs wettergegerbtes Gesicht nahm einen Ausdruck erstaunter Besorgnis an. «Ist das nicht das Zeug, gegen das dein Vater immer gepredigt hat?»

«Ja, ich glaube, du hast recht», sagte Henry, der daran gar nicht gedacht hatte, bevor ihn Sarah darauf hinwies. «Aber er sagte, als Medizin sei es erlaubt. Er hatte eine Flasche Whisky, als ich ein Junge war, der wurde dann verbraucht. Na, jedenfalls ist er ganz nützlich, wir können ihn beim Abendmahl als Wein verwenden.»

Für Sonntag morgen war eine Abendmahlsfeier vorgesehen, aber sie waren zu neugierig und mochten mit ihrem Fund nicht so lange warten. So öffneten sie am ersten Abend eine Flasche und probierten einen Schluck vor dem Nachtessen.

«Schmeckt scharf», sagte Sarah und zog die Nase kraus.

«Hat aber ein schönes Aroma.» Henry nahm noch einen Schluck. Ein angenehmes Gefühl des Wohlbehagens erfüllte ihn, während er sein Essen verzehrte. Er lächelte Sarah zu, und sie lächelte zurück, was ebenfalls erfreulich war.

Bald nach dem Essen schliefen sie ein. Sarah erwachte zuerst, der Mond stand hoch, und sie mußte Henry schütteln, damit er aufwachte und ins Bett kam.

Am Sonntag benutzten Henry und Sarah den Whisky beim Abendmahl und dazu ein Stück Turakuchen als Oblate. Sie freuten sich, daß ihr Wein von so gehaltvoller und köstlicher Qualität war. Luxus war selbstverständlich abzulehnen, aber wenn der Allmächtige nicht damit einverstanden wäre, daß sie nun den Whisky hatten, dann hätte er ihn nicht geschickt.

Die Regenzeit begann. Eines Nachmittags, als sie drinnen arbeiteten und wirklich nicht viel zu tun hatten, schlug Henry einen Becher Whisky vor.

«Ja, das geht wohl», sagte Sarah mit freudig erregtem Lächeln. Auf diesen Vorschlag von Henry hatte sie gehofft.

Im Laufe des Nachmittags trank jeder zwei oder drei Becher Whisky. Schließlich ließ Henry seine Arbeit sinken – er war dabei, einen Stuhlsitz aus Schilfgras zu flechten – und starrte nachdenklich in die untergehende Sonne, die scharlachrot strahlend über dem Horizont hing.

«Heute ist der Sonnenuntergang aber hübsch», sagte er.

«Ja, nicht wahr – wunderhübsch!» Sarah stand mit ihrem Becher neben Henry. Sie schwankte ganz leicht, als sie sich vorbeugte und durch das Fenster blickte. Auf ihrem Gesicht stand ein Ausdruck freudigen Erstaunens, als habe auch sie noch nie einen Sonnenuntergang gesehen.

Leuchtendblau schoß ein Pfeil vorüber – ein Pupu, der sich heimwärts schwang. Das Schöne und Wunderbare war aber nicht etwa nur draußen. Sie betrachteten ihr schlichtes Zimmer, die beiden Stühle mit den Sitzen aus Schilfgras, die einfache graubraune Decke, die Sarah auf dem Webstuhl herstellte, die Kommode, die Henry gemacht hatte, sogar die Schrägung des Stöckchens, das einen Fensterladen offenhielt: All diese banalen Dinge schienen einen neuen Glanz und etwas genau Richtiges an sich zu haben.

Später am gleichen Abend kam Henry auf die Idee, am Strand ein Feuer zu machen. Damit konnte man vielleicht auch eventuellen Überlebenden der Schiffskatastrophe die Lage der Insel anzeigen, dachte er. Sarah sah das Feuer und verband es in Gedanken mit Kochen; sie machte sich daran, ein Abendessen mit Schwein am Spieß und gebratenen Ananasscheiben vorzubereiten. Henry fragte sie, was sie da mache, sie hätten doch schon zu Abend gegessen. Sarah beharrte darauf, sie hätten noch nicht gegessen, und Henry blieb ebenso fest bei seiner Behauptung.

«Ach was, trink doch einen Schluck Whisky», sagte Sarah und reichte ihm die Flasche, die sie unter dem Arm trug.

«Ist das alles, was von dieser Flasche übrig ist?» fragte Henry. Es war ihre zweite Flasche, und Sarah hatte offensichtlich ein Drittel davon drinnen im Hause getrunken. Leicht verärgert, weil er um seinen Anteil gekommen war, füllte Henry seinen Becher voll und trank, während er zusah, wie Sarah das grobe Salz über den Schweinebraten streute.

«Wir haben noch nicht gegessen», wiederholte Sarah und sah ihn herausfordernd an.

Henry brach in Lachen aus. Wozu sollte er mit ihr streiten, wenn sie dabei bleiben wollte, sie hätten noch nicht gegessen? Dann begann auch Sarah zu kichern, und gleich darauf saßen sie auf dem Sandstrand und aßen Schweinefleisch und Ananas, vergnügt wie zwei Kinder beim Picknick. Die Sonne brannte ihnen stechend auf die Köpfe, als sie am nächsten Morgen aufwachten. Auch am Nachmittag waren die Kopfschmerzen noch nicht verschwunden, und Henry sagte:

«Am Strand dürfen wir nicht wieder einschlafen.»

Noch einmal zählte Henry die Whiskyflaschen – er war im

Rechnen nie gut gewesen, wenn er nicht die Finger zu Hilfe nahm. Jetzt stellte er fest, daß sie sechsunddreißig Kisten hatten und nicht vierundzwanzig, wie er angenommen hatte. Sechsunddreißig Kisten mit je zwölf Flaschen, das ergab eine unübersehbare Anzahl Flaschen. Sie kamen zu dem Schluß, daß sie so viel trinken konnten, wie sie wollten; für die zwei Schluck zum Abendmahl blieb immer noch reichlich genug. Also tranken sie etwa zwei Wochen lang zusammen eine Flasche an jedem Tag. Nie war das Leben so süß gewesen. Nie hatten sie sich besser verstanden.

Es fiel ihnen jedoch auf, daß sie manchmal frühmorgens Kopfschmerzen hatten, wenn sie gar nicht am Strand eingeschlafen waren. Sie erinnerten sich, daß ihre Eltern in den ersten Tagen der Fieberkrankheit über Müdigkeit geklagt hatten, und jetzt fühlten auch sie deutliche Müdigkeit. Es kam vor, gewöhnlich am Abend, daß einer von ihnen mitten in irgendeiner Tätigkeit einschlief und sich am Morgen dann an nichts erinnerte, was vorgegangen war. Ganz klar: Delirium. Häufig kam es nun zu einem Streit über unterschiedliche Berichte von den Abenden. Beruhigend war nur, daß offenbar keiner Fieber hatte. Aber als sie feststellten, daß ihre Hände zitterten, bekamen sie Angst und meinten, das Fieber, das ihre Eltern dahingerafft hatte, sei nun wiedergekommen, um auch sie zu holen.

«Ganz bestimmt sind wir infiziert», sagte Henry. «Weißt du noch, wie Papas Hände zitterten?»

Wie zur Bestätigung wurden die Vormittage plötzlich noch schlimmer. Beide verloren alle Kraft und alle Haltung. Dann saß Henry da mit rasenden Kopfschmerzen, die immer stärker wurden, weil Sarah irgend etwas nicht zugeben wollte, was sie gestern abend getan hatte, zum Beispiel, daß sie alle Kleider abgelegt hatte und hymnensingend am Strand entlanggetanzt war. Oder Sarah zitterte wie die Blattwedel am Kopfputz der Medizinmänner und brachte beim Frühstückmachen alles durcheinander, ließ die Eier fallen und den Fisch anbrennen – wenn Henry überhaupt einen Fisch gefangen hatte.

«Schöne Sachen hast du dir angewöhnt in der letzten Zeit», sagte Sarah höhnisch.

«Und du?» Mit blutunterlaufenen Augen starrte Henry sie an. «Seit vier Wochen hast du kein eßbares Frühstück auf den Tisch gebracht.»

«Dann mach es doch selber.» Sarah suchte nach stärkeren Worten. Ihre Stimme wurde schrill und war dem Umkippen nahe, als sie sagte: «Warum schärfst du nicht mal deinen Speer, damit du wieder einen Fisch fangen kannst? Warum bringst du das Dach nicht in Ordnung? Jeden Nachmittag leckt es wie ein Sieb. Warum machst du –»

«Warum machst du nicht den Hühnerstall sauber?» unterbrach Henry sie.

«Warum –»

Mit einem Schlag auf den Mund brachte Henry sie zum Schweigen.

Sarah sprach an diesem Vormittag kein Wort mehr, aber sie rächte sich und zündete das Haus an. Henry lag schlafend im Hause und träumte von einem Fiebersturm, der ihn umbrachte. Mit einer Kiste Whisky schwankte er die qualmende Schilfrohrleiter hinunter. Sarah fiel plötzlich ein, daß der ganze Whisky noch drinnen war; sie rannte ins Haus und half ihm, die Kisten nach draußen zu bringen. Der Whisky, die Bibel und Sarahs Webstuhl war alles, was sie retten konnten, bevor das Dach krachend zusammenfiel.

«Gut, daß ich das Dach nicht noch repariert hatte», war Henrys einziger Kommentar.

Das Palmenreisig war so naß geworden, daß es an jenem Abend nicht mehr zu gebrauchen war; ein Regenguß hatte am Nachmittag auch die letzten schwelenden Aschenreste des Hauses gelöscht. Also riß Henry ein paar Seiten aus der Bibel, und sie machten ein fröhliches Abendessen mit einem jungen Hühnchen, das Henry mit seinem hölzernen Speer aufgespießt und über dem Feuer gegrillt hatte. Der hölzerne Speer war damit auch hinüber, aber darüber lachte Henry nur und sagte, er werde einen besseren machen, vielleicht sogar eine neue Waffe erfinden.

«Wir müssen nun wohl ein neues Haus bauen», sagte Sarah und leckte sich das Hühnerfett von den Fingern.

Henry lag auf den Ellbogen gestützt und stocherte mit einem Holzsplitter in den Zähnen. «Wenn wir die Hühner aus dem Stall rausschmeißen und den zurechtmachen, dann können wir da wohnen. Groß genug ist er.»

Sie zogen also in den Hühnerstall.

«War von vornherein eine dumme Idee, der Hühnerstall», bemerkte Henry. Ein Gutes hatte sein Fieber: Er konnte jetzt in fast jeder Hinsicht viel klarer und praktischer denken.

Doch die Morgen wurden immer düsterer. Kleinliche Zankereien erstickten die frohe, zärtliche Stimmung, in der sie stets eingeschlafen waren. Der neue Speer, den Henry angefertigt hatte, war nicht so gut wie der alte, der verbrannt war. Und es war ihm nicht gelungen, einen Tisch mit gleich langen Beinen herzustellen. Sarahs Hohn war erbarmungslos.

«Wie kann ich einen Fisch auf den Speer kriegen, wenn du mich bei jedem Versuch gleich anschreist?» fragte Henry zornig, als er eines Morgens mit leerem Speer ins Haus kam.

«Blablabla!» sagte Sarah. Genau das hatte auch ihre Mutter häufig gesagt.

Henrys Augen verengten sich vor Haß. In der letzten Zeit hatte er oft etwas an Sarah bemerkt, das ihn an ihre Mutter erinnerte, eine quengelnde und streitsüchtige Frau und für ihren Mann ein Kreuz, so lange er lebte. Henry griff sich eine neue Flasche Whisky aus einem Regal.

«Trinkst du jetzt schon Whisky vor dem Frühstück?» fragte Sarah bissig.

«Ich will kein Frühstück.»

«Ich auch nicht.» Sarah band ihre Schürze los und verließ unbekümmert das Haus.

Vor dem Haus brannte das Frühstücksfeuer. Henry riß Sarahs halbfertige Decke aus dem Webstuhl und warf sie ins Feuer. Im unteren Teil hatte sie ohnehin viele Fehler gemacht. Er schwenkte den Rest Whisky in seinem Becher herum und trank. Jetzt fühlte er sich besser als noch vor ein paar Minuten. Er schlenderte zum Fenster. Ein Anblick war das – unten am Strand strich Sarah herum wie ein Huhn, an allen Gliedern schlotternd! Hoffentlich blieb sie den ganzen Tag weg. Doch als Henry jetzt nochmals nach der gelbetikettierten Flasche griff, kam er plötzlich auf den richtigen Gedanken: Dem Becher Whisky war es zu verdanken, daß er sich so viel besser fühlte. Es konnte nichts anderes gewesen sein.

«Sarah!» rief er laut. Den Streit hatte er völlig vergessen. Er füllte einen Becher mit Whisky und lief zu ihr hinunter. «Hier – trink das!»

Sarah trank. Schon nach wenigen Minuten hörte das Zittern auf. An diesem Morgen fing Henry einen Bola, und Sarah machte ein köstliches Frühstück, das beide mit dem alten Appetit verzehrten. Sarah war froh, weil sie sich besser fühlte, und vergab deshalb Henry die verbrannte Decke. Sie fing gleich am Nachmittag eine neue an, mit viel grelleren Farben. Und Henry erfand einen Schaukelstuhl. Beide waren hochbeglückt, und abends trank jeder eine Flasche Whisky zur Feier des schönen Tages.

Am nächsten Morgen war es ganz leicht, das Zittern mit einem Becher Whisky zu überwinden. Die sechsunddreißig – jetzt noch zweiundzwanzig – Kisten Whisky waren wahrhaftig ein Geschenk des Himmels gewesen; und das Fieber würde sicher vorübergehen, bevor der Vorrat erschöpft war. Henry und Sarah gewöhnten sich an, bei ihrer Arbeit immer einen Becher Whisky neben sich zu haben. Es war nur bedauerlich, daß Henry oft zu müde war, um die notwendigen Reparaturen zu machen und zum Fischen und Jagen zu gehen. Auch Sarah hatte seit Wochen nichts im Garten getan. Aber Henry meinte achselzuckend: «Alles bloß Gewohnheit, ob wir nun jeden Grashalm im Garten ausrupfen oder nicht.»

Sie kümmerten sich also nicht mehr um den Garten und die Obstbäume und fanden, sie lebten genausogut, nur viel angenehmer.

Dann brach eines Tages im Hühnerstall Feuer aus. Henry war im Wald, wo er versuchte, mit einer Steinschleuder einen Pupu zu fangen; als er die Flammen sah, war sein erster Gedanke, Sarah sei wieder einem ihrer albernen Wutanfälle verfallen. Dann besann er sich: Sarah gingen jetzt nie mehr die Nerven durch. Und er hatte recht. Der Hühnerstall hatte Feuer gefangen, als Sarah versuchte, ein geflügeltes Insekt mit dem brennenden Kienspan zu verjagen – eine Panne, die jedem hätte passieren können. Deshalb lachte Henry nur, gab Sarah einen Kuß auf die Wange und sagte, sie solle nicht mehr an den alten Hühnerstall denken. Zusammen holten sie die Whiskykisten und den Rest der Bibel heraus und zogen in den Holzschuppen, einen soliden Anbau mit schrägem Dach.

Wochen vergingen. Das Fieber blieb im anfänglichen, aber doch alarmierenden Stadium. Ab und zu versuchten sie, den Konsum von Whisky einzuschränken, damit der Vorrat länger reichte; aber jedesmal fühlten sie sich dann so viel elender, daß sie die Sparsamkeit in den Wind schlugen und tranken, soviel sie brauchten. Doch als der Vorrat auf acht Kisten zusammengeschmolzen war, beschlossen sie, ihn zu rationieren: pro Tag und Kopf eine halbe Flasche, mehr nicht. Daran hielten sie sich, nur wurden Gesundheit und Laune dadurch nicht besser.

«Jetzt haben wir nur noch vier Kisten», sagte Henry eines Morgens mit Grabesstimme.

«Hast du dich nach mehr Treibholz umgesehen?» fragte Sarah mit deutlichem Vorwurf.

«Und du?»

«Ich hab dir doch gesagt, ich habe Fieber in den Augen.»

«Das hab ich auch», gab Henry mit plötzlichem Trotz zurück. Er ging wieder in den Schuppen, wo die Whiskykisten standen. Es wurde Zeit, daß jemand feststellte, wie lange der Vorrat noch reichte, wenn sie jeden Tag eine Flasche verbrauchten, und zum Zählen mußte Henry die Flaschen nicht nur vor sich sehen, sondern anfassen. Er stolperte über etwas und fiel der Länge nach hin; eine Hand geriet in einen Napf mit etwas Nassem – Turabrei, den Sarah für die Hühner zurechtgemacht hatte. Angeekelt schüttelte er die Hand, stand auf und tastete nach der nächsten Kiste – hoffentlich waren es zwei. Er sah zwei, aber eine war nur da.

«Du liebe Zeit», sagte er laut, «auch wenn ich heute morgen alles doppelt sähe – es waren doch zwei Kisten da. Oder war das etwa gestern morgen?» Gedankenlos leckte er den Zeigefinger der klebrigen Hand ab. Es schmeckte ganz angenehm. Er betrachtete die graue schaumige Masse in dem Napf und fragte sich, was Sarah wohl hineingetan hatte.

Doch nun die fehlende Kiste. Wahrscheinlich hatte Sarah sie vergraben. Mit bloßen Füßen – die Strohsandalen hatte er schon vor Wochen verschlissen und immer noch keine neuen gemacht – stapfte Henry über den Boden rings um den Schuppen und suchte nach Anzeichen dafür, daß irgendwo jemand geschaufelt und gegraben hatte. Dann lief er zu Sarah zurück.

«Wo hast du sie versteckt, Sarah?» wollte er wissen.

«Wo hast *du* sie versteckt? Denk bloß nicht, daß du mich zum Narren halten kannst, Henry Pilsbury!» Sarah hielt seinen Speer in der rechten Hand.

Henry packte sie an den Schultern und schüttelte sie, daß ihr die Zähne klapperten. Er ließ sie nur los, weil sie seinen Bart festhielt und der Griff fürchterlich weh tat. Er lief zurück zum Holzschuppen. Der lange Speer sauste an seinem Ohr vorbei und schoß vor ihm in den Sand. Um seine Wut loszuwerden, begann er wie ein Wilder mit einer der zerbrochenen Holzschaufeln den Sand aufzugraben. Sarah wollte nicht zurückstehen und fing ebenfalls an zu schaufeln. Im Laufe des Tages wurde so ein breiter Streifen rings um den Schuppen aufgegraben, auch die letzte verkrautete Turareihe zertrampelt und keine versteckte Kiste gefunden. Schwer atmend setzte sich Henry hin und schöpfte noch etwas von der abgestandenen breiigen Masse in seinen Becher. Er war hungrig, denn er hatte heute noch nicht mal gefrühstückt, war aber zu stolz, um Sarah zu bitten, sie solle irgendwas kochen. Der Brei hatte den scharfen Geruch von Whisky. Ihm kam eine Idee.

«Sarah!» rief er stirnrunzelnd. «Warum hast du hier Whisky reingetan, wenn du es verkommen lassen willst?»

«Ich weiß nicht, wovon du redest», sagte sie hochfahrend, aber sie schwankte etwas, als sie ein paar Schritte weiterging.

Henry wußte nicht, ob er ihr glauben sollte. Vermutlich hatte sie es vergessen, auch wenn sie tatsächlich Whisky hineingetan hatte. «Whisky in den Turabrei!» sagte er höhnisch. Der Brei war verdorben, aber die Flüssigkeit war gut. Plötzlich entsann er sich an eine weitere Schüssel mit dem Zeug, die an einem Baum bei dem verbrannten Hühnerstall stand. Er ging hinüber zu dem Baum und sah stolz, daß die Schüssel tatsächlich dort stand und er sich das nicht eingebildet hatte. Er probierte den Brei. Das gleiche Aroma, vielleicht noch stärker. Henry fluchte. Wahrscheinlich hatte sie flaschenweise Whisky auf den Brei gegossen – einfach aus Trotz, aus typisch weiblicher Bosheit.

«Sarah!» rief Henry und lief mit der Schüssel auf sie zu. «Hier ist auch Whisky drin, das kannst du nicht leugnen!»

Aber Sarah leugnete es und sagte, Henry habe wohl den Verstand verloren und vermutlich den Whisky selber in die Schüsseln gegossen. «Das Zeug ist bloß sauer geworden, klar? Ich habe selber solchen Turabrei gesehen – so schaumig. Du bist so voll Whisky, daß du gar nichts anderes mehr schmecken kannst.»

Den ganzen Abend drehte sich der Streit im Kreise. Henry fing ein wildes Huhn, stopfte ihm etwas von dem Brei in den Schlund und wies triumphierend darauf hin, daß es jetzt taumelte. Sarah wollte nicht zugeben, daß es taumelte, und fragte: «Woher weißt du, daß du nicht ein Huhn mit Tropenfieber gefangen hast?»

Weibliche Logik! Zwecklos, ihr zu sagen, daß das Huhn betrunken war, weil es so viel kleiner war als er und deshalb viel weniger brauchte, um berauscht zu werden. Er, Henry, war nicht betrunken, er hatte Fieber. Wutschäumend sagte er schließlich, er werde ihr den Betrug nachweisen und eine Schüssel mit frischem Turabrei ein paar Tage vor seinen Augen stehen lassen.

Er machte einen Brei aus den Turawurzeln, die sie bei der Suche nach der fehlenden Whiskykiste ausgegraben hatten. Die Schüssel stellte er neben sein Strohlager im Holzschuppen. Die ersten Tage geschah nichts, das wußte Henry, denn er probierte das Zeug jeden Morgen und jeden Abend. Sarah war brav und brachte ihm Becher mit Whisky, aber er argwöhnte, sie tue das, weil sie etwas Whisky auf den Brei gießen wollte, sobald er nicht aufpaßte. Das hatte er nicht zugelassen; wenn er ein paarmal am Tag aufstand, dann nahm er die Breischüssel mit, doch meistens schlief er, den Arm über die Schüssel gelegt. Einmal, als er mit der Schüssel draußen war, fand er Sarah schlafend am Strand, neben sich die fehlende Whiskykiste, die sie offensichtlich gerade ausgegraben hatte. Sie hatte sich nicht mal die Mühe gemacht, das Loch im Boden wieder zu füllen! Henry versteckte seine Schüssel hinter einer Kokospalme, dann nahm er die Kiste und vergrub sie in der Mitte der Insel. Ein paar Palmen standen in der Nähe, daran merkte er sich die Stelle.

Als Sarah erwachte, sah er ihr an, daß sie wußte, was geschehen war. Doch beide, sie und er, schwiegen hartnäkkig.

Langsam, aber sicher nahm Henrys Brei den Geschmack von Whisky an. Henry begriff das nicht; er war ganz sicher, daß Sarah keinen Whisky hinzugefügt hatte. Er machte die Probe und trank, als einmal seine Hände vor Fieber zitterten, alle Flüssigkeit aus dem Brei. Das Zittern hörte auf, als ob er Whisky aus der Flasche getrunken hätte.

«Unser Tura macht Whisky!» verkündete Henry. «Ein Wunder!»

«Hab ich dir ja gesagt», erwiderte Sarah.

In diesem Augenblick haßte er sie. «Wenn ich nicht wäre – *ich* habe das entdeckt! *Ich* habe das Problem gelöst, wie wir zu weiterem Whisky kommen!»

Sarah zeigte weder Interesse noch Dankbarkeit. Aber sie probierte die letzten Tropfen aus dem Brei und begann dann ebenso emsig wie Henry, Turawurzeln zu sammeln und die kleinen Turapflanzen, die noch nicht ausgewachsen waren, wieder in den Boden zu setzen. Als es Abend wurde, hatten sie zehn Trinkbecher und vierzehn Schüsseln – mehr besaßen sie nicht – mit Tura und Wasser gefüllt und rund um den Schuppen aufgestellt. Abwechselnd hüteten sie sie am nächsten Tag vor den wilden Hühnern, obgleich die Gier der Hühner auch ein Nahrungsproblem löste: Henry ließ sie ganz nahe an eine Schüssel herankommen; wenn er dann schnell genug war, konnte er oft eines packen und ihm den Hals umdrehen.

Sarah fing jetzt an, aus Baumteilen Schüsseln zu machen, kam aber damit nur langsam voran. Henry versuchte, eine leere Whiskykiste abzudichten und daraus einen Container herzustellen, doch die Kiste leckte hartnäckig weiter. Und der Whiskyvorrat nahm ab. Sarah verhöhnte ihn wegen der Kiste, die er ihr gestohlen hatte, und sagte, er habe sicher alles allein ausgetrunken.

«Nein, das habe ich nicht», sagte Henry und holte die Kiste.

Trotzdem: nur wenig mehr als eine Kiste – wie lange konnte das reichen? Sie hatten vorgehabt, den Vorrat dadurch zu strecken, daß sie Turabrei tranken, aber das Zittern der Glieder trieb sie wieder und wieder zum Whisky. Sie setzten noch mehr Turapflanzen, aber Tura brauchte Zeit zum Wachsen. Immer wieder sagte Sarah, es sei verlorene Liebesmüh – genau wie ihre Mutter gesagt hätte –, aber Henry wollte so schnell nicht aufgeben.

«Auf ewig lebt die Hoffnung in des Menschen Brust, hätte mein Vater gesagt», erklärte Henry. «Ein Paradies aus der Wildnis schaffen! Der Mensch unterscheidet sich vom Tier durch sein Denkvermögen. Wo ein Wille ist, da ist auch ein Weg!»

Nun war noch eine halbe Kiste Whisky da. Tag und Nacht betete Sarah zwischen den rationierten Bechern Whisky und dem Turabrei. Auch Henry betete, doch er entsann sich dunkel an einen anderen Ausspruch seines Vaters: «Hilf dir selbst, so hilft dir Gott.» Er wußte nicht mehr, ob sein Vater das bejaht oder verneint hatte; irgend jemand hatte es irgendwann festgestellt, und es erschien Henry durchaus vernünftig. Gleichzeitig aber hoffte er auf ein Wunder, ein ganz bescheidenes, nur auf eine Art großen Container, den das Meer an den Strand schwemmen könnte, irgend etwas, das groß genug war für eine ganze Menge Brei. Ein Jammer, daß das Schlauchboot in der Sonne verrottet war.

«Wir müssen etwas tun, und zwar in den allernächsten Tagen», sagte Henry. Er bebte am ganzen Körper vor panischer Angst und Fieber. «Mit diesem Fieber, und dann kein Whisky mehr –»

«Ach, laß uns doch nicht daran denken», sagte Sarah. «Mit all deiner gottgesandten Intelligenz ist dir bisher überhaupt nichts eingefallen, und dir wird auch nichts einfallen. Wir können nichts tun, als uns in das alte Boot setzen und nach einer anderen Insel suchen, wo es Whisky gibt.» Sie zog ihn hinunter an den Strand, wo das Boot mit dem zerschlissenen Segel unter den Palmen im Sand lag.

Es kam etwas plötzlich, aber Henry fiel auch nichts Besseres ein. «Sollten wir nicht ein paar Sachen mitnehmen?» fragte er.

«Was für Sachen?»

Henry blickte sich um. Er konnte nur wenige Meter weit sehen, aber es war wohl tatsächlich nichts da zum Mitnehmen. Nur der Rest Whisky. Er ging auf den Schuppen zu, um die Kiste mit den letzten fünf Flaschen zu holen.

«Ach, weißt du», sagte Sarah und sah dabei so durchtrieben aus, daß Henry mißtrauisch wurde, «laß uns doch lieber erst morgen losfahren. Morgen, recht früh.»

«Einverstanden», sagte Henry ebenso durchtrieben.

Sie blieben also die ganze Nacht auf und beobachteten einander. Jeder paßte auf, daß der andere nicht etwa eine Flasche aus der Kiste nahm und sie leerte oder andere Flaschen aus dem Sand grub, die er oder sie womöglich versteckt hatte. Henry war der erste, den der Schlaf übermannte, aber sein Ziel wurde erreicht, denn Sarah holte zwei Flaschen aus der Erde, die sie versteckt hatte, so daß sie nun sieben besaßen. Henry öffnete den Mund, um ihr gründlich die Meinung zu sagen, aber sie schob ihm eine volle Flasche in die Hand.

«Hier – die schenke ich dir. Diese beiden zählen nicht. Trink nur.»

Also leerte jeder eine Flasche, bevor sie aufbrachen.

Sie fuhren zunächst in die Richtung, die die Eingeborenen genommen hatten. Starker Rückenwind machte ihnen Mut, doch sobald die Insel außer Sicht war, verloren sie die Orientierung. Die Insel kam wieder in Sicht, und sie änderten die Richtung, nur waren sie keineswegs sicher, daß sie jetzt nicht von der entgegengesetzten Inselseite ablegten. Zum Glück hatte Sarah mehrere Ananas und etwas getrockneten Fisch mitgenommen, doch das ernste Problem war der Whiskyvorrat. Er war jetzt abgesunken auf vier und ein Drittel Flaschen.

«Vielleicht müssen wir nach Amerika fahren, wenn wir Whisky kriegen wollen», sagte Sarah bedrückt. «Oder nach Schottland.»

Einige Stunden später fiel es Henry auf, daß die Ruderpinne gegen irgend etwas anstieß; er ging der Sache nach und fand drei Flaschen Whisky, die mit Weidengerten ans Heck gebunden waren. Und die waren die ganze Zeit dagewesen! Vorsichtig zog er sie hoch: Er wollte Sarah die eine Flasche an den Kopf schlagen, aber nicht so heftig, daß die Flasche zerbrach. Doch Sarah kam ihm zuvor und gab ihm unversehens von hinten einen Stoß, so daß er über Bord fiel.

Als an einem sonnigen Morgen die letzte Flasche geleert war, bereiteten sich Henry und Sarah mit fiebrigen Augen auf den Tod vor. Sie zuckten und zitterten, konnten weder still sitzen noch sich bewegen, und jeder beteuerte dem anderen, er werde jetzt sterben, und zwar sofort. Doch keiner starb, und so gaben sie es auf, dem anderen zu glauben oder sich viel um ihn zu kümmern. Soweit es seine geschwächte Sehkraft zuließ, spähte Henry nach Land aus – Land irgendwo. Sogar hinter dem Boot suchte er nach Land. Sarah war ihm dabei keine Hilfe, sie lag nur auf dem Bootsboden und wehklagte. Ab und zu sagte sie:

«Du bist ein schlechter Seemann», und in den fiebrigen Augen stand ein Abglanz ihrer alten Bosheit.

«Von mir aus kannst du in der Hölle braten», erwiderte Henry. In seinem Delirium verfluchte er das Los von Männern, die sich dumme, tückische Weiber als Ehefrauen aufgeladen hatten. Einmal höhnte er: «Es ist nicht gut, daß der Mann allein sei. Ha!»

Um sein Pech noch zu steigern, war zufällig Sarah am Ruder, als sie Land sichteten. «Ich sehe Land!»

Henry stützte sich auf die Ellbogen. Er sah kein Land, aber er wollte Sarah nicht unterstellen, sie bilde sich das ein – womöglich hatte sie dann doch recht. «Wie groß ist es?» fragte er.

«Schau doch selber hin, du Schwachkopf!» gab Sarah unfreundlich zurück. Sie wußte, daß er den Horizont nicht sehen konnte.

«Ist es eine Stadt? Sind Menschen da?»

Aber offenbar konnte auch Sarah nicht allzuviel sehen, denn sie sagte nichts mehr, bis Henry selber den bräunlichen Haufen Land erblickte, der vor ihnen lag. «Gott hat uns erhört», sagte Henry.

«Ich hab's zuerst gesehen», sagte Sarah.

«Gott hat es geschaffen», erwiderte Henry stirnrunzelnd. Frauen vergaßen in einer Krise alle Grundsätze ihrer Erziehung.

«Sieht aus wie unsere Insel», sagte Sarah mutlos.

«Kann es ja nicht. Wir sind doch –» Doch nun sah Henry den schwarzen Fleck, der einmal ihr Haus gewesen war, und den kleineren schwarzen Fleck, wo der Hühnerstall gestanden hatte. Es war ihre Insel.

«Wir müssen wenden», sagte Sarah resigniert.

«Nein!» Henry hievte sich auf zur Ruderpinne, bevor Sarah wenden konnte. «Nein, Sarah! Gott muß das gewollt haben. Jetzt werde ich –»

Achselzuckend überließ ihm Sarah das Ruder und langte nach ihrer Flasche. Die Flasche war leer, aber es war ein Trost, sie in der Hand zu halten.

Henry brauchte nicht zu steuern, denn der Wind brachte sie geradewegs an ihren Strand. Auch das war gewiß ein Zeichen von Gott. Gott würde ihnen nun zeigen, wie sie auf ihrer Insel überleben konnten. Frohsinn und Hoffnung stiegen in Henry auf, obgleich die Ehefrau zu seinen Füßen nur ein Jammerlappen war. Ewig lebt die Hoffnung! Er würde ein Paradies aus der Wildnis schaffen. Er würde ein Mittel finden, um Tura schneller wachsen zu lassen, und so ihrer beiden Leben retten. Wo ein Wille ist, da ist auch ein Weg!

Sarah sah ihn an und lächelte geringschätzig, als wisse sie, was in seinem Kopf vor sich ging.

«Habe ich vielleicht keinen Schaukelstuhl erfunden?» sagte Henry. «Ich werde ein besseres Mittel zum Whiskymachen erfinden.»

Sarah lachte albern. Doch schon als der Bug des Bootes über den Sand scharrte, hatte Henry den ersten Einfall.

«Wir leeren das Boot aus!» sagte er zu Sarah. «Und dann füllen wir es bis oben hin mit Turabrei.»

ROALD DAHL

# *Schwein*

1

Vor langer Zeit begab es sich, daß in der Stadt New York ein reizender kleiner Junge zur Welt kam, dem die glücklichen Eltern den Namen Lexington gaben.

Kaum war die Mutter mit Lexington in den Armen aus der Klinik in ihr Heim zurückgekehrt, da sagte sie zu ihrem Mann: «Liebling, heute mußt du unbedingt mit mir ausgehen. Wir werden in dem allerbesten Restaurant essen, um die Geburt unseres Sohnes und Erben zu feiern.»

Ihr Mann umarmte sie zärtlich und versicherte ihr, daß eine Frau, die ein so schönes Kind wie Lexington zur Welt gebracht habe, durchaus berechtigt sei, einen solchen Wunsch zu äußern. Und dann erkundigte er sich, ob sie denn schon kräftig genug sei, spätabends in der Stadt herumzulaufen.

Nein, sagte sie, das nicht, aber darum kümmere sie sich kein bißchen.

Am Abend warfen sie sich also in Gala, ließen den kleinen Lexington in der Obhut einer ausgebildeten Kinderpflegerin, die sie täglich zwanzig Dollar kostete und obendrein aus Schottland stammte, und gingen in das feinste und teuerste Restaurant der Stadt. Dort aßen sie jeder einen riesigen Hummer und teilten sich eine Flasche Champagner. Dann zogen sie in einen Nachtklub, wo sie eine zweite Flasche

Champagner tranken und ein paar Stunden Hand in Hand sitzen blieben, um ausführlich und mit höchster Bewunderung über sämtliche körperlichen Vorzüge ihres entzückenden neugeborenen Sohnes zu sprechen.

Gegen zwei Uhr morgens kehrten sie zu ihrem Haus im östlichen Teil von Manhattan zurück. Der Mann bezahlte den Taxichauffeur und fing dann an, in seinen Taschen nach dem Hausschlüssel zu suchen. Nach einer Weile wurde ihm klar, daß er ihn in der Tasche seines anderen Anzugs vergessen hatte, und er schlug vor, zu läuten, damit die Kinderpflegerin herunterkäme. Eine Nurse für zwanzig Dollar täglich müsse darauf gefaßt sein, gelegentlich nachts aus dem Bett geholt zu werden, fügte er hinzu.

Er klingelte also. Sie warteten. Nichts geschah. Der Mann läutete noch einmal, lange und laut. Sie warteten wieder eine Minute. Schließlich stellten sie sich mitten auf die Straße und riefen den Namen der Nurse (McPottle) zu den Fenstern des Kinderzimmers im dritten Stock hinauf. Keine Antwort. Das Haus blieb dunkel und stumm. Die Frau machte sich Sorgen. Dort oben war ihr Baby eingesperrt. Allein mit McPottle. Und wer war McPottle? Man hatte sie erst seit zwei Tagen und wußte kaum mehr von ihr, als daß sie schmale Lippen, einen mißbilligenden Blick, einen gestärkten Busen und offenbar einen für ihren Beruf viel zu festen Schlaf hatte. Wenn sie die Haustürglocke nicht hörte, wie konnte sie dann erwarten, ein Baby schreien zu hören? Vielleicht hatte das arme Würmchen in eben diesem Augenblick seine Zunge verschluckt oder war in seinem Kissen erstickt.

«Er hat ja gar kein Kissen», erwiderte der Mann. «Du brauchst dich wirklich nicht aufzuregen. Aber wenn du hineinwillst – bitte sehr, das schaffen wir schon.» Nach all dem Champagner war er glänzender Laune. Er bückte sich, band einen seiner Lackschuhe auf und zog ihn aus. Dann packte er ihn an der Spitze und warf ihn mit kräftigem Schwung durch die Fensterscheibe des Eßzimmers im Erdgeschoß.

«Na also», sagte er grinsend. «Das ziehen wir McPottle vom Lohn ab.»

Er ging hin, griff sehr vorsichtig durch das Loch im Glas, öffnete den Riegel und schob das Fenster auf.

«So, jetzt werde ich dich hineinheben, Mütterchen», erklärte er, nahm seine Frau um die Taille und hob sie hoch. Das brachte ihre schwellenden roten Lippen sehr nah an seinen Mund, und er fing an, sie zu küssen. In dieser Stellung mit baumelnden Beinen und im übrigen unfähig, sich zu rühren, lassen sich Frauen sehr gern küssen, das wußte er aus Erfahrung, und deshalb blieb er eine Weile dabei, während sie mit den Füßen strampelte und glucksende Laute ausstieß. Schließlich drehte er sie um und schickte sich an, sie behutsam durch das offene Fenster ins Eßzimmer zu schieben. In diesem Augenblick näherte sich auf der Straße geräuschlos ein Streifenwagen der Polizei. Er hielt etwa dreißig Schritte vom Haus entfernt, drei Polizisten irischer Abstammung sprangen heraus, zogen ihre Revolver und rannten auf das Ehepaar zu.

«Hände hoch!» riefen sie. «Hände hoch!» Diesem Befehl konnte der Mann jedoch unmöglich folgen, ohne seine Frau loszulassen, und hätte er das getan, so wäre sie entweder auf das Pflaster gestürzt oder teils innerhalb, teils außerhalb des Hauses hängengeblieben, was eine höchst unbequeme Stellung ist. Also fuhr er ritterlich fort, sie hochzustemmen. Die Polizisten, die alle schon Medaillen für das Töten von Verbrechern bekommen hatten, eröffneten sofort das Feuer, und obwohl sie im Laufen schossen und obwohl ihnen die Frau nur ein sehr kleines Ziel bot, brachten sie es fertig, jeden Körper mehrmals zu treffen – was in beiden Fällen tödlich wirkte.

So geschah es, daß der kleine Lexington bereits im Alter von zwölf Tagen Waise wurde.

## 2

Die Nachricht von diesem blutigen Zwischenfall, der für die Polizisten einige Verhöre zur Folge hatte, wurde sämtlichen Angehörigen des verstorbenen Ehepaares von eifrigen Zeitungsreportern mitgeteilt, und sofort stiegen die nächsten Verwandten, zwei Leichenbestatter, drei Rechtsanwälte und ein Geistlicher in Taxis, um sich zu dem Haus mit dem zerbrochenen Fenster zu begeben. Alle, Männer wie Frauen, versammelten sich im Wohnzimmer, saßen im Kreise auf Sofas und Sesseln, rauchten Zigaretten, nippten Sherry und überlegten, was in aller Welt man nun mit dem Baby dort oben, dem Waisenkind Lexington, anfangen sollte.

Wie sich bald herausstellte, hatte keiner der Verwandten besondere Lust, die Verantwortung für das Kind zu übernehmen, und so dauerten die Diskussionen und Verhandlungen den ganzen Tag an. Jeder erklärte, er habe den dringenden, fast unwiderstehlichen Wunsch, sich um den Kleinen zu kümmern, und würde es auch mit der größten Freude tun, wenn nicht ... Entweder war die Wohnung zu klein, oder der Betreffende hatte schon ein Baby und konnte unmöglich noch eines versorgen, oder er hatte keine Ahnung, wo er das Kind während der Sommerreise lassen sollte, oder er befand sich in vorgeschrittenem Alter, was doch für einen heranwachsenden Knaben recht nachteilig war, und so weiter und so fort. Alle wußten natürlich, daß der Vater sehr verschuldet und das Haus mit Hypotheken belastet war, daß man also aus der Sache kein Geld herausschlagen konnte.

Abends um sechs sprachen sie noch immer mit äußerster Lebhaftigkeit aufeinander ein, als plötzlich eine alte Tante des verstorbenen Vaters – ihr Name war Glosspan – aus Virginia hereingefegt kam. Ohne Hut und Mantel abzulegen, ohne sich auch nur hinzusetzen, ignorierte sie alle Angebote von Martini, Whisky und Sherry und verkündete energisch, sie werde von nun an die alleinige Sorge für den kleinen Jungen übernehmen. Außerdem, so erklärte sie, sei sie bereit, sämtliche Kosten für Unterhalt und Ausbildung zu tragen, so daß die anderen mit beruhigtem Gewissen zurückgehen könnten, wohin sie gehörten. Damit eilte sie die Treppe hinauf ins Kinderzimmer, riß Lexington aus seiner Wiege, nahm ihn fest in die Arme und entschwand. Die Verwandten saßen wie die Ölgötzen da – manche glotzten nur, andere lächelten erleichtert –, und McPottle, die Nurse, stand steif und mißbilligend auf der obersten Treppenstufe mit zusammengekniffenen Lippen, die Arme über dem gestärkten Busen gekreuzt.

Und so geschah es, daß der kleine Lexington im Alter von dreizehn Tagen die Stadt New York verließ und südwärts fuhr, um bei seiner Großtante Glosspan im Staate Virginia zu leben.

## 3

Tante Glosspan ging auf die Siebzig zu, als sie Lexingtons Beschützerin wurde, aber niemand, der sie sah, hätte das erraten. Sie war lebhaft wie eine halb so alte Frau, hatte ein schmales, runzliges, aber noch immer schönes Gesicht und zwei allerliebste braune Augen, die einen munter und vergnügt anblitzten. Daß sie eine alte Jungfer war, hätte auch niemand vermutet, denn an Tante Glosspan war nichts Altjüngferliches. Sie war weder verbittert noch mürrisch, noch reizbar, und sie hatte keinen Schnurrbart. Überdies war sie nicht im geringsten auf andere Leute neidisch, und das findet man selten bei einer alten Jungfer oder einer jungfräulichen Dame, wobei wir natürlich nicht genau wissen, ob Tante Glosspan nur das eine oder auch das andere war.

Auf jeden Fall war sie eine exzentrische alte Frau, das konnte niemand bezweifeln. Seit dreißig Jahren führte sie ein seltsames Einsiedlerleben in einem Häuschen an den Hängen der Blue Ridge Mountains, einige Meilen vom nächsten Dorf entfernt. Sie hatte fünf Morgen Weideland, einen Gemüsegarten, einen Blumengarten, drei Kühe, ein Dutzend Hühner und einen prächtigen Hahn.

Und jetzt hatte sie noch den kleinen Lexington.

Als strenge Vegetarierin hielt sie den Genuß von Tierfleisch nicht nur für ungesund und widerwärtig, sondern auch für eine entsetzliche Grausamkeit. Sie aß nur schöne, saubere Nahrungsmittel wie Milch, Butter, Eier, Käse, Gemüse, Nüsse, Kräuter und Obst, und sie war glücklich in dem Bewußtsein, daß ihretwegen keine lebende Kreatur getötet wurde, nicht einmal eine Garnele. Als eine der braunen Hennen in der Blüte ihrer Jahre an Legenot verstarb, war Tante Glosspan so traurig, daß sie um ein Haar das Eieressen aufgegeben hätte.

Von Säuglingen verstand sie nicht das geringste, aber das machte ihr keine Sorgen. Während sie in New York auf den Zug wartete, der sie und Lexington nach Virginia bringen sollte, kaufte sie sechs Saugflaschen, zwei Dutzend Windeln, eine Schachtel Sicherheitsnadeln, Milch für die Reise und ein broschiertes Büchlein mit dem Titel *Kinderpflege*. Was brauchte sie mehr? Als sich der Zug in Bewegung setzte, gab sie dem Baby etwas Milch, legte es nach bestem Wissen trocken und bettete es zum Schlafen auf dem Sitz. Dann las sie die *Kinderpflege* von A bis Z durch.

«Das ist kein Problem», sagte sie und warf das Buch aus dem Fenster. «Überhaupt kein Problem.»

Und merkwürdigerweise war es das wirklich nicht. Daheim in dem Landhaus ging alles so glatt wie nur möglich. Der kleine Lexington trank seine Milch, stieß auf, schrie und schlief, kurzum er tat alles, was man von einem artigen Baby erwartet. Tante Glosspan strahlte vor Freude, sooft sie ihn ansah, und küßte ihn immer wieder ab.

## 4

Mit sechs Jahren war Lexington zu einem wunderschönen Jungen mit langem, goldblondem Haar und kornblumenblauen Augen herangewachsen. Er war gescheit und fröhlich und lernte bald, seiner alten Tante auf allerlei Weise in der

Wirtschaft zu helfen. So sammelte er zum Beispiel im Hühnerstall die Eier ein, drehte die Kurbel des Butterfasses, grub im Gemüsegarten Kartoffeln aus und suchte am Berghang wilde Kräuter. Tante Glosspan sagte sich, daß sie allmählich an seinen Unterricht denken müsse.

Der Gedanke, ihn in ein Internat zu schicken, war ihr jedoch unerträglich. Sie liebte Lexington jetzt so sehr, daß selbst die kürzeste Trennung ihr Tod gewesen wäre. Natürlich gab es unten im Tal eine Dorfschule, aber die sah schrecklich aus, und sie wußte, daß man ihn dort von Anfang an zwingen würde, Fleisch zu essen.

«Weißt du was, mein Liebling?» sagte sie eines Tages zu ihm, als er in der Küche auf einem Schemel saß und zusah, wie sie Käse bereitete. «Eigentlich könnte ich dich doch sehr gut selbst unterrichten.»

Der Junge blickte mit seinen großen blauen Augen zu ihr auf und lächelte sie vertrauensvoll an. «Das wäre fein», antwortete er.

«Und als allererstes werde ich dich kochen lehren.»

«Ich glaube, das würde mir Spaß machen, Tante Glosspan.»

«Spaß oder nicht, lernen mußt du's auf jeden Fall», erwiderte sie. «Wir Vegetarier haben nicht so viele Lebensmittel zur Verfügung wie andere Leute, und deswegen müssen wir mit dem, was wir haben, doppelt geschickt umgehen.»

«Tante Glosspan», fragte der Junge, «was essen denn andere Leute und wir nicht?»

«Tiere», sagte sie und schüttelte sich vor Ekel.

«Meinst du lebende Tiere?»

«Nein, tote.»

Der Junge dachte einen Augenblick nach. «Du meinst, die Leute *essen* die Tiere, wenn sie sterben, statt sie zu begraben?»

«Sie warten nicht, bis sie sterben, mein Schätzchen. Sie töten sie.»

«Wie machen sie das, Tante Glosspan?»

«Meistens schneiden sie ihnen mit einem Messer die Kehle durch.»

«Und was für Tiere töten sie?»

«Hauptsächlich Kühe und Schweine. Auch Schafe.»

«Kühe!» rief der Junge. «Meinst du solche wie Daisy und Schneeglöckchen und Lily?»

«Ganz recht, mein Liebling.»

«Aber *wie* essen sie sie denn, Tante Glosspan?»

«Sie zerschneiden sie und kochen die Stücke. Am liebsten haben sie es, wenn das Fleisch ganz roh und blutig ist und an den Knochen klebt. Klumpen von Kuhfleisch, aus denen noch das Blut sickert, essen sie besonders gern.»

«Schweine auch?»

«Sie schwärmen für Schweine.»

«Klumpen von blutigem Schweinefleisch», murmelte der Junge. «Stell dir das vor. Was essen sie sonst noch?»

«Hühner.»

«Hühner?»

«Millionen davon.»

«Mit Federn und allem?»

«Nein, Liebling. Die Federn nicht. Aber nun lauf hinaus, mein Herzchen, und hole Tante Glosspan ein bißchen Schnittlauch, ja?»

Bald darauf begann der Unterricht. Er umfaßte fünf Fächer – Lesen, Schreiben, Geographie, Rechnen und Kochen –, von denen das letzte bei Lehrerin und Schüler das weitaus beliebteste war. Wie sich nach kurzer Zeit herausstellte, wies Lexington in dieser Hinsicht eine wirklich große Begabung auf. Er war flink und geschickt, der geborene Koch. Seine Pfannen handhabte er wie ein Jongleur, und er konnte eine Kartoffel in zwanzig papierdünne Scheiben schneiden, bevor seine Tante eine andere geschält hatte. Sein Gaumen war außerordentlich fein entwickelt, und wenn in einer kräftigen Zwiebelsuppe ein einziges Blättchen Salbei war, dann schmeckte er das sogleich heraus. Bei einem so kleinen Jungen waren diese Fähigkeiten etwas verwirrend, und Tante Glosspan wußte offen gestanden nicht recht, was sie daraus machen sollte. Trotzdem war sie über die Maßen stolz auf das Kind und prophezeite ihm eine glänzende Zukunft.

«Was für ein Segen», sagte sie, «daß ich einen so entzükkenden kleinen Gefährten habe, der mir in meinem hohen Alter zur Seite steht.»

Nach ein paar Jahren zog sie sich endgültig aus der Küche zurück und überließ Lexington die Sorge für sämtliche Mahlzeiten. Der Junge war nun zehn Jahre alt und Tante Glosspan fast achtzig.

## 5

Als Alleinherrscher in der Küche begann Lexington sofort zu experimentieren. Die alten Lieblingsgerichte interessierten ihn nicht mehr. Ein heftiger Drang zum Schöpferischen beseelte ihn; er hatte Hunderte von neuen Ideen im Kopf. «Ich will damit anfangen, ein Kastaniensoufflé zu erfinden», sagte er, ging an die Arbeit und brachte das Soufflé an demselben Abend auf den Tisch. Es war fabelhaft. «Du bist ein Genie!» rief Tante Glosspan, erhob sich von ihrem Stuhl und küßte ihn auf beide Wangen. «Du wirst Geschichte machen!»

Von nun an verstrich kaum ein Tag, ohne daß er eine leckere neue Schöpfung serviert hätte. Er bereitete Paranußsuppe, Maiskotelett, Gemüseragout, Löwenzahnomelette, Käsecremepfannkuchen, gefüllten Kohl, Schalotten *à la bonne femme, Mousse piquante* von roten Rüben, Stroganoff-Pflaumen, überbackenen Käsetoast, panierte Rübenschnitzel, brennende Tannennadeltorte und viele andere herrliche Gerichte eigener Erfindung. Tante Glosspan erklärte, sie habe nie im Leben so gut gegessen. Jeden Morgen saß sie schon lange vor der Mittagszeit in ihrem Schaukelstuhl auf der Veranda, leckte sich die Lippen, schnüffelte nach den Gerüchen, die aus dem Küchenfenster drangen, und sah mit Spannung der kommenden Mahlzeit entgegen.

«Was machst du denn heute, mein Junge?» fragte sie dann wohl.

«Rate mal, Tante Glosspan.»

«Riecht wie Schwarzwurzelpfannkuchen, finde ich», antwortete sie und schnüffelte angestrengt.

Und dann kam das zehnjährige Kind mit einem kleinen Triumphlächeln heraus, in den Händen einen großen Topf, in dem ein himmlisches Ragout aus Pastinak und Liebstöckel dampfte.

«Weißt du, was du tun solltest?» meinte die Tante, während sie sich das Ragout schmecken ließ. «Du solltest sofort Papier und Bleistift nehmen, dich hinsetzen und ein Kochbuch schreiben.»

Langsam die Pastinakwurzel kauend, blickte Lexington zu ihr hinüber.

«Warum nicht?» rief sie. «Ich habe dich schreiben gelehrt, und ich habe dich kochen gelehrt, und jetzt brauchst du nur noch beides zu vereinigen. Ja, mein Liebling, du schreibst ein Kochbuch, und das wird dich in der ganzen Welt berühmt machen.»

«Schön», sagte er. «Einverstanden.»

An demselben Tag begann Lexington mit der Niederschrift des monumentalen Werkes, das ihn für den Rest seines Lebens beschäftigen sollte. Er gab ihm den Titel: *Iß gut und gesund*.

## 6

Sieben Jahre später hatte der nunmehr Siebzehnjährige etwa neuntausend Rezepte aufgezeichnet, samt und sonders eigene Erfindungen und alle ausgezeichnet.

Dann aber wurde seine Arbeit durch Tante Glosspans tragisches Ende jäh unterbrochen. Eines Nachts hatte sie einen heftigen Anfall, und Lexington, der in ihr Schlafzimmer gestürzt kam, um zu sehen, was der Lärm bedeutete, fand sie auf ihrem Bett liegen, schreiend und fluchend und sich zu allerlei komplizierten Knoten verdrehend. Es war ein entsetzlicher Anblick, und der aufgeregte Jüngling tanzte händeringend in seinem Pyjama um sie herum. Er hatte keine blasse Ahnung, was er tun sollte. In dem Bemühen, sie zu beruhigen, holte er schließlich einen Eimer Wasser aus dem Teich auf der Kuhweide und kippte ihn ihr über den Kopf, was jedoch die Krämpfe nur verstärkte, so daß die alte Dame binnen einer Stunde ihren Geist aufgab.

«Das ist wirklich zu schlimm», sagte der arme Junge und kniff sie ein paarmal, um sich zu vergewissern, daß sie tot war. «Und so plötzlich! So schnell und unerwartet! Vor wenigen Stunden schien es ihr doch noch ausgezeichnet zu gehen, denn sie aß drei große Portionen von meiner neuesten Schöpfung, den Pilzbuletten in Teufelssauce, und sie sagte, es schmecke herrlich.»

Da er seine Tante sehr geliebt hatte, weinte er einige Minuten. Dann riß er sich zusammen, trug sie hinaus und begrub sie hinter dem Kuhstall.

Am nächsten Tag räumte er ihre Sachen auf, und dabei fand er einen Umschlag, der in ihrer Handschrift an ihn adressiert war. Als er ihn öffnete, kamen zwei Fünfzigdollarnoten und ein Brief zum Vorschein. *Geliebter Junge,* las er, *ich weiß, daß Du immer hier oben gelebt hast, seit Du dreizehn Tage alt warst, und nie ins Tal hinuntergekommen bist. Aber sobald ich tot bin, mußt Du Dir Schuhe und ein sauberes Hemd anziehen und ins Dorf hinunter zum Doktor gehen. Bitte den Doktor, Dir einen Totenschein zu geben, damit Du beweisen kannst, daß ich gestorben bin. Diesen Totenschein bringst Du meinem Rechtsanwalt, einem Mann namens Samuel Zuckermann, der in der Stadt New York lebt und bei dem ich mein Testament hinterlegt habe. Mr. Zuckermann wird Dir mehr Geld geben, und es ist mein ausdrücklicher Wille, daß Du es dazu verwendest, Dein Studium kulinarischer und vegetarischer Angelegenheiten fortzusetzen. Arbeite weiterhin an Deinem großen Buch, bis Du es in jeder Hinsicht als vollkommen ansiehst. Deine Dich liebende Tante Glosspan.*

Lexington, der immer alles getan hatte, was seine Tante ihm sagte, steckte das Geld ein, zog Schuhe und ein reines Hemd an, ging den Berg hinunter ins Dorf und trug dem Doktor sein Anliegen vor.

«Die alte Glosspan?» rief der Arzt. «Mein Gott, ist sie tot?»

«Ganz gewiß ist sie tot», antwortete der junge Mann. «Wenn Sie mit mir kommen wollen, werde ich sie ausgraben, und dann können Sie sich selbst davon überzeugen.»

«Wie tief haben Sie sie begraben?» erkundigte sich der andere.

«Sechs oder sieben Fuß tief, schätze ich.»

«Und wann?»

«Ach, vor etwa acht Stunden.»

«Dann ist sie tot», sagte der Arzt. «Hier ist der Totenschein.»

## 7

Unser Held machte sich auf den Weg nach der Stadt New York, um Mr. Zuckermann aufzusuchen. Er reiste zu Fuß, schlief hinter Hecken, lebte von Beeren und wilden Kräutern und brauchte sechzehn Tage, um die Metropole zu erreichen.

«Was für ein erstaunlicher Ort», rief er, als er an der Ecke der Siebenundfünfzigsten Straße und der Fifth Avenue Umschau hielt. «Nirgends Kühe, nirgends Hühner, und von all den vielen Frauen sieht keine wie Tante Glosspan aus.»

Was Mr. Zuckermann betraf, so ließ auch er sich mit nichts vergleichen, was Lexington je gesehen hatte.

Der Anwalt war ein schwammiger kleiner Mann mit fahlen Wangen und einer riesigen blauroten Nase, und wenn er lächelte, schossen aus seinem Mund herrliche goldene Blitze. In seinem vornehm eingerichteten Büro drückte er Lexington warm die Hand und gratulierte ihm zum Tode seiner Tante.

«Ich nehme an, Sie wissen, daß Ihre hochverehrte Pflegemutter eine sehr wohlhabende Frau war?» fragte er.

«Meinen Sie die Kühe und die Hühner?»

«Ich meine eine halbe Million Dollar», sagte Mr. Zuckermann.

«Wieviel?»

«Eine halbe Million, mein Junge. Und dieses Vermögen hat sie Ihnen vermacht.» Mr. Zuckermann lehnte sich in seinem Stuhl zurück und faltete die Hände über dem wabbeligen Bauch. Gleichzeitig schob er heimlich den rechten Zeigefinger durch die Weste und unter das Hemd, um sich in der Nabelgegend zu kratzen – eine Beschäftigung, die ihm besonderen Genuß bereitete. «Natürlich muß ich fünfzig Prozent für meine Bemühungen abziehen», fügte er hinzu, «aber zweihundertfünfzigtausend bleiben immerhin für Sie übrig.»

«Ich bin reich!» rief Lexington. «Wie herrlich! Wann kann ich das Geld haben?»

«Nun», sagte Mr. Zuckermann, «zum Glück stehe ich mit den Steuerbehörden hier in der Gegend auf ziemlich freundschaftlichem Fuß, und so werde ich sie wohl überreden können, daß sie auf alle Erbschaftssteuern und sonstigen Abgaben verzichten.»

«Das ist sehr freundlich von Ihnen», murmelte Lexington.

«Natürlich werde ich dem zuständigen Herrn ein kleines Honorar zahlen müssen.»

«Tun Sie, was Sie für richtig halten, Mr. Zuckermann.»

«Ich denke, hunderttausend werden genügen.»

«Du lieber Himmel, ist das nicht *sehr* viel?»

«Bei Steuerinspektoren und Polizisten darf man sich nie knauserig zeigen», erklärte Mr. Zuckermann. «Merken Sie sich das für die Zukunft.»

«Und was bleibt für mich übrig?» fragte der Jüngling in sanftem Ton.

«Einhundertfünfzigtausend. Aber davon gehen noch die Begräbniskosten ab.»

*«Begräbniskosten?»*

«Sie müssen das Bestattungsinstitut bezahlen. Ist Ihnen das nicht bekannt?»

«Ich habe sie doch selbst begraben, Mr. Zuckermann. Hinter dem Kuhstall.»

«Daran zweifle ich nicht», erwiderte der Rechtsanwalt. «Trotzdem . . .»

«Ich habe kein Bestattungsinstitut in Anspruch genommen.»

«Hören Sie», sagte Mr. Zuckermann geduldig. «Sie werden es vielleicht nicht wissen, aber wir haben in dieser Stadt ein Gesetz, demzufolge kein Testamentserbe einen Pfennig vom Nachlaß bekommt, solange die Begräbnisksoten nicht restlos beglichen sind.»

«Das ist ein *Gesetz*?»

«Allerdings, und zwar ein sehr gutes. Die Bestattungsinstitute gehören nämlich zu unseren großen nationalen Errungenschaften und müssen unter allen Umständen geschützt werden.»

Mit einer Gruppe auf das Gemeinwohl bedachter Ärzte leitete Mr. Zuckermann selbst ein Unternehmen dieser Art, das in der Stadt neun luxuriös eingerichtete Institute besaß, ganz zu schweigen von einer Sargfabrik in Brooklyn und einer Fortbildungsschule für Einbalsamierer in Washington Heights. Folglich waren feierliche Beisetzungen in Mr. Zukkermanns Augen eine durch und durch religiöse Angelegenheit. Ja, das alles bewegte ihn tief – fast so tief, möchte man sagen, wie die Geburt Jesu Christi den Krämer.

«Sie hatten kein Recht, hinzugehen und Ihre Tante auf diese Weise zu beerdigen», erklärte er. «Absolut kein Recht.»

«Es tut mir sehr leid, Mr. Zuckermann.»

«Geradezu umstürzlerisch ist das.»

«Ich will ja alles tun, was Sie sagen, Mr. Zuckermann. Aber ich möchte gern wissen, wieviel mir bleibt, wenn auch das erledigt ist.»

Eine Pause entstand. Mr. Zuckermann seufzte, runzelte die Stirn und fuhr insgeheim fort, mit der Fingerspitze den Rand seines Nabels zu bearbeiten.

«Wie wär's mit fünfzehntausend?» schlug er vor und ließ ein breites goldenes Lächeln aufblitzen. «Das ist eine hübsche, runde Summe.»

«Kann ich das Geld gleich mitnehmen?»

«Bitte sehr, wie Sie wünschen.»

Mr. Zuckermann rief seinen Kassierer und wies ihn an,

Lexington aus der Kleingeldkasse fünfzehntausend Dollar gegen Quittung auszuhändigen. Der Jüngling, der mittlerweile froh war, überhaupt etwas zu bekommen, nahm das Geld dankbar an und steckte es in sein Ränzel. Dann schüttelte er Mr. Zuckermann die Hand, dankte ihm herzlich für seine Hilfe und verließ das Büro.

«Die Welt gehört mir!» rief unser Held, als er auf die Straße hinaustrat. «Jetzt habe ich fünfzehntausend Dollar, von denen ich leben kann, bis mein Buch erschienen ist. Und dann werde ich natürlich noch viel mehr haben.» Er stand vor Mr. Zuckermanns Haus und überlegte, in welcher Richtung er gehen sollte. Schließlich wandte er sich nach links, schlenderte gemächlich die Straße hinunter und bewunderte die Sehenswürdigkeiten der Großstadt.

«Was für ein widerwärtiger Geruch», sagte er schnüffelnd. «Das ist ja nicht auszuhalten.» Für seine empfindlichen Geruchsnerven, die nur an die köstlichsten Küchendüfte gewöhnt waren, bedeutete der Gestank der aus den Omnibussen dringenden Auspuffgase eine wahre Folter.

«Nur fort von hier, bevor meine Nase völlig ruiniert ist», murmelte er. «Aber zuerst muß ich etwas zu essen haben. Ich sterbe vor Hunger.» Der arme Junge hatte in den letzten Wochen nur von Beeren und wilden Kräutern gelebt, und sein Magen schrie nach einer soliden Mahlzeit. Jetzt hätte ich gern ein hübsches Maiskotelett, dachte er, oder vielleicht ein paar saftige Schwarzwurzelpfannkuchen.

Er überquerte die Straße und trat in ein kleines Restaurant. Drinnen war es heiß, dunkel und still. Ein durchdringender Geruch nach Bratfett und Kohlwasser erfüllte die Luft. Der einzige Gast, ein Mann mit einem braunen Hut auf dem Kopf, saß über sein Essen gebeugt und sah bei Lexingtons Eintritt nicht auf.

Unser Held nahm an einem Ecktisch Platz und hängte sein Ränzel über die Stuhllehne. Das wird höchst interessant, sagte er sich. Zeit meines Lebens, also siebzehn Jahre lang, habe ich nur Gerichte gegessen, die Tante Glosspan oder ich gekocht hatten – abgesehen natürlich von der Milch, die mir

McPottle gewärmt haben muß, solange ich ihr anvertraut war. Jetzt aber habe ich Gelegenheit, die Kunst eines neuen Küchenchefs zu begutachten, und mit einigem Glück springen dabei vielleicht ein paar nützliche Anregungen für mein Buch heraus.

Ein Kellner löste sich aus dem Schatten des Hintergrundes und blieb neben dem Tisch stehen.

«Guten Tag», sagte Lexington. «Ich möchte, bitte, ein großes Maiskotelett haben. Braten Sie es in einer sehr heißen Pfanne fünfundzwanzig Sekunden auf jeder Seite, richten Sie es mit saurer Sahne an und streuen Sie vor dem Servieren eine Prise Liebstöckel darüber – es sei denn, daß Ihr Chef eine originellere Methode hat, die kennenzulernen ich natürlich entzückt wäre.»

Der Kellner legte den Kopf schräg und starrte seinen Gast mißtrauisch an. «Schnitzel mit Kohl können Sie haben», erwiderte er. «Etwas anderes ist nicht mehr da.»

«Schnitzel? Was für ein Schnitzel?»

Der Kellner zog ein schmutziges Taschentuch heraus, das er an einem Zipfel faßte und wie eine Peitsche heftig durch die Luft schlug. Dann schneuzte er sich laut und ausgiebig.

«Wollen Sie's nehmen oder nicht?» fragte er, während er sich die Nase wischte.

«Ich habe keine Ahnung, woraus dieses Schnitzel besteht», antwortete Lexington, «aber ich würde es gern kosten. Wissen Sie, ich schreibe nämlich ein Kochbuch und –»

«Ein Schnitzel mit Kohl!» schrie der Kellner, und irgendwo in den hinteren Räumen des Restaurants wiederholte eine ferne Stimme die Bestellung.

Der Kellner verschwand. Lexington holte sein Messer und seine Gabel aus dem Ränzel. Tante Glosspan hatte ihm das Besteck aus schwerem Silber zu seinem sechsten Geburtstag geschenkt, und seither hatte er nie ein anderes benutzt. Während er auf das Essen wartete, polierte er Messer und Gabel sorgfältig mit einem Lappen aus weichem Musselin.

Bald erschien der Kellner mit einem Teller, auf dem eine

dicke goldbraune Scheibe dampfte. Lexington beugte sich vor und schnupperte neugierig an dem unbekannten Gericht. Seine Nasenflügel blähten sich zitternd, um den Geruch aufzunehmen.

«Aber das ist ja himmlisch!» rief er aus. «Dieses köstliche Aroma! Phantastisch!»

Der Kellner trat einen Schritt zurück, ohne seinen Gast aus den Augen zu lassen.

«Nie im Leben habe ich etwas so herrlich Würziges gerochen», erklärte unser Held und griff nach seinem Besteck. «Woraus ist denn das nur gemacht?»

Der Mann mit dem braunen Hut drehte sich um, glotzte den Jüngling an und aß dann weiter. Der Kellner steuerte im Rückwärtsgang auf die Küche zu.

Lexington schnitt ein Stückchen von der dampfenden Scheibe ab, spießte es auf seine silberne Gabel und führte es an die Nase, um noch einmal daran zu riechen. Dann steckte er es in den Mund und begann langsam zu kauen, mit halb geschlossenen Augen und gespanntem Körper.

«Wunderbar!» rief er. «Ein ganz neuer Geschmack! O Glosspan, geliebte Tante, wärst du doch bei mir und könntest dieses bemerkenswerte Gericht kosten! Kellner! Kommen Sie schnell her! Ich brauche Sie!»

Der eingeschüchterte Kellner beobachtete ihn vom anderen Ende des Raumes und schien nicht gewillt, dem Ruf zu folgen.

«Wenn Sie herkommen und mit mir reden, schenke ich Ihnen dies», sagte Lexington und schwenkte eine Hundertdollarnote. «Bitte, kommen Sie, ich muß Sie etwas fragen.»

Vorsichtig schlich sich der Kellner an den Tisch heran, griff hastig nach dem Geldschein, hielt ihn dicht vor die Augen, betrachtete ihn von allen Seiten und ließ ihn dann in der Tasche verschwinden.

«Was kann ich für Sie tun, lieber Freund?» erkundigte er sich.

«Hören Sie», antwortete Lexington, «wenn Sie mir mitteilen, woraus dieses köstliche Gericht besteht und wie es zubereitet wird, dann gebe ich Ihnen noch einmal hundert Dollar.»

«Ich hab's Ihnen doch schon gesagt. Es ist Schnitzel.»

«Und was ist Schnitzel?»

«Haben Sie denn noch nie Schnitzel gegessen?» Der Kellner sah ihn verwundert an.

«Sagen Sie mir um Himmels willen, was es ist, und spannen Sie mich nicht so auf die Folter.»

«Schweinefleisch ist es», erwiderte der Kellner. «Man braucht's nur in die Pfanne zu legen.»

«*Schweinefleisch?* Ist das wahr?»

«Das kann ich Ihnen garantieren.»

«Aber . . . aber . . . das ist unmöglich», stammelte der Jüngling. «Tante Glosspan, die mehr von solchen Dingen verstand als sonst jemand auf der Welt, hat immer behauptet, daß Fleisch jeder Art abscheulich sei, ekelerregend, schrecklich, widerwärtig, mit einem Wort: ungenießbar. Und doch ist das Stück hier auf meinem Teller zweifellos das Leckerste, was ich je gekostet habe. Wie in aller Welt erklären Sie sich das? Tante Glosspan hätte mir gewiß nicht gesagt, es sei widerlich, wenn es nicht so wäre.»

«Vielleicht hat Ihre Tante das Fleisch nicht richtig zubereitet», meinte der Kellner.

«Ist das möglich?»

«Aber ja. Besonders bei Schwein, Schwein muß sehr sorgfältig zubereitet werden, sonst kann man's nicht essen.»

«Heureka!» rief Lexington. «Ich wette, genauso war es! Sie hat es falsch gemacht!» Er drückte dem Mann einen zweiten Hundertdollarschein in die Hand. «Führen Sie mich in die Küche», bat er, «und stellen Sie mich dem Genie vor, das dieses Gericht zubereitet hat.»

Sofort wurde Lexington in die Küche geleitet, wo er den Koch kennenlernte, einen älteren Mann mit einem Hautausschlag auf einer Seite des Halses.

«Sie müssen aber noch einen Hunderter herausrücken», bemerkte der Kellner.

Lexington tat das mit größter Bereitwilligkeit, doch diesmal gab er das Geld dem Koch. «Hören Sie», sagte er, «ich muß gestehen, daß ich von dem, was mir der Kellner erzählt hat, ganz verwirrt bin. Sind Sie wirklich sicher, daß jenes köstliche Gericht, das ich soeben verzehrt habe, aus Schweinefleisch gemacht war?»

Der Koch hob die rechte Hand und kratzte sich an seinem Ausschlag.

«Nun», antwortete er und blinzelte dabei dem Kellner listig zu, «ich kann nur so viel sagen, daß ich *glaube*, es war Schweinefleisch.»

«Sie meinen, Sie wissen es nicht genau?»

«Genau weiß man so etwas nie.»

«Was könnte es denn sonst gewesen sein?» fragte Lexington interessiert.

«Hm...» Der Koch sprach sehr langsam und blickte den Kellner unverwandt an. «Sehen Sie, es besteht immerhin die Möglichkeit, daß es ein Stück Mensch war.»

«Von einem Mann?»

«Ja.»

«Du lieber Himmel!»

«Vielleicht auch von einer Frau. Der Geschmack ist in beiden Fällen der gleiche.»

«Nun, das ist wirklich überraschend», meinte der Jüngling.

«Man lernt nie aus.»

«Ja, das stimmt.»

«Erst kürzlich haben uns Metzger große Mengen davon statt Schweinefleisch geliefert», erklärte der Koch.

«Tatsächlich?»

«Das Schlimme ist, daß man nie weiß, welches welches ist. Gut ist beides.»

«Das Stück, das ich hatte, war einfach herrlich.»

«Freut mich, daß es Ihnen geschmeckt hat», erwiderte der Koch. «Aber um ehrlich zu sein, ich denke, es war vom Schwein. Ich bin sogar ziemlich sicher.»

«Ja?»

«Ja, wirklich.»

«Dann wollen wir also annehmen, daß Sie recht haben», sagte Lexington. «Würden Sie mir jetzt wohl erzählen – und hier sind nochmals hundert Dollar für Ihre Mühe –, würden Sie mir, bitte, genau erzählen, wie Sie es zubereitet haben?»

Nachdem der Koch das Geld eingesteckt hatte, erging er sich in einer anschaulichen Beschreibung, wie man ein Schweineschnitzel klopft, paniert und brät, während sich der Jüngling, um kein Wort von diesem großartigen Rezept zu verlieren, an den Küchentisch setzte und jede Einzelheit in seinem Notizbuch festhielt.

«Ist das alles?» fragte er, als der Koch seinen Vortrag beendet hatte.

«Das ist alles.»

«Aber gewiß gehört doch noch mehr dazu?»

«Vor allem brauchen Sie natürlich ein gutes Stück Fleisch», belehrte ihn der Koch. «Dann haben Sie schon halb gewonnen. Das Schwein muß erstens gesund und zweitens vorschriftsmäßig geschlachtet sein, sonst schmeckt es scheußlich, ganz gleich, wie Sie es zubereiten.»

«Machen Sie es mir vor», bat Lexington. «Schlachten Sie eins, damit ich es lerne.»

«In der Küche schlachten wir keine Schweine», erklärte der Koch. «Das Fleisch, von dem Sie gegessen haben, stammt aus dem Schlachthaus.»

«Dann geben Sie mir die Adresse.»

Der Koch gab sie ihm. Unser Held dankte den beiden vielmals für ihre Freundlichkeit, lief hinaus, sprang in ein Taxi und fuhr zum Schlachthaus.

## 8

Das Schlachthaus war ein großes vierstöckiges Backsteingebäude, dem ein eigenartiger Geruch entströmte, süßlich und schwer wie Moschus. Am Haupteingang hing ein Schild mit der Aufschrift: *Besichtigung jederzeit*. Dadurch ermutigt, ging Lexington hinein und gelangte auf einen Hof mit Kopfsteinpflaster, der das Haus umgab. Er folgte einer Reihe von Wegweisern *(Zu den Führungen)* und kam schließlich zu einer vom Hauptgebäude getrennten Wellblechbude *(Warteraum für Besucher)*. Nach höflichem Anklopfen trat er ein.

In dem Raum befanden sich bereits sechs Personen: eine dicke Mutter mit zwei kleinen Jungen von etwa neun und elf Jahren; ein junges Paar mit strahlenden Augen – die beiden schienen noch in den Flitterwochen zu sein –, und eine blasse Frau, die lange weiße Handschuhe trug, sehr aufrecht saß, starr vor sich hin blickte und die Hände im Schoß gefaltet hatte. Niemand sprach. Lexington überlegte, ob sie wohl alle, wie er, Kochbücher schrieben, doch als er die Frage laut an sie richtete, bekam er keine Antwort. Die Erwachsenen lächelten nur geheimnisvoll und schüttelten den Kopf, während die beiden Kinder ihn wie einen Verrückten anstarrten.

Bald darauf öffnete sich die Tür. Ein Mann mit einem lustigen roten Gesicht stand auf der Schwelle und sagte: «Die nächsten, bitte.» Die Mutter erhob sich und ging mit den beiden Jungen hinaus.

Nach zehn Minuten kam der Mann zurück. «Die nächsten, bitte», sagte er, und die Jungvermählten sprangen auf.

Zwei neue Besucher traten ein und setzten sich – ein Mann in mittleren Jahren und seine ungefähr gleichaltrige Frau, die einen Einkaufskorb mit Lebensmitteln bei sich hatte.

«Die nächsten, bitte», sagte der Führer wieder, und die Frau mit den langen weißen Handschuhen stand auf.

Mehrere Leute kamen herein und nahmen auf den steiflehnigen Holzstühlen Platz.

Bald erschien der Führer zum viertenmal, und nun war Lexington an der Reihe.

«Folgen Sie mir bitte», sagte der Mann und ging mit dem Jüngling über den Hof auf das Hauptgebäude zu.

«Wie aufregend das ist!» Lexington hüpfte von einem Fuß auf den anderen. «Ich wollte nur, meine liebe Tante Glosspan könnte das alles mit mir zusammen erleben.»

«Ich mache nur den ersten Teil der Führung», erklärte sein Begleiter. «Dann reiche ich Sie weiter.»

«Ganz wie Sie meinen», rief der begeisterte Jüngling.

Sie gelangten zu einem großen eingezäunten Platz hinter dem Hauptgebäude, wo einige hundert Schweine herumliefen. «Hier fängt's an», sagte der Führer, «und dann werden sie da drüben hineingetrieben.»

«Wo?»

«Dort.» Der Mann deutete auf einen langen Holzschuppen an der Außenwand des Gebäudes. «Wir nennen es den Kettenpferch. Kommen Sie bitte.»

Als Lexington und der Führer sich näherten, waren drei Männer in hohen Gummistiefeln gerade dabei, ein Dutzend Schweine in den Pferch zu treiben, und so gingen die beiden gleich mit hinein.

«Passen Sie auf», sagte der Führer, «jetzt werden die Tiere angekettet.»

Der Schuppen hatte Holzwände und kein Dach. An der einen Wand, parallel zum Fußboden, war in etwa drei Fuß Höhe ein Stahlkabel mit Haken angebracht, das in ständiger langsamer Bewegung war. Am Ende des Schuppens wechselte es die Richtung, stieg senkrecht zur Dachöffnung hinauf und weiter zum obersten Stockwerk des Hauptgebäudes.

Die zwölf Schweine, die sich in der Nähe des Eingangs zusammendrängten, standen unbeweglich und blickten furchtsam umher. Einer der Männer in Gummistiefeln nahm eine Eisenkette von der Wand, ging damit von hinten auf eines der Schweine zu, bückte sich und schlang ihm rasch ein Ende der Kette ums Hinterbein. Das andere Kettenende befestigte er an einem Haken des vorbeilaufenden Kabels. Die Kette straffte sich. Das Bein des Tieres wurde hochgezerrt und nach hinten gezogen, und das Schwein kam ins Rutschen. Es fiel jedoch nicht hin, denn es war ein ziemlich gelenkiges Schwein und brachte es irgendwie fertig, im Gleichgewicht zu bleiben, während es auf drei Beinen hüpfte und sich gegen die ziehende Kette wehrte. Aber das Tier glitt immer weiter rückwärts, bis es am Ende des Schuppens, wo das Kabel die Richtung änderte und senkrecht nach oben führte, plötzlich den Boden unter den Füßen verlor und aufwärts schwebte. Schrilles Protestgequieke erschallte.

«Das ist wirklich faszinierend», sagte Lexington. «Aber was hat da so merkwürdig gekracht, als es in die Luft gezogen wurde?»

«Wahrscheinlich das Bein», antwortete der Führer. «Oder das Becken.»

«Macht das nichts aus?»

«Was soll es ausmachen?» meinte der andere. «Die Knochen ißt man ja nicht.»

Die Männer in Gummistiefeln beeilten sich, auch die übrigen Schweine anzuketten; eines nach dem anderen wurde an das laufende Kabel gehakt und schwebte unter lautem Protestgeschrei himmelwärts.

«Zu diesem Rezept gehört mehr als Kräuterpflücken», sagte Lexington. «Tante Glosspan hätte das nie geschafft.»

Während Lexington nach oben schaute, wo soeben das letzte Schwein entschwand, näherte sich ihm von hinten ein Mann in Gummistiefeln, schlang eine Kette um das Fußgelenk des Jünglings und hakte das andere Ende an das laufende Kabel. Bevor unser Held wußte, wie ihm geschah, fiel er um und wurde über den Betonboden des Kettenpferchs geschleift.

«Halt!» schrie er. «Alles anhalten! Mein Bein ist in die Kette gekommen.»

Niemand schien ihn zu hören, und fünf Sekunden später wurde der unglückselige junge Mann vom Fußboden hochgerissen und stieg durch das offene Dach des Schuppens nach oben, hilflos an einem Knöchel hängend und wie ein Fisch zappelnd.

«Hilfe!» brüllte er. «Hilfe! Ein Irrtum! Ein furchtbarer Irrtum! Haltet die Maschinen an! Laßt mich runter!»

Der Führer nahm die Zigarre aus dem Mund, sah gelassen zu, wie der Jüngling rasch gen Himmel fuhr, und sagte kein Wort. Die Männer in Gummistiefeln waren schon damit beschäftigt, die nächste Gruppe Schweine in den Pferch zu treiben.

«Rettet mich!» kreischte unser Held. «Laßt mich runter! Bitte laßt mich runter!» Aber er näherte sich bereits dem obersten Stockwerk des Gebäudes, wo sich das Kabel wie eine Schlange krümmte und auf eine Öffnung in der Wand zulief, auf eine Art Tor ohne Türflügel. Und dort, zum Empfang bereit, anzusehen wie Petrus an der Himmelspforte, stand in einer fleckigen gelben Gummischürze der Schlächter.

Lexington, der mit dem Kopf nach unten hing, sah ihn verkehrt herum – und auch das nur kurz –, doch er bemerkte sofort den Ausdruck friedlichen Wohlwollens, das freundliche Blinzeln der Augen, das leicht nachdenkliche Lächeln, die Grübchen in den Wangen – und das alles erfüllte ihn mit Hoffnung.

«Hallo», grüßte der Schlächter freundlich.

«Schnell! Retten Sie mich!» schrie unser Held.

«Mit Vergnügen», antwortete der Schlächter, nahm Lexington mit der linken Hand sanft am Ohr, hob die Rechte und schnitt ihm mit einem Messer die Halsschlagader durch.

Das Kabel lief mit Lexington weiter. Für den Jüngling stand alles kopf, und das Blut, das aus seiner Kehle drang, floß ihm in die Augen, aber er konnte trotzdem so einigermaßen sehen. Er hatte den verschwommenen Eindruck, in einem sehr langen Raum zu sein, an dessen anderem Ende sich ein riesiger, dampfender Wasserkessel befand. Dunkle, halb vom Dampf verhüllte Gestalten tanzten um den Behälter herum und schwenkten lange Stangen. Das Förderband führte offenbar über den Kessel hinweg, und wenn Lexington sich nicht täuschte, wurden die Schweine eines nach dem anderen in das kochende Wasser getaucht. Eines der Tiere schien an den Vorderbeinen lange weiße Handschuhe zu tragen.

Unser Held fühlte sich plötzlich sehr schläfrig, aber erst als sein gutes, kräftiges Herz den letzten Blutstropfen aus seinem Körper gepumpt hatte, ging er aus dieser, der besten aller möglichen Welten, in die nächste über.

STEPHEN KING

# *Einen auf den Weg*

Es war Viertel vor zehn, und Herb Tooklander war im Begriff, «Tookey's Bar» zu schließen, als der Mann mit dem bleichen, starren Gesicht und dem neumodischen Mantel hereinplatzte. «Tookey's Bar» liegt im nördlichen Teil von Falmouth. Es war der zehnte Januar, gerade die Zeit, in der die meisten Leute anfangen, behaglich mit all den Vorsätzen zum neuen Jahr zu leben, die sie bereits gebrochen haben, und draußen blies ein höllischer Nordostwind.

Fünfzehn Zentimeter Schnee waren bis zur Dämmerung heruntergekommen, und seitdem war es heftig weitergegangen. Zweimal hatten wir Billy Larribee hoch oben in der Kabine des städtischen Schneepflugs vorbeifahren sehen, und beim zweitenmal hatte Tookey ihm ein Bier herausgebracht – ein Akt purer Nächstenliebe, hätte meine Mutter gesagt, und sie hat bei Gott zu ihrer Zeit genug von Tookeys Bier heruntergespült. Billy hatte ihm gesagt, daß sie die Hauptstraße noch freihalten konnten, aber die Nebenstraßen waren gesperrt und würden es wahrscheinlich bis zum nächsten Morgen bleiben. Die Radiostation in Portland sagte weitere dreißig Zentimeter Schnee und einen Sturm voraus, der die Wolken mit siebzig Stundenkilometern vor sich hertreiben würde.

Nur Tookey und ich waren in der Bar, lauschten dem

Wind, der um die Dächer heulte, und sahen zu, wie er das Feuer im Herd tanzen ließ. «Nimm dir noch einen auf den Weg», sagte Tookey, «ich werd dichtmachen.»

Er zapfte mir einen und noch einen für sich, und in diesem Augenblick flog die Tür auf, und dieser Fremde stolperte herein, Schnee auf den Schultern und im Haar, als hätte er sich in Puderzucker gewälzt. Hinter ihm türmte der Wind eine feine Schneedecke im Raum auf.

«Die Tür zu!» röhrte Tookey ihn an. «Bist du im Stall zu Hause?»

Ich habe noch nie einen Menschen gesehen, der so entsetzt aussah. Er glich einem Pferd, das den Nachmittag damit verbracht hat, Feuerkletten zu fressen. Seine Augen rollten zu Tookey herüber, und er stammelte: «Meine Frau – meine Tochter –» und brach ohnmächtig zusammen.

«Heiliger Strohsack», sagte Tookey. «Mach die Tür zu, Booth, ja?»

Ich ging und stemmte sie gegen den Wind zu. Tookey kniete neben dem Burschen, hielt seinen Kopf hoch und schlug ihm auf die Wangen. Ich kam zu ihm rüber und sah auf den ersten Blick, daß es schlecht stand. Sein Gesicht war feuerrot, aber hier und da waren graue Flecken zu sehen, und wenn man die Winter in Maine durchlebt hat, seit Woodrow Wilson Präsident war, dann weiß man, daß graue Flekken Erfrierungen sind.

«Ohnmächtig», sagte Tookey. «Sei so nett und hol mir den Brandy aus der Theke.»

Ich holte ihn und kam zurück. Tookey hatte den Mantel des Burschen geöffnet. Er war wieder ein bißchen zu sich gekommen; die Augen waren halb offen, und er murmelte etwas vor sich hin, zu leise, um ihn zu verstehen.

«Mach die Kappe voll», sagte Tookey.

«Nur 'ne Kappe?» fragte ich ihn.

«Das Zeug ist Dynamit», sagte Tookey. «Er braucht ja nicht gleich besoffen zu werden.»

Ich füllte etwa eine Kappe ab und sah Tookey an. Der nickte. «Direkt die Kehle runter.»

Ich schüttete es in den Fremden hinein. Es war faszinierend, dabei zuzuschauen. Der Mann zitterte am ganzen Körper und begann zu husten. Sein Gesicht wurde dunkelrot. Seine Augenlider, die auf Halbmast gestanden hatten, flogen auf wie Fensterläden. Ich war ein wenig besorgt, aber Tookey setzte ihn auf wie ein großes Baby und schlug ihm auf den Rücken.

Der Mann fing an zu würgen, und Tookey gab ihm noch einen Klaps.

«Halt es drin», sagte er, «der Brandy ist gut.»

Der Mann hustete noch ein bißchen, aber es wurde schon besser. Ich nahm ihn jetzt zum erstenmal richtig in Augenschein. Stadtmensch, natürlich, und von irgendwo südlich von Boston, vermutete ich. Er trug Glacéhandschuhe, teuer, aber dünn. Er hatte wohl noch ein paar von diesen grauen Flecken auf den Händen, und wenn er nicht einen oder zwei Finger verlor, hatte er Glück gehabt. Sein Mantel war ziemlich ausgefallen, wenn ich jemals ein Dreihundertdollarstück gesehen habe, dann dieses. Er trug enge, kleine Schuhe, die ihm kaum bis an die Knöchel reichten, und ich begann mir Sorgen um seine Zehen zu machen.

«Besser», sagte er.

«Schon gut», sagte Tookey. «Schaffst du es bis zum Feuer?»

«Meine Frau und meine Tochter», sagte er. «Sie sind da draußen . . . im Sturm.»

«So wie du hier hereingekommen bist, hatte ich nicht den Eindruck, daß sie zu Hause am Fernseher sitzen», meinte Tookey. «Du kannst es uns am Feuer ebensogut erzählen wie hier auf dem Boden. Faß mit an, Booth.»

Er kam auf die Beine, aber er stieß ein leises Stöhnen aus und sein Mund verzog sich schmerzvoll. Ich dachte wieder an seine Zehen, und ich fragte mich, warum Gott der Meinung war, er müßte diese Idioten aus New York machen, die im Zentrum eines Blizzards durch Südmaine kutschierten. Und ich fragte mich, ob seine Frau und sein kleines Mädchen wärmer angezogen waren als er.

Wir schleppten ihn hinüber zur Feuerstelle und brachten ihn dazu, sich in den Schaukelstuhl zu setzen, der Mrs. Tookeys Lieblingsstück gewesen war, bevor sie '74 starb. Es war Mrs. Tookey gewesen, die aus «Tookey's Bar» das gemacht hatte, was sie heute war – ein Lokal, das im *Down East* und im *Sunday Telegram* und einmal sogar in der Sonntagsbeilage des *Boston Globe* lobend erwähnt worden war. Es ähnelte in Wirklichkeit mehr einem englischen Pub als einer Bar, mit dem hölzernen, eher zusammengehauenen als genagelten Boden, der Theke aus Ahorn, einer Decke wie in einer Scheune und dem wuchtig großen Steinherd. Mrs. Tookey hatte einige Ideen in ihrem Kopf ausgebrütet, als der Artikel im *Down East* erschienen war, wollte damit anfangen, das Lokal «Tookey's Inn» oder «Tookey's Rest» zu nennen, und ich gebe zu, daß der Klang ein wenig an die Kolonialzeit erinnerte, aber ich ziehe das gute alte «Tookey's Bar» vor. Es ist eine Sache, im Sommer hochherrschaftlich zu tun, wenn der Staat voll von Touristen ist, aber eine andere, im Winter durchzuhalten, wenn man mit seinen Nachbarn zurechtkommen muß. Und es hatte eine ganze Reihe von Winternächten gegeben, so wie diese, in denen Tookey und ich die ganze Zeit allein verbracht haben und Scotch mit Wasser tranken oder nur ein paar Bier. Meine Victoria starb dreiundsiebzig, und «Tookey's» war ein Ort, wohin man gehen konnte, an dem genügend Stimmen zu hören waren, um das beharrliche Ticken der Totenuhr zu übertönen – selbst wenn nur Tookey und ich da waren, das war schon genug. Ich hätte nicht so darüber gedacht, wenn es «Tookey's Rest» geheißen hätte. Es klingt verrückt, aber so ist es.

Wir brachten diesen Burschen zum Feuer, wo er schlimmer zu zittern begann als vorher. Er drückte seine Knie an sich und klapperte mit den Zähnen, während ihm ein paar Tropfen klaren Schleims aus der Nase rannen. Ich denke, er begriff jetzt erst, daß ihn eine weitere Viertelstunde oder so da draußen wahrscheinlich umgebracht hätte. Es ist nicht der Schnee, sondern die Kälte des Windes. Sie raubt einem jegliche Körperwärme.

«Wo seid ihr von der Straße abgekommen?» fragte Tookey ihn.

«Sechs M-Meilen s-südlich von h-hier», sagte er.

Tookey und ich sahen uns an, und plötzlich wurde mir kalt. Am ganzen Körper kalt.

«Bist du sicher?» entgegnete Tookey. «Du bist sechs Meilen durch den Schnee gelaufen?»

Er nickte. «Ich habe auf den Kilometerzähler geachtet, als wir durch die Stadt kamen. Ich bin der Beschreibung gefolgt . . . wir wollten die Schwester meiner Frau besuchen . . . in Cumberland . . . bin noch nie dagewesen . . . wir sind aus New Jersey . . .»

New Jersey. Wenn es Menschen gibt, die noch blöder sind als die aus New York, dann sind es die Burschen aus New Jersey.

«Sechs Meilen, ganz sicher?» fragte Tookey weiter.

«Verdammt sicher, ja. Ich fand diese Abzweigung, aber sie war eingeschneit . . . es war . . .»

Tookey griff seinen Arm. Im flackernden Schein des Feuers sah sein Gesicht bleich und angespannt aus, machte sein sechsundsechzigjähriges Gesicht noch um zehn Jahre älter.

«Du bist rechts abgebogen?»

«Rechts, ja stimmt. Meine Frau –»

«Habt ihr ein Schild gesehen?»

«Ein Schild?» Er sah Tookey fragend an und wischte sich die Nasenspitze ab. «Natürlich habe ich es gesehen. Das war auch in meiner Beschreibung. Nimm die Jointner Avenue durch Jerusalem's Lot bis zur Auffahrt auf die 291.» Er sah von Tookey zu mir und wieder zu Tookey. Draußen heulte, ächzte und brüllte der Wind um die Dächer. «War das nicht richtig, Mister?»

«Jerusalem's Lot», sagte Tookey, beinahe zu leise, als daß man ihn hören konnte. «O mein Gott.»

«Was ist denn?» fragte der Mann. Er hob seine Stimme. «Was ist los? Ich meine, die Straße sah eingeschneit aus, aber ich dachte . . . wenn da eine Stadt ist, kommen doch die Pflüge . . . dann hätte ich . . .»

Er verstummte plötzlich.

«Booth», sagte Tookey leise zu mir. «Geh ans Telefon. Ruf den Sheriff an.»

«Genau», sagte dieser Idiot aus New Jersey, «das ist es. Was ist überhaupt los mit euch, Jungs? Ihr seht aus, als hättet ihr ein Gespenst gesehen.»

Tookey sagte: «Gespenster gibt es keine im Lot, Mister. Hast du ihnen gesagt, daß sie im Wagen bleiben sollen?»

«Sicher hab ich das getan. Ich bin doch nicht blöde.»

Nun, ich hätte darauf keinen Eid geleistet.

«Wie heißt du?» fragte ich ihn. «Für den Sheriff.»

«Lumley», sagte er. «Gerard Lumley.»

Er fing wieder mit Tookey an, und ich ging zum Telefon hinüber. Ich nahm den Hörer ab und hörte nichts außer einem tödlichen Schweigen.

Ich schlug ein paarmal auf die Unterbrechungstasten. Immer noch nichts.

Ich kam zurück. Tookey hatte Lumley noch ein wenig Brandy eingeschüttet, und der ging ihm jetzt etwas leichter die Kehle hinunter.

«War er nicht da?» fragte Tookey.

«Die Leitung ist tot.»

«Verdammte Scheiße», sagte Tookey, und wir sahen uns an. Draußen frischte der Wind auf und warf Schnee gegen die Fenster.

Lumley blickte von Tookey zu mir und wieder zurück.

«Hat denn keiner von euch ein Auto?» fragte er. Die Angst war in seine Stimme zurückgekehrt. «Sie müssen den Motor laufenlassen, damit die Heizung läuft. Ich hatte den Tank nur noch zu einem Viertel voll, und bis hierhin habe ich anderthalb Stunden gebraucht ... hört mal, bekomme ich jetzt eine Antwort?» Er stand auf und griff Tookey am Kragen.

«Mister», sagte Tookey, «ich habe den Eindruck, diese Hand ist gerade deinem Gehirn entwischt.»

Lumley sah auf seine Hand, sah Tookey an und ließ ihn los. «Maine», zischte er. Es hörte sich an, als sagte er etwas

Schmutziges über die Mutter von irgendwem. «Nun gut», sagte er. «Wo ist die nächste Tankstelle? Die müssen einen Abschleppwagen haben ...»

«Die nächste Tankstelle ist in der Stadtmitte von Falmouth», sagte ich. «Und das ist drei Meilen weit die Straße runter.»

«Danke», meinte er, ein wenig sarkastisch, und drehte sich zur Tür, dabei den Mantel zuknöpfend.

«Wird allerdings nicht offen sein», fügte ich hinzu.

Er drehte sich langsam wieder um und sah uns an.

«Wovon redest du überhaupt?»

«Er versucht, dir zu erklären, daß die Tankstelle in der Stadt Billy Larribee gehört, und Billy ist draußen mit dem Pflug, du verdammter Idiot», sagte Tookey geduldig. «Warum kommst du nicht einfach wieder her und setzt dich, bevor du die ganze Sache versaust?»

Er kam zurück, verstört und ängstlich. «Wollt ihr sagen, daß es keine ... daß ich nicht ...»

«Gar nichts haben wir gesagt», unterbrach ihn Tookey. «Du redest schon die ganze Zeit, und wenn du eine Minute still wärst, könnten wir die Sache überdenken.»

«Was ist das für eine Stadt, dieses Jerusalem's Lot?» fragte er. «Warum war die Straße eingeschneit? Warum waren da nirgends Lampen an?»

Ich sagte: «Jerusalem's Lot ist vor zwei Jahren niedergebrannt.»

«Und sie haben sie nicht wieder aufgebaut?» Er sah aus, als könnte er es nicht begreifen.

«Sieht so aus», sagte ich und blickte Tookey an. «Was machen wir nun in der Sache?»

«Wir können sie nicht da draußen lassen», sagte er.

Ich ging näher zu ihm hin. Lumley war zum Fenster gewandert und blickte in die verschneite Nacht.

«Was ist, wenn sie hingegangen sind?» fragte ich.

«Das mag sein», sagte er. «Aber wir wissen es nicht sicher. Ich habe meine Bibel hier auf dem Regal. Trägst du noch deine Gedenkmünze vom Papst?»

Ich zog das Kruzifix aus dem Hemd und zeigte es ihm. Ich bin in einer freien Kirchengemeinde geboren und aufgezogen worden, aber die meisten Leute, die um Jerusalem's Lot herum leben, tragen etwas – Kreuze, Gedenkmünzen des St. Christophorus, Rosenkränze, irgend etwas. Weil vor zwei Jahren, innerhalb eines einzigen dunklen Oktobers, Jerusalem's Lot verdammt wurde. Manchmal, spät in der Nacht, wenn nur ein paar Einheimische um Tookeys Feuer herum sitzen, reden die Leute darüber. Sie reden drum herum, das kommt der Wahrheit näher. Es begann damit, daß die Leute in Jerusalem's Lot verschwanden. Erst einige wenige, dann noch ein paar, dann ein ganzer Haufen. Die Schulen wurden geschlossen. Die Stadt stand mindestens ein Jahr lang leer. Oh, ein paar Menschen zogen ein – größtenteils so Idioten von außerhalb wie dieses feine Exemplar hier –, von den niedrigen Grundstückspreisen angezogen, schätze ich. Aber sie blieben nicht lange. Eine Menge von ihnen zog einen Monat oder zwei, nachdem sie gekommen waren, wieder aus. Die anderen ... nun, sie verschwanden. Dann brannte die gesamte Stadt nieder. Es war am Ende eines langen, trockenen Herbstes. Man vermutet, daß es im Haus der Marstens anfing, auf dem Hügel, der die Jointner Avenue überragt, aber bis auf den heutigen Tag weiß niemand, wie es wirklich passiert ist. Drei Tage lang wütete das Feuer völlig unkontrolliert. Danach war es, zumindest für eine Zeitlang, besser. Und dann kamen sie wieder.

Ich hörte nur ein einziges Mal, daß das Wort «Vampire» erwähnt wurde. Ein verrückter Trucker namens Richie Messina, der vom Freihafen Früchte herüberbrachte, war an dem Abend bei Tookey's und verdammt gut abgefüllt. «Jesus Christus», brüllte dieser Irre und stand auf, zwei Meter lang in seinen Baumwollhosen, dem karierten Hemd und Lederstiefeln. «Habt ihr denn alle einen derartigen Schiß, daß ihr es nicht herausbekommt? Vampire! Jesus Christus und alle Teufel der Hölle auf einem Motorrad! Wie ein Haufen Kinder von den Filmen verschreckt! Wollt ihr wissen, was los ist in ‹Salem's Lot›? Soll ich's euch sagen? Soll ich's euch sagen?»

«Nur los, Richie, sag's uns», sagte Tookey. In der Bar war es absolut still geworden. Man konnte das Feuer zischen hören und draußen das sanfte Klopfen des Novemberregens, der in der Dunkelheit herunterkam. «Wir sind ganz Ohr.»

«Was ihr da drüben habt, ist ganz einfach eine Meute wilder Hunde», erklärte uns Richie Messina. «Das ist alles. Das und eine Menge alter Frauen, die eine gute Spukgeschichte lieben. Für achtzig Eier gehe ich da hoch und verbringe die Nacht in dem, was von diesem Spukhaus übrig ist, das euch allen solche Sorgen macht. Na, was ist damit? Irgendwer hier, der annimmt?»

Aber niemand war dazu bereit. Richie war ein Großmaul und ein gemeiner Säufer, bei dessen Begräbnis niemand Tränen vergießen würde, aber keiner von uns hätte ihn gern nach Einbruch der Dunkelheit nach «Salem's Lot» gehen sehen.

«Ich scheiß auf euch alle», sagte Richie. «Ich habe einen Karabiner vorn in meinem Chevy hängen, und der stoppt alles in Falmouth, Cumberland, oder Jerusalem's Lot. Und genau da werde ich jetzt hingehen.»

Er polterte aus der Bar, und eine Weile lang sagte niemand etwas. Dann sagte Lamont Henry sehr leise: «Das ist das letzte Mal, daß jemand Richie Messina gesehen hat. Heiliger Jesus.» Und Lamont, am Knie seiner Mutter zu einem Methodisten erzogen, bekreuzigte sich.

«Er ist besoffen und wird's sich noch überlegen», sagte Tookey, aber er hörte sich unsicher an. «Der ist zurück, bevor wir zumachen, und dann wird er erzählen, es wäre alles nur ein Scherz gewesen.»

Aber diesmal hatte Lamont recht behalten, weil niemand Richie je wiedersah. Seine Frau sagte der Polizei, sie wäre der Meinung, daß er nach Florida gegangen sei, um einem Kredithai zu entgehen, aber man konnte die Wahrheit in ihren Augen sehen – kranke, erschreckte Augen. Nicht viel später ging sie nach Rhode Island. Vielleicht dachte sie, daß Richie eines Nachts hinter ihr her sein würde. Und ich war nicht der

Mann, der behaupten konnte, daß so etwas nicht passieren würde.

Nun sah Tookey mich an, und ich sah Tookey an, während ich das Kreuz wieder ins Hemd stopfte. Niemals zuvor in meinem Leben hatte ich mich so alt oder so ängstlich gefühlt.

Tookey sagte noch einmal: «Wir können sie nicht da draußen lassen.»

«Ja, ich weiß.»

Wir sahen uns noch einen Moment lang an, und dann griff er nach meiner Schulter und drückte sie. «Du bist ein guter Mann, Booth.» Das reichte, um mein Selbstvertrauen wieder ein wenig zu stärken. Wenn man die Siebzig überschritten hat, scheint es so, als würden die Leute vergessen, daß man ein Mann ist oder jemals einer war.

Tookey ging zu Lumley und sagte: «Ich habe einen Scout mit Vierradantrieb. Ich werd ihn holen.»

«Um Gottes willen, warum hast du das nicht früher gesagt?» Er war vom Fenster weg herumgewirbelt und starrte Tookey böse an. «Warum mußten wir hier zehn Minuten damit verbringen, um den heißen Brei herumzureden?»

Tookey sagte sehr sanft: «Mister, halt besser deinen Mund. Und wenn du vorhast, ihn noch einmal aufzumachen, dann denk daran, wer mitten in einem gottverdammten Wirbelsturm in eine ungepflügte Stadt eingebogen ist.»

Lumley wollte zuerst antworten, hielt schließlich aber den Mund. Seine Wangen hatten sich dunkel gefärbt. Tookey ging los, um seinen Scout aus der Garage zu holen. Ich fühlte unter der Bar entlang, bis ich die verchromte Thermosflasche gefunden hatte, und füllte sie mit Brandy. Dachte mir, daß wir den brauchen konnten, bevor die Nacht vorüber war.

Ein Wirbelsturm über Maine – schon einmal in einem gewesen?

Der Schnee kommt so dicht und so fein geflogen, daß er wie Sand aussieht und auch so klingt, wenn er gegen die Türen deines Autos schlägt. Du willst deine starken Lampen nicht anmachen, weil der Strahl vom Schnee reflektiert wird und man vorn keine drei Meter sehen kann. Mit den schwächeren Lampen sieht man vielleicht viereinhalb Meter weit. Aber ich kann mit dem Schnee leben. Es ist der Wind, den ich nicht leiden kann, wenn er auffrischt und zu heulen beginnt, den Schnee in hundert seltsame fliegende Figuren treibt und klingt wie all der Haß und Schmerz und alle Furcht der Welt. In der Stimme des Schneesturms liegt der Tod, weißer Tod – und vielleicht Schlimmeres, über den Tod hinaus. Man hört es nicht, wenn man bequem eingerollt im eigenen Bett liegt, mit verriegelten Fensterläden und verschlossenen Türen. Wenn man fährt, ist es viel schlimmer. Und wir fuhren geradewegs nach Salem's Lot.

«Kannst du dich nicht ein bißchen beeilen?» fragte Lumley.

Ich sagte: «Für einen Mann, der halb erfroren angekommen ist, hast du es höllisch eilig, wieder zu laufen.»

Er warf mir einen ärgerlichen und verblüfften Blick zu und sagte gar nichts mehr. Wir fuhren den Highway mit gleichmäßigen fünfundzwanzig Meilen hoch. Es war kaum zu glauben, daß Billy Larribee diesen Streifen gerade erst vor einer Stunde geräumt hatte; die Decke war wieder fünf Zentimeter dick, und die Straße zugeschneit. Die schlimmsten Windstöße drückten den Scout auf seine Stoßdämpfer. Die Scheinwerfer zeigten ein wirbelndes weißes Nichts vor uns. Wir waren nicht einem einzigen Wagen begegnet.

Ungefähr zehn Minuten später keuchte Lumley: «He! Was war denn das?»

«Was war was? Wild?» fragte ich.

«Ich glaube, ja», sagte er. Es klang etwas zittrig. «Aber seine Augen – sie waren rot.» Er sah mich an. «Sehen die Augen von Tieren so in der Dunkelheit aus?» Es hörte sich fast flehend an.

«Die können wie alles mögliche aussehen», sagte ich und dachte, daß das wahr sein mochte, aber ich habe viel Wild aus vielen Autos nachts beobachtet und niemals dabei ein Augenpaar gesehen, das rot leuchtete.

Tookey sagte nichts.

Ungefähr fünfzehn Minuten später kamen wir an ein

Stück, an dem der Schneehaufen rechts neben der Straße nicht so hoch war, weil die Pflüge ihre Schaufeln immer etwas anheben, wenn sie an einer Kreuzung arbeiten.

«Hier könnte es sein, wo wir abgebogen sind», sagte Lumley, aber er schien sich nicht ganz sicher zu sein. «Ich kann das Schild nicht finden –»

«Da ist es», antwortete Tookey. Seine Stimme schien jemand anderem zu gehören. «Man sieht nur das Ende des Mastes herausragen.»

«Oh. Stimmt.» Lumley klang erleichtert. «Hör mal, Tooklander, es tut mir leid, daß ich eben so kurz angebunden war. Ich war ängstlich und halb erfroren und schimpfte mich selbst einen Idioten. Und ich will euch beiden danken . . .»

«Dank Booth und mir nicht, bevor wir sie in diesem Wagen haben», sagte Tookey. Er schaltete den Vierradantrieb ein und brach sich einen Weg durch den Schneehaufen auf die Jointner Avenue, die durch Jerusalem's Lot geht und auf die 295 mündet. Von den Kotflügeln flog Schnee auf. Das Heck versuchte auszubrechen, aber Tookey war schon durch Schnee gefahren, als Hector noch ein Welpe war. Er trieb den Wagen an, redete ihm ein bißchen zu, und schon waren wir durch. Ab und zu beleuchteten die Scheinwerfer Andeutungen von Wagenspuren, die von Lumleys Wagen stammen mußten, und dann verschwanden sie wieder. Lumley saß nach vorne gelehnt und hielt nach seinem Wagen Ausschau. Und ganz plötzlich meinte Tookey: «Lumley?»

«Was ist?» Er sah zu Tookey herüber.

«Die Leute hier in der Gegend sind so etwas wie abergläubisch, was Salem's Lot angeht», sagte Tookey leichthin – aber ich konnte die tiefen Falten der Anspannung um seinen Mund herum sehen, auch wie seine Augen hin und her wanderten. «Wenn deine Leute im Auto sind, nun, alles klar. Wir packen sie ein, fahren zu mir und bleiben da. Morgen, wenn der Sturm vorbei ist, wird Billy gern euren Wagen aus dem Schnee ziehen. Aber wenn sie nicht im Auto sind –»

«Nicht im Auto?» unterbrach ihn Lumley scharf. «Warum sollten sie nicht im Wagen sein?»

«Wenn sie nicht im Auto sind», fuhr Tookey fort, ohne zu antworten, «werden wir umdrehen und zurück nach Falmouth fahren, um den Sheriff herbeizupfeifen. Hat doch keinen Sinn, nachts in einem Schneesturm herumzuirren, nicht wahr?»

«Sie werden im Wagen sein. Wo sollten sie denn sonst sein?»

Ich sagte: «Noch etwas, Lumley. Wenn wir irgend jemandem begegnen sollten, werden wir nicht mit ihm sprechen. Auch nicht, wenn er uns anspricht. Verstanden?»

Sehr langsam sagte Lumley: «Was für ein Aberglaube ist das?»

Bevor ich etwas sagen konnte – Gott allein weiß, was ich geantwortet hätte –, unterbrach Tookey uns.

«Wir sind da.»

Wir waren auf das Heck eines großen Mercedes gestoßen. Die gesamte Motorhaube war unter einer Schneedecke begraben, und auch die ganze linke Seite war zugeweht. Aber die Schlußlichter waren an, und wir konnten den Rauch aus dem Auspuff aufsteigen sehen.

«Wenigstens ist ihnen nicht der Sprit ausgegangen», sagte Lumley.

Tookey machte aus und zog die Notbremse an. «Denk an das, was Booth gesagt hat.»

«Sicher, sicher.» Aber er dachte an nichts anderes als an seine Frau und seine Tochter. Ich glaube nicht, daß ihm das irgendwer verübeln konnte, trotz allem.

«Fertig, Booth?» fragte Tookey mich. Er sah mir in die Augen, grau und grimmig im Licht der Instrumententafel.

«Ich schätze schon», sagte ich.

Wir stiegen alle aus und wurden vom Wind erfaßt, der uns Schnee in die Gesichter trieb. Lumley war der erste, stemmte sich gegen den Schnee, während sein teurer Mantel wie ein Segel hinter ihm her flatterte. Er warf zwei Schatten, einen aufgrund von Tookeys Scheinwerfern, den anderen aufgrund seiner eigenen Schlußlichter. Ich war hinter ihm und Tookey einen Schritt hinter mir.

Als wir zur Kabine des Mercedes kamen, hielt Tookey mich fest.

«Laß ihn», sagte er.

«Janey! Francie!» rief Lumley. «Alles in Ordnung?» Er öffnete die Beifahrertür und lehnte sich hinein. «Alles –»

«Heiliger Jesus», sagte Tookey, das Gebrüll des Windes kaum übertönend. «Ich glaube, es ist wieder passiert.»

Lumley drehte sich zu uns um. Sein Gesicht sah erschrokken und wild aus, die Augen weit aufgerissen. Ganz plötzlich stürzte er durch den Schnee auf uns zu, rutschte und fiel beinahe hin. Er wischte mich zur Seite wie gar nichts und packte Tookey.

«Wie konntest du das wissen?» brüllte er. «Wo sind sie? Was zum Teufel geht hier vor?»

Tookey löste seinen Griff und schob sich hinter ihn. Er und ich sahen zusammen in den Mercedes. Drinnen war er warm wie ein Toast, aber das würde nicht mehr lange anhalten. Das kleine rote Warnschild der Benzinanzeige brannte. Der große Wagen war leer. Auf dem Boden vor den Rücksitzen lag eine Barbiepuppe, die dem Kind gehören mußte. Und ein Skiparka in Kindergröße lag auf dem Rücksitz.

Tookey schlug die Hände vors Gesicht – und war weg. Lumley hatte ihn herausgezerrt und rückwärts in eine Schneewehe hineingestoßen. Sein Gesicht war bleich und zeigte einen wilden Ausdruck. Sein Mund arbeitete, als hätte er irgendein bitteres Zeug gekaut, das ihm den Mund so zusammengezogen hatte, daß er nicht mal mehr ausspucken konnte. Er beugte sich hinein und griff nach dem Parka.

«Francies Mantel?» sagte er beinahe flüsternd. Und dann brüllte er laut heraus: «Francies Mantel!» Er drehte sich um und hielt den Parka an dem pelzgefütterten Kragen vor sich. Er blickte mich an, verblüfft und ungläubig. «Sie kann doch nicht ohne ihren Mantel draußen sein, Mr. Booth. Warum . . . warum . . . sie wird sich zu Tode frieren.»

«Mr. Lumley –»

Er lief los, den Parka noch immer in den Händen, und rief: «Francie! Janey! Wo seid ihr? Wo seid ihr?»

Ich gab Tookey meine Hand und half ihm auf die Füße. «Bist du in Ordnung?»

«Um mich mach dir keine Sorgen», sagte er. «Wir müssen ihn zur Vernunft bringen, Booth.»

Wir folgten ihm so schnell wir konnten, was nicht sehr schnell war, weil der Schnee uns manchmal bis an die Hüften reichte. Aber dann hielt Lumley an, und wir schlossen zu ihm auf.

«Lumley –» begann Tookey und legte ihm eine Hand auf die Schulter.

«Hier entlang», sagte Lumley. «Hier sind sie entlanggelaufen. Schaut doch!»

Wir sahen hinunter. Wir waren in einer Art Senke, und der Wind blies über unsere Köpfe hinweg. Und man konnte zwei Reihen von Spuren sehen, eine große und eine kleine, die sich gerade mit Schnee zu füllen begannen. Wenn wir fünf Minuten später gekommen wären, wären sie verschwunden gewesen.

Lumley ging wieder los, den Kopf gesenkt, aber Tookey zog ihn zurück. «Nein! Lumley, nicht!»

Lumley drehte sein wildes Gesicht zu Tookey und ballte eine Faust. Er holte aus... aber irgend etwas in Tookeys Ausdruck ließ ihn zögern. Er warf mir einen Blick zu und sah dann wieder Tookey an.

«Sie wird erfrieren», sagte er, als wären wir dumme kleine Kinder. «Begreift ihr das nicht? Sie hat ihre Jacke nicht an und ist nicht einmal sieben Jahre alt...»

«Sie können überall hier draußen sein», erwiderte Tookey. «Diesen Spuren kann man nicht folgen. Sie verschwinden in der nächsten Verwehung.»

«Was schlägst du denn vor?» schrie Lumley mit hoher, hysterischer Stimme. «Wenn wir jetzt die Polizei holen, werden sie sich in der Zwischenzeit zu Tode frieren! Francie *und* meine Frau!»

«Sie können genausogut bereits erfroren sein», sagte Tookey. Er sah Lumley in die Augen. «Erfroren oder Schlimmeres.»

«Was soll das heißen?» flüsterte Lumley. «Sag es doch geradeheraus, verdammt! Sag schon!»

«Lumley», sagte Tookey, «es gibt da etwas in Jerusalem's Lot –»

Aber ich war derjenige, der es schließlich herausbrachte und das Wort sagte, von dem ich nie erwartet hatte, es aussprechen zu können. «Vampire, Lumley. Jerusalem's Lot ist voll von Vampiren. Ich denke, es ist schwer, das jetzt so zu glauben –»

Er sah mich an, als wäre ich plötzlich grün geworden. «Bekloppte», flüsterte er. «Ihr seid beide verrückt.» Dann drehte er sich weg, formte mit den Händen einen Trichter um den Mund und brüllte: «Francie! Janey!» Er stolperte wieder los. Der Schnee reichte ihm bis an den Saum seines teuren Mantels.

Ich sah Tookey an. «Was machen wir jetzt?»

«Ihm folgen», sagte Tookey. Sein Haar war voller Schnee, und er sah tatsächlich ein bißchen wie ein Verrückter aus. «Ich kann ihn nicht hier draußen lassen, Booth. Kannst du das?»

«Nein», sagte ich. «Ich glaube kaum.»

Also wateten wir weiter durch den Schnee hinter Lumley her, so gut wir konnten. Aber er holte mehr und mehr Vorsprung heraus. Er war noch jung, daran lag es. Er pflügte den Pfad, lief wie ein Stier gegen den Schnee an.

Meine Arthritis begann mir ganz schön zuzusetzen, und ich sah hinunter auf meine Beine, während ich zu mir sprach: Noch ein kleines Stück, nur ein kleines Stück, weitergehen, verdammte Scheiße, weitergehen …

Ich lief direkt gegen Tookey, der mit gespreizten Beinen in einer Schneewehe stand. Sein Kopf hing herab, und er preßte beide Hände gegen seinen Bauch.

«Tookey», sagte ich, «alles klar?»

«Ich bin in Ordnung», sagte er und nahm die Hände weg. «Wir bleiben an ihm dran, Booth, und wenn er erst einmal erschöpft ist, wird er Vernunft annehmen.»

Wir kletterten eine Anhöhe hinauf, und auf der Spitze

stand Lumley, der verzweifelt nach weiteren Spuren suchte. Armer Kerl, er hatte nicht die geringste Chance, welche zu finden. Der Wind blies genau nach unten, wo er stand, und Spuren würden spätestens nach drei Minuten weggewischt werden, von ein paar Stunden ganz zu schweigen.

Er hob seinen Kopf und schrie in die Nacht: «Francie! Janey! Um Gottes willen!» Und man konnte die Verzweiflung aus seiner Stimme heraushören, ebenso die Angst, er konnte einem leid tun. Die einzige Antwort, die er bekam, war das Wimmern des Windes. Er schien ihn auszulachen und zu sagen: Ich habe sie genommen, Mister New Jersey mit dem teuren Wagen und dem Kamelhaarmantel. Ich habe sie genommen und die Spuren verwischt, und morgen früh werde ich sie so hübsch gefroren haben wie zwei Erdbeeren im Tiefkühlfach . . .

«Lumley», übertönte Tookey den Wind. «Hör zu, dich kümmern vielleicht keine Vampire und all das Zeug, aber du mußt das doch einsehen! Du machst es nur noch schlimmer für sie! Wir müssen den –»

Und dann kam eine Antwort, eine Stimme aus der Dunkelheit, die klang wie kleine Silberglocken, und mein Herz wurde so kalt wie Eis in einer Dachrinne.

«Jerry . . . Jerry, bist du das?»

Lumley rannte in die Richtung los. Und dann kam sie, schwebte aus den dunklen Schatten einer kleinen Gruppe von Bäumen wie ein Geist. Sie war tatsächlich eine Frau aus der Stadt, und in diesem Augenblick schien sie die allerschönste Frau zu sein, die ich jemals gesehen hatte. Ich hatte das Gefühl, zu ihr gehen zu müssen, um ihr zu sagen, wie froh ich war, daß sie jetzt in Sicherheit war. Sie trug so eine Art dicken grünen Pullover, einen Poncho, glaube ich, nennt man so etwas. Er umwehte sie, und ihr dunkles Haar strömte im Wind wie Wasser in einem Dezemberfluß, kurz bevor der Winterfrost es anhält und einschließt.

Vielleicht ging ich einen Schritt auf sie zu, denn ich spürte Tookeys Hand auf meiner Schulter, rauh und warm. Und doch – wie soll ich mich ausdrücken –, ich *sehnte* mich nach ihr, so dunkel und wunderschön mit dem grünen Poncho, der um ihre Schultern und ihren Hals floß, so exotisch und fremdartig, wie man sich eine Frau aus einem Gedicht von Walter de la Mare vorstellt.

«Janey!» schrie Lumley. «Janey!»

Er kämpfte sich durch den Schnee auf sie zu, die Arme weit ausgebreitet.

«Nein!» rief Tookey. «Nein, Lumley!»

Er sah nicht einmal auf... aber sie tat es. Sie sah zu uns herauf und grinste. Und als sie es tat, fühlte ich mein Verlangen, mein Sehnen zu einem Schrecken werden, kalt wie ein Grab, so bleich und schweigend wie Knochen in einem Sarg. Selbst von der Anhöhe aus konnten wir das düstere rote Glimmen in diesen Augen sehen. Sie waren weniger menschlich als die Augen eines Wolfes. Und als sie grinste, konnte man erkennen, zu was ihre Zähne geworden waren. Sie war kein Mensch mehr. Sie war ein totes Ding, das irgendwie ins Leben zurückgekehrt war, inmitten eines schwarzen, heulenden Sturms.

Tookey machte das Zeichen des Kreuzes zu ihr hin. Sie wich zurück... und grinste uns dann wieder an. Wir waren zu weit entfernt oder vielleicht auch zu ängstlich.

«Halt es auf!» flüsterte ich. «Können wir es nicht irgendwie aufhalten?»

«Zu spät, Booth», sagte Tookey grimmig.

Lumley hatte sie erreicht. Er sah selbst aus wie ein Geist, über und über von Schnee bedeckt wie er war. Er streckte die Hände zu ihr aus... und begann zu schreien. Ich werde diesen Laut in meinen Träumen hören, diesen Mann, der schrie wie ein Kind in einem Alptraum. Er versuchte, von ihr loszukommen, aber ihre Arme, lang und nackt und weiß wie der Schnee, griffen ihn und zogen ihn heran. Ich sah, wie sie den Kopf hob und dann nach vorne warf –

«Booth!» sagte Tookey heiser. «Wir müssen weg von hier!»

Und so rannten wir. Rannten wie die Ratten, würden manche wohl sagen, aber die waren nicht da draußen in dieser Nacht. Wir flohen den Weg zurück, den wir gekommen waren, fielen hin, standen wieder auf, rutschten und schlitterten. Immer wieder blickte ich über die Schulter, um zu sehen, ob diese Frau uns folgte, mit ihrem Grinsen und den entsetzlichen Blicken aus diesen roten Augen.

Wir erreichten den Scout, und Tookey krümmte sich mit vor den Bauch gehaltenen Händen zusammen. «Tookey!» sagte ich zu Tode erschrocken. «Was –»

«Die Pumpe», keuchte er. «Seit fünf Jahren oder mehr schon schlecht dran. Bring mich irgendwie auf den Beifahrersitz, Booth, und dann nichts wie weg hier.»

Ich hakte einen Arm unter seinen Mantel, zog ihn hoch und hievte ihn irgendwie hinein. Er lehnte seinen Kopf zurück und schloß die Augen. Seine Haut war wächsern und gelb.

Ich trabte um den Kühler des Wagens herum und war verdammt nahe daran, in das kleine Mädchen hineinzulaufen. Sie stand einfach da, neben der Fahrertür, das Haar in Pferdeschwänzen, ohne irgend etwas am Leib als ein winziges gelbes Kleid.

«Mister», sagte sie mit einer hohen, klaren Stimme, so süß wie die Morgendämmerung, «kannst du mir helfen, meine Mutter wiederzufinden? Sie ist fort, und mir ist so kalt –»

«Kleines», sagte ich, «Kleines, du gehst jetzt besser in den Wagen. Deine Mutter –»

Ich brach ab, und wenn es je in meinem Leben einen Moment gegeben hatte, wo ich beinahe in Ohnmacht gefallen wäre, dann war es dieser. Sie stand da, einfach so, aber sie stand *oben auf dem Schnee* und es waren keine Spuren zu sehen, in keiner Richtung. Sie sah dann zu mir herauf, Lumleys Tochter Francie. Sie war nicht älter als sieben Jahre, und sie würde eine Ewigkeit an Nächten sieben bleiben. Ihr kleines Gesicht hatte ein geisterhaftes Leichenweiß, ihre Augen ein Rot und Silber, durch das man hindurchfallen konnte. Und an ihrem Hals konnte ich zwei kleine Punkte wie Einstiche sehen, die an den Rändern auf schreckliche Art zerfetzt waren.

Sie streckte ihre Arme nach mir aus und lächelte. «Nimm

mich hoch, Mister», sagte sie sanft. «Ich will dir einen Kuß geben. Danach kannst du mich zu meiner Mami bringen.»

Ich wollte nicht, aber ich konnte nichts dagegen machen. Ich lehnte mich nach vorn, die Arme ausgestreckt. Ich konnte sehen, wie sich ihr Mund öffnete, ich sah die kleinen Fänge in dem rosa Ring, den ihre Lippen formten. Etwas tropfte von ihrem Kinn, klar und silbern, und mit dumpfem, fernem Grauen erkannte ich, daß sie geiferte.

Ihre kleinen Hände verschränkten sich in meinem Nacken, und ich dachte: Nun, vielleicht ist es gar nicht so schlimmm, nicht so furchtbar, vielleicht verliert es nach einer Weile seinen Schrecken – als etwas Schwarzes aus dem Scout geflogen kam und sie an der Schulter traf. Es gab einen Knall, seltsam riechender Rauch stieg auf, eine Flamme, die in einem Augenblick wieder verschwand, und dann wich sie zischend zurück. Ihr Gesicht hatte sich zu einer viehischen Maske aus Wut, Haß und Schmerz verzogen. Sie drehte sich zur Seite und dann ... war sie fort. Im einen Momen war sie noch da, und im nächsten war da ein wirbelnder Ballen Schnee, der ein wenig wie eine menschliche Gestalt aussah. Dann zerstreute der Wind es über die Felder.

«Booth!» flüsterte Tookey. «Beeil dich jetzt!»

Ich beeilte mich. Aber nicht so sehr, daß ich mir nicht die Zeit nahm, um aufzuheben, was er nach dem kleinen Mädchen der Hölle geworfen hatte. Die Bibel seiner Mutter.

Das ist jetzt eine Weile her. Ich bin ein ganzes Stück älter, und damals war ich nicht gerade ein grüner Junge. Herb Tooklander starb vor zwei Jahren. Er ging in Frieden, nachts. Die Bar gibt es immer noch, ein Mann aus Waterville und seine Frau haben sie gekauft, und sie haben beinahe alles so gelassen, wie es war. Aber ich gehe nicht oft dort vorbei. Irgendwie ist es anders, seit Tookey weg ist.

In Jerusalem's Lot gehen die Dinge weiter wie immer. Der Sheriff fand den Wagen dieses Burschen Lumley am nächsten Tag, mit leerem Tank und leerer Batterie. Weder Tookey noch ich sagten irgend etwas über die Sache. Was wäre dabei schon herausgekommen? Und hin und wieder verschwindet ein Tramper oder jemand beim Zelten in der Gegend, auf dem Hügel an der Schule oder in der Nähe des Harmony-Hill-Friedhofs. Man findet den Rucksack des Burschen oder ein Taschenbuch, ausgebleicht und aufgequollen vom Regen oder Schnee, und solche Sachen. Aber niemals die Leute.

Ich habe immer noch Alpträume von dieser Nacht, in der wir hinausfuhren. Nicht so sehr wegen der Frau, nein, wegen dem Mädchen und der Art, wie sie lächelte, als sie die Arme hob, damit ich sie hochnahm. Damit sie mir einen Kuß geben konnte. Aber ich bin ein alter Mann, und bald kommt die Zeit, in der ich keine Träume mehr träume.

Sie werden vielleicht selbst eines Tages durch das südliche Maine reisen. Schöne Landschaft. Vielleicht halten Sie sogar an «Tookey's Bar», um was zu trinken. Ein hübsches Plätzchen. Sie haben den Namen behalten. Also nehmen Sie Ihren Drink, und dann möchte ich Ihnen empfehlen, direkt nach Norden weiterzufahren. Was Sie auch vorhaben, meiden Sie die Straße, die nach Jerusalem's Lot führt.

Besonders nach Einbruch der Nacht.

Irgendwo dort draußen ist ein kleines Mädchen. Und ich glaube, sie wartet immer noch auf ihren Gutenachtkuß.

STANLEY ELLIN

# *Die Segensreich-Methode*

Mr. Treadwell war ein kleiner, liebenswürdiger Mann, der für eine gutgehende Firma in New York City arbeitete und dessen Stellung bei dieser Firma ihn berechtigte, sein eigenes Büro zu haben.

Am späten Nachmittag eines schönen Junitages betrat ein Besucher dieses Büro. Der Besucher war untersetzt, gut gekleidet und imposant. Sein Teint war glatt und rosig, seine kleinen, kurzsichtigen Augen leuchteten fröhlich hinter dikken, horngefaßten Brillengläsern.

«Mein Name», sagte er, nachdem er seine pralle Aktenmappe abgelegt hatte, und schüttelte Mr. Treadwells Hand mit zermalmendem Griff, «mein Name ist Bunce, und ich vertrete die Gesellschaft für Gerontologie. Ich bin hier, um Ihnen bei der Lösung Ihres Problems zu helfen, Mr. Treadwell.»

Mr. Treadwell seufzte. «Da Sie mir völlig fremd sind, mein Lieber», sagte er, «und da ich niemals von dem Verein gehört habe, den zu vertreten Sie vorgeben, und da ich überdies gar kein Problem habe, das Sie überhaupt etwas angehen könnte, bedaure ich, Ihnen sagen zu müssen, daß ich kein Abnehmer bin – was immer Sie auch loswerden wollen. Nehmen Sie's mir also nicht übel.»

«Übelnehmen?» sagte Bunce. «Natürlich nehme ich's übel.

Die Gesellschaft für Gerontologie versucht nicht, irgend jemand irgend etwas zu verkaufen, Mr. Treadwell. Die Interessen der Gesellschaft sind ausschließlich philanthropischer Natur. Wir gehen bestimmten Fällen nach, fertigen Berichte darüber an und arbeiten an der Beseitigung einer der tragischsten Situationen, vor die wir in der modernen Gesellschaft gestellt sind.»

«Und die wäre?»

«Das sollte eigentlich schon aus dem Namen der Gesellschaft hervorgehen, Mr. Treadwell. Gerontologie ist das Studium des Alterns und der Probleme, die damit zusammenhängen. Verwechseln Sie das bitte nicht mit Geriatrie. Geriatrie behandelt die Krankheiten des Alters. Gerontologie befaßt sich mit dem Alter selbst als dem eigentlichen Problem.»

«Ich werde versuchen, mir's zu merken», sagte Mr. Treadwell ungeduldig. «Unterdessen nehme ich an, dürfte wohl eine kleine Spende das Gegebene sein. Sagen wir: fünf Dollar?»

«Nein, o nein, Mr. Treadwell, keinen Pfennig, keinen roten Heller! Ich weiß wohl, daß dies die übliche Art ist, mit allen möglichen philanthropischen Organisationen umzugehen. Aber die Gesellschaft für Gerontologie arbeitet auf völlig andere Weise. Unsere Aufgabe ist es, Ihnen zuerst bei der Lösung Ihres Problems zu helfen. Erst dann würden wir uns berechtigt fühlen, etwas von Ihnen zu verlangen.»

«Fein», sagte Mr. Treadwell etwas liebenswürdiger. «Dann sind wir schon quitt. Ich habe kein Problem, also bekommen Sie auch keine Spende. Es sei denn, Sie wollten sich's doch andes überlegen?»

«Anders überlegen?» sagte Bunce gequält. «Sie sind es, Mr. Treadwell, nicht ich, der sich's anders überlegen muß. Einige der traurigsten Fälle, die unsere Gesellschaft bearbeitet, sind Fälle von Leuten, die sich lange geweigert haben, ihr Problem überhaupt wahrzunehmen oder seine Existenz einzugestehen. Ich habe monatelang an Ihrem Fall gearbeitet, Mr. Treadwell. Ich hätte mir nie träumen lassen, daß Sie unter diese Kategorie fallen würden.»

Mr. Treadwell tat einen tiefen Atemzug. «Wären Sie geneigt, mir zu sagen, was Sie eigentlich meinen mit dem Unsinn von der Arbeit an meinem Fall? Ich war nie ein Fall für irgendeine Gesellschaft oder Organisation, wie sie auch heißen mag.»

Im Handumdrehen hatte Bunce seine Aktentasche aufgeklappt und einige Bogen Papier herausgenommen.

«Wenn Sie die Güte hätten», sagte er, «ich würde gern die einzelnen Punkte dieses Berichtes mit Ihnen durchgehen. Sie sind siebenundvierzig Jahre alt und bei bester Gesundheit. Sie besitzen ein Wohnhaus in East Sconsett, Long Island, für das Sie noch neun Jahre lang Hypothekenabzahlungen zu leisten haben, und Sie besitzen außerdem einen Wagen neueren Modells, für den Sie noch achtzehn Monatsraten zu zahlen haben. Dessenungeachtet leben Sie, dank Ihres ausgezeichneten Gehalts, in finanziell geordneten Verhältnissen. Habe ich recht?»

«So recht wie das Kreditinstitut, das Ihnen diesen Bericht gegeben hat», sagte Mr. Treadwell.

Bunce zog vor, das zu überhören. «Kommen wir nun zur Hauptsache. Sie sind seit dreiundzwanzig Jahren glücklich verheiratet und haben eine Tochter, die letztes Jahr geheiratet hat und seither mit ihrem Mann in Chicago lebt. Nachdem sie Ihr Heim verlassen hatte, zog Ihr Schwiegervater, ein Witwer und ein etwas wunderlicher Herr, ins Haus und wohnt seither mit Ihnen und Ihrer Frau zusammen.»

Bunce' Stimme bekam einen tiefen, eindringlichen Klang. «Er ist zweiundsiebzig Jahre alt, und abgesehen von einer leichten Bursitis in der rechten Schulter, erfreut er sich einer für sein Alter ausgezeichneten Gesundheit. Er hat bei mehreren Anlässen betont, daß er hoffe, noch zwanzig Jahre zu leben, und nach den genau herausgearbeiteten Statistiken, die meine Gesellschaft gesammelt hat, besteht jede Möglichkeit, daß er das auch tut. Verstehen Sie jetzt, Mr. Treadwell?»

Es dauerte lange, bis die Antwort kam. «Ja», sagte Mr. Treadwell endlich, und er flüsterte fast: «Jetzt verstehe ich.»

«Gut», sagte Bunce mitfühlend. «Sehr gut. Der Anfang ist

immer schwer – das Eingeständnis, daß es tatsächlich ein Problem gibt, das Sie bedrückt und das Ihnen jeden Tag, den Gott werden läßt, verdunkelt. Auch bedarf es nicht der Frage, warum Sie alle Anstrengungen machen, es sogar vor sich selber zu verheimlichen. Sie möchten Mrs. Treadwell mit Ihrem Kummer verschonen, nicht wahr?»

Mr. Treadwell nickte.

«Würde es Sie erleichtern», fragte Bunce, «wenn ich Ihnen sagte, daß Mrs. Treadwell Ihre Gefühle teilt? Daß auch sie ihres Vaters Anwesenheit in ihrem Haus als Last empfindet, die von Tag zu Tag schwerer wird?»

«Aber das kann sie doch nicht!» sagte Mr. Treadwell bestürzt. «Sie war es doch, die vorgeschlagen hat, er sollte bei uns leben, nachdem Sylvia geheiratet hatte und wir ein Zimmer übrig hatten. Sie hat mir klargemacht, wieviel er doch für uns getan habe, als wir damals anfingen, und wie leicht es sei, mit ihm auszukommen, und wie wenig er kosten würde – sie hat mir die ganze Geschichte erst eingeredet. Ich kann nicht glauben, daß sie's nicht ernst gemeint haben soll!»

«Natürlich hat sie's ernst gemeint. Sie hatte all die üblichen Gefühle beim Gedanken an ihren alten Vater, der irgendwo ganz allein lebte, sie bot all die herkömmlichen Argumente zu seinen Gunsten auf, und dabei war sie jeden Augenblick ehrlich. Die Falle, in die sie Sie beide führte, war die Grube, in die jeder fällt, der sich trüber Gefühlsduselei ergibt. Ja, manchmal bin ich wirklich geneigt zu glauben, daß Eva den Apfel nur gegessen hat, um die Schlange glücklich zu machen», sagte Bunce und schüttelte bei dem Gedanken ärgerlich den Kopf.

«Arme Carol», stöhnte Mr. Treadwell, «wenn ich nur gewußt hätte, daß es sie genauso quält wie mich –»

«Ja?» Bunce. «Was hätten Sie dann getan?»

Mr. Treadwell runzelte die Stirn. «Ich weiß es nicht. Aber es hätte uns doch irgend etwas einfallen müssen, wenn wir es uns nur gemeinsam überlegt hätten.»

«Was?» fragte Bunce. «Den Mann aus dem Haus jagen?»

«Nein, nicht gerade so etwas.»

«Was dann?» beharrte Bunce. «Ihn in ein Altersheim stekken? Da gibt's einige außerordentlich luxuriöse Heime für diesen Zweck. Etwas Derartiges müßten Sie schon in Betracht ziehen, da er ja schließlich kein Fall für die Wohlfahrt ist; außerdem kann ich mir nicht vorstellen, daß er den Gedanken, in ein öffentliches Heim zu gehen, besonders freundlich aufnehmen würde.»

«Wer tut das schon?» meinte Mr. Treadwell. «Und was diese Heime betrifft, so habe ich mich mal mit der Idee befaßt, aber als ich erfuhr, was sie kosten, war's aus. Es wäre ein Vermögen.»

«Vielleicht», schlug Bunce vor, «könnte man ihm eine eigene Wohnung besorgen – eine kleine, preiswerte Bleibe und jemand, der ihn versorgt.»

«Das ist zufällig genau das, was er aufgegeben hat, um zu uns zu ziehen. Und wenn ihn jemand versorgt – Sie würden nicht glauben, was das kostet. Vorausgesetzt, man findet überhaupt jemand, der ihm paßt.»

«Richtig», sagte Bunce und schlug hart mit der Faust auf den Tisch. «In jeder Beziehung richtig, Mr. Treadwell.»

Mr. Treadwell sah ihn böse an. «Was soll das heißen – richtig? Ich hatte gedacht, Sie wollten mir in dieser Angelegenheit behilflich sein, aber bis jetzt haben Sie mir noch keinen einzigen Vorschlag anzubieten gehabt. Und dabei tönen Sie, als hätten wir die schönsten Fortschritte gemacht.»

«Haben wir, Mr. Treadwell, haben wir. Auch wenn Sie dessen gar nicht gewahr geworden sind, haben wir soeben den zweiten Schritt zu Ihrer Befreiung getan. Der erste Schritt war das Eingeständnis, daß es ein Problem gibt; der zweite Schritt war die Erkenntnis, daß es, ganz gleich wie man die Sache auch ansieht, keine logische oder praktische Lösung des Problems zu geben scheint. Auf diese Weise sind Sie nicht nur Beobachter, Sie haben sogar tatsächlich Anteil an dem großartigen Verfahren der Segensreich-Methode, die Ihnen am Ende die einzig mögliche Lösung fertig in Ihre Hände legt.»

«Die Segensreich-Methode?»

«Verzeihen Sie», sagte Bunce. «In meinem Enthusiasmus habe ich eine Bezeichnung benutzt, die wissenschaftlich noch nicht en vogue ist. Ich muß deshalb erklären, daß die Segensreich-Methode eine Bezeichnung ist, die meine Mitarbeiter bei der Gesellschaft für Gerontologie dieser Art des Verfahrens gegeben haben. Es ist so benannt zu Ehren von J. G. Segensreich, dem Gründer der Gesellschaft und einem der großen Männer unserer Zeit. Noch hat er nicht die ihm gebührende Anerkennung gefunden, aber auch das wird kommen. Denken Sie an meine Worte, Mr. Treadwell, eines Tages wird der Klang seines Namens den von Malthus übertönen.»

«Komisch, ich habe noch nie von ihm gehört», sann Mr. Treadwell. «Gewöhnlich bin ich doch auf dem laufenden durch die Zeitungen. Und noch etwas», fügte er hinzu, wobei er Bunce mit zusammengekniffenen Augen ansah, «wir sind noch nicht darauf zurückgekommen, wieso Sie gerade meinen Fall auf Ihrer Liste haben und wie Sie es fertiggebracht haben, so viel über mich herauszukriegen.»

Bunce lachte wohlgefällig. «Wenn Sie es so sagen, klingt's geheimnisvoll. Schauen Sie, Mr. Treadwell, die Gesellschaft hat Hunderte von Ermittlungsbeamten, die unser großes Land von Küste zu Küste durchforschen, wovon die Bevölkerung im allgemeinen aber nichts merkt. Es ist gegen die Vorschrift der Gesellschaft, daß sich irgendein Angestellter als professioneller Ermittlungsbeamter ausgibt – er würde sofort seine ganze Wirksamkeit einbüßen. Es ist auch nicht so, daß diese Ermittler bei einer bestimmten Person anfangen. Ihr Interesse erstreckt sich auf *jede* ältere Person, die bereit ist, über sich selber zu reden, und Sie wären überrascht, wie redselig die meisten älteren Leute in bezug auf ihre intimsten Angelegenheiten sind. Das heißt natürlich, solange sie unter Fremden sind.

Diese Personen trifft man wie von ungefähr auf Parkbänken, in Gasthäusern, in Büchereien – an jedem Ort, welcher der Bequemlichkeit und der Unterhaltung förderlich ist. Der

Ermittler freundet sich mit den Personen an, bringt sie dazu, aus sich herauszugehen, und versucht besonders, soviel wie möglich über die jüngeren Leute zu erfahren, auf die diese Alten angewiesen sind.»

«Sie meinen», sagte Mr. Treadwell mit wachsendem Interesse, «die Leute, die sie unterstützen?»

«Nein, nein», sagte Bunce. «Sie machen den üblichen Fehler und setzen Abhängigkeit mit Finanzierungen gleich. Natürlich gibt es in vielen Fällen eine finanzielle Abhängigkeit, aber das ist der unbedeutendere Teil des Gesamtbildes. Der wichtigste Faktor ist immer eine gefühlsmäßige Abhängigkeit. Selbst wo eine räumliche Entfernung den älteren Menschen von dem jüngeren trennen mag, diese gefühlsmäßige Abhängigkeit ist immer da. Das ist wie ein Strom zwischen den beiden. Der jüngere Mensch wird schon durch die bloße Tatsache, daß der ältere existiert, mit Schuldgefühl und Ärger beladen. Es war die persönliche Erfahrung dieses tragischen Dilemmas unserer Zeit, die J. G. Segensreich zu seinem großen Werk inspiriert hat.»

«Mit anderen Worten», sagte Mr. Treadwell, «Sie meinen, selbst wenn der alte Mann nicht bei uns leben würde, wäre dies alles genauso schlimm für Carol und mich?»

«Sie scheinen das zu bezweifeln, Mr. Treadwell. Aber sagen Sie mir doch, was macht die Sache denn jetzt so schlimm, um bei Ihren eigenen Worten zu bleiben?»

Mr. Treadwell bedachte sich. «Nun», sagte er, «ich glaube, es liegt einfach daran, daß man andauernd eine dritte Person um sich herum hat. Das geht einem nach einer Weile auf die Nerven.»

«Aber Ihre Tochter hat als dritte Person über zwanzig Jahre in Ihrem Haus gelebt», stellte Bunce fest. «Dennoch bin ich sicher, Sie haben ihr gegenüber nie eine ähnliche Empfindung gehabt.»

«Das ist etwas ganz anderes», protestierte Mr. Treadwell. «Mit einem Kind hat man viel Spaß, man kann mit ihm spielen, kann zusehen, wie es heranwächst –»

«Warten Sie!» sagte Bunce. «Jetzt treffen Sie genau ins

Schwarze. All die Jahre, in denen Ihre Tochter mit Ihnen lebte, hatten Sie das Vergnügen, sie aufwachsen zu sehen. Sie sahen sie erblühen wie eine schöne Blume, sahen schließlich, wie sie sich als Erwachsene entwickelte. Aber der alte Mann in Ihrem Haus kann jetzt nur noch dahinwelken, nur noch langsam absterben, und dies mit ansehen zu müssen, wirft auch auf Ihr Leben einen Schatten, nicht wahr?»

«Ich glaube schon.»

«Also in diesem Fall glauben Sie wirklich, daß es einen Unterschied machen würde, wenn er nun irgendwo anders lebte? Würden Sie weniger davon spüren, daß er dahinwelkt und abstirbt und sehnsüchtig aus der Ferne auf Sie blickt?»

«Natürlich nicht. Carol würde wahrscheinlich halbe Nächte lang nicht schlafen vor lauter Sorge um ihn, und schon ihretwegen müßte ich mich auch in Gedanken dauernd mit ihm beschäftigen. Das ist doch ganz natürlich, oder nicht?»

«In der Tat, so ist es, und ich freue mich, sagen zu können, daß Sie mit dieser Erkenntnis den dritten Schritt der Segensreich-Methode vollzogen haben. Sie erkennen nun, daß es nicht die Gegenwart der alternden Person ist, die das Problem heraufbeschwört, sondern ihre Existenz.»

Mr. Treadwell verzog nachdenklich den Mund. «Das gefällt mir nicht, was Sie da sagen.»

«Warum nicht? Ich stelle nur eine Tatsache fest.»

«Vielleicht tun Sie das, aber da ist noch etwas dabei, das hinterläßt einen schlechten Geschmack im Mund. Es ist, als ob man sagen würde, der einzige Ausweg für Carol und mich aus unseren Schwierigkeiten sei der Tod des alten Mannes.»

«Ja», sagte Bunce ernst, «es ist, als ob man das sagen würde.»

«Nun, ich mag das nicht – überhaupt nicht. Bei dem Gedanken, daß man jemand tot sehen möchte, kommt man sich doch ziemlich gemein vor. Und soviel ich weiß, hat dieser Wunsch auch noch niemand wirklich umgebracht.»

Bunce lächelte. «Nein?» sagte er sanft.

Er und Mr. Treadwell beobachteten einander schweigend.

Dann zog Mr. Treadwell mit kraftlosen Fingern ein Taschentuch aus der Rocktasche und betupfte damit seine Stirn. «Sie», sagte er mit Bedacht, «sind entweder ein Verrückter oder ein alberner Witzbold. Wie dem auch sei, ich verlange, daß Sie hier verschwinden. Das will ich Ihnen raten.»

Bunce' Gesicht war ganz mitfühlende Anteilnahme.

«Mr. Treadwell», rief er, «haben Sie nicht verstanden, daß Sie gerade im Begriff wren, den vierten Schritt zu tun? Sehen Sie denn nicht, wie nahe Sie Ihrer Befreiung sind?»

Mr. Treadwell zeigte auf die Tür. «Raus – oder ich rufe die Polizei!»

Der Ausdruck auf Bunce' Gesicht wechselte von Anteilnahme zu Abscheu. «O hören Sie doch auf, Mr. Treadwell, Sie glauben doch nicht, irgend jemand würde die konfuse, unmögliche Geschichte ernst nehmen, die Sie erzählen würden. Bitte überlegen Sie sorgfältig, ehe Sie vorschnell handeln, jetzt oder später. Wenn die wahren Gründe unseres Gesprächs auch nur erwähnt würden, wären Sie der einzige, der darunter zu leiden hätte, das können Sie mir glauben. Inzwischen lasse ich Ihnen meine Karte da. Wann immer Sie mich zu beehren wünschen, ich stehe zu Ihren Diensten.»

«Und warum sollte ich jemals wünschen, Sie zu beehren?» fragte Mr. Treadwell mit bleichem Gesicht.

«Da gibt es verschiedene Gründe», sagte Bunce, «aber einen vor allem.» Er suchte seine Sachen zusammen und wandte sich zur Tür. «Bedenken Sie, Mr. Treadwell, jedermann, der die ersten drei Stufen der Segensreich-Methode erklommen hat, kann nicht umhin, auch die vierte zu ersteigen. Sie haben beachtliche Fortschritte in kürzester Zeit gemacht, Mr. Treadwell, Sie werden mich wohl bald aufsuchen.»

«Eher sehen wir uns in der Hölle wieder», sagte Mr. Treadwell.

Trotz dieser wenig vornehmen Verabschiedung machte Mr. Treadwell nun eine schlimme Zeit durch. Das Unglück war, seit er die Segensreich-Methode kannte, ging sie ihm nicht mehr aus dem Sinn. Sie brachte ihn auf Gedanken, die er nur mit Mühe wieder verdrängen konnte, und sie veränderte außerdem den Umgang mit seinem Schwiegervater auf wenig schöne Weise.

Niemals zuvor war der alte Mann so aufdringlich gewesen, so sehr im Wege und so sehr in der Lage, jederzeit genau das zu sagen oder zu tun, was am meisten geeignet war, Verdruß zu bringen. Besonders wütend wurde Mr. Treadwell, wenn er sich vorstellte, wie dieser Eindringling in seinem Haus völlig fremden Menschen seine privaten Angelegenheiten vorplapperte, wie er allzeit bereit war, Einzelheiten aus seinem Familienleben an bezahlte Ermittler weiterzutratschen, die nur darauf aus waren, Ärger zu machen. Und in dem fiebrigen Gemütszustand, in dem sich Mr. Treadwell befand, ließ er es auch nicht als Entschuldigung gelten, daß die Ermittler als solche gar nicht erkennbar waren.

Im Laufe weniger Tage mußte Mr. Treadwell, der stolz darauf war, ein vernünftiger, klarsichtiger Geschäftsmann zu sein, sich eingestehen, daß es mit ihm schlecht bestellt war. Überall glaubte er, Anzeichen für eine phantastische Verschwörung zu erkennen. Er malte sich aus, wie Hunderte – nein, Tausende – von Bunce' im ganzen Land in alle Büros ausschwärmten, genau wie in das seine, und bei dem Gedanken trat ihm kalter Schweiß auf die Stirn.

Aber, sagte er sich, das Ganze ist doch wirklich zu hirnverbrannt. Er konnte das auch beweisen, indem er sich einfach seine Unterhaltung mit Bunce vor Augen hielt, und das tat er auch ein paar dutzendmal. Schließlich war es nichts weiter als die objektive Betrachtung eines sozialen Problems. War irgend etwas gesagt worden, wovor ein wahrhaft intelligenter Mann zurückschrecken müßte? Keineswegs. Wenn er daraus so schockierende Folgerungen gezogen hatte, dann deshalb, weil der Gedanke schon in seinem Kopf rumort und einen Ausweg gesucht hatte.

Andererseits . . .

Es verschaffte Mr. Treadwell gewaltige Erleichterung, als er sich am Ende entschloß, die Gesellschaft für Gerontologie aufzusuchen. Er wußte, was er dort finden würde: einen schmutzigen Raum oder auch zwei, ein paar unterbezahlte Schreibkräfte, den sauren Geruch unbedeutender karitativer Werke – alles dies würde die Dinge wieder ins rechte Lot rücken. Er war so erfüllt von dieser Vorstellung, daß er beinahe an dem riesigen Turm aus Glas und Aluminium vorbeigegangen wäre, der die Adresse der Gesellschaft war; voller Verwirrung fuhr er mit dem leise summenden Fahrstuhl nach oben und tauchte ganz betäubt im Vorzimmer des Hauptbüros auf. Und er war noch immer betäubt, als er von einer schicken, langbeinigen jungen Dame durch ein ungeheures und anscheinend endloses Labyrinth von Räumen geleitet wurde, und er sah, als er vorüberging, Heerscharen anderer junger Damen, nicht weniger schick und langbeinig, unzählige flinke, breitschultrige junge Männer, lange Reihen stromlinienförmiger Maschinen, klickend und flackernd in elektronischer Fröhlichkeit, Gebirge von Karteischränken aus rostfreiem Stahl, und, über dem Ganzen, der milde Widerschein indirekter Beleuchtung auf Plastik und Metall – bis er schließlich in das Empfangszimmer von Bunce persönlich geführt wurde und die Tür sich hinter ihm schloß.

«Ganz eindrucksvoll, nicht?» fragte Bunce und genoß offensichtlich Mr. Treadwells Erstaunen.

«Eindrucksvoll?» krächzte Mr. Treadwell heiser. «Mann, ich hab noch nie irgendwas Ähnliches gesehen. Da stecken doch mindestens zehn Millionen Dollar drin!»

«Warum auch nicht? Die Wissenschaft arbeitet Tag und Nacht, wie weiland Frankenstein, Mr. Treadwell, nur um die Lebenserwartung noch über jedes gesunde Maß hinaus zu verlängern. Es gibt heute vierzehn Millionen Menschen über fünfundsechzig in diesem Land. In zwanzig Jahren wird ihre Zahl auf einundzwanzig Millionen gestiegen sein. Und danach kann niemand auch nur schätzen, wie hoch die Zahlen noch steigen werden!

Aber das Gute an der Sache ist, daß jeder dieser alten Leute von jungen Gönnern oder zukünftigen Gönnern unserer Gesellschaft umgeben ist. Und so wie die Flut immer höher steigt, wachsen auch wir und werden immer stärker, um sie schließlich aufzuhalten.»

Mr. Treadwell fühlte, wie ihn ein Schauer des Grauens durchdrang. «Dann ist es also wahr, ja?»

«Wie meinen Sie?»

«Diese Segensreich-Methode, von der Sie immerfort sprechen», sagte Mr. Treadwell erregt. «Es geht einfach darum, alles dadurch zu erledigen, daß man die Alten abschafft!»

«Richtig!» sagte Bunce. «Genau das ist es. Und J. G. Segensreich selber hätte es nicht besser ausdrücken können. Sie wissen mit Worten umzugehen, Mr. Treadwell. Ich bewundere einen Mann immer, der gleich zur Sache kommt, ohne sentimentales Geschwafel.»

«Aber Sie kommen nicht durch damit», sagte Mr. Treadwell voller Zweifel. «Sie glauben doch selber nicht, daß Sie damit durchkommen, oder?»

Bunce wies auf die ausgedehnten Räumlichkeiten hinter den geschlossenen Türen. «Ist das nicht ein hinreichender Beweis für den Erfolg unserer Gesellschaft?»

«Aber all die Leute da draußen? Wissen die denn, was gespielt wird?»

«Wie gutgeschultes Personal überall, Mr. Treadwell», sagte Bunce vorwurfsvoll, «kennen sie nur ihre persönlichen Pflichten. Was Sie und ich hier besprechen, ist sozusagen eine geheime Kommandosache.»

Mr. Treadwells Schultern sanken. «Es ist unmöglich», sagte er schwach. «Das kann nicht gutgehen.»

«Aber, aber», sagte Bunce nicht unfreundlich. «Sie dürfen sich nicht bange machen lassen. Ich kann mir schon denken, was Sie am meisten stört; nämlich das, was J. G. Segensreich manchmal den Sicherheitsfaktor genannt hat. Aber sehen Sie's mal so, Mr. Treadwell: Ist es nicht natürlich, daß alte Leute sterben? Nun, unsere Gesellschaft garantiert dafür, daß die Todesfälle natürlich erscheinen. Untersuchungen sind selten. Nicht eine hat uns bisher irgendwelche Scherereien gemacht.

Und mehr noch, Sie wären von vielen Namen auf der Liste

unserer Gönner beeindruckt. Mächtige Leute aus Politik und Finanzwelt strömen uns zu. Einer wie der andere könnte ein glänzendes Zeugnis von unserer Tüchtigkeit ablegen. Und bedenken Sie, daß so wichtige Leute die Gesellschaft für Gerontologie gleichsam unverwundbar machen, Mr. Treadwell, ganz gleich, an welchem Punkt man sie auch angreifen mag. Und diese Unverwundbarkeit erstreckt sich auf jeden einzelnen unserer Spender, auch auf Sie, falls Sie sich entschließen sollten, uns mit der Lösung Ihres Problems zu beauftragen.»

«Aber ich habe kein Recht dazu», protestierte Mr. Treadwell verzweifelt. «Selbst wenn ich es wollte, wer bin ich denn, daß ich eine Sache für irgendeinen anderen auf diese Weise erledigen könnte?»

«Aha.» Bunce lehnte sich aufmerksam vor. «Aber Sie wollen die Sache erledigen?»

«Nicht auf diese Weise.»

«Können Sie eine andere vorschlagen?»

Mr. Treadwell blieb stumm.

«Sie sehen», sagte Bunce mit Befriedigung, «die Gesellschaft für Gerontologie bietet die einzige praktische Lösung Ihres Problems. Sind Sie noch immer dagegen, Mr. Treadwell?»

«Ich kann's nicht einsehen», sagte Mr. Treadwell eigensinnig. «Es ist einfach nicht recht.»

«Sind Sie da ganz sicher?»

«Natürlich bin ich das», erwiderte Mr. Treadwell empört. «Wollen Sie mir erzählen, daß es recht ist und anständig, herumzulaufen und Leute umzubringen, nur weil sie alt sind?»

«Genau das will ich Ihnen erzählen, Mr. Treadwell, und ich bitte Sie, die Sache einmal so anzusehen: Wir leben heutzutage in einer Welt des Fortschritts, einer Welt von Herstellern und Verbrauchern, alle aufs beste bemüht, unser gemeinsames Los zu verbessern. Die Alten sind weder Hersteller noch Verbraucher, deshalb sind sie nur ein Hindernis für die Beständigkeit unseres Fortschritts. Werfen wir nur einen kurzen, sentimentalen Blick zurück in den pastoralen Dunst von vorgestern, wo die Alten, wie wir finden, durchaus eine Funktion hatten. Während die Jungen draußen waren, um die Felder zu bestellen, konnten die Alten das Haus besorgen. Aber selbst diese Funktion ist heute überlebt. Wir haben hundert andere Mittel, unser Haus zu besorgen, und sie sind weitaus billiger. Können Sie das bestreiten?»

«Ich weiß nicht», beharrte Mr. Treadwell verstockt. «Sie behaupten, daß Menschen Maschinen sind, und da kann ich Ihnen keineswegs folgen.»

«Gütiger Himmel», sagte Bunce, «erzählen Sie mir bloß nicht, Sie sähen sie als etwas anderes an! Natürlich sind wir Maschinen, Mr. Treadwell, wir alle! Einzigartige und wundervolle Maschinen, gebe ich zu, aber dennoch Maschinen. Ja, betrachten Sie doch die Welt um sich herum. Das ist ein riesiger Organismus, zusammengesetzt aus lauter ersetzbaren Teilen, alle bemüht, immer wieder herzustellen und zu verbrauchen, bis sie selber verbraucht sind. Soll man zulassen, daß die verbrauchten Teile bleiben, wo sie sind? Natürlich nicht! Sie müssen beseitigt werden, damit der ganze Organismus nicht unbrauchbar wird. Es ist der ganze Organismus, der zählt, Mr. Treadwell, nicht irgendeiner seiner Teile. Können Sie das nicht verstehen?»

«Ich weiß nicht», sagte Mr. Treadwell unsicher. «Ich habe so noch nie darüber nachgedacht.»

«Ich verstehe das, Mr. Treadwell, aber es ist ein Teil der Segensreich-Methode, daß die Spender den großen Wert ihres Beitrags vollauf zu würdigen wissen, nicht nur insofern, als er ihnen selber zugute kommt, sondern auch in jener Hinsicht, in der er dem ganzen sozialen Organismus Nutzen bringt. Indem Sie eine Spende für unsere Gesellschaft zeichnen, vollbringen Sie in der Tat den nobelsten Akt Ihres Lebens.»

«Spende?» sagte Mr. Treadwell. «Was für eine Spende?»

Bunce entnahm einer Schublade seines Schreibtisches ein gedrucktes Formular und legte es sorgsam zur Ansicht vor Mr. Treadwell hin. Der las es und setzte sich abrupt auf.

«Aber hier steht, daß ich mich verpflichte, Ihnen nach Ablauf eines Monats zweitausend Dollar zu zahlen. Von einer solchen Summe war bisher nie die Rede!»

«Es gab auch noch keine Veranlassung, diese Frage aufzurollen», antwortete Bunce. «Aber seit geraumer Zeit hat ein Komitee der Gesellschaft Ihre finanzielle Lage untersucht, und es ist uns berichtet worden, daß Sie diese Summe ohne Anstrengung und Mühe zahlen könnten.»

«Was soll das heißen, Anstrengung und Mühe?» gab Mr. Treadwell zurück. «Zweitausend Dollar sind eine Menge Geld, ganz gleich, wie man es ansieht.»

Bunce zuckte die Achseln. «Jede Spende ist ganz nach der Zahlungsfähigkeit des Spenders gehalten, Mr. Treadwell. Bedenken Sie, was Ihnen vielleicht teuer vorkommt, mag manch anderen Spendern, mit denen ich zu tun hatte, sehr billig erscheinen.»

«Und was bekomme ich dafür?»

«Im Verlauf eines Monats, nachdem Sie die Spende gezeichnet haben, ist die Angelegenheit mit Ihrem Schwiegervater erledigt. Sofort danach wird von Ihnen erwartet, daß Sie die volle Summe bezahlen. Ihr Name wird dann in die Liste unserer Gönner aufgenommen, und das ist alles.»

«Mir gefällt der Gedanke nicht, in eine Liste aufgenommen zu werden, ganz gleich, was für eine.»

«Das kann ich verstehen», sagte Bunce. «Aber darf ich Sie daran erinnern, daß eine Spende an eine karitative Organisation wie die Gesellschaft für Gerontologie steuerabzugsfähig ist?»

Mr. Treadwells Finger ruhten leicht auf dem Spendenformular. «Setzen wir doch mal den Fall», sagte er, «jemand unterschreibt so ein Ding und zahlt dann nicht! Ich nehme an, Sie wissen, daß eine solche Spende nicht gerichtlich eingeklagt werden kann, nicht wahr?»

«Ja», lächelte Bunce, «und ich weiß auch, daß eine große Zahl von Organisationen die Spenden nicht kassieren kann, die man ihnen offensichtlich in guter Absicht zugesagt hat. Aber die Gesellschaft für Gerontologie hat mit solchen

Schwierigkeiten noch nie zu tun gehabt. Wir vermeiden das, indem wir alle Spender daran erinnern, daß die Jungen, wenn sie nicht achtgeben, genauso unerwartet sterben können wie die Alten ... Nein, Nein», sagte er und rückte das verrutschte Formular wieder gerade, «einfach Ihre Unterschrift, hier unten, genügt.»

Als man drei Wochen später Mr. Treadwells Schwiegervater am Fuße des Piers von East Sconsett ertrunken auffand (der alte Mann fischte regelmäßig von dem Pier aus, obwohl ihm verschiedene einheimische Kenner schon oft gesagt hatten, daß man dort nicht viel fängt), wurde das Ereignis pflichtgemäß in den Akten von East Sconsett als Unfall durch Ertrinken eingetragen, und Mr. Treadwell traf alle Anstalten für ein besonders feierliches Begräbnis. Und es war bei diesem Begräbnis, daß bei Mr. Treadwell zum ersten Male *der* Gedanke auftauchte. Es war ein flüchtiger, unangenehmer Gedanke, gerade störend genug, um ihn stolpern zu lassen, als er die Kirche betrat. In dem ganzen Durcheinander des Augenblicks war es jedoch nicht schwer, ihn zu verdrängen. Ein paar Tage später, als er wieder an seinem vertrauten Schreibtisch saß, kam der Gedanke plötzlich wieder. Diesmal war es nicht so leicht, ihn zu verdrängen. Er wuchs unaufhaltsam, wurde größer und größer in seinem Kopf, bis jede Stunde, in der er wachte, mit Schrecken erfüllt war und sein Schlaf zu einer Kette von grauenhaften Alpdrücken wurde. Da gab es nur einen Menschen, der diese Sache für ihn klären konnte, das wußte er; und so erschien er im Büro der Gesellschaft für Gerontologie in brennender Sorge, daß Bunce dies auch tun möge. Er nahm kaum wahr, daß er Bunce den Scheck übergab und die Quittung in seine Tasche steckte.

«Etwas an der Sache beunruhigt mich», sagte Mr. Treadwell ohne Umschweife.

«Ja?»

«Nun, erinnern Sie sich, wie Sie mir erzählt haben, wieviel alte Leute es in zwanzig Jahren geben wird?»

«Natürlich.»

Mr. Treadwell lockerte seinen Kragen, um den Druck um

seine Kehle zu vermindern. «Aber begreifen Sie denn nicht? Ich werde einer von ihnen sein!»

Bunce nickte. «Wenn Sie einigermaßen auf sich aufpassen, sehe ich keinen Grund, warum Sie es nicht sein sollten».

«Sie verstehen nicht, was ich meine», sagte Mr. Treadwell drängend. «Ich werde dann in der Situation sein, mich jederzeit davor fürchten zu müssen, daß jemand von Ihrer Gesellschaft kommt und meine Tochter und meinen Schwiegersohn auf dumme Gedanken bringt!»

Bunce schüttelte langsam den Kopf. «Das glauben Sie doch nicht im Ernst, Mr. Treadwell.»

«Und warum nicht?»

«Warum? Also, denken Sie mal an Ihre Tochter, Mr. Treadwell. Denken Sie an das reizende Kind, das seine Liebe über Sie ausschüttete, um dafür die Ihre zu erhalten. Die schöne, junge Frau, die soeben die Schwelle des Ehestandes überschritten hat, aber Sie noch immer so gern besucht, eifrig bemüht, Sie spüren zu lassen, wie sehr sie Ihnen zugetan ist?»

«Ich weiß das.»

«Und sehen Sie in Gedanken den mannhaften jungen Menschen, der ihr Gatte ist? Können Sie die Wärme seines Händedrucks fühlen, wenn er Sie begrüßt? Wissen Sie um seine Dankbarkeit für die finanzielle Unterstützung, die Sie ihm regelmäßig gewähren?»

«Ich denke schon.»

«Ehrlich, Mr. Treadwell, können Sie sich vorstellen, daß einer dieser beiden liebevollen und ergebenen jungen Menschen irgend etwas tun könnte, um Sie zu verletzen?»

Der Druck um Mr. Treadwells Kehle löste sich auf wunderbare Weise, und der eisige Hauch wich von seinem Herzen. «Nein», sagte er mit Überzeugung, «ich kann es mir nicht vorstellen.»

«Großartig», sagte Bunce. Er lehnte sich weit zurück in seinem Stuhl und lächelte voll freundlicher Weisheit. «Halten Sie diesen Gedanken fest, Mr. Treadwell. Bewahren Sie ihn und lassen Sie ihn nie mehr los. Er wird Ihnen Erquickung bringen und Trost bis an Ihr seliges Ende.»

ROBERT BLOCH

# *Expreß zur Hölle*

Als Martin ein kleiner Junge war, arbeitete sein Daddy bei der Eisenbahn. Er fuhr zwar nie die mächtigen Lokomotiven, aber er war Schwellengeher für eine der großen Gesellschaften und stolz auf seinen Job. Und wenn er betrunken war (also jeden Abend), sang er dieses alte Lied über den Expreßzug zur Hölle, «That Hell-Bound Train». Martin erinnerte sich zwar nicht an die einzelnen Worte, aber er konnte nicht vergessen, auf welche Art sein Daddy sie sang. Als Daddy den Fehler machte, sich schon am Nachmittag zu betrinken und zwischen einem Tankwagen aus Pennsylvania und einem Güterwaggon zerquetscht wurde, wunderte sich Martin ein bißchen, warum die Chorvereinigung bei seinem Begräbnis nicht jenes Lied sang.

Danach ließen sich die Dinge nicht so gut an für Martin, aber irgendwie ging ihm Daddy's Song nicht aus dem Kopf. Als Mami sich mit einem Handelsvertreter aus Keokuk davonmachte (Daddy würde sich im Grab umdrehen, wenn er das erführe, und auch noch mit einem Fahrgast!), summte Martin das Lied jede Nacht im Waisenhaus vor sich hin. Und als er selbst davonlief, pfiff er es leise nachts in den Pennerlagern, wenn die anderen Tippelbrüder schon eingeschlafen waren.

Martin war schon vier oder fünf Jahre auf den Straßen unterwegs, als ihm klarwurde, daß er nirgendwo hingehörte.

Natürlich hatte er schon eine Menge Dinge versucht – Obstpflücken in Oregon, Tellerwaschen in einem Bumslokal in Montana –, aber er war nicht für Saisonarbeit oder zum Perlentauchen (wie sie das Tellerwaschen nannten) geschaffen. Er ging dazu über, in Denver Radkappen zu stehlen, und eine Weile lief es ihm auch ganz gut mit Autoreifen in Oklahoma City, aber als er sechs Monate als Kettensträfling in Alabama absaß, wußte er, daß er mit alldem keine Zukunft hatte.

Also versuchte er es bei der Eisenbahn wie sein Daddy, aber man sagte ihm dort, es seien schlechte Zeiten; bei all den Fernlastern, den Luftlinien und den phantastischen neuen Autos mit Schwanzflossen, die General Motors baute, sah es aus, als sei die Zeit der Schnellzüge vorbei.

Aber Martin konnte nicht von der Eisenbahn lassen. Wo auch immer er unterwegs war, er folgte den Schienen; er nahm lieber einen Frachtzug nach Norden bei Temperaturen unter Null, als daß er seinen Daumen ausgestreckt hätte, um einen Cadillac nach Florida zu stoppen. Martin blieb nämlich der Erinnerung an seinen Daddy treu und wollte ihm so ähnlich werden wie nur möglich, komme, was wolle. Natürlich konnte er nicht jeden Abend betrunken sein, aber wenn er irgendwo einen Doppler Sterno auftreiben konnte, setzte er sich an einen netten warmen Abzugskanal und dachte an die alten Zeiten.

Sehr oft summte er das Lied von diesem Zug zur Hölle vor sich hin. Das war der Zug, mit dem die Trinker und Sünder reisten; die Spieler und Gauner, die Tagediebe, Schürzenjäger und die ganze fidele Bande. Es müßte Spaß machen, in so lustiger Gesellschaft zu reisen, aber Martin dachte nicht so gern daran, was geschehen würde, wenn der Zug schließlich das Große Unterirdische Zugsdepot erreichte. Er malte sich nicht aus, eine Ewigkeit damit zu verbringen, das Feuer in der Hölle in Gang zu halten, ohne daß er dabei auch nur eine Gewerkschaft hinter sich hätte. Trotzdem, es müßte eine hübsche Fahrt sein. Wenn es so etwas gäbe wie den Expreß zur Hölle. Natürlich gab es ihn nicht.

Wenigstens glaubte Martin das bis zu jenem Abend, als er die Schienen entlang nach Süden ging, gleich hinter der Kreuzung von Appleton. Die Nacht war kalt und schwarz, wie die Nächte im Fox River Valley eben sind, und er wußte, daß er den Weg nach New Orleans hinunter oder sogar nach Texas schaffen mußte vor dem Winter. Irgendwie fühlte er sich nicht danach, obwohl er gehört hatte, daß eine Menge texanischer Automobile Radkappen aus solidem Gold haben sollten. Aber nein, er war auch für Diebstahl nicht der richtige Mann. Das war schlimmer als eine Sünde – es rentierte sich nicht einmal. Schlimm genug, des Teufels Werk zu tun, und dann auch noch so miserabel dafür bezahlt zu werden! Vielleicht hätte er sich doch lieber von der Heilsarmee bekehren lassen sollen.

Martin trottete dahin, summte Daddy's Song und wartete darauf, daß ein klappriger Güterzug von der Kreuzung hinter ihm auftauchte. Er würde ihn nehmen müssen – es blieb ihm nichts anderes übrig.

Zu schade, daß er nicht irgendwie eine bessere Möglichkeit bekam, irgendwie. Lieber ein reicher Sünder als ein armer. Nebenbei, er hatte eine Idee für einen ganz schön schlauen Handel. Er hatte darüber eine Menge nachgedacht in diesen letzten paar Jahren, speziell wenn der billige Rotwein in ihm arbeitete. Dann kamen ihm ständig Ideen, und er konnte sich einen Weg ausdenken, wie er aus allem herauskäme. Aber natürlich war es Unsinn. Er konnte genausogut zum Kirchenchor gehen oder ein Malocher werden wie alle Welt. Es war sinnlos, solchen Träumen nachzuhängen; das Lied war nur ein Lied, und es gab keinen Zug zur Hölle.

Es gab nur diesen Zug hier, der da von Süden her aus dem Dunkel dröhnte.

Martin spähte geradeaus, aber seine Augen waren seinen Ohren bei weitem unterlegen, und alles, was er erkennen konnte, war das Geräusch. Es war wirklich ein Zug! Er fühlte den Stahl der Schienen unter seinen Füßen zittern und singen. Und doch, wie sollte das möglich sein? Die nächste Station im Süden war Neenah-Menasha, und von dort konnte jetzt stundenlang nichts kommen.

Die Wolken hingen tief, und der Wasserdampf aus den Feldern war so dicht wie richtiger Nebel in dieser Novembermitternacht. Aber selbst unter diesen Umständen hätte Martin die Lichter des Zuges sehen müssen, der auf ihn zukam. Aber da waren keine Lichter.

Da war nur ein Pfeifen, das aus der schwarzen Kehle der Nacht zu schreien schien. Martin kannte die Ausstattung jeder Lok, die je gebaut worden war, aber eine Pfeife wie diese hatte er noch nie gehört. Sie klang nicht wie ein Signal; sie klang wie der Schrei einer verlorenen Seele. Er trat zur Seite, denn der Zug mußte ihn bald erreicht haben, und plötzlich war er da, erschien irgendwie aus dem Dunkel auf den Schienen und kam schneller zum Stehen, als Martin das je für möglich gehalten hätte. Die Räder waren nicht geölt worden, denn sie kreischten, kreischten wie die Verdammten. Aber der Zug hielt, und die Schreie erstarben in einer Reihe von tiefen, seufzenden Tönen, und Martin sah hinauf und bemerkte, daß es ein Personenzug war. Er war groß und schwarz, ohne daß man irgendwo einen einzigen Lichtschein aus der Führerkabine oder aus einem Fenster der langen Reihe von Wagen gesehen hätte, und Martin konnte zwar nirgendwo auch nur einen Buchstaben auf den Waggons lesen, aber er war sich ganz sicher, daß dieser Zug nicht der Northwestern Road gehörte.

Er war noch sicherer, als er den Mann aus dem ersten Wagen herabklettern sah. An seinem Gang war etwas nicht in Ordnung, als lahmte er an einem Fuß. Und etwas noch Befremdlicheres war an der Laterne, die er trug, und was er mit ihr tat. Die Laterne war dunkel, und als der Mann herabgestiegen war, hielt er sie vor den Mund und blies. Augenblicklich glühte die Laterne rötlich. Man mußte kein Eisenbahner sein, um zu wissen, daß das eine sehr merkwürdige Art war, eine Laterne anzuzünden.

Als er näher kam, sah Martin die Schaffnerkappe auf seinem Kopf, und deshalb fühlte er sich ein bißchen besser – bis er bemerkte, daß die Kappe zu hoch auf dem Schädel saß, als stehe darunter etwas von der Stirn ab.

Martin hatte noch immer seine guten Manieren, deshalb sagte er: «Schönen Abend, Herr Schaffner», als der Mann lächelte.

«Guten Abend, Martin.»

«Woher kennen Sie meinen Namen?»

Der Mann zuckte die Achseln. «Woher weißt du, daß ich der Schaffner bin?»

«Sie sind's aber, nicht wahr?»

«Für dich schon. Andere Leute kennen mich von anderen Gelegenheiten in anderen Rollen. Du solltest beispielsweise mal sehen, wie ich für die Typen in Hollywood aussehe.» Er grinste. «Ich reise eine Menge», bemerkte er dann.

«Was bringt Sie hierher?» fragte Martin.

«Na, du solltest die Antwort darauf wissen, Martin. Ich bin gekommen, weil du mich brauchst.»

«Ich?»

«Spiel nicht den Unschuldigen. Normalerweise mache ich keinen Handel mehr mit einzelnen Leuten. So wie es jetzt in der Welt zugeht, kann ich erwarten, eine ganze Menge Fahrgäste zu bekommen, ohne daß ich um Kundschaft werben muß. Dein Name steht schon seit Jahren auf der Liste – ich hab dir natürlich einen Platz reserviert. Aber heut nacht bemerkte ich plötzlich, daß du rückfällig wirst. Du dachtest an den Beitritt zur Heilsarmee, stimmt's?»

«Äh –», zögerte Martin.

«Schäm dich deswegen nicht. Irren ist menschlich, wie jemand oder etwas sagte. Reader's Digest, glaube ich. Na, ist ja gleich. Jedenfalls spürte ich, daß du mich brauchst. Also hab ich meine Pläne geändert und bin hierhergekommen.»

«Wozu?»

«Wozu schon, natürlich um dir eine Fahrt anzubieten. Ist eine bequeme Zugsfahrt nicht besser als ein Fußmarsch durch kalte Straßen hinter einer Heilsarmeekapelle? Das ist hart für die Füße, sagte man mir, und noch härter fürs Trommelfell.»

«Ich bin nicht sicher, ob ich mit Ihrem Zug fahren möchte, Sir», sagte Martin, «wenn ich mir überlege, wie es enden wird.»

«Ah ja. Das alte Argument.» Der Schaffner seufzte. «Ich nehme an, du möchtest eine Art Handel machen, nicht wahr?»

«Genau», sagte Martin.

«Weißt du, ich fürchte, die Zeit für so was ist für mich vorbei. Wie ich schon vorhin bemerkte, haben sich die Zeiten geändert. Es gibt keinen Mangel an Passagieren mehr. Warum sollte ich dir ein besonderes Angebot machen?»

«Sie müssen Interesse an mir haben, sonst wären Sie nicht extra hierhergekommen, um mich zu sprechen.»

Der Schaffner seufzte neuerlich. «Ein Punkt für dich. Stolz war immer meine Schwäche, wie ich zugeben muß. Ich würde dich nicht gern an die Konkurrenz verlieren, nachdem ich dich die ganzen Jahre hindurch als mein Eigentum betrachtet habe.» Er zögerte. «Meinetwegen, ich bin bereit, mit dir einen Handel nach deinen Bedingungen zu machen, wenn du darauf bestehst.»

«Was für Bedingungen?» fragte Martin.

«Wie üblich. Alles, was du willst.»

«Ah», sagte Martin.

Aber ich warne dich im voraus, keine faulen Tricks. Ich garantiere dir jeden Wunsch, der dir einfällt, aber andererseits mußt du zusagen, mit dem Zug zu fahren, wenn die Zeit reif ist.»

«Und wenn es nie so weit kommt?»

«Es wird so weit kommen.»

«Angenommen, ich habe einen Wunsch, der das für immer verhindert?»

«So einen Wunsch gibt es nicht.»

«Seien Sie nicht so sicher.»

«Laß das meine Sorge sein», sagte der Schaffner. «Was auch immer du im Schilde führst, ich warne dich: Am Ende kriege ich dich. Und es wird nichts von diesem Hokuspokus der letzten Minute geben. Keine Reue der letzten Stunde, keine Gretchen, keine tollen Anwälte, die dir heraushelfen. Ich biete ein faires Geschäft an. Das heißt, du kriegst, was du willst, und ich kriege, was ich will.»

«Ich habe gehört, daß Sie Leute betrügen. Man sagt, Sie seien schlimmer als ein Gebrauchtwagenhändler.»

«Also hör mal –»

«Entschuldigung», sagte Martin schnell «aber immerhin wird behauptet, man könne Ihnen nicht trauen.»

«Das gebe ich zu. Andererseits scheinst du ja einen Ausweg gefunden zu haben.»

«Eine todsichere Idee.»

«Todsicher? Na ja.» Der Mann kicherte, hielt aber gleich inne. «Wir vergeuden kostbare Zeit, Martin. Laß uns zur Sache kommen. Was willst du von mir?»

«Einen einzigen Wunsch.»

«Sag ihn, und ich erfülle ihn.»

«Ganz gleich, was?»

«Ganz gleich, was.»

«Gut», sagte Martin und holte tief Luft, «dann möchte ich die Zeit anhalten können.»

«Jetzt eben?»

«Nein. Nicht jetzt. Und nicht für jedermann. Ich denke, das wäre sowieso unmöglich. Aber ich möchte fähig sein, die Zeit für mich selbst anzuhalten. Nur ein einziges Mal, in der Zukunft. Sobald ich an einen Punkt komme, an dem ich glücklich und zufrieden bin. Dann werde ich die Zeit anhalten. So kann ich für immer glücklich sein.»

«Das ist ein interessanter Vorschlag», sagte der Schaffner nachdenklich. «Ich muß zugeben, so etwas habe ich noch nie gehört – und glaub mir, ich habe eine Menge erstaunlicher Dinge zu hören bekommen im Laufe der Zeit. Du mußt darüber wirklich nachgedacht haben, nicht wahr?»

«Jahrelang», gab Martin zu. Er hustete. «Na, und was sagen Sie?»

«Das ist nicht unmöglich, für deinen subjektiven Zeitsinn», murmelte der Schaffner. «Ja, ich glaube, das ließe sich machen.»

«Aber ich meine wirkliches Anhalten. Nicht nur, daß es mir so vorkommt.»

«Ich verstehe. Das ist durchaus machbar.»

«Dann sind Sie einverstanden?»

«Warum nicht? Ich hab's ja versprochen, nicht wahr? Gib mir deine Hand.»

Martin zögerte. «Wird es sehr weh tun? Ich meine, ich seh nicht gern Blut, und –»

«Blödsinn! Du mußt eine Menge Quatsch gehört haben. Wir haben unseren Handel schon gemacht, mein Junge. Da braucht es kein kindisches Getue. Ich will nur was in die Hand drücken. Ein Mittel, deinen Wunsch zu erfüllen. Schließlich haben wir nicht ausgemacht, wann du dich entscheidest, deinen Wunsch auszusprechen, und ich kann dann nicht alles liegen und stehen lassen und hergerannt kommen. Deshalb ist es besser, wenn du das irgendwie selbst machen kannst.»

«Sie wollen mir einen Zeitstopper geben?»

«Das ist ungefähr die Idee. Sobald ich weiß, womit es am besten geht.» Der Schaffner zögerte. «Ah, genau! Hier, nimm meine Uhr.»

Er zog sie aus der Westentasche; eine Eisenbahneruhr in einem Silbergehäuse. Er öffnete den Deckel und nahm ein paar kleine Veränderungen vor. Martin versuchte zu erkennen, was genau er tat, aber irgendwie verschwamm die Bewegung der Finger.

«Das wär's», sagte der Schaffner lächelnd. «Jetzt ist alles in Ordnung. Wenn du endgültig weißt, wann du ‹halt!› rufen willst, dreh die Welle im Gegensinn und entspann die Uhr, bis sie steht. Wenn die Uhr nicht mehr geht, steht für dich die Zeit. Einfach genug?»

«Klare Sache.»

«Dann nimm sie jetzt.» Der Schaffner gab Martin die Uhr in die Hand.

Der junge Mann schloß seine Finger fest um das Gehäuse. «Das ist alles, oder?»

«Absolut. Aber denk dran: Du kannst die Uhr nur einmal

anhalten. Also schau, daß du sicher bist, daß du den Augenblick wählst, den du verlängern willst. Ich warne dich mit aller Fairneß; schau, daß du ganz sicher bist.»

«Mach ich.» Martin grinste. «Und weil Sie so fair sind, will ich auch fair sein. Sie scheinen eine Sache übersehen zu haben. Es kommt nicht wirklich darauf an, welchen Moment ich aussuche. Denn wenn ich einmal die Zeit für mich anhalte, bedeutet das, daß ich für immer bleibe, wie ich bin. Ich werde nicht mehr älter. Wenn ich nicht mehr älter werde, sterbe ich nie. Und wenn ich nie sterbe, muß ich niemals mit Ihrem Zug fahren.»

Der Schaffner drehte sich weg. Seine Schultern zuckten krampfhaft, als ob er weinte. «Und du sagst, ich sei schlimmer als ein Gebrauchtwagenhändler», ächzte er mit gepreßter Stimme.

Dann verschwand er im Nebel, und die Zugspfeife kreischte ungeduldig auf, und sofort schob sich der Zug die Schienen entlang hinein in die Dunkelheit.

Martin stand da und sah auf die Uhr in seiner Hand nieder. Er hätte glauben können, sich alles eingebildet zu haben, vom Anfang bis zum Ende, Zug, Schaffner, Handel, alles – hätte er die Uhr nicht tatsächlich sehen und fühlen können und hätte er nicht diesen bezeichnenden Geruch wahrgenommen. Aber er hatte die Uhr, und er erkannte den Gestank, den der Zug zurückgelassen hatte, denn es gibt nicht viele Lokomotiven, die mit Pech und Schwefel betrieben werden. Und er hatte keine Zweifel bezüglich des Handels. Noch besser, er hatte keine Zweifel bezüglich der Vorteile des Paktes für ihn. So war das eben, wenn man Dinge bis zum logischen Schluß durchdachte. Manche Narren hätten Reichtum oder Macht oder Kim Novak verlangt. Daddy hätte sich vielleicht für einen doppelten Whisky verkauft.

Martin wußte, daß er einen besseren Handel gemacht hatte. Einen besseren? Einen narrensicheren. Alles, worauf er achten mußte, war die Wahl des richtigen Augenblicks. Und wenn dieser richtige Augenblick kam, war er sein – für immer.

Er steckte die Uhr in seine Tasche und ging wieder zurück auf die Schienen. Er hatte vorher kein wirkliches Ziel im Kopf gehabt, aber jetzt schon. Er mußte einen Moment richtigen Glücks finden . . .

Im ganzen gesehen, war der junge Martin kein Trottel. Er war sich völlig darüber im klaren, daß Glück eine relative Sache ist; es gibt Bedingungen für und Grade von Zufriedenheit, und sie ändern sich mit dem Schicksal. Als Landstreicher war er oft zufrieden gewesen mit einer warmen Mahlzeit, einer großen Parkbank oder einer Flasche Sterno, Erntejahr 1957. Ziemlich oft sogar war er durch solche Kleinigkeiten in einen Zustand momentaner Glückseligkeit geraten, aber er wußte, daß es Besseres gab. Martin beschloß, es zu suchen.

Binnen zwei Tagen war er in der großen Stadt Chicago. Natürlich trieb es ihn hinüber zur West Madison Street, und dort machte er einen Schritt zur Verbesserung seiner Lebenssituation. Er wurde Stadtstreicher, Bettler und Schnorrer. Binnen einer Woche war er so weit, daß Glück für ihn bedeutete, eine Mahlzeit an einer richtigen Imbißbude, ein Nachtlager auf einer ordentlichen Armeedecke in einem Asyl und ein Viertel Muskateller zu bekommen.

Dann gab es eine Nacht, in der Martin, nachdem er diese drei luxuriösen Genüsse voll ausgekostet hatte, auf dem Höhepunkt seines Glücks beinahe seine Uhr zum Stehen gebracht hätte. Dann fielen ihm aber die Gesichter all der ehrlichen Leute ein, die er diesen Tag um Almosen angegangen war. Sicher, das waren Spießer, aber sie waren glücklich. Sie trugen feine Kleider, hatten gute Jobs, fuhren schöne Autos. Und für sie bedeutete Glück etwas noch Schöneres: Sie aßen in feinen Hotels, schliefen auf Sprungfedermatratzen, tranken guten Whisky.

Spießer oder nicht, sie hatten was für sich. Martin befingerte seine Uhr, verscheuchte die Versuchung, sie für eine weitere Flasche Muskateller zu versetzen, und schlief mit der Absicht ein, sich einen Job zu suchen und seinen Glücksquotienten zu erhöhen.

Beim Aufwachen hatte er einen Kater, aber die Absicht war noch da. Sie hielt sich noch lange, als der Kater schon verschwunden war, und vor Monatsende fand sich Martin wieder als Arbeiter für einen Bauunternehmer auf der South Side, in einem der großen Rehabilitationsprojekte. Er haßte die Schinderei, aber der Lohn war gut, und bald leistete er sich ein Einzelzimmerappartement draußen in der Blue Island Avenue. Er gewöhnte sich an, in ordentlichen Restaurants zu essen, kaufte sich ein bequemes Bett und ging jeden Samstagabend in die Kneipe an der Ecke. Das war alles sehr nett, aber –

Der Vorarbeiter schätzte seine Arbeit und versprach ihm eine Gehaltserhöhung für den nächsten Monat. Wenn er abwartete, würde er sich mit dieser Erhöhung einen Gebrauchtwagen leisten können. Mit einem Auto könnte er auch dann und wann ein Mädchen für eine Verabredung finden. Eine Menge anderer Burschen in der Firma taten das, und sie schienen sich dabei recht wohl zu fühlen.

Also arbeitete Martin weiter, und die Gehaltserhöhung kam, dann der Wagen und ziemlich bald auch ein paar Mädchen. Als es das erstemal klappte, wollte er seine Uhr sofort anhalten. Aber dann dachte er daran, was ein paar ältere Kollegen immer sagten. Da war beispielsweise ein Bursche namens Charly, der neben ihm auf dem Kran arbeitete. «Wenn du jung bist und keinen Durchblick hast, macht es dir vielleicht Spaß, mit diesen Nutten herumzuziehen. Aber nach einer Weile willst du was Besseres. Ein nettes Mädel nur für dich. Das bringt's.»

Na ja, vielleicht war da was dran. Martin beschloß, das selbst herauszufinden. Wenn es nichts wurde, konnte er immer noch zurück zu dem, was er hatte.

Es war einen Versuch wert. Natürlich wachsen nette Mädchen nicht auf den Bäumen (sonst würden eine Menge Männer Waldhüter), und es vergingen fast sechs Monate, bevor Martin Lillian Gillis traf. Zu diesem Zeitpunkt hatte er eine weitere Gehaltserhöhung bekommen und arbeitete im Büro. Er mußte deswegen zur Abendschule, um Buchführung zu lernen, aber das bedeutete weitere fünfzehn Extradollars pro Woche, und es war angenehmer, drinnen zu arbeiten als draußen. Und Lillian war wirklich sehr nett. Als sie ihm sagte, daß sie ihn heiraten würde, war sich Martin fast sicher, daß es jetzt Zeit wäre für die Uhr. Außer, daß Lil zu der Art Mädchen gehörte, die nicht – tja, sie war eben ein richtig nettes Mädchen, und deshalb sagte sie, sie würden damit warten müssen, bis sie verheiratet wären. Natürlich konnte Martin nicht erwarten, daß die Hochzeit stattfände, bevor er nicht ein bißchen mehr Geld gespart hätte, und eine neuerliche Gehaltserhöhung würde da sehr nützlich sein.

Das brauchte ein weiteres Jahr. Martin war geduldig, weil er wußte, daß es die Sache wert war. Immer, wenn ihm Zweifel kamen, nahm er seine Uhr heraus und schaute sie an. Aber er zeigte sie niemals Lillian oder sonst jemandem. Die meisten anderen Männer trugen teure Armbanduhren, und die alte silberne Eisenbahnerzwiebel sah ein bißchen billig aus. Martin lächelte, wenn er die Aufzugsschraube betrachtete. Nur ein paar Drehungen, und er hatte etwas, das diese anderen armen Arbeitskrüppel niemals haben würden. Dauernde Befriedigung mit seiner züchtigen Braut –

Aber das Verheiratetsein stellte sich nur als der Anfang heraus. Sicher, es war wundervoll, aber Lillian machte ihm klar, wieviel besser alles sein würde, wenn sie in eine andere Wohnung zögen und diese schön ausstatteten. Martin wollte hübsche Möbel, einen Fernseher, ein gutes Auto. Also fing er an, Abendkurse zu besuchen, und übersiedelte ins Hauptbüro. Als das Baby unterwegs war, wollte er warten und seinen Sohn sehen. Als das Kind zur Welt gekommen war, wurde ihm klar, daß er ein bißchen warten mußte, bis der Junge etwas älter war, reden und sprechen konnte und eine eigene Persönlichkeit entwickelte.

Ungefähr zu dieser Zeit sandte ihn die Firma in der Gegend herum als *trouble-shooter*, und jetzt war er es, der in diesen feinen Hotels aß und mittels Spesenkonto wie ein Fürst lebte. Mehr als einmal war er versucht, seine Uhr zum Stehen zu bringen. Das war das gute Leben! Aber dann erkannte er, daß es noch besser wäre, nicht arbeiten zu müssen. Wenn er früher oder später bei einem der Firmendeals mitmischen konnte, würde er ein Vermögen machen und sich zurückziehen können. Dann wäre alles ideal.

Es kam dazu, aber es brauchte einige Zeit. Sein Sohn ging zur High-School, bevor Martin an das große Geld kam. Martin hatte das Gefühl: «jetzt oder nie!», denn er war nicht mehr der Jüngste.

Aber genau da traf er Sherry Westcott, und sie schien nicht zu bemerken, daß er doch schon recht mittelalterlich war, obwohl er ständig Haare verlor und Bauch zusetzte. Sie zeigte ihm, daß man ein Toupet über die Glatze ziehen konnte und daß ein Korsett den Wanst zusammenhielt. Tatsächlich brachte sie ihm noch eine Menge anderer Dinge bei, und er genoß das Lernen so, daß er wirklich seine Uhr herauszog, um sie anzuhalten.

Unglücklicherweise hatte er den Moment ausgewählt, als die Privatdetektive die Hotelzimmertür aufbrachen, und dann gab es einen längeren Zeitraum, in dem Martin so sehr von der Scheidung in Anspruch genommen war, daß er beim besten Willen nicht sagen konnte, er hätte irgendeinen Augenblick genossen.

Nach der endgültigen Regelung mit Lil war er ziemlich schlecht beisammen, und Sherry schien auch nicht mehr zu denken, daß er so jung sei. Er straffte also seine Schultern und ging zurück an die Arbeit.

Er machte tatsächlich noch einmal ein Vermögen, aber diesmal brauchte er ziemlich lange und es gab nicht viel Spaß auf dem Weg dahin. Die komischen Damen in den komischen Cocktailbars interessierten ihn nicht mehr so besonders, und der Alkohol auch nicht. Nebenbei hatte ihn der Arzt davor gewarnt.

Aber für einen reichen Mann gab es andere Vergnügungen zu entdecken. Reisen beispielsweise – und das nicht auf den Schienen von einem Kaff zum anderen. Martin reiste per Flugzeug und Luxusschiff um die Welt. Eine Weile lang sah es aus, als fände er seinen Augenblick doch noch. Als er das

Tadsch Mahal bei Mondlicht besuchte und der milde Schimmer des Mondes vom Deckel seiner verbeulten alten Uhr widerstrahlte, machte er sich fertig, sie anzuhalten. Niemand war da, um ihm dabei zuzusehen –

Und deshalb zögerte er. Sicher, das war ein großartiger Moment, aber er war allein. Lil und der Junge waren fort, Sherry war gegangen, und irgendwie hatte er nie Zeit gefunden, Freunde zu gewinnen. Vielleicht würde er das wahre Glück erfahren, wenn er ein paar sympathische Leute fand. Das mußte die Antwort sein – und nicht Geld, Macht, Sex oder das Anschauen schöner Dinge. Das wahre Glück lag in der Freundschaft.

Also versuchte Martin auf der Heimfahrt, in der Schiffsbar ein paar neue Bekanntschaften zu schließen. Aber alle diese Leute waren um so viel jünger, und Martin hatte nichts mit ihnen gemeinsam. Auch wollten sie tanzen und trinken, und Martin war nicht in der Verfassung, solche Vergnügungen zu schätzen. Nichtsdestoweniger versuchte er es.

Vielleicht hatte er deshalb den kleinen Unfall an dem Tag, bevor sie in San Francisco anlegten. «Kleiner Unfall» war die Bezeichnung des Schiffsarztes dafür, aber Martin bemerkte, daß der Doktor sehr besorgt aussah, als er ihm sagte, er solle im Bett bleiben, und daß er eine Ambulanz rief, die direkt auf den Kai fuhr und den Patienten sofort ins Spital brachte.

Im Spital konnten die ganze teure Behandlung, das teure Lächeln und die teuren Worte Martin nicht täuschen. Er war ein alter Mann mit einem schlechten Herz, und sie dachten, er würde sterben.

Aber er konnte sie austricksen. Noch hatte er die Uhr. Er hatte sie in seinem Mantel gefunden, als er in seine Kleider und im Morgengrauen aus dem Spital schlüpfte.

Er mußte nicht sterben. Er konnte den Tod mit einer einzigen Handbewegung betrügen – und er gedachte das als freier Mann zu tun, unter dem freien Himmel. Das war das wirkliche Geheimnis des Glücks. Jetzt verstand er es. Nicht einmal Freundschaft bedeutete soviel wie Freiheit. Das war das beste von allem – frei zu sein von Freunden, Familie oder

Fleischeslust. Martin ging langsam neben dem Bahndamm unter dem Sternenhimmel. Genau betrachtet, war er am gleichen Punkt, wo er einst angefangen hatte, vor so vielen Jahren. Aber der Augenblick war gut, gut genug, um ihn auf ewig auszudehnen. Einmal ein Landstreicher, immer ein Landstreicher.

Er lächelte, als er das dachte, und dann verzerrte sich sein Lächeln scharf und plötzlich, so wie der Schmerz, der scharf und plötzlich durch seine Brust fuhr. Die Welt begann, sich zu drehen, und er fiel neben der Böschung nieder. Er sah nicht mehr viel, aber er war noch bei Bewußtsein und er wußte, was geschehen war. Noch ein Schlag, diesmal ein böser. Vielleicht war es das. Außer, daß er nicht länger ein Dummkopf sein wollte. Er wollte nicht mehr warten, um zu sehen, was es hinter der nächsten Ecke gäbe. Genau jetzt hatte er seine Chance, seine Macht zu nutzen und sein Leben zu retten. Und er würde es tun. Er konnte sich noch bewegen, nichts würde ihn halten.

Er grub in seiner Tasche und zog die alte Silberuhr heraus und fummelte am Aufzug herum. Ein paar Drehungen, und er würde den Tod betrügen, er würde niemals diesen Zug zur Hölle betreten müssen. Er konnte ewig so weitermachen. Ewig.

Martin hatte sich dieses Wort niemals zuvor wirklich überlegt. Ewig weitermachen – aber wie? Wollte er wirklich ewig so weiterleben wie jetzt? Ein kranker alter Mann, der hier hilflos im Gras lag?

Nein. Das konnte er nicht tun. Das wollte er nicht tun. Und plötzlich verspürte er einen starken Drang zu weinen, denn er wußte, daß er sich irgendwann selbst übertölpelt hatte. Und jetzt war es zu spät. Ihm wurde schwarz vor den Augen, in seinen Ohren wuchs ein Dröhnen an . . .

Er erkannte das Dröhnen natürlich, und er war nicht sehr überrascht, den Zug aus dem Nebel dort über der Böschung kommen zu sehen. Er war auch nicht überrascht, als der Zug anhielt, der Schaffner herunterkletterte und langsam zu ihm herkam.

Der Schaffner hatte sich nicht im geringsten verändert. Sogar sein Grinsen war noch dasselbe.

«Hallo, Martin», sagte er, «alle Mann an Bord!»

«Ich weiß», flüsterte Martin. «Aber Sie müssen mich tragen. Ich kann nicht laufen. Ich spreche in Wirklichkeit auch nicht mehr, oder?»

«Doch, doch», sagte der Schaffner, «ich kann dich gut hören. Und du kannst auch laufen.» Er beugte sich nach vorn und legte seine Hand auf Martins Brust. Es gab einen Augenblick eisiger Benommenheit, und dann konnte Martin tatsächlich trotz allem wieder gehen.

Er stand auf und folgte dem Schaffner entlang der Böschung zum Zug.

«Hier hinein?» fragte er.

«Nein, in den nächsten Wagen», murmelte der Schaffner. «Ich denke, du bist berechtigt, Pullman zu fahren. Schließlich bist du ein erfolgreicher Mann. Du hast die Vergnügen von Reichtum, Position und Prestige ausgekostet. Du hast die Freuden der Hochzeit und Vaterschaft erfahren. Du hast alle Köstlichkeiten wie Essen und Trinken und Ausschweifung gehabt, und du bist weit, hoch und nobel gereist. Da wollen wir nicht in letzter Minute Beschwerden haben.»

«Gut», seufzte Martin. «Ich denke, ich kann Sie nicht für meine Fehler verantwortlich machen. Andererseits können auch Sie sich nicht ausrechnen, was geschehen ist. Ich habe für alles gearbeitet, was ich hatte. Ich hab alles selbst gemacht. Ich brauchte nicht einmal Ihre Uhr.»

«Soso, brauchtest du nicht», lächelte der Schaffner. «Aber würde es dir etwas ausmachen, sie mir jetzt wieder zu geben?»

«Brauchen Sie sie für den nächsten Trottel?» murmelte Martin.

«Vielleicht.»

Etwas an der Art, wie er das sagte, ließ Martin aufschauen. Er versuchte, dem Schaffner in die Augen zu sehen, aber der Kappenschirm warf einen Schatten. Deshalb sah Martin statt dessen nieder auf die Uhr, als suche er dort eine Antwort.

«Sagen Sie mir eines», sagte er ruhig. «Was werden Sie mit der Uhr tun, wenn ich Sie Ihnen gebe?»

«Na was schon, ich werfe sie in den Teich», antwortete der Schaffner. «Das ist alles, was ich damit tun werde.» Er streckte seine Hand aus.

«Und wenn jemand kommt und sie findet? Und die Krone rückwärts dreht und die Zeit anhält?»

«Niemand wird das tun», murmelte der Schaffner, «selbst wenn er es wüßte.»

«Sie meinen, es war alles ein Trick? Das ist nur eine gewöhnliche, billige Uhr.»

«Das habe ich nicht gesagt», flüsterte der Schaffner, «ich sagte nur, daß noch nie jemand die Krone zurückgedreht hat. Sie waren alle wie du, Martin – jeder erwartete, das perfekte Glück noch zu finden. Alle warteten auf den Augenblick, der nie kommt.»

Der Schaffner streckte wieder seine Hand aus.

Martin seufzte. «Sie haben mich also doch betrogen.»

«Du hast dich selbst betrogen, Martin. Und jetzt wirst du mit dem Expreß zur Hölle fahren.»

Er drängte Martin die Stufen hinauf und in das Wageninnere. Als er eintrat, begann der Zug sich zu bewegen, und die Pfeife schrillte. Martin stand in dem sich wiegenden Pullman und schaute den Mittelgang hinunter auf die Passagiere. Er konnte sie da sitzen sehen, und irgendwie sah es nicht unangenehm aus.

Da waren sie; die Trinker und die Sünder, die Spieler und die Gauner, die Tagediebe, die Schürzenjäger, die ganze fidele Bande. Sie wußten natürlich, wohin es ging, aber sie schienen deswegen nicht sonderlich besorgt. Die Vorhänge an den Fenstern waren zugezogen, aber es war doch hell, und sie saßen alle herum, sangen und ließen die Flasche kreisen und lachten bei ihren Witzen und Prahlereien, genau wie Daddy es in seinem alten Lied gesungen hatte.

«Bezaubernde Reisegesellschaft», sagte Martin. «Wirklich, ich habe nie so einen Haufen netter Leute gesehen. Mir scheint, die unterhalten sich doch wirklich gut!»

«Leider», sagte der Schaffner zu ihm, «fürchte ich, die Dinge werden nicht mehr ganz so lustig sein, wenn wir mal in dem Großen Unterirdischen Zugsdepot sind.»

Zum drittenmal streckte er die Hand aus. «Bevor du dich jetzt hinsetzt, gib mir bitte diese Uhr. Ich glaube, ein Handel ist ein Handel –»

Martin lächelte. «Ein Handel ist ein Handel», wiederholte er, «ich habe zugestimmt, in Ihrem Zug zu fahren, wenn ich die Zeit anhalten könnte, sobald ich den richtigen Glücksmoment gefunden hätte. Wenn es Ihnen nichts ausmacht, werde ich jetzt eine bestimmte Verrichtung vornehmen.» Martin drehte sehr langsam die silberne Aufzugskrone.

«Nein!» japste der Schaffner. «Nein!»

Aber die Schraube drehte sich.

«Ist dir klar, was du getan hast?» keuchte der Schaffner. «Jetzt werden wir niemals das Depot erreichen. Wir werden alle fahren, alle, auf immer und ewig!»

Martin grinste. «Weiß ich doch», sagte er. «Aber der Spaß liegt im Reisen, nicht im Ziel. Das haben Sie mich gelehrt. Und ich freue mich auf eine wundervolle Reise.»

Der Schaffner stöhnte. «Gut», seufzte er schließlich, «du hast mich tatsächlich drangekriegt. Aber wenn ich daran denke, daß wir bis in alle Ewigkeit hier in diesem Zug festsitzen –»

«Kopf hoch!» rief Martin. «So schlecht wird es nicht. Es sieht immerhin aus, als hätten wir jede Menge zu essen und zu trinken. Und außerdem, das sind doch Ihre Leute!»

«Aber ich bin der Schaffner! Denk an die endlose Arbeit, die das alles für mich bedeutet!»

«Machen Sie sich nichts draus», sagte Martin. «Schauen Sie, vielleicht kann ich Ihnen helfen. Wenn Sie mir eine von diesen Mützen auftreiben könnten, und wenn Sie mir die Uhr lassen –»

Und dabei blieb es schließlich auch. Wenn er seine Mütze trägt und seine alte verbeulte Silberuhr, gibt's keine glücklichere Person auf der Welt – jetzt und für alle Zeit – als Martin. Martin, den neuen Bremser auf dem Zug zur Hölle.

SARA PARETSKY

# *Quitt*

## 1

«Das ist ein sehr heikler Begriff. Ich scheue mich einfach, dieses Wort zu gebrauchen.» Mit zweifelnd geschürzten, weichen Lippen wandte sich Paul Servino an mich. «Was meinst du dazu, Victoria? Du bist Rechtsanwältin. Stimmst du mir nicht zu?»

«Ich gebe zu, daß das Gesetz Verantwortung anders definiert als wir, wenn wir das Wort in gesellschaftlicher oder moralischer Hinsicht benutzen», sagte ich abwägend. «Kein Staatsanwalt wird versuchen, Mrs. Hampton ins Gefängnis zu bringen, aber heißt das –»

«Siehst du», unterbrach mich Servino, «genau das ist meine Meinung.»

«Aber meine nicht», sagte Lotty hitzig. Ihre dichten schwarzen Augenbrauen zogen sich bedrohlich zusammen. «Und wenn du Claudia gesehen hättest, nachdem ihr die Lauge die Gedärme zerrissen hatte, würdest du vielleicht ein bißchen anders darüber denken.»

Einen Augenblick lang herrschte Schweigen am Tisch. Wir waren überrascht von Lottys heftiger und wütender Reaktion. Penelope Herschel sah Servino an und schüttelte leicht den Kopf.

Nickend quittierte er ihren Blick. «Tut mir leid, Lotty. Ich wollte dich nicht so aus der Fassung bringen.»

Lotty rang sich ein Lächeln ab. «Paul, man meint immer, nach dreißig Jahren im Arztberuf sei man dagegen immun. Man meint, wer daran gewöhnt ist, die Menschen so leiden zu sehen, wird durch seine Professionalität vor zuviel Mitgefühl bewahrt. Aber das Mädchen war fünfzehn. Es hatte sein Leben noch vor sich. Es wollte kein Kind haben; die Mutter wollte es. Nicht mal aus religiösen Gründen, denn als Engländerin verachtet sie alles Katholische. Sie hoffte nur, sie könnte weiterhin das Leben ihrer Tochter bestimmen. Claudia fühlte sich dem Druck ihrer Mutter nicht gewachsen und schluckte eine Flasche Herdreiniger. Und jetzt sagt bloß nicht, die Mutter sei dafür verantwortlich. Mir ist es völlig gleichgültig, ob sie vor Gericht gestellt wird oder nicht: Für mich hat sie den Tod ihrer Tochter verschuldet, als hätte sie ihr selbst das Gift eingeflößt.»

Servino ignorierte ein weiteres leichtes Kopfschütteln von Lottys Nichte. «Es ist ein tragischer Fall – aber auch für die Mutter. Lotty, glaubst du etwa, sie wollte, daß sich ihre Tochter umbringt?»

Lotty lächelte gequält. «Was im Unterbewußtsein vorgeht, fällt ja wohl in dein Ressort, Paul. Vielleicht war es Mrs. Hamptons Wunsch. Wenn sie natürlich Claudias Tod nicht *wollte*, würde das Gericht sie zum Teil von ihrer Verantwortung freisprechen. Stimmt's, Vic?»

Mir war unbehaglich zumute: Ich wollte nicht den Schiedsrichter spielen. Das Gespräch nahm die Form eines Familienstreits an, bei dem dann beide Partner auf die hinzugerufene Polizei losgehen. Im übrigen interessierten sich zwar fast alle anderen Gäste für den Fall und respektierten Lottys Gefühle, aber keiner legte Wert auf eine Diskussion über gesetzliche und moralische Verantwortung.

Die Dinnerparty fand zu Ehren von Lotty Herschels Nichte Penelope statt, die gerade einen ihrer periodischen Streifzüge durch Chicagos Modeszene unternahm. Ihr Vater – Lottys einziger Bruder – war Besitzer einer Reihe teurer Modegeschäfte in Montreal, Quebec und Toronto. Er spielte mit dem Gedanken, sich in Chicago eine Ausgangsbasis für die Vereinigten Staaten zu schaffen; Penelope besichtigte geeignete Objekte und machte sich gleichzeitig ein Bild von den Frühjahrsideen der hiesigen Designer.

Lotty gab jedesmal ein Abendessen für Penelope, wenn sie in der Stadt war. Servino zählte immer zu den Gästen. Er war Psychiater und mit Lotty befreundet. Penelope hatte ihn auf einer ihrer ersten Einkaufstouren in Chicago kennengelernt. Seitdem hatten sie sich so oft getroffen, wie es zwei vielbeschäftigten Geschäftsleuten möglich war, die ein halber Kontinent voneinander trennte. Obwohl ihre Affäre inzwischen fünf Jahre dauerte, wohnte Penelope weiterhin bei Lotty, wenn sie in der Stadt war.

Die beiden übrigen Gäste der kleinen Gesellschaft waren Max Loewenthal, der Geschäftsführer von Beth Israel, wo Lotty in der Abteilung für perinatale Medizin arbeitete, und Chaim Lemke, Klarinettist beim Holzbläserquintett Aeolus. Lotty und Max hatten den schmächtigen, melancholischen Mann als Flüchtling in London kennengelernt. Chaims Frau Greta, Harfenistin und Pianistin bei einer Gruppe, die Musik alter Meister spielte, war nicht da. Lotty war der Meinung, man sollte sie nicht einladen, weil sie Pauls Patientin war; im übrigen hätte sie die Einladung wahrscheinlich sowieso nicht angenommen, weil sie im Augenblick mit dem Oboisten des Aeolus-Quintetts, Rudolph Strayarn, zusammenlebte.

Das Essen fand in meiner Wohnung statt. Geschockt durch den Tod des jungen Mädchens hatte Lotty im Laufe des Tages angerufen und mich gebeten, ihr mit der Einladung zu helfen. Sie war so aus der Fassung, daß ich nicht anders konnte, als ihr meine Wohnung für die Party anzubieten. Bei Käse und Obst hatte Lotty begonnen, den Fall mit allen Anwesenden zu diskutieren. Dabei war sie vor allem empört über ein Rechtssystem, das Mrs. Hampton so einfach davonkommen ließ.

Aus unerfindlichen Gründen setzte Servino die Diskussion trotz Penelopes warnend gerunzelter Stirn fort. Wir waren bereits bei der dritten Flasche Barolo angelangt. Vielleicht erklärte das Pauls mangelndes Taktgefühl.

«Mrs. Hampton hat das Mädchen nicht mit vorgehaltener Pistole gezwungen, schwanger zu werden», sagte er. «Die Tochter trägt ebenfalls Verantwortung, wenn man das Wort schon benutzen will. Und der Junge – der Vater, wer immer das war.»

Lotty, die sich normalerweise zurückhielt, hatte auch reichlich getrunken. Ihre schwarzen Augen blitzten; der Wiener Akzent war unüberhörbar.

«Glaub mir, Paul, ich kenne die Debatte. Es geht um die alte Frage, wen die Schuld trifft: den, der den Schuß abfeuert? Den, der die Waffe herstellt, oder den, der für die Umstände verantwortlich ist? Oder die Eltern des Schützen? Für mich sind das akademische Haarspaltereien – du weißt schon, all der Quatsch, den man uns vor ewigen Zeiten in Europa beigebracht hat: elementare Ursache, unmittelbare Ursache, hinreichende Ursache und so fort. Es ist graue Theorie, aber nicht das Leben. Man nimmt den Leuten die Verantwortung für ihr Handeln. Da kannst du die ganze Nacht lang Heinz Kohut zitieren und all die anderen Selbstanalytiker; du wirst mich trotzdem nicht davon abbringen, daß die Menschen in der Lage sind, bewußt zu handeln, oder daß Eltern für das verantwortlich sind, was sie ihren Kindern antun. Genauso könntest du behaupten, die Nazis wären nicht verantwortlich für das, was sie Europa angetan haben.»

Penelope lächelte verkrampft. Sie hatte Lotty ebensogern wie Servino und wollte nicht, daß sie sich zum Narren machte. Max dagegen sah Lotty liebevoll an; es gefiel ihm, wenn sie sich ereiferte. Chaim starrte in die Luft und bewegte lautlos die Lippen. Wahrscheinlich ging er seine Partitur durch.

«Das würde ich wohl behaupten», gab Servino mit seinem starken italienischen Akzent zurück. «Und schau mich nicht so an, als ob ich Joseph Goebbels wäre. Chaim und ich sind zehn Jahre jünger als du, aber wir haben so ziemlich das gleiche durchgemacht. Ich vergebe oder entschuldige die Greueltaten nicht, unter denen unsere Familien gelitten haben. Dazu gehört auch die Vertreibung. Aber ich kann mir

Himmler, Mussolini oder sogar Hitler ansehen und sagen, sie haben sich aufgrund von Schwächen so verhalten, die in ihrer Geschichte, ihrer Abstammung und ihrer Kultur begründet sind. Man könnte genausogut den Franzosen die Schuld geben, weil sie so ein Bedürfnis nach – nach *rappresaglia* hatten; hilf mir mal, Victoria!»

«Vergeltung», sekundierte ich.

«Siehst du, Lotty, jetzt werde ich auch hitzig. Ich vergesse mein Englisch. Also, wenn die Franzosen und die Engländer Deutschland nicht durch Reparationsleistungen überfordert hätten, wäre die Situation vielleicht ganz anders gewesen. Wie kann man da Verantwortlichkeit fordern von einem Menschen oder einem Volk? Man muß einfach in seinem eigenen Umfeld das möglichste tun.»

Lotty verzog keine Miene. «Ja, Paul. Ich weiß, was du damit sagen willst. Die Franzosen haben eine bestimmte Sachlage geschaffen, das ist richtig. Und die Engländer sind Hitler entgegengekommen. Und die Amerikaner wollten die Juden nicht aufnehmen. Das ist alles wahr. Aber trotzdem hatten die Deutschen die Wahl. Sie hätten anders handeln können. Ich will sie nicht aus der Verantwortung entlassen, bloß weil ich an den Handlungen der anderen etwas auszusetzen habe.»

Ich nahm ihre Hand und drückte sie fest. «Auch auf die Gefahr hin, hier den Neville Chamberlain zu spielen: Seid doch friedlich! Chaim hat die Klarinette mitgebracht und Max seine Geige. Wenn du dich ans Klavier setzen würdest, Paul, könnten Penelope und ich singen.»

Chaims Lächeln überspielte die Traurigkeit in seinem schmalen Gesicht. Er spielte gern – sei es mit Freunden oder mit Profis.

«Gern, Vic. Aber nur ein paar Lieder. Es ist schon spät, und morgen geht's zu einer zweiwöchigen Tournee nach Kalifornien.»

Die Atmosphäre entspannte sich. Wir gingen ins Wohnzimmer, wo Chaim aus meinen Noten Hugo Wolfs *Spanisches Liederbuch* heraussuchte. Zum Schluß waren nur noch er,

Max und Lotty da. Sie spielten und unterhielten sich bis drei Uhr morgens, lange, nachdem Penelope und Servino sich verabschiedet hatten.

2

Die Ermittlungsarbeit macht im Januar weniger Spaß als zu jeder anderen Zeit des Jahres. In den folgenden beiden Tagen bahnte ich mir mit meinem kleinen Chevy den Weg durch nicht geräumte Seitenstraßen und versuchte, eine untergetauchte Kronzeugin zu finden, die in einer Achtzehn-Millionen-Betrugsaffäre aussagen sollte. Kurz vor fünf Uhr am Donnerstag abend hatte ich schließlich Erfolg. Bis ich die völlig verängstigte Frau, die sich bei einer Nichte in der Siebenundsechzigsten Straße, Ecke Honore, versteckt hielt, davon überzeugt hatte, daß sie keiner erschießen würde, wenn sie als Zeugin auftrat, bis ich sie zum Staatsanwalt und wieder sicher nach Hause gebracht hatte, war es kurz vor zehn.

Ich machte mich mit dem Schlüssel am Haustürschloß zu schaffen und dachte dabei an ein heißes Bad, Whisky in Mengen und Käsetoast. Als Mr. Contreras aus der Tür trat, knirschte ich mit den Zähnen. Der Rentner und frühere Maschinist besitzt mehr Energie als die Navratilova. An dem Abend fühlte ich mich ihm nicht mehr gewachsen.

Ich murmelte einen Gruß und ging rasch auf die Treppe zu. «Da sind Sie ja endlich!» Die Erleichterung war ihm anzuhören.

Gottergeben blieb ich stehen. Irgendwas war wohl mit dem Hund. Ich sah es auf mich zukommen: Der sechzig Pfund schwere Jagdhund mußte durch schneeverwehte Straßen zum Tierarzt gekarrt werden.

«Ich dachte, ich lasse sie rein. Ich hab ihr gesagt, daß ich nicht weiß, wann Sie heimkommen, daß Sie manchmal die ganze Nacht unterwegs sind» – eine dezente Anspielung auf mein Liebesleben. «Aber sie wollte unbedingt warten und hätte die ganze Zeit auf den Stufen sitzen müssen. Sie wollte nicht sagen, was los ist. Am besten, Sie reden gleich selber mit ihr. Wollen Sie reinkommen, oder soll ich sie zu Ihnen hochschicken?»

Also nichts mit dem Hund. «Wer ist es denn?»

«Das will ich Ihnen doch die ganze Zeit sagen: das bildschöne Mädchen. Sie wissen schon, die Nichte der Ärztin.»

«Penelope?» fragte ich entgeistert.

Gerade in dem Augenblick tauchte sie unter den fuchtelnden Armen des alten Mannes durch und stand vor mir in der Eingangshalle. «Vic! Gott sei Dank, daß du da bist. Ich muß mit dir reden, bevor die Polizei auf dumme Ideen kommt.»

Sie war in einen knöchellangen silbrigen Pelzmantel gehüllt. Mit ihrer natürlichen Eleganz, exquisitem Schmuck und Make-up und der ultramodernen Frisur sah sie ihrer Tante nicht besonders ähnlich. Doch der Schock ließ die gestylte Fassade in den Hintergrund treten und rückte ihre dunklen Augen ins Blickfeld. Sie erinnerten mich so sehr an Lotty, daß ich instinktiv auf Penelope zutrat.

«Komm mit hoch und sagt mir, was los ist.» Ich legte meinen Arm um sie.

Mr. Contreras zog enttäuscht die Tür hinter sich zu, als wir zusammen hinaufgingen. Penelope schwieg, bis wir in meiner Wohnung waren. Ich hängte meine Jacke und meine Daunenweste an die Garderobe in der Diele und zog mir im Wohnzimmer die schweren Laufschuhe aus.

Penelope behielt ihren Pelzmantel an. Ihre hochhackigen Kalbslederstiefel waren offenbar nicht straßentauglich; sie hatten Schneeränder. Sie fröstelte trotz ihres Mantels.

«Hast du – etwas gehört?»

Ich schüttelte den Kopf und rieb mir den rechten Fuß, der von der langen Herumfahrerei ganz verkrampft war.

«Es geht um Paul. Er ist tot.»

«Aber er ist doch noch nicht so alt Und ich dachte, er wäre kerngesund.» Weil er im Sitzen arbeitete, joggte Servino abends immer die gut drei Kilometer von seiner Praxis im Zentrum nach Hause.

Penelope lachte leicht hysterisch auf. «Ja, er war richtig fit. Aber bei einem Schlag auf den Kopf hilft das nicht viel.»

«Könntest du nicht alles der Reihe nach erzählen, statt in dramatischen Etappen?»

Wie erhofft, ärgerte sie sich so über meine Grobheit, daß sie ihre beginnende Hysterie überwand. Sie warf mir einen königlich-verachtungsvollen Blick zu, wie ich ihn von Lotty kannte, und erzählte mir dann, was sie wußte.

Paul hatte seine Praxis in einem Gebäude, in dem noch andere Psychiater arbeiteten. Am Morgen hing ein Schild an seiner Tür, das nüchtern verkündete, aus zwingenden persönlichen Gründen müsse er sämtliche Termine für diesen Tag absagen. Als der Hausmeister gegen drei Uhr nachmittags eine Birne auswechseln wollte, fand er Servino tot auf dem Boden seines Sprechzimmers.

Kollegen bestätigten, daß sie ihn um etwa Viertel vor acht hatten ankommen sehen – zu seiner üblichen Zeit. Als sie das Schild sahen, vermuteten sie, er sei wieder gegangen, während sie selbst beschäftigt waren. Keiner maß der Sache irgendwelche Bedeutung bei.

Penelope war der Tod ihres Geliebten von der Polizei mitgeteilt worden, als sie gerade aus einem Immobilienbüro trat. Sie hatte über geeignete Mietobjekte verhandelt. Zwei Ärzte mit Praxen in Servinos Nachbarschaft hatten ausgesagt, eine dunkelhaarige Frau in langem Pelzmantel in der Nähe seines Sprechzimmers gesehen zu haben.

Penelopes dunkle Augen schwammen in Tränen. «Nicht genug, daß Paul tot ist und daß ich auf so unmögliche Weise davon erfahren habe. Sie glauben, ich hätte ihn getötet, weil ich dunkles Haar habe und einen Pelzmantel trage. Sie wissen nicht, womit er umgebracht wurde. Mit irgendeinem ganz gewöhnlichen stumpfen Gegenstand. Sie haben in meinen Sachen danach gesucht.»

Während sie suchten, wurde sie drei Stunden lang verhört. Schließlich ließ man sie widerwillig laufen mit der Auflage, Chicago nicht zu verlassen. Sie hatte Lotty in der Klinik angerufen und war dann zu mir gekommen.

Ich holte den Whisky aus dem Eßzimmer, aber sie schüttelte den Kopf. Um mich für das entgangene Bad zu entschädigen, schenkte ich mir einen gehörigen Schluck ein.

«Und nun?»

«Ich möchte, daß du den Mörder findest. Die Polizei strengt sich nicht besonders an. Sie glauben, daß ich es war.»

«Haben sie einen Grund dafür?»

Sie wurde unerwartet rot. «Sie meinen, weil er mich nicht heiraten wollte.»

«Kein überzeugendes Motiv heutzutage, finde ich. Noch dazu bei deiner erfolgversprechenden Karriere. Wollte er wirklich nicht?»

«Im Gegenteil. Es war eher andersherum. Ich war noch unentschlossen, was ich tun sollte. Ob ich nach Chicago ziehen sollte. Weißt du – ich habe auch in Montreal Freunde. Und ich war immer der Ansicht, Ehe sei gleichbedeutend mit Monogamie.»

«Aha.» Die Affäre zwischen Paul und Penelope bekam für mich ein etwas anderes Gesicht. «Du hast ihn doch nicht umgebracht – möglicherweise aus einem anderen Grund?»

Sie zwang sich zu einem Lächeln. «Weil er in bezug auf Verantwortung eine andere Meinung vertrat als Lotty? Nein. Und auch aus keinem anderen Grund. Fragst du nun Lotty, ob sie es war?»

«Lotty hätte Sonntag abend irgend etwas vom Eßtisch gepackt und ihn damit zerfleischt. Sie hätte sich nicht mit einem Prügel in seine Praxis geschlichen.» Ich sah sie nachdenklich an. «Nur aus reiner Neugier: Was hast du heute früh gegen acht gemacht?»

Ihre schwarzen Augen funkelten mich an. «Eigentlich hatte ich Verständnis von dir erwartet, und nicht, daß du mir die gleichen blöden Fragen stellst, die ich schon den ganzen Nachmittag von der Polizei gehört habe!»

«Und was hast du nun heute früh um acht gemacht?»

Sie stürzte zur Tür, besann sich jedoch und verharrte in Türnähe vor dem Poster von Nell Blain. Mit dem Rücken zu mir sagte sie frostig: «Ich trank meine zweite Tasse Kaffee.

Zeugen habe ich keine. Wie du weißt, ist Lotty um diese Zeit längst weg. Vielleicht hat mich jemand um halb neun aus dem Haus gehen sehen. Ich schlug vor, die Nachbarn zu befragen, aber die Polizei schien kein besonderes Interesse daran zu haben.»

«Verkauf sie nicht für blöd. Wenn sie dich nicht verhaften, stellen sie schon noch Fragen.»

«Aber du könntest Fragen zu meiner Entlastung stellen. Sie wollen mir bloß was anhängen.»

Ich preßte meine Daumen und Zeigefinger gegen meinen Nasenrücken und versuchte, den dumpen Schmerz hinter den Augen loszuwerden. «Am wahrscheinlichsten ist, daß ihn ein erboster Patient umgebracht hat. Das ist dir doch sicher klar? Trotz deiner Befürchtungen wurden sie heute wahrscheinlich schon alle von der Polizei vernommen.»

Nichts konnte sie davon überzeugen, daß ihr keine unmittelbare Gefahr drohte, von korrupten Richtern im Schnellverfahren verurteilt zu werden – mit anschließender Exekution im Morgengrauen. Sie blieb bis nach Mitternacht, wobei sie mich abwechselnd beschwor, sie zu verstecken, und aufforderte, die Polizei bei der Suche nach Pauls Mörder zu unterstützen. Ich konnte sie nicht dazu bewegen, Lotty anzurufen und ihr zu sagen, wo sie sich aufhielt. Sie hatte Angst, Lottys Telefon könnte angezapft sein.

«Versteh doch, Penelope», sagte ich schließlich entnervt, «ich kann dich nicht hier verstecken. Falls du wirklich verdächtigt wirst, ist dir die Polizei hierher gefolgt. Selbst wenn ich dich irgendwie rausschmuggeln und irgendwo verstekken könnte – ich würde es nicht tun. Ich würde wegen Behinderung der Rechtsfindung meine Lizenz verlieren, und es würde mir recht geschehen.»

Ich versuchte, ihr zu erklären, wie schwierig es war, eine gerichtliche Erlaubnis zur Überwachung des Telefons zu erlangen, aber es half alles nichts. Ich war kurz davor, Penelope anzuschreien, als Lotty zum Glück selbst anrief. Sie war völlig niedergeschmettert von Servinos Tod und machte sich Sorgen wegen Penelope. Die Polizei war mit einem Haussuchungsbefehl angerückt. Sie hatten eine Reihe von Haushaltsutensilien mitgenommen, darunter ihren Regenschirm. Normalerweise hätte sie eine solche Belästigung zur Weißglut gebracht; aber sie war zu bestürzt, um dem Vorgang allzuviel emotionale Beachtung zu schenken. Ich gab den Hörer an Penelope weiter. Was immer Lotty zu ihr gesagt hatte, es trieb ihr die Röte ins Gesicht; doch war sie danach bereit, sich von mir nach Hause fahren zu lassen.

Als ich – zum Umfallen erschöpft – zurückkam, wartete John McGonnigal im Streifenwagen vor meiner Tür. Er folgte mir über den Gehsteig und öffnete schwungvoll die Tür.

Ich sah ihn ungnädig an. «Danke, Sergeant. Es war ein langer Tag. Schön, daß nun einer den Portier für mich spielt.»

«Bißchen kalt zum Reden hier unten, Vic. Wie wär's, wenn Sie mich zu 'ner Tasse Kaffee einladen würden?»

«Ich möchte in mein Bett. Wenn Sie was zu sagen oder vielleicht sogar zu fragen haben, dann spucken Sie's aus.»

Es war nur leeres Gerede, und das wußte ich auch. Wenn ein Polizeibeamter sich nachts um eins mit mir unterhalten wollte, so würde er das auch tun. Mr. Contreras' Auftritt in einem tomatenroten Bademantel beschleunigte nur meine Bereitschaft, ihm entgegenzukommen.

Während ich Käsebrote machte, fragte McGonnigal, was Penelope mir erzählt hatte.

«Sie hat sich mir nicht in die Arme geworfen und geschluchzt: ‹Vic, ich habe ihn umgebracht! Du mußt mir helfen!›» Ich röstete die Käsebrote mit etwas Olivenöl in der Pfanne. «Was habt ihr Jungs gegen sie vorzubringen?»

Die Empfangssekretärin und zwei Psychoanalytiker hatten gegen zwanzig vor acht eine kleine dunkelhaarige Frau in der Nähe von Servinos Praxis in einer Nische stehen sehen. Keiner hatte ihr viel Beachtung geschenkt. Als sie Penelope gegenübergestellt wurden, räumten sie ein, sie hätte es gewesen sein können; sicher waren sie jedoch nicht. Wäre sie eindeutig identifiziert worden, so hätte man sie bereits verhaftet, selbst wenn die Waffe noch nicht gefunden war.

«Gestern abend haben sie sich im ‹Filigree› laut gestritten. Dem Oberkellner war das ganz peinlich. Servino war Stammgast, und er wollte ihm nicht zu nahe treten; aber ein paar Gäste beschwerten sich. Dieses Mädchen, die Herschel ...» McGonnigal warf mir einen wachsamen Blick zu. «Diese Frau, meine ich. Sie stürmte allein davon und schlief bei ihrer Tante. Ein Nachbar sah sie am Morgen gegen sieben weggehen – nicht um halb neun, wie sie behauptet.»

Das hörte sich nicht gut an. Ich fragte ihn nach der Todesursache.

«Irgend jemand hat ihm eins seitlich gegen den Hals versetzt. Durch den Schlag wurde ein Halswirbel zertrümmert und eine Hauptschlagader verletzt. Er muß fast auf der Stelle tot gewesen sein. Servino war nicht besonders groß, wie Sie wissen. Die Herschel hätte keine Schwierigkeiten gehabt.»

«Aber womit?» fragte ich.

Das war der wunde Punkt. Alles kam dafür in Frage – angefangen beim Baseballschläger bis zum Stahlrohr. Der Gerichtsmediziner tippte eher auf das letztere, denn die Haut war an einigen Stellen verletzt. Sie hatten jeden Gegenstand aus Lottys Wohnung und Penelopes Gepäck mitgenommen, der sich als Waffe eignete. Die Sachen wurden gerade auf Blutspuren und Hautreste untersucht.

Ich prustete los. «Wenn Sie Lottys Wohnung durchsucht haben, hat sie Ihnen sicher ganz schön die Leviten gelesen.»

McGonnigal verzog das Gesicht. «Sie hat sich Luft gemacht, stimmt. Können Sie sich vorstellen, womit er umgebracht wurde?»

Ich schüttelte den Kopf. Der Gedanke an Pauls Tod war so abscheulich, daß ich nicht die Kraft aufbrachte, über die mögliche Waffe nachzudenken. Nachdem McGonnigal gegen halb drei gegangen war, lag ich im Bett und starrte ins Dunkel. Ich konnte nicht schlafen, obwohl ich völlig erschöpft war. So gut kannte ich Penelope auch nicht. Daß sie Lottys Nichte war, hieß ja nicht, daß sie keinen Mord begehen konnte. Um ehrlich zu sein: Ihr Theater am gestrigen Abend hatte mich nicht hundertprozentig überzeugt. Wer sonst kam einem so nahe, daß er ihm das Genick brechen konnte, wenn nicht der oder die Geliebte? Ich wälzte mich stundenlang im Bett herum und fiel gegen sechs in einen unruhigen Schlaf.

Lotty weckte mich um acht und beschwor mich, Servinos Mörder zu finden. Die Polizei war um halb acht noch einmal gekommen, um Penelope zu fragen, warum sie verschwiegen hatte, daß sie am frühen Morgen des Vortags in Pauls Wohnung gewesen sei.

«Und warum war sie da?» fragte ich sachlich.

«Sie sagt, nach ihrem Streit wollte sie die Dinge wieder ins Lot bringen, aber er war bereits auf dem Weg in seine Praxis. Bei der polizeilichen Vernehmung war sie zu verstört, um die Wahrheit zu sagen. Vic, ich habe furchtbare Angst, daß man sie verhaftet.»

Ich murmelte etwas vor mich hin. Mir schien, als hätte sie allen Grund dazu, aber mir war mein Leben zu lieb, als daß ich es laut zu Lotty gesagt hätte. Auch so verlief die Unterhaltung bald im Sande.

«Ich komme bei Wind und Wetter und flick dich zusammen. Nie hörst du von mir ein Wort der Klage.» (Das stimmte nicht ganz; aber ich widersprach nicht.) «Wenn ich dich jetzt einmal um Hilfe bitte, zeigst du mir die kalte Schulter. Das werde ich mir merken, Victoria.»

Riesige schwarze Flecken tanzten vor meinen Augen.

«Prima, Lotty.»

Ihr Hörer knallte auf die Gabel.

## 3

Verbissen machte ich mich an meine Tagesgeschäfte. Im Auto stellte ich den Lokalsender ein, um zu hören, ob Penelope eventuell verhaftet worden sei. Trotz aller nachteiligen Zeugenaussagen wollte der Staatsanwalt offenbar nichts unternehmen, solange man nichts über die Tatwaffe wußte. Kurz nach sechs stapfte ich die Treppe zu meiner Wohnung hinauf und dachte an ein Bad, ein halb durchgebratenes Steak und an mein Bett. Auf dem oberen Treppenabsatz knirschte ich vor ohnmächtiger Wut mit den Zähnen: Vor meiner Tür saß eine Frau im Pelzmantel.

Als sie aufstand, erkannte ich, daß es nicht Penelope war, sondern Chaim Lemkes Frau Greta Schipauer. In dem dunklen Treppenhaus war mir ihr goldblondes Haar nicht gleich aufgefallen.

«Vic! Gott sei Dank, daß du da bist! Ich sitze seit vier hier, und in zwei Stunden habe ich ein Konzert.»

Ich hantierte mit den drei schweren Türschlössern. «Ich habe ein Büro in der Stadt, damit die Leute nicht vor meiner Tür auf dem Boden sitzen müssen», sagte ich spitz.

«Tatsächlich? Und ich dachte mir immer, du würdest in deinem Wohnzimmer arbeiten.»

Sie folgte mir in die Wohnung, ging sofort ans Klavier und spielte ein paar Quinten herunter. «Du müßtest mal dein Klavier stimmen lassen, Vic.»

«Hast du deshalb zwei Stunden auf mich gewartet? Um mir zu sagen, daß mein Klavier gestimmt werden muß?» Ich hängte meinen Mantel in der Diele auf und setzte mich auf die Couch, um mir die Stiefel auszuziehen.

«Nein, nein.» Sie setzte sich hastig. «Ich komme natürlich wegen Paul. Ich habe heute mit Lotty gesprochen. Sie sagt, du weigerst dich, nach seinem Mörder zu suchen. Warum das, Vic? Wir brauchen dich alle ganz nötig. Du kannst uns jetzt nicht hängenlassen. Gestern wurde ich zwei Stunden von der Polizei vernommen. Meine Konzentration ist völlig dahin. Ich konnte überhaupt nicht üben. Das Konzert heute abend wird bestimmt eine Katastrophe. Sogar Chaim hat darunter zu leiden, und er ist drüben an der Westküste.»

Ich war zu erschöpft, um noch taktvoll sein zu können. «Woher weißt du das? Ich denke, du lebst mit Rudolph Strayarn zusammen?»

Sie sah mich überrascht an. «Was hat das damit zu tun? Chaims Musik interessiert mich immer, und die war fürchterlich. Rudolph rief heute früh an und hat es mir erzählt. Ich habe mir dann in der Stadt eine Zeitung aus Los Angeles gekauft.»

Sie hielt mir die *L. A. Times* mit der aufgeschlagenen Kulturseite vor die Nase. Die Schlagzeile lautete: *AEOLUS VOM WINDE VERWEHT.* Chaims Werbefoto illustrierte den Bericht.

Ich überflog die Meldung:

> «Chaim Lemke, einer der brillantesten Virtuosen Amerikas, muß seine Klarinette zu Hause vergessen haben; er spielte, als halte er das Instrument zum erstenmal in der Hand. AEOLUS-Managerin Claudia Laurents erklärte, der Mord an einem Chicagoer Freund habe das Quintett aus dem Takt gebracht. Zwar gelang es den übrigen Solisten, dem Ganzen den Anstrich eines Konzerts zu geben, aber die Vorstellung von Amerikas bekanntestem Holzbläserquintett war eindeutig ein Mißklang.»

Ich gab Greta die Zeitung zurück. «Chaim hat einen so guten Ruf, daß ein solcher Verriß in zwei Tagen vergessen ist. Mach dir darüber keine Gednaken. Geh du zu deinem Konzert und konzentriere dich auf deine Musik.»

Sie starrte mich mit ihren leicht hervortretenden Augen an. «Ich hab's Lotty nicht geglaubt. Ich denke, ich höre nicht recht, Vic. Wir brauchen dich. Wenn es ums Geld geht, dann nenn uns deinen Preis. Nur sei nicht so herzlos und hilf uns.»

«Greta, die Polizei hält sich bloß deshalb noch zurück, weil sie die Mordwaffe nicht finden. Ich helfe ihnen nicht bei der Suche. Das beste für uns wäre, sie würde nie gefunden. Nach einiger Zeit lassen sie Penelope nach Montreal zurück, und euer Leben verläuft wieder in den üblichen Bahnen.»

«Nein, nein! Du glaubst, Penelope hat das Verbrechen begangen. Niemals, Vic, niemals. Ich kannte sie schon als kleines Mädchen. Ich bin nämlich in Montreal aufgewachsen. Dort habe ich auch Chaim kennengelernt. Du kannst mir glauben, ich kenne sie. Sie hat den Mord nicht begangen.»

Starrköpfig argumentierte sie weiter, bis sie auf die Uhr sah, einen Schreckensschrei ausstieß und sagte, sie müsse sich beeilen, sonst käme sie zu spät in den Konzertsaal. Als ich erleichtert die Tür hinter ihr verschloß, sah ich, daß sie ihre Zeitung vergessen hatte. Ich studierte noch einmal Chaims feingeschnittenes Gesicht. Er sah traurig aus, als hätte er im Augenblick der Aufnahme gewußt, daß es etwas zu betrauern gäbe.

## 4

Als die Polizei am Donnerstag zu später Stunde Penelope des Mordes beschuldigte, gab ich schließlich den verschiedenen Bitten und Forderungen ihrer Freunde nach und begann mit einer unabhängigen Untersuchung. Die Polizei hatte keine Waffe gefunden, doch der Staatsanwalt nahm an, sie sei im Fluß gelandet.

Ich ließ mir die Namen der beiden Psychiater und der Empfangssekretärin geben, die die vermeintliche Mörderin am Dienstag vor Servinos Praxis gesehen hatten. Sie waren so daran gewöhnt, nervöse Patienten hinter Trennwänden verschwinden zu sehen, daß sie die Frau kaum beachtet hatten. Keiner von ihnen war bereit, sie vor Gericht zu identifizieren. Diese Tatsache würde Freeman Carter entgegenkommen, der Penelopes Verteidigung übernommen hatte; aber sie wog nicht den Schaden auf, den Penelope mit ihrer Falschaussage angerichtet hatte.

Gegen eine Kaution von 100 000 Dollar wurde sie auf freien Fuß gesetzt. Sie wurde von Verzweiflung und wilden Wutanfällen hin- und hergerissen; ihre Geschichte klang nicht besonders überzeugend. Trotzdem war ich verpflichtet, ihre Unschuld zu beweisen. Ich tat für sie, was ich konnte, und im übrigen vertraute ich darauf, daß Freeman erfahren genug war, sie nicht in den Zeugenstand zu rufen.

Einer meiner Zuträger von der Polizei besorgte mir eine Liste von Pauls Patienten – auch den ehemaligen. Lotty, Max und Grete stellten Freeman und mir jeden Betrag zur Verfügung, den wir benötigten; ich konnte die Gebrüder Streeter zur Überpfüung der Alibis sämtlicher Patienten anheuern.

Ich sprach mit allen selbst und versuchte, jedem ernsthaften Anschein eines Vertrauensbruchs und jedem gravierenden Ärgernis nachzuspüren, das einen Mord rechtfertigen könnte. Ich las sogar Pauls Aufzeichnungen und fühlte mich dabei wie eine Voyeurin. Es faszinierte mich, wie er Greta charakterisierte. Ihre ausgeprägte Ich-Bezogenheit hatte mich immer gestört. Paul war wesentlich einfühlsamer. Offenbar bezweifelte er, daß sie sich je einer Selbstbetrachtung unterziehen würde.

«Wie hat Paul deine Affäre mit Rudolph beurteilt?» fragte ich Greta eines Nachmittags, als sie sich wieder einmal nach meinen Fortschritten erkundigte.

«Ach, du weißt ja, wie er war: Er respektierte mein künstlerisches Temperament, und er wußte, was man in meinem Beruf braucht, um zu überleben. Außerdem machte er mir plausibel, daß ich mich nicht dafür verantwortlich fühlen mußte. Der ausgeprägte Narzißmus meiner Eltern sei schuld daran, daß ich mich so nach Liebe und Zuneigung sehne. Und Rudolph ist als Liebhaber viel gelöster als der arme Chaim mit seinen endlos zur Schau gestellten Schuldgefühlen und Selbstzweifeln.»

Ich bekam eine leichte Gänsehaut. Ich verstand nichts von Psychoanalyse, aber ich konnte mir nicht vorstellen, daß Paul seine Bemerkungen über persönliche Verantwortung so interpretiert wissen wollte.

Chaims künstlerische Leistung hatte sich inzwischen weiter verschlechtert. Er beschloß, die restlichen Auftritte an der Westküste abzusagen. Das Aeolus-Quintett fand einen Ersatz – den zweiten Klarinettisten des Chicagoer Symphonieorchesters. Aber sie bekamen nur mittelmäßige Kritiken in Seattle und spielten in Vancouver und Denver vor halbleeren Häusern.

Greta holte Chaim bei seiner Rückkehr vom Flughafen ab. Ich wußte das, weil sie die lokalen Fernsehsender informiert hatte; in den Zehnuhrnachrichten starrte sie mich vom Bildschirm an, während sie Chaim mit mütterlicher Fürsorge aus der Gepäckausgabe führte. Als die Kameraleute abgezogen waren, machte sie sich auf zu Rudolph und rief mich um halb elf von dort an, um sich zu versichern, daß ich ihr eheliches Getue mit angesehen hatte.

Ich war nicht überzeugt von Gretas Beteuerung, Chaim würde rascher zu sich selbst finden, wenn er auf sich allein gestellt sei. Am nächsten Tag schaute ich selbst einmal bei ihm vorbei. Trotz der frühen Nachmittagsstunde war er noch im Morgenmantel. Ich entschuldigte mich, weil ich ihn geweckt hatte, doch er versicherte mir mit einem lieben, tristen Lächeln, er sei schon länger auf den Beinen. Als ich ihm in das helle Wohnzimmer mit Ausblick auf den Michigansee folgte, erschrak ich über sein ungesundes Aussehen. Seine schwarzen Augen lagen wie riesige Höhlen in dem schmalen Gesicht. Offenbar hatte er seit einiger Zeit nicht geschlafen.

«Chaim, bist du beim Arzt gewesen?»

«Nein, nein.» Er schüttelte den Kopf. «Ich kann bloß seit Pauls Tod nicht mehr spielen, das ist alles. Ich versuche es, aber ich bringe weniger zustande als mit fünf. Ich weiß nicht, was schlimmer ist: daß Paul tot ist oder daß sie Penelope verhaftet haben. So ein liebes Mädel. Ich kenne sie seit ihrer Geburt. Ich bin sicher, sie hat ihn nicht umgebracht. Lotty sagt, du kümmerst dich um den Fall?»

«Ja, aber nicht sehr erfolgreich. Die Beweise gegen sie sind ziemlich dürftig. Ich glaube kaum, daß man sie verurteilt. Wenn die Waffe auftaucht . . .» Ich ließ den Rest offen. Wenn die Waffe auftauchte, könnte das der fehlende Stützpfeiler für die Anklage des Staatsanwalts sein. Ich versuchte redlich, für Penelope zu arbeiten, aber mir kamen immer wieder solche ketzerischen Gedanken.

«Du suchst nach der Waffe? Weißt du, was es für eine ist?»

Ich schüttelte den Kopf. «Der Staatsanwalt gab mir Aufnahmen von der Wunde. Ich ließ Vergrößerungen machen und zeigte sie einem Arzt. Ich hoffte, er hätte vielleicht eine Idee. Es muß so was wie ein Rohr oder ein Stock mit Zacken oder irgendwelchen Ausbuchtungen gewesen sein. So eine Art Keule, wie sie die Höhlenmenschen benutzt haben. Ich bin so ratlos, daß ich sogar im Field-Museum nachgefragt habe, ob sie irgendeine Idee haben oder ob sie vielleicht eine tödliche alte Waffe vermissen.»

Chaim war ganz grün geworden. Ich bekam ein schlechtes Gewissen. Er hatte so eine lebhafte Phantasie; ich hätte den Mund halten sollen. Nun hatte er bestimmt wochenlang Alpträume und mußte noch länger warten, bis er wieder spielen konnte. Um das Thema zu wechseln, überredete ich ihn, sich von mir etwas aus den kärglichen Vorräten in seiner Küche kochen zu lassen. Er aß nicht viel, aber er sah nicht mehr so fiebrig aus, als ich ging.

## 5

Am ersten Tag von Penelopes Gerichtsverhandlung fand ihn seine Putzfrau morgens in der Wohnung. Er war dem Tode nahe. Lotty, Max und ich hatten den Tag zusammen mit Lottys Bruder Hugo und seiner Frau im Gerichtssaal verbracht. Gretas verzweifelte Hilferufe erreichten uns erst, als Lotty vor dem Abendessen in der Klinik vorbeifuhr.

Am Abend zuvor hatte Chaim zum erstenmal seit Wochen an einer Probe des Aeolus-Quintetts teilgenommen. Er hatte sich eine neue Klarinette gekauft. Vermutlich meinte er, es läge am Instrument. Blasinstrumente verhalten sich anders als Violinen; sie werden mit der Zeit schlechter. Ein aktiver Klarinettist muß sich etwa alle zehn Jahre ein neues Instrument kaufen. Trotz der neuen Klarinette – einer Buffet, wegen der er extra nach Toronto geflogen war – lief die Probe nicht.

Er verabschiedete sich früh, fuhr nach Hause und drehte am Küchenherd den Gashahn auf. Er hinterließ einen Zettel mit den Worten: «Ich habe mir meine Musik zerstört.» Die Putzfrau wußte über sein Privatleben so weit Bescheid, daß sie Greta in Rudolphs Wohnung anrief. Da Greta die Probe mitverfolgt hatte, während sie auf den Oboisten wartete, wußte sie von Chaims Versagen.

«Es überrascht mich nicht», sagte sie am Telefon zu Lotty. «Seine Musik war das einzige, was ihm blieb, nachdem ich ihn verlassen hatte. Da er nun beides verloren hatte, sah er keinen Grund mehr zum Weiterleben. Gott sei Dank hat mir Paul so oft auseinandergesetzt, weshalb wir für unser Tun und Lassen nicht verantwortlich sind. Sonst hätte ich jetzt furchtbare Gewissensbisse.»

Lotty rief den diensthabenden Arzt im Mitchell-Krankenhaus an und erfuhr, daß Chaim am Leben bleiben würde. Er hatte jedoch seine Lunge schwer geschädigt. Er konnte kaum reden und würde vermutlich nie wieder spielen können.

Schäumend vor Wut gab sie ihr Gespräch mit Greta wieder, während wir im «Drake» – in der Suite ihres Bruders – auf das Abendessen warteten. «Es hat den Falschen erwischt mit der Karriere», sagte sie aufgebracht. «Ich konnte nie verstehen, wieso Chaim diese egozentrische Hure so leidenschaftlich liebte!»

Marcella Herschel verzog angewidert den Mund. Sie kamen schon im Idealfall nicht gut miteinander aus, aber wenn Lotty in Wut geriet, fand Marcella sie nahezu unerträglich. Penelope, bleich und niedergeschlagen, brachte ein Lächeln zustande und tätschelte beruhigend Lottys Schulter, während Max sie zu einem Schluck Wein zu überreden versuchte.

Nach dem Essen kam Freeman Carter vorbei, um die Strategie für den zweiten Verhandlungstag zu besprechen. Bald darauf löste sich die Gesellschaft auf; wir waren alle zu müde und zu bedrückt, um auch nur den Schein eines Gesprächs zu wahren.

Die Verhandlung dauerte vier Tage. Freeman zerpflückte brillant das spärliche Beweismaterial der Staatsanwaltschaft. Die Geschworenen berieten sich nur zwei Stunden, bevor sie ihr Urteil sprachen: nicht schuldig. Penelope fuhr am nächsten Morgen mit Hugo und Marcella nach Montreal. Lotty hatten die Ereignisse des Winters schwer zugesetzt. Sie suchte sich eine Vertretung für die Klinik und fuhr mit Max zwei Wochen nach Portugal.

Ich gönnte mir in Michigan ein verlängertes Wochenende mit meinem Hund, hatte aber weder Zeit noch Geld für einen längeren Urlaub. Als ich Montag abend nach Hause kam, lag Hugo Wolfs *Spanisches Liederbuch* noch aufgeschlagen auf dem Klavier – so wie an jenem Januarabend mit Chaim und Paul. Durch den Mord an Paul und die Vorbereitung auf Penelopes Prozeß war ich nicht mehr zum Singen gekommen. Ich versuchte es mit *»In dem Schatten meiner Locken«;* aber Greta hatte recht: Das Klavier mußte unbedingt mal gestimmt werden.

Am nächsten Morgen riet ich Mr. Fortieri an und fragte, ob er es sich einmal ansehen könne. Der alte Mann reparierte unter anderem die Instrumente des Aeolus-Quintetts und ähnlicher Gruppen und stimmte für sie die Klavviere. Mir tat er nur den Gefallen, weil er meine Mutter gekannt und ihren Gesang bewundert hatte.

Er verabredete mit mir einen Termin für den folgenden Nachmittag, was mich überraschte. Normalerweise mußte man bei ihm vier bis sechs Wochen warten. Rasch waren meine Dienstagtermine entsprechend verlegt. Als er bei mir eintraf, erkannte ich, daß er nur so schnell gekommen war, weil ihn Chaims Selbstmordversuch so bestürzt hatte. Ich hatte keine große Lust, alles noch mal durchzukauen, aber ich sah, daß der alte Mann sich Geadnken machte und jemanden brauchte, mit dem er reden konnte.

«Ich zerbreche mir den Kopf darüber, was ich mit seiner Klarinette anfangen soll, Victoria. Ich habe sie reparieren können, aber ich habe gehört, daß er nie mehr spielen wird. Es wäre bestimmt gefühllos von mir, sie zurückzugeben, selbst wenn ich keine Rechnung stelle.»

«Seine Klarinette?» fragte ich verständnislos. «Wann hat er sie Ihnen gebracht?»

«Nach seiner verkorksten Tournee an der Westküste. Er sagte, sie sei ihm in den Dreck gefallen. Ich verstehe immer noch nicht, wieso er sie nicht im Instrumentenkoffer verstaut hatte und wie das passieren konnte. Aber er sagte, sie sei völlig verdreckt gewesen und er habe sie reinigen wollen. Dabei habe er die Klappen so verbogen, daß sie nicht mehr richtig spielte. Es war ein wunderbares Instrument. Er hatte es erst ein paar Jahre, und es hatte so um die sechstausend Dollar gekostet. Deshalb wollte ich's mal mit der Reparatur versuchen. In Kalifornien mußte er seine alte Klarinette benutzen, und ich dachte mir, daß die Tournee aus dem Grund so schlecht lief. Und natürlich auch, weil ihm Pauls Tod so naheging.»

«Sie haben die Klarinette also repariert und gründlich gereinigt», sagte ich, als sei ich begriffsstutzig.

«Ja. Der Klang ist natürlich nicht mehr derselbe, aber für den Hausgebrauch ist es immer noch ein gutes Instrument. Aber es widerstrebt mir, ihm die Klarinette zurückzugeben, wenn er nicht mehr darauf spielen kann.»

«Lassen Sie sie hier», sagte ich leise. «Ich kümmere mich darum.»

Mr. Fortieri schien erleichtert, seine Verantwortung an mich weitergehen zu können. Er machte sich ans Werk und stimmte das Klavier, ohne sich – wie sonst – darüber zu mokieren, daß es mir nicht gelungen war, das hohe musikalische Niveau meiner Mutter zu erreichen.

Sobald er das Haus verlassen hatte, fuhr ich ins Universitätskrankenhaus von Chicago. Chaim befand sich zur Beobachtung in der Psychiatrie, aber er durfte Besuch empfangen. Ich fand ihn im Aufenthaltsraum. Er saß da und starrte ins Leere, während *Menschen vor Gericht* über den Bildschirm lief.

Er produzierte sein liebes, tristes Lächeln und krächzte meinen Namen. Es klang wie die heisere Parodie einer Stimme.

«Können wir in dein Zimmer gehen, Chaim? Ich möchte unter vier Augen mit dir reden.»

Er streifte die leeren Gesichter um uns mit einem kurzen Blick, stand aber gehorsam auf und führte mich in ein spartanisch eingerichtetes Zimmer mit vergittertem Fenster.

«Mr. Fortieri hat heute nachmittag mein Klavier gestimmt. Er hat mir von deiner Klarinette erzählt.»

Chaim sagte nichts, aber er schien sich leicht zu entspannen.

«Wie hast du es gemacht, Chaim? Ich meine, du bist doch Montag früh nach Kalifornien geflogen. Bist du mit dem Lumpensammler zurückgeflogen?»

«Lumpensammler?» krächzte er heiser.

Sogar in dem kleinen Raum mußte ich mich vorlehnen, um ihn zu verstehen. «Mit dem Nachtflug.»

«Ach so. Lumpensammler. Ja. Ich bin um sechs auf dem O'Hare gelandet, bin mit der Hochbahn zu Pauls Praxis gefahren und war rechtzeitig zum Zehnuhrflug wieder am Flughafen. Keiner wußte, daß ich L. A. überhaupt verlassen hatte. Zu unserer Probe um zwei habe ich's mit Leichtigkeit geschafft.»

Als ich sah, wie ihn das Sprechen anstrengte, tat mir selbst der Hals weh.

«Ich bildete mir ein, Paul zu hassen – mit all seinen Bemerkungen über Verantwortung. Ich dachte, er hätte Greta zugeredet, mich zu verlassen.» Er hielt inne, um wieder zu Atem zu kommen. Dann redete er weiter.

«Ich gab ihm die Schuld an ihrer Einstellung, sie sei unserer Ehe in keiner Weise verpflichtet. Als ich dann zurückkam, sah ich, daß Lotty recht gehabt hatte. Greta war vollkommen ichbezogen. Narziß wäre ein besserer Name für sie gewesen. Sie verwendete Pauls Worte, ohne sie zu verstehen.»

«Und was ist mit Penelope?» fragte ich. «Hättest du sie tatsächlich für dich ins Gefängnis gehen lassen?»

Er lächelte verkrampft. «Ich bin nicht darauf aus gewesen, daß Penelope verhaftet wird. Ich dachte nur ... Mir hat die Kälte schon immer zugesetzt, dieser Chicagoer Winter. Ich trage seit Jahren einen langen Pelz. Weil ich ziemlich klein bin, meinen die Leute oft, ich sei eine Frau. Ich dachte nur, wenn mich jemand sieht, hält er mich für eine Frau. Daß Penelope verhaftet wird, wollte ich auf keinen Fall.»

Ein paar Minuten lang saß er keuchend da. «Was wirst du jetzt machen, Vic? Gehst du zur Polizei?»

Traurig schüttelte ich den Kopf. «Du wirst nie mehr spielen können. Als Lebenslänglicher wärst du glücklicher gewesen. Ich möchte aber, daß du alles niederschreibst – unter welchem Namen du geflogen bist und so weiter. Ich habe die Klarinette. Wenn Mr. Fortieri sie auch gereinigt hat: In einem guten Labor könnte man doch noch Blutspuren entdecken. Die Klarinette und dein Geständnis gehen nach deinem Tod an die Presse. Penelope hat es verdient, daß sie von jedem Verdacht befreit wird. Ihr und Lotty muß ich es sowieso sagen.»

Seine Augen glänzten. «Du weißt nicht, wie furchtbar es war, Vic. Ich war raschend vor Wut. Es machte mir wenig aus, ihm das Genick zu brechen. Aber danach konnte ich nicht mehr spielen. Du liegst also falsch: Ich hätte nie wieder gespielt, selbst wenn man mich eingesperrt hätte.»

Ich konnte den quälenden Ausdruck in seinem Gesicht nicht ertragen und ging ohne ein weiteres Wort. Aber es dauerte Wochen, bis ich einschlafen konnte, ohne seine tränennassen schwarzen Augen vor mir zu sehen.

## COLIN DEXTER

# *Die Leute sind so leichtgläubig*

Der Spruch, den Louis draufhatte, werd ich mein Lebtag nicht vergessen. Hauptsächlich, weil er uns, ein zynisches Grinsen um den schlauen alten Mund, so oft damit gekommen ist. «Die Leute sind so leichtgläubig!» Stets und ständig hat er diesen Spruch abgelassen, der gute Louis. Und genauso hab ich es selber gesagt, an die tausendmal. Erst gestern abend wieder, zu den reichen Knöpfen, die unser Bus vor dem *Lulu-Bar-Motel* ausgespuckt hatte. Ehe sich die ganze Bande, die gestärkten Servietten im Schoß, über eins von Louis' berühmten Menüs – fünf Sterne, vier Gänge – hermachte, mit den passenden Weinen zu jedem Gericht und dem feinen Likörchen als Abschluß. Ja, ja, die Leute sind so leichtgläubig ... Nicht alle, wohlgemerkt, und daß wir uns nicht mißverstehen: Diese spezielle Ausprägung menschlicher Schwäche ist für mich nur am Rande interessant, weil ich mir nämlich von dem großen Kuchen hin und wieder selber ein bescheidenes Scheibchen abschneide. Jetzt zum Beispiel, bevor ich die echtledernen Reisekombinationen auslade und über die Motelkorridore schleppe.

Aber immer schön der Reihe nach. Das mit der Schlepperei kommt später. Jetzt sind wir erst mal vorgefahren, und ich halte – die schwarze Aktenmappe unter den rechten Arm geklemmt – eine kleine Rede an mein Volk. Hier, liebe

Freunde, sage ich, ist die erste Station eurer Superreise, auf der für euch alle garantiert unheimlich viel Spaß drin ist. Und hier muß ich die persönliche Betreuung der Gruppe abgeben, ich war bloß für die erste Etappe zuständig, wenn's morgen nach dem Frühstück weitergeht, hat jemand anders die Ehre und das Vergnügen, euch durch die Gegend zu kutschieren. Aber heut abend findet ihr mich noch in der Cocktailbar (alles klar, Leute!), und wenn's irgendwelche Problemchen gibt, könnt ihr euch vertrauensvoll an mich wenden, wir werden das Kind schon schaukeln. Eins noch, Freunde, ein klitzekleiner Rat an alle. Es gibt hier ein paar Typen, aalglatte, ausgefuchste, linke Typen, sag ich euch, die ... Also, ich will euch natürlich nicht den Urlaub vermiesen, und ich wäre der letzte, der was dagegen sagen würde, wenn der eine oder andere von euch Lust auf ein Spielchen mit dem gefährlichsten Zocker von hier bis Honolulu hätte, aber ... Na ja, wie gesagt, Freunde, wenn ich euch einen klitzekleinen Rat geben darf: Manche Leute sind furchtbar leichtgläubig, und es tät mir echt nicht schmecken, wenn einer von euch ... Ja, also, wie gesagt, das tät mir einfach nicht schmecken.

So pack ich es meist ein, und daß die Verpackung nicht schlecht ist, wird keiner bestreiten wollen. Na und? (hör ich den einen oder anderen fragen). Wenn einer unbedingt seine Ersparnisse auf anderer Leute Konten transferieren will, soll er doch! Du kannst die Menschen nicht zu ihrem Glück zwingen, Danny, alter Junge, und schließlich hast du getan, was du konntest, fertig, aus, nächster Punkt der Tagesordnung. Alles völlig vernünftig und logisch, ich weiß. Trotzdem liegen sie mir ein bißchen auf der Seele, all diese lieben, anständigen Leutchen, weil ... na, eben weil sie so leichtgläubig sind. Und wer sich nichts aus Geschichten über liebe Leutchen macht, dem wird meine Story nicht gefallen. Kein bißchen wird sie ihm gefallen.

Die meisten waren um die Sechzig oder Anfang Siebzig (Kinder sind bei den Luxibus-Pauschalreisen Mangelware), und jeder, der an meinem Fahrersitz vorbeispazierte, drückte mir ein paar Bucks in die Hand und sagte artig danke schön für einen einmaligen Urlaubsstart. Danach hatte ich zwei Stunden damit zu tun, das Gepäck zu den einzelnen Zimmern zu buckeln, und es war halb neun geworden, eh ich mir Lucys Hühnercurry zu Gemüte führen konnte. Lucy? Ein Teufelsmädchen, Typ Superbusenblondine, meine männlichen Mitmenschen fliegen bloß so auf sie, und, um ehrlich zu sein . . . Aber zurück zum Thema.

Die Cocktailbar ist ein protzig aufgemotzter Plastiktempel mit dickem Teppich, orangefarbenen Kunstledersesseln und schummrig-rosa Wandlampen. Gegen halb zehn füllte sich der Laden. Viele der Gäste kannte ich von meinem Bus her. Aber es waren auch andere Typen darunter. Echte Typen, alles, was recht ist . . .

Er war nicht groß, knapp einsfünfundsechzig, und trug einen dieser auffallend karierten Anzüge,wie man sie aus alten Hollywoodfilmen kennt. Als ich reinkam, stand er an der Bar und ließ geschickt Karten von einer Hand in die andere gleiten. «Lust auf ein Spielchen, Leute? Ich bin Lukey.» Potthäßlich, aber irgendwie einnehmend, der Typ mit seinem Blendaxlächeln um den breiten Mund. Man konnte fast vergessen, wie verdammt unsympathisch er einem war.

Kurz vor zehn biß der erste an. Ein stämmiger Bursche mittleren Alters, der aussah, als ob er ganz genau wußte, wo's langging. Na ja. Ich sah müßig zu, wie sie sich an einen der Tische in der Mitte setzten, und es dauerte nicht lange, bis sich weitere Zuschauer einfanden, die sich ein bißchen Zerstreuung von der Show versprachen. Schließlich ging's ja nicht um ihr Geld.

Nun stand der gute Luke besonders auf ein bestimmtes Spiel, und das will ich euch jetzt mal kurz verklickern, damit ihr den späteren Verlauf der Story mitkriegt. (Nur Mut, gleich geht's weiter.) Zuerst kommt ein Dollar als Einsatz in den Pott. Dann kriegt jeder Spieler zwei Karten, die Bilder zählen zehn, das As elf Punkte und alle anderen Karten ihren gezeigten Wert. Daraus folgt – wie der Tag der Nacht und der Dusel dem Luke –, daß das Glück dir grinst, wenn du eine Zehn und ein As kriegst, denn das, meine Freunde, sind

*Vingt-et-un,* ob man's nun in Fahrenheit oder in Celsius rechnet, und was Besseres als einundzwanzig gibt's nicht. Und solange du daran denkst, daß mit einundzwanzig die Schallgrenze erreicht ist, kannst du flott eine Karte nach der anderen kaufen und – aber soweit ist ja wohl nun alles klar.

Sämtliche Zuschauer staunten Bauklötze über das Tempo, denn unserem Herausforderer waren offenbar die Lukesberry-Regeln nicht geläufig, und jede Minute machte er fünf, sechs Spiele. Klatsch, ein Dollar Einsatz. Klatsch, ein Dollar drauf. Schnipp, schnipp, schnipp, schnipp. Karte. Danke. Schluß. Dollar, Dollar. Schnipp, schnipp. Schneller, immer schneller. Inzwischen hab ich mich hinter Bartey gestellt und schau ihm in die Karte. Er zieht eine Zehn und eine Vier, besinnt sich keine Mikrosekunde und sagt: Danke. Lukey legte eine Sieben auf, eine Acht, kauft eine Karte dazu, einen Buben – und ist über die Schallgrenze weg. Bartey streicht sein Geld ein, und weiter geht's.

Dollar, Dollar, schnipp, schnipp. Und als Bart wieder gewinnt, fragt Luke ihn ganz friedlich, ob er mal geben will. Aber Bart lehnt das großzügige Angebot ab. «Nee, danke», sagt er, «ich bin grad so schön am Gewinnen, wenn du mir weiter so klasse Karten gibst, kann ich nicht meckern.»

Na schön, Luke gibt also weiter, und zwar mit einer derart affenartigen Geschwindigkeit, daß eine Zeitlupe noch zu schnell wäre, um dieses flinkfingerige Geflitze zwischen dem Pack Karten so richtig nachzuvollziehen. Ich wette, da hätt einer das berühmte Adlerauge vom alten Cortez haben können und hätt doch nicht mitgekriegt, ob Luke die Karten von oben oder aus der Mitte oder von unten nimmt. Unser Bartey ist trotzdem nach wie vor gut drauf. Jetzt nimmt er eine Sieben und eine Vier und legt zehn Dollar hin, weil er noch eine Karte haben will. Luke pellt zehn Dollar von seiner dicken Rolle und legte sie drauf, gibt Bartey eine Neun – und es sieht sehr gut aus. Denn deckt Luke seine beiden Karten auf (hätt er sich eigentlich sparen können, er weiß sowieso, welche es sind – eine Sechs und eine Neun) –, und es sieht sehr schlecht aus. Er zieht die nächste Karte. Eine Acht. Und wieder ist er über die Einundzwanzig raus.

«Paß auf, jetzt komm ich gleich groß raus», sagt Luke.

«Nicht bei mir, mein Junge», sagt Bart und streicht die zweiundzwanzig Dollar ein.

«Willst du etwa aufhören?»

«Genau», sagt Bart.

«Du spielst wohl nicht zum erstenmal?»

«Erraten.»

«Hörst du immer auf, wenn du am Gewinnen bist?»

«Erraten.»

Ein paar Sekunden sagt Luke überhaupt nichts, sondern greift sich nur den Pack Karten und macht ein stocksaures Gesicht dazu, als wenn ihm irgendwie im Weltenplan gewaltig was danebengegangen ist. Dann wird er plötzlich poetisch. «Paß mal auf, Bartey», sagt er. «Frisch gewagt ist halb gewonnen, halb ist schon mein Werk vollbracht. Sterne leuchten wie die Sonnen, nur dem Feigen ist die Nacht.» Schätze, das sind die einzigen Verse, die er sich je in den Schädel gepfropft hat. «Du hast mir nur die siebzig Dollar abgeknöpft, stimmt's?» fährt Luke fort. «Ich mach dir einen Vorschlag. Leg die Kohle in die Mitte, ich leg die gleiche Summe drauf. Na, was ist? Ein Spielchen noch, mehr nicht.»

Inzwischen hatten sich an die dreißig Zuschauer versammelt, die Bartey zu gleichen Teilen zu- wie abrieten. Alle waren sie mit Feuereifer dabei. Einer besonders . . .

Er war mir schon an der Bar aufgefallen, ein kurioses Männchen Mitte oder Ende Siebzig, nicht größer als einsfünfundvierzig bis einsfünfzig in den Schuhen mit den extra hohen Hacken. Er hatte ein unheimlich braungebranntes und unheimlich kantiges Gesicht und trug einen Blazer mit knalligroten und leuchtendblauen Streifen. Unter der Blazertasche war in ebenso geschmacklos wie liebevoll gestickten Lettern zu lesen: *Virgil K. Perkins jun.* Unwillkürlich fragte sich jeder, ob irgendwo noch ein *Virgil K. Perkins sen.* herumspuken mochte. Allerdings fiel die Antwort nach näherer Inaugenscheinnahme des senilen Sohnemanns wohl negativ aus. Dieser Tattergreis also redete Bartey besondes eindringlich ins Gewissen, seine Dollars einzustreichen und Schluß zu machen. Eine Weile sah es so aus, als würde er Bartey rumkriegen. Aber nein – die Versuchung war zu groß.

«Gemacht», sagt Bartey. «Ein Spiel noch.»

Luke scheint es nicht ganz wohl in seiner Haut zu sein, wie er seine siebzig Dollar dagegensetzt und den Pack Karten zurechtrückt. Die Zuschauermenge ist inzwischen angeschwollen, es sind jetzt vierzig, fünfzig, die schweigend zusehen, wie Luke gibt. Bartey läßt seine zwei Karten ein paar Sekunden auf dem Tisch liegen, und seine Hand bibbert ein bißchen, als er sie aufnimmt. Eine Zehn und eine Sechs. Sechzehn. Zum erstenmal an diesem Abend zaudert er, versucht, seine Chancen abzuwägen. Dann sagt er danke, aber er muß es zweimal sagen, weil ihm das Wort beim erstenmal irgendwo in der Kehle steckengeblieben ist. Jetzt ist Luke dran, er legt eine Sechs und dann eine Neun. Fünfzehn. Lange betrachtet Luke stirnrunzelnd seine Fünfzehn, die rechte Hand spielt mit der nächsten Karte im Pack, macht eine Vierteldrehung mit ihr, eine halbe, fast schon eine ganze Drehung – dann legt er sie zurück.

«Fünfzehn», sagt er.

«Sechzehn», sagt Bartey triumphierend und greift sich das Geld.

Dann ist er weg.

Die Menge fängt an, sich zu verlaufen, nur Luke sitzt noch da und läßt die Karten von einer großen Pratze in die andere gleiten, als der Alte ihn anspricht.

«Sie haben sich einen Drink verdient, Sir», sagt er. «Virgil K. Perkins junior ist mein Name. Das da ist Minny, meine kleine Frau.»

«Wir sind aus Omaha», ergänzt Minny höflich.

Virgil spendiert Luke einen Whisky, und sie kommen ins Reden.

«Riskieren Sie auch hin und wieder ein Spielchen, Mr. Perkins?»

«Ich? No, Sir», sagt Virgil. «Ich und meine kleine Frau» –

Minny ist zehn, zwölf Zentimeter größer als er – «wollen einen schönen Urlaub machen. Mehr nicht. Wir kommen aus Omaha, aber das sagte sie ja schon.»

Wo diese braven Bürger herkommen, scheint Luke weniger zu interessieren. «Ein paar Spielchen auf die Schnelle, Mr. Perkins?»

«Nein», erwidert der freundlich lächelnd.

«Hören Sie, Mr. Perkins, mir geht's gar nicht darum zu gewinnen, ehrlich. Wenn wir nur ...»

«Nein», sagt Virgil.

«Haben Sie noch nie etwas von Anfängerglück gehört?»

«Nein», sagt Virgil.

«Aus Omaha sind Sie also», sagt Luke und wendet sich breit lächelnd Minny zu.

Ich überlasse die drei ihrem Schicksal, gehe zur Bar und bestelle bei Lucy, die manchmal ab zehn an der Bar aushilft, einen Orangensaft. Ihre Bluse ist verdammt tief ausgeschnitten, und ihre Frisur ist verdammt hoch aufgetürmt. Aber sie sagt nichts, sondern zwinkert mir nur zu. Ohne Lächeln.

Ja, und wie ich zu dem Tisch zurückkomme, sitzt doch da tatsächlich Virgil K. Perkins und versucht sich mal an einem kleinen Spielchen, wie er es ausdrückt.

Die Einzelheiten kann ich mir eigentlich schenken, was? Das Ende vom Lied, Freunde, könnte jeder von euch jetzt schon selber trällern ... Aber der Ordnung halber will ich's doch lieber hinschreiben, ich mach's auch kurz, oder jedenfalls so kurz wie möglich.

Wie diese Sachen eben so laufen: Ein Dollar rauf, ein Dollar runter, ganz sachte und allmählich, und das Kerlchen grinst wie ein Honigkuchenpferd und schnappt sich immer gieriger seine Karten. Aber natürlich macht irgendwann das Glück nur noch mal kurz Winkelzüge, und das Malheur beginnt. Zwanzig Dollar Verlust, dreißig, vierzig ...

«Irgendwie hab ich offenbar heut Dusel», sagt Luke mit entwaffnendem Lächeln, als würde er am liebsten seinen ganzen Dollarhaufen über den Tisch schaufeln, damit dem

Virgil der grämliche Zug um den Mund vergeht. Allmählich fällt es schon auf, und lange kann's nicht mehr dauern, bis jemand sich diese fixen Finger genauer ansieht, die ewig Achten und Neunen geben, wo nur Vieren und Fünfen den alten Virgil noch rausreißen könnten.

«Warum läßt du nicht ihn mal geben?» fragt einer.

«Eben, warum eigentlich nicht?» stößt ein anderer nach.

«Wollen Sie geben, Pop?» lenkt Luke ein.

Aber Virgil schüttelt den weißen Kopf. «Ich hab genug», sagt er. «Eigentlich müßte ich überhaupt –»

«Komm schon», sagt Minny ganz lieb.

«Klar kann er geben, wenn er will», sagt Luke.

«Aber nicht von unten.»

Luke springt auf wie von der Tarantel gestochen und sieht sich um. «Wer war das?» fragt er, und seine Stimme klingt gequetscht und böse. Es ist ganz still geworden, und keiner meldet sich. Am allerwenigsten ich – denn die Worte kamen von mir.

«Jetzt reicht's, Pop», sagt Luke, nachdem er sich wieder hingesetzt hat. «Wenn so ein Mistkerl mir unterschiebt, daß ich schummele, und wenn er nicht mal so viel Mumm hat, sich zu melden, kratzt er damit meine Ehre an, und jetzt wird die Sache ausgetragen, wie's unter Ehrenmännern üblich ist. Sie geben, Pop.»

Der Alte zögert – aber nicht lange. Ehre . . . das ist eins von diesen Wörtern, die man in seinen Kreisen mit einem großen Buchstaben schreibt und mit denen man nicht leichtfertig umgeht. Also greift er sich die Karten und mischt mit einer Tolpatschigkeit, die in den Annalen des Kartenspiels ihresgleichen sucht. Irgendwie aber kriegt er es schließlich hin und gibt.

«Karte», sagt Luke und legt einen Zehndollarschein auf den Tisch.

Virgil zieht bedächtig nach und schiebt ihm eine Karte rüber.

«Danke», sagt Luke.

Der Alte holt ein riesiges Taschentuch aus seinem Blazer,

tupft sich die Stirn und deckt seine Karten auf: eine Königin und – ein As.

Luke zuckt nur die Schultern und schiebt ihm den Einsatz zu.

«Na also, Pop. Nur weiter so.»

«Nein», schreit Minny, die von Anfang an keinen Zweifel daran gelassen hat, daß ihr die ganze Richtung nicht paßt.

Aber Virgil legt ihr sanft eine Hand auf die Schulter. «Nicht böse sein, altes Mädchen. Mach dir keine Sorgen. Ein Spielchen noch, und dann ...»

Und noch eins und noch eins und noch eins. Und das Glück wendet sich von dem Kerlchen aus Omaha ab, nicht das kleinste bißchen mehr will es von Virgil Perkins wissen.

Geht's ihm nur darum, das Gesicht nicht zu verlieren? Oder seine Ehre zu retten? No, Sir. Ich hab den Eindruck, daß er aus purer Verzweiflung einen Schein nach dem anderen auf die glatte Tischplatte klatscht und einen Verlust nach dem anderen einsteckt, während Minny, die neben ihm sitzt, die Augen fest geschlossen hat, als ob sie den Rest ihrer Hoffnung auf ein stilles Gebet setzt. (Ich fasse die Aktenmappe unter meinem rechten Arm fester, als ich seh, wie mich Lucy über die Zuschauermenge hinweg anschaut. Wieder ohne Lächeln.)

Um halb elf war Virgil K. Perkins jun. tausend Dollar losgeworden und saß da wie ein Häufchen Unglück. Dabei fehlte es ihm nicht an Freunden. Die Zuschauer waren von Anfang an auf seiner Seite gewesen, wenn's nach ihnen gegangen wäre, hätte er inzwischen haushoch gewonnen. Aber unserem guten Luke Flinkfinger konnte keiner mehr was vorwerfen, denn die miesen Karten gab Virgil sich ja nun inzwischen selber.

Damit ist wohl jetzt Schluß. Müde schiebt er den Packen über den Tisch und steht auf. «Tut mir leid, altes Mädchen», sagt er mit erstickter Stimme zu Minny. «Es war ja auch dein Geld ...»

Aber da beugt Luke sich vor, legt dem Alten seine mächtige Pranke auf das magere Handgelenk und sagt leise: «Jetzt hören Sie mal gut zu, Pop. Sie trauern Ihren tausend Mäusen nach, ist klar. Aber wenn Sie's schlau anstellen, kriegen Sie das im Umsehen wieder in die Reihe. Wir machen noch ein Spielchen –»

«NEIN!» kreischt seine Eheliebste. «Das kommt überhaupt nicht in Frage. Keinen einzigen Dollar setzt er mehr, haben Sie mich verstanden? Er ... er ist doch nur ein armer alter Narr, begreifen Sie das nicht? Ein leichtgläubiger alter –» Der Rest bleibt ihr im Hals stecken, und Virgil setzt sich wieder hin und legt ihr einen Arm um die Schulter, während sie lautlos anfängt zu weinen.

«Wollen Sie denn das Geld nicht zurückhaben?» fragt Luke. Er redet genauso leise wie vorher. Aber alle haben die Frage verstanden.

«Hör nicht auf ihn», schreit einer.

«Mach Schluß, Pop», ein anderer.

Und da wendet sich Luke an die versammelte Mannschaft. «Unser alter Pop hat mehr Mumm in den Knochen als ihr alle zusammen. Außerdem wißt ihr ja noch gar nicht, was ich vorschlagen will. Oder?» Luke schaut keß in die Runde. «Na los, weiß es etwa einer?»

Alles ist wieder still, und Luke schaut Virgil an und macht sein Angebot: «Ich hab heut abend verdammten Dusel gehabt, das haben Sie ja selber gemerkt. Und deshalb geb ich Ihnen eine einmalige Chance. Wir machen ein letztes Spielchen, und ich zieh mir zwei Punkte ab. Alles klar? Wenn ich achtzehn mache, zählt's wie sechzehn. Und so weiter. Na, was ist, Pop?»

Aber der alte Virgil schüttelt den Kopf. «Sie sind ein anständiger Kerl, Luke, aber –»

«Also sagen wir drei Punkte», sagt Luke ernsthaft. «Meine zwanzig zählen wie siebzehn. Okay? Hören Sie zu, Pop.» Er lehnt sich wieder vor und packt ihn am Handgelenk. «Ein besseres Angebot macht Ihnen keiner. *Keiner*. Und soll ich Ihnen mal was sagen? Daß all das schöne Moos wieder in Ihre Brieftasche zurückwandert, ist jetzt schon so gut wie ausgemacht.»

Es ist ein verdammt verlockendes Angebot. Verdammt verlockend, alles, was recht ist. Und es zeigte sich bald, daß auch die Zuschauer das Angebot verdammt verlockend fanden, und viele schwenkten um.

«Na, was ist?» fragt Luke.

«Nein», sagt Virgil. «Es geht ja nicht nur um mich, sondern auch um Minny. Ich hab für einen Abend genug Unfug angestellt, stimmt's, altes Mädchen?»

Und da schaut Minny ihm gerade ins Gesicht. Ihr verweintes Gesicht ist plötzlich wie verwandelt, ihre blauen Augen blitzen herausfordernd. «Los, Virgil, zeig's ihm», sagt sie stolz und fest.

Aber Virgil sitzt immer noch da, deprimiert und unentschlossen. Er streicht sich über das schöne, volle Silberhaar und überlegt. Eine Minute, zwei Minuten. Dann fällt die Entscheidung. Er nimmt fast alle Scheine aus seiner Brieftasche, zählt sie langsam und liebevoll, stapelt sie ordentlich in der Tischmitte. «Wollen Sie nachzählen, Luke?» fragt er. Und es ist, als ob das Blatt sich auf einmal gewendet hat, als ob der Alte den Sieg wittert wie der Gaul den Stall.

Jetzt ist es Luke, der plötzlich flatterig zu werden scheint und zögert, dem seine Kaltschnäuzigkeit vorübergehend abhanden gekommen ist. Aber das Angebot steht, fünfzig, sechzig Zuschauer sorgen schon dafür, daß er keinen Rückzieher macht. Langsam zählt er sein Geld ab und legt es auf Virgils Scheinchen.

Zweitausend Dollar Einsatz für ein einziges Spiel.

Luke hat sich schon die Karten gegriffen und mischt sie mit der gewohnten beiläufigen Fingerfertigkeit.

«Wieso gibst du eigentlich?»

Luke sieht auf und wirft mir einen scharfen Blick zu. «Hast *du* das eben gefragt, alter Junge?»

Ich nicke. «Genau. Ich will wissen, wieso du plötzlich geben willst. Das geht bei dir nämlich nicht mit rechten Dingen zu. Du nimmst sie von oben, und du nimmst sie von unten, und wer weiß, wo du sie noch überall –»

«Wir sehen uns draußen, Freund, sobald –»

«Irrtum», sage ich gelassen. «Ich geh heut abend nicht mehr nach draußen, und für dich schon lange nicht, Freund.»

Er markiert so richtig den starken Max in diesem Augenblick, unser Luke, aber mir kann er mit so was nicht imponieren. Die Haut an seinen Knöcheln wird ganz weiß, während er langsam aufsteht und seinen Stuhl zurückschiebt. Und dann setzt er sich wieder, genauso langsam – und wir erleben eine Überraschung. Luke schiebt die Karten über den Tisch. «Okay, Pop. Sie geben.»

Irgendwie schafft es der Alte, mit bibbernden Händen, die Karten zu mischen, und als zwei runterfallen, bück ich mich und geb sie ihm.

«Trennen», sagt Pop.

Luke trennt – ungefähr in der Mitte des Packens (so wie ich Luke kenne, war es *genau* die Mitte). Wunderbarerweise sind Virgils Hände beim Geben plötzlich ganz ruhig. Eine Karte für Luke, eine für Virgil, noch eine für Luke, noch eine für Virgil. Ein paar Sekunden lassen die beiden ihre Karten auf dem Tisch liegen, dann greift Luke sich seine. Erst die eine, dann die andere.

«Danke», sagt er, und seine Stimme klingt ein bißchen heiser.

Alle starren jetzt Virgil an, der seine erste Karte aufdeckt. Eine Sieben. Dann die zweite: eine Zehn. Siebzehn! Drei Punkte dazugezählt, Freunde, macht summa summarum runde zwanzig. In der Cocktailbar erhebt sich ein anerkennendes Munkeln und Raunen.

Jetzt wandern die Blicke rüber zu Luke, und in der gespannten Stille deckt er langsam die Karten auf. Ein König und dann – Herrgott noch mal – ein As. Und wie Luke sich lächelnd diese prächtige Einundzwanzig besieht, geht ein Stöhnen durch die Menge wie beim Springreiten, wenn der Favorit den letzten Oxer reißt.

Was soll man da machen, Freunde? Lucy war die erste, die in die Bresche sprang, sobald Luke sich verdrückt hatte. Sie drängelte sich durch die Zuschauermenge durch, langte tief in ihren prallgefüllten Ausschnitt und förderte die Trinkgelder zutage, die sie an diesem Abend eingenommen hatte.

«Mr. Perkins? Viel ist es ja nicht, aber ... aber vielleicht hilft es doch ein bißchen. Bitte nehmen Sie ...» Es waren nur sieben, acht Dollar, aber die trugen zweihundertfache Frucht. Dann kam ich dran. Ich hatte im Bus so an die fünfunddreißig Dollar kassiert, die ich jetzt (meine Aktenmappe fester fassend) aus der Gesäßtasche holte und auf Lucys zerknautschte Scheine packte.

«Mr. Perkins, alter Freund. Sie hätten in *meinem* Bus sein müssen.» Mehr sagte ich nicht.

Virgil sagte überhaupt nichts. Gramgebeugt saß er da, die schluchzende Minny neben sich, und kriegte offenbar kein Wort raus. Aber das tat der Rührung und der Teilnahme der Zuschauer keinen Abbruch. Und sie hatten, wie gesagt, größere Mengen von Louis' Spitzenweinen intus. Sie ließen sich nicht lumpen, das muß man ihnen lassen. Zwanzig Dollar. Noch mal zwanzig Dollar. Ein Fünfziger. Ein paar Zehner. Noch ein Zwanziger, noch ein Fünfziger. Es war eine Freude, zu sehen, wie all diese aufrechten, gottesfürchtigen Mitmenschen was von ihren mühsam zusammengekratzten Ersparnissen abgaben. Da war keiner, schätze ich, der nicht etwas auf den immer höher werdenden Berg gelegt hätte. Virgil blieb stumm. Als er schließlich zum Ausgang schwankte, Minny an der Hand, ein dickes Bündel gespendetes Geld in der anderen Hand, wandte er sich um, als ob er doch noch das Wort an seine lieben Freunde richten wollte. Aber es kam nichts raus. Er drehte sich um und verließ die Cochtailbar.

Am nächsten Morgen wachte ich davon auf, daß Luke sich über mich beugte und mich sachte an der Schulter rüttelte.

«Louis will dich um halb elf sprechen.»

Ich hob den linken Arm und schielte auf meine Armbanduhr. Es war schon fünf vor zehn.

«Alles okay, Danny?» Luke stand jetzt an der Tür (da mußte er ja einen Schlüssel zu meinem Zimmer gehabt haben!?) und sah nicht besonders glücklich aus.

«Klar.»

«Halb elf also», wiederholte Luke und machte die Tür hinter sich zu.

Ich war noch hundemüde und hatte einen Brummschädel, was bei mir nicht oft vorkommt. Gestern abend hatte ich nichts getrunken, abgesehen von dem Orangensaft, den Lucy ... Orangensaft? Mir wurde ein bißchen mulmig zumute, und ich warf einen Blick auf die andere Betthälfte. Die Decke war zu einer schönen Hypotenuse zurückgeschlagen. Lucy hatte sich wahrscheinlich schon ganz früh verdrückt, sie war in diesen Dingen immer sehr vernünftig und umsichtig ...

Aus dem Rasierspiegel sah mir eine reichlich sorgenvolle Visage entgegen, und während ich den Anzug vom Bügel nahm und feststellte, daß die Aktenmappe weg war, guckte ich noch immer ziemlich langsam. Wäre das Ding nicht weg gewesen, hätte ich allerdings noch wesentlich langsamer geguckt. Und beim Anziehen kriegte ich mich allmählich wieder ein. Ich griff mir die beiden dicken verschlossenen Umschläge, die die ganze Nacht unter meinem Kissen verbracht hatten, und steckte mir einen rechts, einen links in die Manteltasche. Dann klopfte ich gutgelaunt an die Tür von Louis' Privatgemächern und trat ein. Es war zehn Uhr zweiunddreißig.

An dem langen Tisch standen sechs Stühle, ganz wie immer. Vier Figuren saßen schon da: Luke, Bartey und Minny und am oberen Ende Louis höchstpersönlich, noch immer nicht größer als einsfünfundvierzig bis einsfünfzig in den Schuhen mit den extra hohen Hacken, aber nicht mehr in dem knallig gestreiften Blazer und ohne die silberweiße Haarpracht, die gestern abend seinen kahlen Schädel bedeckt hatte.

«Bist spät dran», sagt er, aber es klingt nicht unfreundlich. «Setz dich, Danny.» Ich setze mich und komme mir vor wie ein Erstkläßler (aber so komme ich mir bei Louis meist vor).

«Hast du Lucy gesehen?» fragt Minny, während Bartey mir einen Schluck Whisky eingießt.

«Lucy? Nein. Habt ihr in ihrem Zimmer nachgeschaut?»

Aber darauf will keiner so recht was sagen, und wir warten ein paar Sekunden schweigend, bis Louis wieder das Wort ergreift.

«Danny», sagt er, «du weißt, was ich dir erzählt hab, als wir dich vor ein paar Monaten in unser kleines Team reingenommen haben. Daß wir eine Viertelmillion anpeilen wollten, ehe wir was Neues anfangen . . .»

Ich nicke.

«Inzwischen haben wir's fast geschafft, Danny, und das dürfte dir nicht entgangen sein, denn es gehörte ja zu deinen Obliegenheiten, montags meine kleine Lucy zur Bank zu begleiten, nicht? Schätze, du weißt über den Kontostand ziemlich genau Bescheid.»

Ich nicke wieder und sehe ihm offen ins Gesicht.

«Und ich hab auch nie ein Geheimnis draus gemacht, daß ich diesen Laden hier Luke und Bartholomew überschreiben würde, sobald sie unter Beweis gestellt haben, daß sie's verdienen.»

Ich nicke bedächtig, aber eins hat er wohl vergessen.

«Lucy sollte auch was davon kriegen», sag ich.

«Du hast meine Lucy sehr gern, nicht?» sagt Minny leise.

«Ja, ich hab sie sehr gern, Minny.» Und das ist die reine Wahrheit.

«Ist doch klar, altes Mädchen, das haben wir inzwischen alle gemerkt.» Louis dreht sich zu Minny um und tätschelt ihr liebevoll den Arm. Dann wendet er sich wieder an mich. «Um mein Töchterchen brauchst du dir keine Sorgen zu machen, Danny. Hast du dir noch nie überlegt, wieso ich diese kleine Kapitalanlage hier das *Lulu-Bar-Motel* genannt hab?»

Ich muß wohl ein etwas blödes Gesicht gemacht haben, aber der Whisky bringt mein Gehirn schnell auf Touren, und mir geht ein Licht auf. Schlauer Fuchs, dieser Louis. Das *Lucy-Luke-Bar*tholomew-Motel . . .

Aber Louis redet schon weiter. Ich hab dich hergebeten, Danny, weil ich eigentlich heut vormittag die Sache zum

Abschluß bringen wollte. Und um dir zu sagen, wie sehr ich deine Mitwirkung zu schätzen weiß. Aber ich finde schon, daß Lucy dabeisein sollte, und deshalb» – er sah Luke und Bart an –, «ja, also deshalb schlage ich vor, daß wir heut abend noch mal zusammenkommen. Gegen acht. Einverstanden?»

Dagegen hat niemand was einzuwenden, und ich stehe auf.

«Willst du in die Stadt, Danny?» fragt Louis mit einem Blick auf meinen Mantel.

«Genau», sage ich, lasse sie sitzen, wo sie sitzen, und fahre mit dem Bus zum Bahnhof.

Komisch, wenn ich ein schlechtes Gewissen habe, kommt's mir immer so vor, als ob alle anderen schon Bescheid wissen. Aber diesmal ist die Sache geritzt, da kann mir keiner mehr an den Wagen fahren. Und überhaupt war es ursprünglich Lucys Idee, sie brauchte mich, um den Scheck auszuschreiben und die Unterschrift von Louis zu fälschen. Mit einem Kartenspiel kann ich zwar genausowenig umgehen wie ein arthritischer Tintenfisch, aber dafür hab ich meine Spezialmaschine. Yes, Sir. Und daß Lucy mir vertraute, sah man ja daran, daß ich das viele schöne Geld – 240 000 Dollar, alles in allem, ordentlich gebündelte Fünfhunderter, in zwei Umschlägen verpackt und zugeklebt –, dieses hübsche kleine Vermögen also, seit zwei Tagen in der alten Aktenmappe mit mir herumschleppe. Und jetzt dauert es gar nicht mehr lange, Lucy, mein Liebling, bis wir uns an der Sperre vom Bahnsteig eins treffen und miteinander in der sinkenden Sonne entschwinden.

Viertel vor zwölf war ich in meinem Mantel an Ort und Stelle und faßte mich in Geduld. (Mit der Pünktlichkeit hatte Lucy es noch nie so genau genommen.) Ich zündete mir noch eine Zigarette an. Und noch eine. Um zwölf Uhr fünfundvierzig erfaßte mich eine gewisse Unruhe, um ein Uhr fünfundvierzig war die Unruhe schon ziemlich ausgeprägt, und um zwei Uhr fünfundvierzig schwante mir allmählich die Wahrheit. Trotzdem wartete ich weiter wie ein Trottel. Und irgendwie hab ich wohl seither nicht aufgehört, auf Lucy zu warten ...

Als der dicke Zeiger der Bahnhofsuhr auf die Vier rückte, gab ich auf und stellte mich vor die Tafel mit den Abfahrtszeiten. In einer Dreiviertelstunde ging ein Zug nach New York, den würde ich nehmen. Ich ging auf einen Kaffee in den Wartesaal. Wieder war eine Illusion dahin. Und trotzdem ... Arme, arme süße Lucy! Ein trauriges Lächeln kam mich an; als ich mir vorstellte, wie sie die Aktenmappe aufmachen und aus den beiden dicken Umschlägen 480 Blatt festes weißes Papier – jedes im Format eines Fünfhundertdollarscheins – holen würde. Sie mußte mich wohl für ganz schön leichtgläubig halten, daß sie mit mir ausgemacht hatte, *sie* würde die Aktenmappe an sich nehmen.

Ich schätzte, daß die einfache Fahrt nach New York fünfzig, sechzig Dollar kosten würde. Während ich mich an dem Fahrkartenschalter anstellte, wo's nach meiner Kalkulation am schnellsten gehen mußte, nahm ich den dicken Umschlag aus der rechten Manteltasche, machte ihn auf – und stand da wie versteinert. Er enthielt an die 240 Blatt festes weißes Papier – jedes im Format eines Fünfhundertdollarscheins. Meine Hand zitterte, als ich aus der Schlange ausscherte und den zweiten Umschlag aufmachte. Dieselbe Situation. Nein, nicht ganz. Auf dem obersten weißen Blatt stand in Louis' unverkennbarer Krakelschrift: *Ich wollt's Dir ja beibringen, Danny, aber du hast eben meine Filosofie nie so richtig gerafft. Dabei hab ich dir's immer wieder gesagt: Die Leute sind so ...*

Na ja, mittlerweile wißt ihr bestimmt, wie der Satz weitergeht. Ich setzte mich wieder in den Wartesaal, bestellte noch einen Kaffee, zählte meine Barschaft – zehn Dollar und vierzig Cents – und überlegte, was jetzt werden sollte. Zumindest wußte ich, wie man Philosophie schreibt. Und dann war ja auch ziemlich stark damit zu rechnen, daß ich bald irgendwo (wie Louis zu sagen pflegte) ein paar liebe, nette, leichtgläubige Leute finden würde.

Aber die Gesichter der Leute im Wartesaal waren allesamt ausgesprochen aasig. Und beinhart.

## JULIAN SYMONS

# *Das Mal*

Nicht selten hört man die Meinung, den Ärzten seien gewisse spurenlose Gifte sehr wohl bekannt, nur redeten sie nicht darüber, und schon gar nicht in Gegenwart ihrer Patienten. Aber das sind stark verallgemeinernde Behauptungen, hinter denen im Grunde nichts steckt als die Tatsache, daß viele Arzneimittel bei falscher Anwendung eine tödliche Wirkung erzielen. Es sei nur daran erinnert, daß Insulininjektionen einem Diabetiker das Leben retten, dagegen beim gesunden Menschen zum Tode infolge Hypoglykämie führen können. In Forschungslabors werden bisweilen Gifte entdeckt, die tatsächlich keine Spuren im Körper hinterlassen, doch die Chemiker hüten ihre Geheimnisse hinter hermetisch verschlossenen Türen – oder sagen wir: Es sollte so sein.

Daß Courtney Vance ein solches Gift anwandte, war ein Fehler, der sein Verderben besiegelte. Nachdem man ihm den Prozeß gemacht und ihn verurteilt hatte, bekannte er sich geradezu schamlos zu seiner Tat – ja, er jammerte sogar ständig den Mitgefangenen und dem Wachpersonal vor, wie übel ihm das Schicksal mitgespielt habe. «Wirklich, es war der perfekte Mord», pflegte er zu beteuern, «es konnte gar nichts schiefgehen.» Woran sich regelmäßig detaillierte Schilderungen der Ereignisse anschlossen und nicht enden wollende Klagen darüber, daß das Ganze mißlungen sei. Courtney war zu lebenslanger Haft verurteilt, was in Großbritannien im allgemeinen darauf hinausläuft, daß nach neun verbüßten Jahren die Reststrafe erlassen wird. Courtney aber mußte nur drei Jahre absitzen, dann verlor ein Mitgefangener, der seine Frau und seine drei Kinder abgestochen hatte und seitdem unter schweren Reuedepressionen litt, angesichts der geschwätzigen, gänzlich gefühllosen Manier, in der Courtney seine Geschichte immer und immer wieder wiederholte, die Nerven. Er erstach ihn während der gemeinsamen Arbeitszeit in der Gefängniswerkstatt mit einem selbstgefertigten Meißel, wurde hinter die Mauern von Broadmoor verbannt und langweilte fortan die dortigen Ärzte mit seinem Lamento ob des tiefen Kummers über den Verlust seiner Familie.

Courtney selbst hatte seinen Mord begangen, als er Ende Dreißig und regionaler Verkaufsrepräsentant bei der DPN war, einer Firma, die pharmazeutischen Bedarf und medizinische Geräte herstellte. Die schlichte Berufsbezeichnung «Vertreter» hatte man vermeiden wollen, aber in Wirklichkeit war er Vertreter, und zwar ein sehr guter. Mit den Ärzten und Arzneimittelgrossisten, die er aufsuchte, verband ihn ein vertrauensvolles Verhältnis, dennoch ließ er es nie an betont höflichem Benehmen fehlen. Er verstand es, Kenntnisse über medizinische Zusammenhänge durchblikken zu lassen, aber keineswegs den Eindruck zu erwecken, er wolle irgendein Produkt unangemessen hochloben. «Hier habe ich etwas, was nach Ansicht unserer Experten bei arthritischen Erkrankungen Linderung verspricht», sagte er zum Beispiel, «aber daß man keine vollständige Heilung erwarten darf, räumen sie selbst ein. Und, um offen zu sein, ich persönlich befürchte, daß unter bestimmten Bedingungen mit Nebenwirkungen zu rechnen ist. Wobei ich natürlich zugebe, daß ich kein Arzt bin.»

Sein Lächeln deutete an, was viele seiner Kunden ohnehin ahnten, daß er nämlich durchaus das Zeug zum Arzt hatte und gewiß einer geworden wäre, hätten nicht widrige Entwicklungen in seiner Familie ihn kurz vor den letzten Examina aus der Bahn geworfen. In Wirklichkeit verhielt es sich so, daß er zweimal beim Schlußexamen durchgefallen war und dann aufgegeben hatte. Das heißt, eigentlich war sein Vater, ein mittlerer Bankangestellter, zu der Einsicht gekommen, daß jedes weitere Studienjahr nur Geldverschwendung sei. «Wie ich höre, mangelt es dir an Fleiß. Das ist nichts Neues, schon in deinen Schulzeugnissen stand: läßt Begabung und Fleiß vermissen. Ich weiß wirklich nicht, wozu du taugst, Bill, aber zum Straßenkehrer wird's wohl langen.»

Courtney wandte ein, daß das Medizinstudium eine Idee seines Vaters gewesen sei, hegte die Hoffnung, nicht tatsächlich eines Tages die Straße kehren zu müssen, und nahm im übrigen den Disput zum Anlaß, ernsthaft darüber nachzudenken, welcher Beruf ihm denn eigentlich liegen könnte. Irgendeine journalistische Tätigkeit wäre in Frage gekommen, auf jeden Fall etwas, was ihn nicht dem Zwang eines festgelegten Tagesablaufs im Büro oder in einer Arztpraxis unterwarf. Nachdem er das Studium abgebrochen hatte, versuchte er es innerhalb weniger Jahre erfolglos mit gut einem halben Dutzend Jobs und wurde schließlich – zunächst auf Probe – bei der DPN angestellt. Dort reüssierte er von Anfang an und galt zehn Jahre lang als As (so lange natürlich, bis er zum Mörder wurde). Er wohnte in Warners Green, einem der äußeren Londoner Vororte, abgesehen von acht Wochen im Jahr, von denen er vier im firmeneigenen Forschungs- und Testlabor bei Northampton, die anderen vier als Teilnehmer an Verkaufsschulungskursen zu verbringen hatte – beides willkommene Gelegenheiten, eine Probe seines sicheren, jedoch gegenüber Vorgesetzten zugleich respektvoll-bescheidenen Auftretens zu geben.

Kurz nachdem er bei der DPN fest angestellt worden war, heiratete er Evelyn Bridges, die er schon aus der Schulzeit kannte. Von ihrem Vater hieß es, er sei irgendein einflußreiches Tier in der Stadtverwaltung, und so mußte es wohl sein, denn er trug stets einen Bowler, und man sah ihn jeden Tag in seinem Mercedes von Warners Green in die Innenstadt fahren, ausgenommen die Tage, an denen die Nobelkarosse vor dem heimischen Golfclub parkte. Seine Frau besaß einen kleinen Lancia, was Mr. Vance sen., als Courtney ihm sagte, daß Evelyn und er sich einig seien, zu der Bemerkung veranlaßte: «Mein Sohn, das ist eine gute Verbindung, die Leute haben zwei Autos.» Mrs. Vance vergoß ein paar Tränen und meinte, ihr komme es wie ein Wink des Schicksals vor, daß er und Evelyn (übrigens ein Einzelkind, genau wie Courtney, der zu jener Zeit seinen zweiten Vornamen «William» ablegte, weil der ohnehin nur zu «Bill» verhunzt wurde) einander nach so langer Zeit wiederbegegnet seien.

Genaugenommen hatte Courtney dem Schicksal ein wenig nachgeholfen. Kaum waren Evelyn und er sich beim Ball des Konservativen Clubs über den Weg gelaufen, sagte ihm eine innere Stimme, sie sei die Eroberung seines Lebens, und so machte er ihr eifrig den Hof. Er ging auf die Dreißig zu, seiner Meinung nach war es sowieso an der Zeit, allmählich an eine Heirat zu denken. Das traf ganz entschieden auch für Evelyn zu, die ein paar Jahre älter war und mollig, gutmütig und ein wenig unbedarft aussah. Dem Äußeren nach mochte sie keine besonders gute Partie sein, aber es gab ja noch den Mercedes, den Lancia, den Einfluß in der Stadtverwaltung und die Aura von Geld. Nach der kirchlichen Trauung wurde im teuersten Hotel der Stadt eine Party für einhundertfünfzig Gäste gefeiert, und die Hochzeitsreise nach Paris spendierte Mr. Bridges auch. Courtneys Dankesbezeugungen wischte er mit den Worten: «Mein Junge, du gehörst jetzt zur Familie» beiseite.

Zur Familie zu gehören brachte indessen nicht die Vorteile, auf die Courtney gehofft – ja, die er sich ausgerechnet hatte. Als Mr. Bridges ein paar Jahre später auf dem Golfplatz eine Herzattacke erlitt und verstarb, erwies sich der Bowler sozusagen als Vorspiegelung falscher Tatsachen. Was immer Mr. Bridges in der Stadtverwaltung gewesen sein mochte, einen bedeutenden Posten hatte er sicher nicht bekleidet und keinen besonders gut dotierten. Er hatte ständig über seine Verhältnisse gelebt, das Haus mußte verkauft werden, der

Mercedes sowieso, der Lancia wurde durch einen Mini ersetzt, die Witwe zog in eine bescheidene Mietwohnung um, kurzum, für Evelyn und Courtney gab es nichts zu erben.

Natürlich hatte Evelyn recht, als sie sagte, sie hätten ja einander, und zu dieser Zeit war Courtney auch schon in der Hierarchie der DPN und auf der Gehaltsliste eins raufgerutscht. Sie wohnten in einer hübschen Doppelhaushälfte in einer langen Reihe exakt gleicher Häuser, alle mit einem handtuchschmalen Vorgärtchen und einem etwas größeren Rasenviereck nach hinten hinaus. Die Ehe war immer noch kinderlos, ein Umstand, den Evelyn bedauerte, Courtney dagegen sehr begrüßte. Er war ein auf Korrektheit bedachter, vorsichtiger Mann, ein Kind hätte Ausgaben bedeutet, die sie sich nicht leisten konnten. Obwohl er solche Gedanken nur insgeheim hegte, wußte Evelyn darüber Bescheid; auf irgendeine unerklärliche Weise wußte sie einfach alles, was ihn betraf. Als sie vorschlug, er solle sich einer Vasektomie unterziehen, wertete er das als Zeichen ihres tiefen Verständnisses.

«Sei ehrlich zu dir selbst, du willst doch im Grunde gar keine Kinder», sagte sie.

Er fühlte sich in die Enge getrieben. «Nun, man kann nicht sagen, daß ich keine will, es geht mehr um die damit verbundenen Kosten. Ich habe das mal ausgerechnet, die jährlichen Aufwendungen belaufen sich, wenn man alles berücksichtigt, auf –»

«Laß nur, es ist nicht wichtig. Ich will, daß wir beide glücklich sind, Court, sonst nichts.»

«Trotzdem wäre es mir recht, wenn du kurz einen Blick auf meine Aufstellung werfen würdest. Die Zahlen belegen eindeutig . . .»

Evelyn sah sich die Berechnung an, und er unterzog sich der Vasektomie, danach war ihm viel leichter ums Herz.

Sie führten ein reges gesellschaftliches Leben. Seine Eltern und ihre Mutter kamen von Zeit zu Zeit sonntags zum Lunch oder zum Supper. Sie waren beide nicht nur eingetragene Mitglieder bei den Konservativen, sondern galten darüber hinaus als Stützen des Ortsvereins der Partei, und das brachte

Einladungen und Gegeneinladungen und verpflichtete zur Teilnahme an Wohltätigkeitsveranstaltungen und Teepartys, für die Evelyn Plätzchen und Kuchen backte und Marmelade kochte – wie sie überhaupt eine vorbildliche Hausfrau war, die stets mit dem Wirtschaftsgeld auskam. «Mein Sohn, du hast eine großartige kleine Frau», äußerte sich auch der inzwischen pensionierte Mr. Vance sen. lobend nach einem Supper, bei dem es Rindfleischscheiben, Kartoffeln mit irgendeinem französischen Namen und grünen Salat gegeben hatte, dazu einen Wein aus dem Supermarkt, preiswert, aber durchaus süffig. Courtney sah keinen Grund zu widersprechen, obwohl es ihm nicht ganz passend schien, Evelyn als «kleine Frau» zu apostrophieren, da sie dem, was sie auf den Tisch brachte, selbst mit großem Genuß zusprach und unübersehbar in die Breite ging.

Evelyns Leibesfülle nahm Courtney auch als Rechtfertigung sich selbst gegenüber, wenn er hin und wieder kleinen Sünden frönte, wie er das zu nennen pflegte. Aufgrund seiner erfolgreichen Vertretertätigkeit für die DPN hatte man nämlich sein Vertriebsgebiet erheblich ausgedehnt, es kam nicht selten vor, daß er ein oder zwei Nächte auswärts logieren mußte. Bei solchen Gelegenheiten hielt er eifrig Ausschau nach Möglichkeiten für ein flüchtiges Abenteuer, und oft genug ergab sich eins. Diese kleinen Sünden hatten, davon war er überzeugt, mit seiner Ehe nicht das mindeste zu tun. Als er aber feststellen mußte, daß Evelyns mysteriöse Gabe, ihn immer durchschauen zu können, auch in diesem Punkt nicht versagte, brachte ihn das schon ein wenig außer Fassung.

«Würdest du eigentlich sagen, daß du mich wegen meines Geldes geheiratet hast?» fragte sie ihn eines Abends, worauf er erwiderte, das sei ja wohl absurd, er habe von ihrer Familie nie einen Pfennig erhalten. «Gut», verbesserte sie sich, «ich hätte es vielleicht so formulieren sollen: in der Hoffnung, daß unsere Heirat dir ein paar nützliche Kontakte, möglicherweise auch mit Daddys Hilfe einen einträglichen Job und zu gegebener Zeit ein hübsches Erbe einbringen könnte?»

«Wenn du es so ausdrücken willst . . . Es trifft nicht genau den Punkt, aber der eine oder andere Gedanke dieser Art mag mich durchaus bewegt haben.»

«Trotzdem, du hast es gar nicht so schlecht getroffen, wie?»

Er küßte sie und behauptete, es sei immer wundervoll gewesen.

«Nein, wundervoll würde ich es nicht nennen, aber geordnet», sagte sie. «Du hast Erfolg, wir haben eine Menge Freunde, über meine Art der Haushaltsführung kannst du auch nicht klagen –»

Er unterbrach sie, um ihr zu versichern, daß sie eine exzellente Hausfrau sei, was ja auch der Wahrheit entsprach.

«Das einzig Ärgerliche ist, daß du füllige Frauen nicht magst. Nein, widersprich nicht, du weißt, daß es wahr ist. Ich bin nun mal füllig und kann es nicht einmal ändern, es hat, ich habe das nachgelesen, etwas mit dem Stoffwechsel zu tun. Du erfüllst deine ehelichen Pflichten, aber es sind eben Pflichten für dich. Weißt du noch, wie du mir früher immer Blumen oder mal ein Parfüm mitgebracht hast? Das ist vorbei. Und wenn du über Nacht außer Haus bist, reagierst du einen Teil deiner überschüssigen Energie ab. Kein Grund zur Aufregung. Du sollst nur wissen, daß ich es weiß und daß ich nichts dagegen habe, das ist alles.»

Es war ein unbehagliches Gefühl, sich so gründlich von ihr durchschaut zu sehen. Aber er stellte nichts in Abrede, er fragte nur, wieso sie es denn überhaupt noch mit ihm aushielte. Und sie, mit einem kurzen Aufleuchten in ihren Augen, gab ihm zur Antwort: «Weil du der bestaussehende Mann bist, den ich kenne, darum.»

Damals sah Courtney Vance wirklich gut aus. In seiner Jugend hatte ihm etwas Unreifes, Halbfertiges angehaftet, aber die Jahre, der Erfolg und das wachsende Selbstvertrauen prägten auch seine äußere Erscheinung. Er hatte, wie er selbst meinte, etwas von einem Filmstar an sich, wobei er an jene Zeiten dachte, als Filmstars sich noch ordentlich anzogen, regelmäßig ein Bad nahmen, sich täglich rasierten und die Haare kämmten – Cary Grant, vielleicht mit einem Touch David Niven. Sah er deswegen etwa altmodisch aus? Nun, er gab ja nicht vor und verspürte auch nicht den Wunsch, einer von diesen langhaarigen, jeanstragenden Jünglingen zu sein. In sein dichtes dunkles Haar mischten sich über den Schläfen ein paar graue Strähnen, doch er war noch genauso schlank und seine Gesichtshaut genauso straff wie am Tage seiner Hochzeit. Um seinen Mund mochte ein allzu weicher, etwas verhuschter Zug liegen, und die Art, wie er sich bisweilen den kleinen Schnurrbart glattstrich, wirkte vielleicht etwas selbstgefällig, aber alles in allem konnte Courtney Vance ohne Zweifel als gutaussehender Mann gelten, und es gab genug Frauen, die ihn attraktiv fanden.

Bald nach dem abendlichen Gespräch kaufte Courtney für Evelyn Blumen und eine Woche später ein Fläschchen *Magical Night*, das Parfüm mit dem betörenden Duft, der ihre Flitterwochen beflügelt hatte. Evelyn lächelte, bedankte sich und tätschelte ihm die Wange. Er freute sich darüber, war aber auch ein wenig verärgert. Schließlich bringt man ja nicht ein aufregendes Parfüm mit nach Hause, um sich dafür wie ein Kind die Wange tätscheln zu lassen. Dennoch, er hätte die Frage, ob er ein zufriedener Mensch sei, vorbehaltlos mit Ja beantwortet; sein Beruf machte ihm Freude, und zu seiner Frau empfand er, auch wenn es nicht die leidenschaftliche große Liebe war, eine gewisse Zuneigung.

Dann aber lernte er, ein Jahr vor dem Mord, eine verheiratete Frau kennen.

Thelma, gebürtige Amerikanerin, war die Frau eines Londoner Bauunternehmers namens George Hartley, eines großgewachsenen, stiernackigen Mannes, dessen Stimme sich anhörte, als spreche er durch ein Megaphon. Bei einem Dinner im Konservativen Club war sie Courtneys Tischdame. Sie verstanden sich auf Anhieb großartig, was nicht weiter verwundern muß, da sie schon vor dem ersten Bissen zu ihm sagte: «Gesehen habe ich Sie schon häufig bei Veranstaltungen, aber ... Wissen Sie, was ich immer gedacht habe? Nun, eines Tages werde ich direkt neben ihm sitzen, habe ich gedacht, und dann sage ich's ihm geradeheraus.»

«Was sagen Sie ihm?»

«Ich sag ihm, daß er der attraktivste Mann im Saal ist. So, nun habe ich's gesagt.» Dunkle Augen funkelten ihn an. «Evelyn und ich kennen uns gut von der gemeinsamen Arbeit in verschiedenen Komitees. Sie ist ein Schatz. Schade. Sie haben ja für Komitees und dergleichen keine Zeit. Evelyn hat mir gesagt, daß Sie ein vielbeschäftigter Mann sind.»

Er erzählte ihr, was er machte, und ließ durchblicken, daß es lediglich eine Frage der Zeit sei, bis er in die Chefetage der DPN aufrücken würde. «Und Ihr Mann?»

«Da drüben am Nachbartisch, der mit dem Fettwulst im Nacken und der schwammigen Haut. Er denkt immer nur an das eine.» Sie ließ einen Atemzug verstreichen, ehe sie fortfuhr: «An Geld. Er ist übrigens auch oft unterwegs.» Sie wandte sich Courtney zu, sah ihm in die Augen. Ihr Gesicht war schön geschnitten und mit dunklem Teint, ihre Nasenflügel hatten einen rassigen Schwung. Auf der Seite ihres Gesichts, die er erst jetzt sehen konnte, trug sie ein purpurrotes Mal, vom Wangenknochen bis zu den Schläfen. Ein Lächeln huschte schnell noch über ihre Lippen, dann wandte sie sich ab, um mit dem Nachbarn zur Rechten zu plaudern.

Was hatte sie mit ihren versteckten Andeutungen sagen wollen?

Beiläufig und sehr behutsam fragte er Evelyn über sie aus und erfuhr, daß Hartley sie während einer Tagung kennengelernt hatte, sie war als Public-Relations-Managerin für eine amerikanische Firma dort tätig. Es hatte nur wenige Monate gedauert, bis sie heirateten, für beide war es die zweite Ehe. «Einige der Tory-Damen mögen sie nicht besonders. Sie glauben, sie hätte George Hartley nur wegen seines Geldes geheiratet. Nun, da mag was dran sein, schließlich ist sie ja erheblich jünger als er. Aber ich vermute, sie sind einfach nur eifersüchtig, sie haben immer etwas an ihr auszusetzen. Wenn sie zum Beispiel anbietet, dies oder jenes zu erledigen, heißt es gleich, sie dränge sich auf. Aber ich mag sie. Für wie alt hältst du sie? Dreißig?»

«Oh, darüber habe ich noch gar nicht nachgedacht.»

«Sie ist sehr direkt und sagt immer, was sie denkt. Wie hast du dich mit ihr verstanden?»

«Ziemlich gut. Für meinen Geschmack ist sie allerdings ein bißchen zu aggressiv.»

Sie schenkte ihm ein flüchtiges Lächeln. «Dir ist es lieber, wenn alles glatt läuft, du magst keine Stolpersteine, ich weiß.»

Zugegeben, damit hatte sie nicht unrecht. Aber daß sie auch das wieder wußte und es ihm noch dazu geradeheraus ins Gesicht sagte, behagte ihm gar nicht. Er fühlte sich zunehmend irritiert von Evelyns Art, seine Gedanken zu lesen, und zwar oft genug, bevor er sie zu Ende gebracht hatte.

Wie gesagt, Courtney Vance war ein vorsichtiger Mann. Nichts hätte er sich weniger gewünscht, als irgend etwas zu tun, was Auswirkungen haben konnte auf seine Ehe, auf seinen Beruf oder auf das, was er für seine soziale Stellung hielt. Die kleinen Sünden hatten sich jedesmal weit von zu Hause abgespielt. Und wenn ihm auch Thelma Hartley und der Blick, den sie ihm zugeworfen hatte, nicht mehr aus dem Sinn gingen, er hätte bestimmt nicht die Initiative ergriffen, jedenfalls nicht vor jenem Tag, als sie den Pub in Warners Green betrat, während er gerade seinen Lunch einnahm. Er konnte sich natürlich nicht weigern, mit ihr zusammen ein paar Sandwiches zu essen und ein Bier zu trinken, das wäre lächerlich gewesen. Beiläufig erkundigte er sich, was sie denn hergeführt habe.

«Wenn George nicht da ist, lohnt es sich nicht, für mich allein zu kochen. Dann gehe ich oft in den Pub. Und Sie, ich dachte, Sie wären immer unterwegs?»

«Heute habe ich hier in der Gegend zu tun, auf Tour gehe ich erst morgen wieder, nach Surrey und Sussex. Das wird wohl zwei oder drei Tage dauern.»

Und als sie sagte, darüber sei sie sehr glücklich, überstürzten sich seine Gedanken. Seine Termine für die nächste Zeit würden ihn, jedenfalls ließ sich das so einrichten, nur in die nähere Umgebung führen. Also fragte er sie, ob sie Lust hätte, sich mit ihm zum Dinner zu treffen, und schlug ihr ein Hotel vor, zu dem sie es nicht allzuweit hatte, immerhin jedoch weit genug, daß sie nicht befürchten mußten, dort auf Bekannte aus Warners Green zu treffen.

Sie trank ihr Bier aus und sagte: «Ich dachte schon, du würdest mich nie fragen.» Und das Mal auf ihrer Wange glühte vor Erregung. Er hätte es ihr nicht erklären können, aber irgendwie zog ihn gerade dieser Makel auf ihrer sonst so glatten Haut besonders an.

Am nächsten Abend verloren sie im Hotel nicht erst Zeit mit dem Dinner, sondern gingen geradewegs hoch ins Zimmer, das er, mehr vorsorglich als einfallsreich, unter dem Namen Smith gebucht hatte. Bevor sie miteinander schliefen, redete sich Thelma dies und jenes von der Seele, zum Beispiel, daß der Stiernacken (so nannte sie ihren Mann) sie anöde, genau wie Warners Green und die ganze Kleinstadtpolitik mitsamt ihrem Klatsch und Tratsch. Und Courtney versicherte, ihm ginge es genauso, obwohl das nicht stimmte.

Sie stieg aus dem Bett, ging nackt ins Badezimmer, duschte, kam zurück und sagte: «Du hast das heute nicht zum erstenmal gemacht.»

«*Das* habe ich noch nie gemacht», erwiderte er, und so empfand er es auch. So viel Leidenschaft, so viel ungestüme Gier – das war neu für ihn gewesen. Wie viele Affären sie schon hinter sich gebracht habe, wagte er nicht zu fragen, er fürchtete sich vor ihrer Antwort. Was dann kam, war nicht gerade eine Nacht vollendeter Seligkeit, denn Thelmas schier zügelloses Temperament machte ihn nervös, aber es war sicher eine außergewöhnliche Nacht, eine, die er unbedingt wiederholen wollte.

Irgendwann hatte sie gefragt: «Was ist mit Evelyn? Wirst du's ihr sagen?»

Er reagierte schockiert. «Um Gottes willen, nein. Bestimmt nicht. Du hast doch nicht etwa vor . . .»

«. . . es dem Stiernacken zu erzählen? Nein, da würde er rotsehen. Aber nicht, daß du denkst, du hättest irgend etwas zu befürchten. Er treibt's selber mit ein paar Flittchen, ich hab die Briefe in seinen Taschen gefunden. Wenn ich will, ist er die Hälfte seines Vermögens los.» Ihr Mund schnappte zu wie eine Falle, sie glühte vor Eifer, das Mal auf ihrer Wange leuchtete purpurrot.

Während der folgenden Monate fanden sie Gelegenheit, ein rundes Dutzend Nächte im Hotel zu verbringen, manchmal allerdings mußte sie ihm auch absagen, obwohl es bei ihm gerade gepaßt hätte. Er fühlte sich dann zutiefst niedergeschlagen, kam aber nicht auf die Idee, sich eine andere Frau zu suchen. Die früheren Abenteuer – das waren die kleinen Sünden gewesen. Jetzt dagegen erlebte er die wahre große Leidenschaft.

Daß Thelma und Evelyn sich immer mehr anfreundeten, berührte ihn peinlich. Zweimal traf er sie, als er von einer Geschäftsreise zurückkam, während der Thelma und er Zeit für eine gemeinsame Nacht gefunden hatten, bei sich zu Hause im Wohnzimmer an.

«Es ist wirklich interessant, sich mit ihr zu unterhalten», sagte Evelyn. «Sie sieht viele Dinge ganz anders. Vielleicht, weil sie Amerikanerin ist.»

«Ich würde mich an deiner Stelle nicht so intensiv mit ihr einlassen», meinte er und begründete das, weil ihm nichts Besseres einfiel, ebenso töricht wie unglaubwürdig damit, daß Thelma nicht gerade in gutem Ruf stünde.

Evelyn und er hatten sich nie ernsthaft gestritten, sie behauptete sogar, er lasse sich einfach durch nichts in Rage bringen, aber nun fielen doch ein paar scharfe Worte zwischen ihnen. Er brachte ihr am nächsten Tag Blumen mit, sie schenkte ihm ein Lächeln dafür und tätschelte ihm wieder die Wange.

Eines Nachts in einem Hotel in Brighton überraschte ihn Thelma mit der Neuigkeit, sie und George Hartley hätten sich getrennt. Als sie seine betroffene Miene sah, brach sie in helles Gelächter aus. «Schau nicht so verständnislos drein, so was kommt vor. Und du mußt auch nicht besorgt die Stirn runzeln, dein Name ist nicht erwähnt worden. Ich hab dir doch gesagt, daß ich genug von ihm habe. Es ist eine Trennung im gegenseitigen Einvernehmen. Er will eins von seinen Flittchen heiraten und ist deshalb an einer raschen Scheidung interessiert. Weißt du übrigens, daß ich nie einen so straffen Männerkörper wie deinen gesehen habe? Rutsch her, mal sehen, was passiert, wenn ich mit dem Daumen draufdrücke.»

Es dauerte eine Weile, bis er fragte: «Du wirst also Warners Green verlassen?»

«Ja, ich habe eine Wohnung in Kensington im Auge.»

«Das bedeutet, daß es zwischen uns aus ist.»

«Ich wüßte nicht, warum.»

Aber er wußte es. Wenn sie erst in Kensington wohnte und wieder ihre alten intellektuellen Freunde um sich hatte, Public-Relations-Leute und den ganzen blasierten Klüngel, würde sie ihn schnell vergessen. Den Gedanken, ohne sie leben zu müssen, fand er bestürzend, und er gestand es ihr. Er gebrauchte sogar den Ausdruck «unerträglich», was sie, ihrem Blick nach zu schließen, nachdenklich stimmte.

«Es scheint, als wären wir füreinander bestimmt. Nicht allzuoft passen zwei Menschen so gut zueinander wie wir. Ein Jammer, wenn das alles zu Ende wäre. Aber du kannst mich in der Stadt besuchen, und ich komme weiter in unser Hotel, ich mag solche kleinen Verruchtheiten.»

Da bestürmte er sie: Es müsse ja gar nicht alles zu Ende sein, sie könnten doch zusammenziehen.

«Und was wird aus Evelyn? Ihr Leben zu zerstören – nein, das kann ich ihr nicht antun. Sie ist meine Freundin.»

«Ich werde ein offenes Gespräch mit ihr führen, ihr alles erklären, Sie wird mir nichts in den Weg legen.»

«Jetzt redest du Unsinn, und das weißt du selbst, Courtney. Für mich bist du ein Liebhaber, für Evelyn aber der rechtmäßige Ehemann. Ich könnte nicht einmal schwören, daß ich dich liebe. Was ich mag, ist das, was wir tun. Und ... du könntest dich irgendwann abgestoßen fühlen, wenn du das jeden Tag siehst.» Sie führte seine Hand zum Mal auf ihrer Wange. Er stammelte hastigen Widerspruch, behauptete, er habe es kaum wahrgenommen. «Ich hänge an dir. Du bist ein phantastischer Liebhaber. Wenn es Evelyn nicht gäbe, könnte es sein, daß ich dich für mich allein haben wollte. Aber es gibt sie eben.»

Sie hatte ihm die Wahrheit gesagt, das fühlte er. Und als er niedergeschlagen zu Hause ankam, fragte ihn Evelyn: «Es geht um Thelma, nicht wahr? Mir fehlt sie auch sehr.»

«Was meinst du damit?»

«Ich weiß natürlich über euch beide Bescheid. Oh, nicht von Thelma, sie hat nichts gesagt. Gleich nach dem Dinner, als du mir all diese Fragen gestellt hast, wußte ich, was los ist.»

«Und du hast nichts dagegen gehabt?»

«Natürlich hatte ich was dagegen.» Auf ihrem sanften, leeren Gesicht, durch nichts geprägt als durch das Doppelkinn, lag ein Lächeln. «Aber es schien dir eine Art Befriedigung zu geben, die ich dir nicht geben kann. Darum habe ich mich damit abgefunden. Sich abfinden ist der Lebensnerv vieler Ehen.»

Als der Zeitpunkt für Courtneys nächsten Besuch im Labor bei Northampton heranrückte, wohnte Thelma immer noch in Warners Green. Sie war inzwischen aus Hartleys pompöser neugotischer Villa ausgezogen, aber es gab irgendwelche Schwierigkeiten mit dem Mietvertrag für die Wohnung in Kensington. Evelyns Vorschlag, Thelma könne doch zu ihnen ins Gästezimmer ziehen, hatte Courtney entschieden, geradezu bestürzt abgelehnt. So wohnte Thelma jetzt bei einer Nichte ihres Mannes, nicht weit vom Haus der Vances; sie und Evelyn sahen einander fast täglich.

Die Fahrt nach Northampton empfand Courtney wie die erlösende Flucht aus einer peinlichen, um nicht zu sagen ridikülen Situation. Er war Thelma verfallen und sah dennoch keine Chance für eine dauerhafte Verbindung, solange es in seinem Leben Evelyn gab; und das, gestand er sich ein, würde wohl ein permanenter Zustand bleiben. Der Gedanke, daß Evelyn – vielleicht gar durch gewisse Bemühungen seinerseits – das Zeitliche segnen könne, war ihm zu jener Zeit noch nicht gekommen. Und wäre es anders gewesen, so hätte er ihn, kaum gehegt, als viel zu gefährlich verworfen. Es mag ein wenig weit hergeholt sein, aber man könnte sagen – und später wurde Courtney nicht müde, es immer wieder und mit beredten Worten zu sagen –, daß es Heinz Muller war, der aus Courtney Vance einen Mörder machte.

Heinz war Chemiker im Forschungslabor, ein Experte, dessen Arbeit – mit stillschweigender Duldung durch die Firmenleitung – nur selbstgesetzten Regeln unterlag. Er leitete eine Abteilung, die sich *Grenzbereiche potentieller Forschung* nannte, abgekürzt GREPOFO; man befaßte sich dort mit der praktischen Erprobung von Theorien, die in wissenschaftlichen Veröffentlichungen, wo auch immer in der Welt, publiziert wurden. Die meisten Tests wurden schon nach den ersten Versuchsanordnungen wegen mangelnder Erfolgsaussichten abgebrochen, wenn Heinz aber inmitten lauter rasch platzender Seifenblasen etwas aufspürte, was mit Recht als Variante zu bisherigen Produkten oder Produktionstechniken gelten durfte, dann zahlte sich das für die DPN in barer Münze aus. Im übrigen bliebe über Heinz, einen kleinen, Pickwickschen Typ mit stets vernügten Augen hinter der Goldrandbrille, zu sagen, daß er Junggeselle, Säufer und Schürzenjäger war, eins so eingefleischt wie das andere. Er und Courtney verstanden sich prächtig, schon seit ihrer ersten Begegnung, und es gab ein paar gemeinsame Erinnerungen an das, was Courtney als kleine Sünden bezeichnete.

Wie gewöhnlich bei seinen Besuchen in Northampton ging Courtney auch diesmal von Tür zu Tür, schüttelte Chemikern und Technikern die Hand und erkundigte sich, was sie denn gerade zusammenbrauten. Im Labor der GREPOFO wurde er besonders herzlich begrüßt. Heinz führte ihn herum, zeigte ihm, was da und dort in den Retorten kochte, und demonstrierte, daß Mäuse und Ratten auf Präparate durchaus nicht immer so reagieren, wie die Beipackzettel es versprachen, sondern zum Beispiel mit manischer Depressivität nach Injektion eines Mittels, das angeblich bei Akne oder weiß Gott welchen Leiden helfen sollte.

Ganz hinten im Labor waren Glaskolben und Flaschen mit solchen Substanzen aufgereiht, bei denen es lohnend erschien, die Tests zu Ende zu führen. Meist stellten sich dennoch im Laufe der Versuchsreihen unerwünschte Nebeneffekte heraus. Falls es gelang, ein, zwei Mixturen bis zur Marktreife weiterzuentwickeln, galt das schon als Glücksfall. Heinz erklärte alles mit dem Feuereifer des besessenen Wissenschaftlers, seine fröhlichen kleinen Augen schienen Funken zu sprühen. Courtneys Interesse war ungeheuchelt, er verstand genug von der Materie, um fundierte Fragen zu stellen. Am Schluß zeigte Heinz ihm zwei Flaschen, die Flüssigkeit in der einen sah milchig-trübe aus, die in der kleineren gelblich-klar.

«Hier ist etwas Aufregendes», sagte er und hob die größere Flasche hoch, die mit *Noscan* beschriftet war. «Wirklich vielversprechend, revolutionierend, könnte man sagen. Du weißt ja, schwangere Frauen lassen immer noch die Lage des Babys durch Röntgenuntersuchungen feststellen, aber die Ärzte warnen vor nachteiligen Folgen, vor allem bei häufiger Strahleneinwirkung. Nun, nach der Einnahme von Noscan erübrigt sich die Röntgenaufnahme. Es genügt, der Schwangeren die Kassette auf den Leib zu legen, und schon sieht man alles klar und deutlich wie auf einem Kupferstich.»

«Und wo ist der Haken?»

Heinz sah ihn mit gespielter Entrüstung an. «Habe ich etwas von einem Haken gesagt? Zugegeben, wir haben gegenwärtig noch ein kleines Problem. Ein Problem der Beimengung sozusagen.»

«Wie meinst du das?» fragte Courtney und wandte sich schon der kleineren Flasche zu, die nur mit den Buchstaben *NX* bezeichnet war. «Was ist denn da drin?»

Heinz lachte glucksend, er erinnerte ihn jetzt wirklich an Mr. Pickwick und Weihnachten und Dingley Dell. «Gift –

ohne Beimengung. In einem Aufsatz eines deutschen Wissenschaftlers war die Wirkung des Saftes beschrieben, den man aus dem Beloastrauch gewinnt. Das Zeug wächst in den brasilianischen Regenwäldern, die Indianer benutzen den Saft, um Wunden und Verletzungen zu heilen. Sie sehen eine Art Wunderarznei darin, sprechen ihm sogar magische Kräfte zu. Farb- und geruchlos, aber reines Gift, mit dem man äußerst vorsichtig umgehen muß. Ein paar winzige Spritzer aufs Taschentuch gebracht und eingeatmet – oder drei, vier Tropfen auf die bloße Haut, und du bist tot. Ohne Schmerzen, ohne Symptome, spurenlos, einfach tot.» Herzliches Lachen schüttelte ihn.

«Dann ist es wahrscheinlich zu nichts nutze.»

«Tja, das ist das gegenwärtige kleine Problem, von dem ich sprach, die Frage der Beimengung. Der Beloasaft ist nämlich sozusagen die Entwicklerlösung, die wir brauchen, um ohne Strahlenbelastung ein Bild des ungeborenen Kindes auf die Röntgenkassette zu bekommen. Alles, was wir noch finden müssen, ist eine Substanz, durch die die tödliche Wirkung dauerhaft aufgehoben wird. Die Indianer erreichen das durch Beimengung von Schlamm, aber so können wir natürlich nicht vorgehen, wir brauchen eine Flüssigkeit. Wir haben schon verschiedene Mixturen erprobt, das hier ist Noscan 7, die siebente Mischung. Die ersten sechs haben wir an Mäusen, Kaninchen und Guineaschweinen erprobt.»

«Mit welchem Effekt?»

«Sie sind alle gestorben. Wie gesagt, ein kleines Problem. Aber genug jetzt von Noscan. Hast du heute abend was vor, wollen wir zusammen ausgehen? Ich hab schon mal ganz unverbindlich ein bißchen was arrangiert.»

Heinz kam abends zu Courtney ins Hotel, sie nahmen an der Bar einen zur Brust und plauderten, bis zwei ansehnliche weibliche Wesen auftauchten, nach Heinz' Terminologie Profis mit Amateurstatus, schlicht gesagt: Hausfrauen, die nichts dagegen hatten, sich ein zusätzliches Taschengeld zu verdienen. Aber Courtney verspürte keine Neigung, wie in alten Zeiten den kleinen Sünden zu frönen. Es wäre ihm wie ein Treuebruch gegenüber Thelma vorgekommen, eine Empfindung, die ihm früher, solange es noch um Evelyn ging, fremd gewesen war. Muller nahm seine halbprofessionelle Dame mit nach Hause, Courtney drückte der ihm zugedachten Geld in die Hand und entschuldigte sich, er sei heute nicht in Stimmung.

Er fand in dieser Nacht keinen Schlaf. Vor kurzem noch hatte er sich in den Gedanken geschickt, daß er sein Leben an Evelyns Seite verbringen müsse, wobei sein Fatalismus allerdings aus der Not geboren war, weil er eine vernünftige Alternative einfach nicht erkennen konnte. Evelyn hatte über seine kleinen Sünden und über Thelma Bescheid gewußt und das eine wie das andere geduldet. «Sich abfinden», hatte sie gesagt, «ist der Lebensnerv vieler Ehen.» In einer grausamen Zukunftsvision sah er, wie Evelyn sich auch künftig mit allem abfand, Jahr um Jahr, und dabei abscheulich fett wurde, aufgebläht wie ein riesiger Ballon, und wie sie (allerdings wieder nur, um sich damit abzufinden) immer schon im voraus ahnte, was er demnächst denken oder tun würde. Und in seinem Kopf hallten Thelmas Worte wieder: «Wenn es Evelyn nicht gäbe, könnte es sein, daß ich dich für mich allein haben wollte.» Das heißt, meistens hörte er sie jetzt so, wie er sie schon damals lieber gehört hätte: «Ich sehne mich danach, dich für mich allein zu haben.»

All das wäre, wie er sich ehrlicherweise eingestehen mußte, tief in seinem Innersten verborgen geblieben, hätte nicht Heinz ihm von diesem Noscan und vom NX erzählt. Bevor die Amateurnuttchen an der Bar aufgetaucht waren, hatte Courtney noch ein paar Fragen zu diesem Thema gestellt, ganz beiläufig, versteht sich, und Heinz war sofort darauf angesprungen. Das Gift wirkte immer, ob man es nun einatmete oder trank oder auf die Haut sprühte. Und es wirkte schmerzlos (was Courtney besonders wichtig fand, weil ihm die Vorstellung eines qualvollen Todes zuwider gewesen wäre) und hinterließ keine Spuren (auch ein Umstand, dessen Bedeutung nicht unterschätzt werden durfte). Die Kaninchen und die Guineaschweinchen waren einfach infolge Herzversagens umgekippt (etwas, womit man bei Evelyns Übergewicht stets rechnen mußte).

Courtney grübelte lange darüber nach, denn er war ja ein vorsichtiger Mensch und hätte die keimende Idee sofort in sich erstickt, wäre auch nur die geringste Gefahr einer Entdeckung zu erkennen gewesen. Indessen, eine solche Möglichkeit gab es nicht. Selbst wenn Heinz übertrieben hatte und das Ganze sich als Schlag ins Wasser erwies – es hätte ja keiner je davon erfahren.

So blieb tatsächlich nur noch das Problem, an die Flasche heranzukommen, ohne daß Heinz etwas merkte. Aber auch da sagte er sich: Ergab sich keine Gelegenheit, so würde er das als Fingerzeig des Himmels nehmen und die Sache vergessen. Für alle Fälle traf er jedoch die nötigen Vorbereitungen und kaufte sich eine winzige Phiole, eine kleine Pipette und ein Paar Gummihandschuhe.

Schließlich löste sich, als hätte eine höhere Macht lenkend eingegriffen, das einzige Problem wie von selbst. Drei Tage dauerte Courtneys Rundgang durch die Laborhallen gewöhnlich, und an jedem dieser Tage verbrachte er einige Zeit bei Heinz im GREPOFO. Einmal ergab es sich, daß Heinz' Assistent in den oberen Stock ging, um in der Bibliothek verschiedene Unterlagen herauszusuchen, und daß Heinz just in diesen wenigen Minuten ans Telefon gerufen wurde; Courtney war allein im Labor.

Die kleine Flasche mit dem NX war dreiviertel voll. Courtney zog die Gummihandschuhe über, füllte ein wenig vom Gift in die Phiole – so wenig nur, daß der Flüssigkeitspegel höchstens um zwei, drei Zentimeter sank –, und stöpselte sein Apothekerfläschchen zu. Eine Sache von Sekunden, bei der, wie Courtney mit Befriedigung feststellte, seine Hände nicht einen Augenblick lang gezittert hatten.

Das Schicksal beließ es nicht bei den bisher schon erteilten Winken. Hätte er noch Zweifel gehabt, ob das Ganze denn unabänderlich notwendig sei, so wären sie spätestens bei seiner Rückkehr nach Hause verstummt, denn inzwischen hatte Thelma tatsächlich das Gästezimmer im Vanceschen

Hause bezogen. Die Probleme wegen des Mietvertrages für Kensington waren immer noch nicht gelöst. Thelma hatte sich mit der Nichte überworfen, und Evelyn fand es selbstverständlich, daß eine so gute Freundin in dieser Lage zu ihnen zog und eine Weile blieb.

«Schließlich gehört sie ja fast zur Familie», sagte Evelyn mit jener unerschütterlichen Milde, die Courtney einen Schock versetzte, ja ihn sogar mit Abscheu erfüllte, zumal Thelma dabeistand, ihn aus leuchtenden Augen ansah und recht amüsiert schien. Ein paar Tage später, spätabends, trieb Evelyn es auf die Spitze, indem sie ihn wissen ließ: «Falls du die Nacht mit Thelma verbringen willst – irgendwie könnte ich es schon verstehen.»

Er glaubte, einen Alptraum zu erleben. «Mit Sicherheit nicht! Wie kannst du so etwas vorschlagen – unter unserem eigenen Dach?»

«Spielt es denn eine Rolle, unter welchem Dach es geschieht?» Er fand keine Worte. Mit einer anderen Frau zu schlafen, bei sich zu Hause, mit Evelyns Wissen und Duldung – das war nicht nur undenkbar, es zerstörte auch alles, was seine Beziehung zu Thelma so romantisch und so erregend gemacht hatte. Daß Evelyn ihm so etwas nahelegte, begrub all seine Skrupel unter der felsenfesten Gewißheit, daß es nun keine andere Möglichkeit mehr gäbe; Evelyn hatte das Unglück selbst herausgefordert.

Das Fläschchen mit *Magical Night* war aufgebraucht. Er kaufte eine neue Flasche, drehte den Schraubverschluß auf und träufelte mit äußerster Vorsicht den Inhalt seiner Phiole ins Parfüm. Als er Evelyn den Flakon schenkte, bedankte sie sich und lächelte ihr unerträglich sanftes Lächeln, während sie sagte, sie und er hätten in letzter Zeit nur sehr selten magische Nächte erlebt.

Ehe er am nächsten Morgen zu einer Geschäftsreise aufbrach, kam er noch einmal auf ihre Bemerkung zurück und riet ihr mit verlogener Herzlichkeit, sie brauche ja nur bei seiner Rückkehr oder rechtzeitig vorher ein paar Tropfen *Magical Night* aufzutragen – immer vorausgesetzt, ihr sei danach zumute und sie wolle gewisse Vorbereitungen treffen ... Wer weiß, ob dann nicht bisher nur im verborgenen gehegte Wünsche wahr würden? Er hoffte inständig, der Hinweis sei deutlich genug ausgefallen, um die Angelegenheit (wie er sein Vorhaben sogar vor sich selbst zu umschreiben pflegte) noch während seiner Abwesenheit zum erwarteten Ende zu bringen. Zur Zeit des Geschehens nicht zu Hause zu sein, erschien ihm nicht nur als Gebot der Klugheit, es mochte ihm auch unangemessene Seelenqualen ersparen, falls Heinz' Prognose hinsichtlich der schmerzlosen Wirkung des Giftes sich als falsch erweisen sollte.

So wunderte er sich nicht, als man ihm am dritten Abend seiner viertägigen Reise mitteilte, ein Inspektor Jezzard warte in der Hotelhalle auf ihn. Vorsorglich hatte er den Ausdruck tiefer Erschütterung und leidgeprüften Begreifens einstudiert und sich sogar ein paar passende Worte überlegt. «Mein Gott, Inspektor, ich kann es kaum glauben. Evelyn schien bei bester Gesundheit, als ich losfuhr. Das heißt, wenn ich darüber nachdenke ... Sie hat über Beschwerden geklagt, aber wir hielten das beide für eine Magenverstimmung.»

Er kam nicht dazu, seinen Sermon herzubeten, der Inspektor, ein Mann mit stechendem Blick und scharfgeschnittener Nase, begleitet von einem Sergeant, gab ihm keine Gelegenheit dazu, sondern sagte seinerseits: «Mr. Vance? Ich habe einen Haftbefehl gegen Sie wegen vorsätzlichen Mordes an einer gewissen Thelma Hartley ... Mann, was ist denn mit Ihnen los?»

Aber da war Courtney Vance schon in Ohnmacht gesunken.

Seine Verwirrung war grenzenlos. Wie hatte es dazu kommen können? Zuerst versuchte er, durch ausweichende Antworten Zeit zu gewinnen, um herauszufinden, wieviel der Inspektor eigentlich wüßte und wieso man ausgerechnet ihn im Verdacht hätte, dieses ... nun, man mußte wohl sagen: angebliche Gift angewandt zu haben.

«Lassen wir die Spielchen, Mr. Vance. Sie wissen genau, daß es einer Parfümflasche der Marke *Magical Night* beigemischt war.»

«Ach, und Sie wollen in der Lage gewesen sein, eine solche Beimengung zweifelsfrei nachzuweisen?»

In Inspektor Jezzards Lächeln lag nichts Freundliches. «Wir wissen sogar, woher es stammt. Wir wissen, daß Sie eine kleine Menge hochwirksamen Pflanzengiftes NX im Forschungslabor Ihrer Firma in Ihren Besitz gebracht und später dem Parfüm zugesetzt haben.»

«Das weise ich entschieden zurück, und ich frage noch einmal: Waren Sie in der Lage, ein solches Gift im Parfümfläschchen nachzuweisen?» Keine Antwort. Also hatte Heinz recht gehabt, das Gift war spurenlos. «Wenn nicht, woher wollen Sie dann wissen, daß es beigemengt war?»

«Ganz einfach, durch praktischen Nachweis. Wir haben Mäusen und Ratten ein paar Tropfen ins Futter gemischt, und die Tiere waren innerhalb einer halben Stunde tot. Völlig schmerzlos, soweit ich weiß.»

Das war nun freilich doch ein Schock. Vielleicht hätte er besser daran getan, zur fraglichen Zeit zu Hause zu sein und den Flakon zu verstecken oder den Inhalt wegzukippen?

«Im Verlaufe unserer Recherchen hat Ihr Freund, Mr. Muller, bestätigt, daß die Wirkung exakt der des speziellen Giftes entspricht», fuhr der Inspektor fort. «Dann hat er die Flasche mit dem NX überprüft und, wenn es auch vorher niemandem aufgefallen war, einwandfrei festgestellt, daß der Flüssigkeitspegel niedriger ist, als er sein sollte.»

Wieso haben Sie überhaupt Verdacht geschöpft? hätte Courtney den Inspektor am liebsten angeschrien, aber er sagte nur: «Ich leugne ja nicht, daß ich Evelyn ein Fläschchen *Magical Night* geschenkt habe. Nur, Mrs. Hartley habe ich bestimmt keins gegeben.»

«Wir haben von Anfang an vermutet, daß der Mordanschlag nicht Mrs. Hartley, sondern Ihrer Frau galt.»

«Aber wie konnte das dann passieren ...»

«Es sieht so aus, als habe Ihre Frau angenommen, daß Sie

sich einen Scherz erlauben wollten. Einen grausamen Scherz, um ihre eigenen Worte wiederzugeben. Ihre Frau sagt aus, es habe intime Beziehungen zwischen Ihnen und Mrs. Hartley gegeben. Wir sind bei unseren Untersuchungen bereits auf verschiedene Hotels gestoßen, in denen Sie beide gemeinsam logiert haben. Das Parfüm war zwar für Ihre Frau bestimmt, aber sie hat es Mrs. Hartley gezeigt – übrigens mit der Bemerkung, der Name verspreche mehr, als er gehalten habe, jedenfalls bei ihr. Mrs. Hartley hat gelacht, die Flasche geöffnet, daran geschnuppert und sich dann ein paar Tropfen davon auf die Haut getupft, erst auf die Hand, danach ins Gesicht. Sie ist Minuten später zusammengebrochen und war innerhalb der nächsten Stunde tot.»

Hatte Evelyn Verdacht geschöpft? Ging ihre unheimliche Fähigkeit, sein Tun und Trachten zu durchschauen, etwa so weit, daß sie sogar seine Absicht, ihr etwas anzutun, vorausgeahnt und Thelma absichtlich das Parfümfläschchen in die Hand gedrückt hatte?

«Und was geschah dann?»

«Ihre Frau rief einen Arzt, aber Mrs. Hartley war schon tot, als er eintraf, offensichtlich hatte ihr Herz versagt. Der Arzt hätte eine natürliche Todesursache diagnostiziert, wenn da nicht etwas sehr Merkwürdiges gewesen wäre. Ihrer Frau ist es aufgefallen, und von da an lag auf der Hand, daß irgend etwas nicht stimmte. Wir wurden an den Tatort gerufen und begannen mit unseren Untersuchungen.»

«Ja und?» drängte er. «Was war denn so merkwürdig?»

Der Inspektor gestattete sich wieder ein Lächeln. «Ich nehme an, Mr. Muller hat Ihnen nicht nur von der tödlichen Wirkung, sondern auch von der Heilkraft des NX erzählt?»

«Ja, hat er. Aber was hat das damit zu tun? Was hat Evelyn bemerkt?»

«Mrs. Hartley trug auf einer Seite des Gesichts von Geburt an ein rotes Mal. Sie muß wohl gerade dort ein paar Tropfen auf die Haut getupft haben. Was nun Ihrer Frau auffiel, war die bemerkenswerte Tatsache, daß das Mal kurz nach Gebrauch des Parfüms völlig verschwunden war.»

## GIORGIO SCERBANENCO

# *Eine feine Dame*

«Was ist denn los?» fragte Pippo.

«Ja, warum fahren wir nicht weiter?» sagte der zweite Mann, der neben Pippo auf dem Rücksitz saß. Sein Name war Federico Federzoni, allerdings nur für die Polizei, denn seine Freunde nannten ihn ganz einfach «Gluck», in Anlehnung an Adriano Celentanos beliebtes Schlagerlied «Il Ragazzo della via Gluck». Gluck war immer ein bißchen nervös.

«Die Batterie . . .» sagte der Dritte im Bunde von seinem Platz hinter dem Lenkrad aus. Ihn kannte die Polizei unter dem Namen Ruggero Domaré, zumindest die wenigen Polypen – vier an der Zahl –, die den Mut gehabt hatten, sich ihm entgegenzustellen. Zwei von ihnen hatten im übrigen ihre Kühnheit mit dem Leben bezahlt, mitten in die Brust getroffen von Kugeln aus dem Revolver des Ruggero Domaré, genannt «Schöner Gigolo». Er galt in seinen Kreisen als das Symbol männlicher Schönheit; groß und kräftig von Statur, mit flammendrotem Haar, das er sich neuerdings als Tarnung zugelegt hatte. Solange er auf die Erpressung von Homosexuellen spezialisiert gewesen war, hatte er einen aschblonden Krauskopf gehabt, und später, während der Zeit, als er ständig zwischen Marseille und Genua hin und her pendelte und Jagd machte auf frischen Nachwuchs für den Strich, waren seine Haare kohlrabenschwarz gewesen, und dazu trug er breite, gelockte Koteletten. So wirkte er wie ein frischer Import aus Sizilien, wie die in Seidenpapier eingewickelten Orangen aus Palermo, und nicht nur die Schwedinnen und die Deutschen verfielen ihm serienweise, sondern auch die heimischen Hennen. Und alle nannten sie ihn «Gigolo», denn er war wirklich ein Bild von einem Mann, und sogar bei der Polizei lief er unter diesem Namen. «Verdammte Mistbatterie!» fluchte Gigolo.

«Hier vor diesem Restaurant können wir nicht bleiben, vor allem du nicht mit deinen knallroten Haaren!» Gluck wurde immer nervöser. «Es dauert nicht mehr lange, dann haben wir sämtliche Polypen aus der Poebene am Hals. Fahr los, Gigolo, schlaf doch nicht ein!»

«Wenn die Batterie nicht funktioniert, springt der Motor nicht an», sagte Gigolo.

«Dann steigen wir zwei eben aus und schieben den Wagen an», sagte der praktisch veranlagte Pippo.

Im Rückspiegel beobachtete Gigolo, wie seine beiden Kumpane ausstiegen und die Türen hinter sich zuschlugen. Er sah, wie sie hinter den Wagen traten und anfingen zu schieben. Er legte den Gang ein, und tatsächlich setzte sich der Taunus bald in Bewegung. Er trat aufs Gaspedal, und der Wagen schoß wie ein Pfeil davon. Er sah Pippo und Gluck auf der Straße stehen und ihm nachstarren. Wahrscheinlich glaubten sie, er würde schon anhalten, wenn der Wagen erst in Fahrt gekommen war. Aber Gigolo dachte nicht daran. Er gab weiter Gas, und nach der ersten Kurve in Richtung Cassano d'Adda sah er sie nicht mehr. Genau das war seine Absicht gewesen. Im leuchtenden Sonnenschein dieses Frühlingsnachmittags fuhr er weiter bis kurz vor Cassano d'Adda, wo er in eine schmale Nebenstraße einbog, die mitten ins freie Feld führte. Das dringende Problem, das er jetzt lösen mußte, waren seine feuerroten Haare.

Als Sohn kleiner Bauern auf dem Land aufgewachsen, verfügte er über eine feine Nase, die ihn auch diesmal nicht im Stich ließ. Schon bald kam er zu einem knapp einen Meter breiten Bewässerungskanal zwischen zwei langen Reihen von Maulbeerbäumen. Er blickte sich rasch um. Im weiten Umkreis nichts als Felder, die friedlichen, feuchten Felder der Lombardei, und weit und breit kein Mensch. Es war jetzt halb zwei, und die Leute saßen alle noch beim Essen oder hielten kurze Mittagsrast. Er kniete am Rand des Kanals nieder und tauchte seinen Kopf in das nicht allzu saubere Wasser, das überdies einen nicht eben angenehmen Geruch verbreitete. Das Färbemittel war wasserlöslich; man kennt ja heute diese Mittelchen, die es einem gestatten, dreimal am Tage die Haarfarbe zu wechseln: Blond für den Vormittag, Schwarz für den Nachmittag und Grün für den Abend, wenn einem der Sinn danach steht. Schließlich genügt eine einfache Wäsche, und die Farbe verschwindet wieder. Und während er seine üppige Mähne wusch, die das schmutzige Wasser des Kanals rot färbte, dachte er mit einem hämischen Lachen an die Polizei, die drei Männer in hellen, fast weißen Regenmänteln suchte, zwei von ihnen hellblond und der dritte fuchsrot mit einem Gesicht voller Sommersprossen wie das von Rita Pavone.

Die drei teils blonden, teils auffällig rothaarigen Männer waren in Mailand in das Gebäude der Provinzialverwaltung gegangen, das sich in der Via Vivaio, nicht weit vom Blinden-Institut, befindet. Dort hatten sie im zweiten Stock um eine Unterredung mit Professor Umberto Uberti nachgesucht, dem Leiter der Pharmakologischen Abteilung, Sektion Rauschgifte. Sie hatten sich als Angehörige der Zollkontrolle von Chiasso vorgestellt und sich sogar ausweisen können. Sie hätten den Auftrag, nachzuprüfen, ob die zwei Kilogramm Bolder auch wirklich unversehrt in die Hände des Professors Uberti gelangt seien. Immerhin rangiert Bolder an zweiter Stelle auf der Fitzgeraldschen Skala der Halluzinogene, daher das Interesse des Zolls. In Gegenwart zweier bewaffneter Polizisten sowie des Professors und seiner Sekretärin, der Diplomchemikerin Laura Giovannini, wurde die fünfzehn Zentimeter dicke Stahltür des kleinen Wandsafes geöffnet. Darin befanden sich die zwei Rollen mit insgesamt viertausend Kapseln Bolder, jede mit einem halben Gramm. Also zwei Kilo eines gefährlichen Halluzinogens.

Die drei Männer, zwei Blonde und ein Rothaariger, nahmen die beiden Rollen aus dem Panzerschrank und prüften, ob die Siegel auf den Verschlüssen unbeschädigt waren, was in der Tat der Fall war. Derartige Kontrollen hatten sich als notwendig erwiesen, weil es nicht selten passierte, daß Narkotika, die für die verschiedenen Krankenhäuser bestimmt waren und vom Zoll mit ordnungsgemäßen Begleitpapieren an die Provinzialverwaltung weitergeleitet wurden, unterwegs verlorengingen oder die Hälfte ihres Gewichts einbüßten. Und die drei Männer hatten sich ja als Angehörige des Zolls in Chiasso vorgestellt, die prüfen sollten, ob die Bolder-Lieferung an ihrem Bestimmungsort angekommen war.

Aber als die beiden Rollen aus dem Panzerschrank auf dem Glastisch des kargen Büroraums lagen, zogen die drei Männer – Pippo, Gluck und Gigolo – plötzlich kurze Bleirohre aus den Taschen ihrer weißen Regenmäntel und schlugen gleichzeitig, wie in einem dutzendfach geprobten Ballett, auf die Köpfe der beiden Polizisten, des Professors und der Sekretärin ein. Die Schläge erfolgten so blitzschnell und mit einer so brutalen Grausamkeit, daß die vier unglücklichen Opfer sofort mit übel entstellten Gesichtern zu Boden sanken. Die Sekretärin war auf der Stelle tot; der Professor erlag drei Tage später seinen Verletzungen; einer der Polizisten war auf Lebenszeit entstellt und erblindet, dem anderen mußte eine Silberplatte in den Hinterkopf eingesetzt werden, aber es blieb zweifelhaft, ob er jemals wieder ein körperlich und geistig normaler Mensch werden würde.

Dann nahmen die drei Männer die beiden Rollen und steckten sie in die eigens mitgebrachte Aktentasche. Vor dem Hinausgehen drückten sie auf den Schalter, der draußen vor der Bürotür das rote Licht aufleuchten ließ, so daß für eine Weile nicht einmal der kühnste Amtsdiener einzutreten gewagt hätte. Dann gingen sie, raschen Schrittes, aber leichten Herzens. Warum auch sollten sie Angst haben? Wer hält schon drei Herren an, die in einen Alfa Romeo mit dem Zollstander und dem unübersehbaren Nummernschild der Grenzpolizei einsteigen? Der wachhabende Polizist vor dem Eingang salutierte ehrerbietig.

In einer verlassenen Querstraße des Viale Monza, genau gesagt in der Via Fratelli Bressan, ließen die drei den offensichtlich gestohlenen Alfa stehen, entfernten Stander und Nummernschild und stiegen mit den beiden Rollen in der Aktentasche in den bereitstehenden Taunus. Dann entschwanden sie in Richtung Cassano d'Adda. Fast ein Jahr lang war der Coup auf das sorgfältigste geplant und vorbereitet worden, von einem Meistergehirn, das keiner von ihnen je zu Gesicht bekommen hatte, das sie aber unter dem Allerweltsnamen Mario Rossi kannten. Dieser Unbekannte hatte sie durch Mittelsmänner aus der Ferne dirigiert – wie ein sensibler Meisterregisseur die Darsteller in einem von Shakespeares Bühnenwerken dirigiert. Die weißen Regenmäntel waren Double-face-Modelle, auf einer Seite hell, auf der anderen dunkelgrau. Mit einem Wort, die Polizei würde sich an die Verfolgung von drei Männern in hellen Regenmänteln machen, zwei blond und einer rothaarig, die einen Alfa Romeo fuhren. Statt dessen waren sie weder blond noch rot, sondern ganz gewöhnlich brünett oder kastanienbraun, trugen dunkelgraue Regenmäntel und fuhren in einem Taunus, nicht in einem Alfa.

Gigolo wusch seine Haare, bis das Wasser in dem schmalen Graben sich nicht mehr rot färbte. Dann wusch er sich, angeekelt von dem üblen Gestank des Wassers, das Gesicht, um die Sommersprossen zu beseitigen, die er sich mit dem Fettstift aufgemalt hatte. Er konnte ein Lachen nicht unterdrükken, wenn er daran dachte, daß er in der Schule immer sehr schlechte Noten im Rechnen gehabt hatte, daß ihn diese Tatsache aber nicht an der Lösung eines einfachen Rechenexempels hinderte: Wenn er das ganze Bolder für sich behielte, statt es in elf Teile zu teilen – wie es Mario Rossi, das geheimnisvolle Meistergehirn, vorgesehen hatte –, dann gehörte ihm nicht nur ein Elftel, sondern eben das Ganze. Und aus dieser Überlegung heraus hatte er seine beiden Kumpel, Pippo und Gluck, abgehängt, indem er sie unter einem Vorwand aus dem Wagen gelockt hatte. Und so hatte er sich mit der Aktentasche und ihrem kostbaren Inhalt aus dem Staub gemacht.

Nach beendigter Kopfwäsche erhob er sich, drückte mit beiden Händen das Wasser aus seinem nun nicht mehr roten Haar und fuhr sich dann mit den Händen übers Gesicht, um es abzutrocknen. Und während er sich die Augen rieb, hörte er ein leises, langgezogenes Muhen. Er nahm die Hände vom Gesicht und sah, daß es sich tatsächlich um eine Kuh handelte, die bis auf wenige Meter an ihn herangekommen war. Nun hätte ihn die Kuh nicht weiter beunruhigt, wenn sie nicht in Begleitung eines alten Mannes gewesen wäre, der sie mit einem Stock führte. An den erstaunten Augen des Alten ließ sich unschwer ablesen, daß er gesehen hatte, wie die feuerroten Haare nach der Wäsche plötzlich kastanienbraun geworden waren. Der Mann würde nun zeitlebens sein einmaliges Erlebnis in Cassano d'Adda und Umgebung herumerzählen. Und dann wäre es nur noch eine Frage von wenigen Stunden, bis es auch dem schwerfälligsten und behäbigsten Polizisten aus der Gegend zu Ohren käme, daß ein Mann – so und so aussehend – sich in einem Bewässerungsgraben die roten Haare gewaschen habe, daß diese danach plötzlich braun gewesen seien und daß er einen Wagen dieser oder jener Marke gefahren habe. Denn wenn der Alte auch nur ein einfacher Bauer war, so war ihm doch zuzutrauen, daß er sich mit Automarken auskannte und sich die Nummer des Kennzeichens merken konnte.

«Hallo, Sie da!» rief Gigolo lächelnd dem alten Kuhtreiber zu. Er kehrte sein Gesicht offen der warmen Märzsonne zu, winkte mit dem Arm und schüttelte den Kopf, um auch die letzten Wassertropfen aus dem noch feuchten Haar zu entfernen.

Der Alte kam mit seiner Kuh näher zum Wassergraben, und Gigolo zeigte ihm weiter sein strahlendes Lächeln.

«Wie komme ich von hier am besten nach Cassano?» fragte er. Dann schaute er sich rasch um. Kein Mensch war in der Nähe. Und ohne die Antwort abzuwarten, fuhr er dem Alten mit beiden Händen an die Kehle und riß ihn mit sich zu Boden. Bevor der Alte auch nur den leisesten Laut von sich geben konnte, tauchte er seinen Kopf in das schmutzige Wasser des Grabens und hielt ihn fest, bis der Alte aufhörte zu strampeln. Dann ließ er ihn los, und der Körper sank ganz ins Wasser. Ein paar Minuten lang wartete er noch, um sich zu vergewissern, daß der Alte nie wieder den Mund aufmachen würde. Die Kuh stand neben ihm und betrachtete die Szene, offensichtlich, ohne die Vorgänge zu verstehen, und falls sie sie doch verstanden hatte, zeigte sie sich wenig davon beeindruckt. Er gab ihr einen leichten Klaps auf den Hals und stieg ins Auto ein. Bevor er den Motor anließ, sah er noch einmal auf den Rücksitz: Die Tasche mit dem wertvollen Inhalt war noch da. Er wendete, fuhr zur Hauptstraße zurück und schaltete das Radio an.

Eine zarte Kinderstimme trällerte ein Liedchen, und danach verkündete eine Ansagerin das Ende der Kinderstunde. Gigolo löste eine Hand vom Lenkrad und wischte sich die letzten Wassertropfen vom Gesicht. Das Lied aus der Kinderstunde hatte ihm gefallen. Leise pfiff er die Melodie vor sich hin . . .

Eine Kapsel mit einem halben Gramm Bolder reicht manchmal aus, um zwei Personen auf die «Reise» zu schicken. Man befeuchtet das untere Ende eines Streichholzes und taucht es in die Kapsel, wo sich ein wenig von dem rosafarbenen Pulver an dem feuchten Holz festsetzt. Dann steckt man das Streichholz in den Mund, unter die Zunge. Die Wirkung erfolgt durch Absorption und tritt, wie bei Zyankali, sofort ein. Im Unterschied zum Zyankali, bei dem es heißt: «Zähl bis drei und stirb!», heißt es beim Bolder: «Zähl bis drei, und du entschwebst in die Lüfte.»

Bolder ist ein Halluzinogen, dessen chemische Formel mehrere Druckzeilen einnehmen würde. Seine psychedelische Wirkung hält ungefähr zwei Stunden an. In diesen zwei Stunden fühlt sich ein Mann in jeder Hinsicht zu Wundertaten fähig; er verspürt ein wunderbares Gefühl der Allmacht. Er wähnt sich in einer Breitwand-Welt in Technicolor mit großem Orchester. Physisch fühlt er sich – natürlich nur infolge einer Sinnestäuschung – in der Lage, einen Stier mit bloßer Faust zu Boden zu zwingen. In sexueller Hinsicht fühlt er sich an Kräften einem andalusischen Hahn überlegen – ein andalusischer Hahn ist ja nicht nur wegen seiner Wildheit im Kampf berühmt, sondern auch wegen der stattlichen Anzahl Hennen, die er zu verführen vermag. Bolder verleiht dem Menschen eine ungeahnte Kühnheit, macht ihn kühner und verwegener als Superman und Batman und Marquis de Sade zusammengenommen. Wenn die Wirkung nach etwa zwei Stunden abflaut, folgen ein paar Tage, die der Patient teils in völlig erschöpftem Schlaf oder Halbschlaf, teils mit heftigen Magenkrämpfen im Badezimmer verbringt. Ungeachtet dessen gibt es zahllose Menschen, Männer und Frauen, die der Meinung sind, daß ein «Trip» all die nachfolgenden Unannehmlichkeiten aufwiegt. Medizinische Experten haben nachgewiesen, daß auch der robusteste Körper nach zwei- oder dreijähriger Anwendung dieser Droge endgültig an Herzlähmung zugrunde geht. Aber diese Tatsache ist den meisten Rauschgiftsüchtigen unbekannt, weil solche Leute im allgemeinen überhaupt nichts lesen, und schon gar nicht wissenschaftliche Abhandlungen in toxikologischen Fachzeitschriften. Bolder gehört zu den gefährlichsten, unberechenbarsten Halluzinogenen, auch die Abgebrühtesten unter den Süchtigen schrecken zuweilen vor seiner brutalen Gewaltwirkung zurück. Andererseits ist es vielleicht gerade diese brutale Gewalt, die sofort einsetzende Wirkung dieser Droge, die so viele Menschen in ihren Bann zieht.

Die beiden Rollen mit zusammen viertausend Kapseln Bolder repräsentierten, selbst wenn man sie zu Schleuderpreisen auf den Markt brachte, einen Wert von mindestens achtzig Millionen Lire.

Diese und ähnliche Dinge erläuterten zwei Pressesprecher des Polizeipräsidiums einer Gruppe von mehr als einem Dutzend Journalisten, die anläßlich des Drogenraubs zu einer Pressekonferenz eingeladen worden waren.

«Wie üblich», sagte einer der beiden Beamten zu den Journalisten, «scheinen diese Verbrecher keine sonderlich hohe Meinung von der Polizei zu haben. Die Männer, die im Gebäude der Provinzialverwaltung vier Menschen brutal niedergeschlagen haben, sind weder blond noch rothaarig, noch tragen sie weiße Regenmäntel. Diese Dummköpfe bilden sich ein, daß wir uns auf die Suche nach blonden und roten Männern in hellen Mänteln machen. Aber wir werden unsere Zeit nicht damit verschwenden.» Er sprach sehr energisch und mit einem starken sizilianischen Akzent. «Sie, meine Herren von der Presse, werden diese Verbrecher zur Strecke bringen. Denn wir haben die Fotos von den drei Männern, die den Coup gelandet haben ...»

Zwei Amtsdiener entrollten auf einem großen Tisch drei Fotografien im Riesenformat von 96 × 72 cm. Die Fotos zeigten: 1) Federico Federzoni, genannt Gluck, 2) Giuseppe Pestalozzi, genannt Pippo und 3) Ruggero Domaré, genannt Gigolo.

«Dies sind die drei Männer, die es zu fassen gilt», sagte der Beamte; sein schmaler Schnurrbart zitterte nervös. «Ich werde jedem von Ihnen die Kopien dieser Fotos mitgeben. Veröffentlichen Sie die Bilder und bringen Sie die Sache ganz groß heraus! Vier Menschen sind durch diese Männer ums Leben gekommen oder für immer ruiniert. Aber die Bande hat einen Fehler begangen. Der Mann, der als Organisator hinter der Sache steht, hat sich verraten. Einer der Polizisten, und zwar derjenige, der das Augenlicht verlor, hat ausgesagt, daß er mit einem Bleirohr niedergeschlagen worden sei, mit einem kurzen, schweren Stück Bleirohr. Vor zwei Jahren passierte in Paris folgender Fall: Vier Männer, angeblich Abgesandte einer internationalen Rauschgift-Kontrollstelle, drangen in das Büro der staatlichen Rauschgiftzentrale ein und bemächtigten sich des gesamten Vorrats an Morphium, den sie angeblich überprüfen sollten. Mehrere leitende Angestellte des Büros erlitten bei dieser Aktion schwere, zum Teil tödliche Verletzungen. Die Täter benutzten Bleirohre wie diese hier ...» Er zeigte auf das Foto eines kurzen Bleirohrs. «Die Sache ist äußerst wichtig. Bringen Sie sie unter entsprechend großer Aufmachung! Haben Sie keine Angst, etwa eine Panik in der Öffentlichkeit zu verursachen! Schreiben Sie, daß die drei gefährlichsten Verbrecher Europas sich im Augenblick in dem Dreieck Turin–Mailand–Brescia–Parma–Turin aufhalten. Aus diesem Dreieck gibt es für sie kein Entrinnen. Wir haben bereits mehr als zweihundert Straßensperren errichtet. Dieses Dreieck wird ihnen zur Falle werden. Aber nur mit Ihrer Hilfe, meine Herren von der Presse, können wir schnell zu Ziel gelangen. Veröffentlichen Sie die Fotos! Weisen Sie darauf hin, daß es sich um Leute handelt, die schießen, ohne zu zögern, und daß insgesamt zwei Millionen Lire Belohnung ausgesetzt sind. Machen Sie Schlagzeilen über die ganze Seite, vielleicht fassen wir sie dann schon innerhalb der nächsten vierundzwanzig Stunden.» Sein kleines Hitlerbärtchen hörte auf zu zittern. «Von Ihnen hängt im Augenblick ungeheuer viel ab. Wir von der Polizei können Straßensperren errichten, wir können sie einkreisen, aber es können noch Wochen vergehen, ehe wir sie fassen, und in der Zwischenzeit töten sie noch mehr Leute. Wenn Sie aber die Fotos in Ihren Zeitungen bringen, wenn Sie die Leute auffordern, sie wie wilde Tiere zu jagen, dann dauert es nicht lange, und wir haben sie gefaßt.» Der Beamte nickte kurz mit dem Kopf. «Danke, meine Herren!»

Ein älterer Amtsdiener begann mit der Verteilung der großformatigen Fotos an die Journalisten. Zu den Bildern der drei – Pippo, Gigolo und Gluck – kam noch ein Foto des Bleirohrs sowie ein kurzer Lebenslauf der Verbrecher.

Gigolo stellte seinen Taunus um Mitternacht vor dem Bahnhof in Cremona ab. Dann ging er, die schwarze Tasche mit der Beute unter dem Arm, zum Schalter und löste ein Billett zweiter Klasse nach Mailand. Nach einem genau überlegten

Plan war er bis zu dieser Stunde ziellos in der Gegend umhergefahren.

Sein Problem war zugleich einfach und kompliziert. Einfach deshalb, weil er die Beute nur an einen Mann verkaufen mußte, der ihn in Lugano erwartete. Im Grunde brauchte er also nur nach Lugano zu fahren – ein Kinderspiel. Was die Sache jedoch komplizierte, war die Tatsache, daß eine Menge Leute fest entschlossen waren, ihn daran zu hindern, notfalls sogar, ihn umzulegen, um ihm die Beute abzujagen. Zu dem Personenkreis, der sich gegen seine Absicht, nach Lugano oder sonstwohin zu verschwinden, verschworen hatte, gehörten einmal die annähernd zweitausend Polizisten und Carabinieri mit etwa fünfzig eigens auf die Menschenjagd abgerichteten Hunden. Und zum anderen zählten dazu seine Freunde, seine Kumpel: Pippo, Gluck, der mysteriöse Mario Rossi und ein gutes halbes Dutzend weiterer kleiner Fische der Bande, die ihm seinen üblen Streich nicht verzeihen würden. Diese seine Kollegen waren sicher jetzt schon dabei, die gesamte Poebene zu durchstreifen, um ihn aufzustöbern. Aber sie suchten nach einem schwarzen Taunus, und den hatte er in kluger Voraussicht bereits gegen eine Eisenbahnfahrkarte eingetauscht. Und nun kehrte er mit dem Zug nach Mailand zurück. Auf diesen Trick war er verfallen, als er zum erstenmal die Idee gehabt hatte, sich in den Besitz der ganzen, ungeteilten Beute zu setzen.

Weder die Polizei noch seine ehemaligen Freunde würden ihm die Unverfrorenheit zutrauen, daß er ausgerechnet nach Mailand zurückkehrte, dazu noch in die Via Conservatorio, knapp fünfzig Meter von dem Gebäude der Provinzialverwaltung entfernt, wo sie den Coup gelandet, das Rauschgift gestohlen und vier Menschen tot- oder halb totgeschlagen hatten. Aber in dieser Straße wohnte eine Freundin, von der kein Mensch eine Ahnung und über die er mit niemand gesprochen hatte; nicht zuletzt, weil die Dame immerhin schon zweiundvierzig Jahre alt war und sich nicht einmal sonderlich gut gehalten hatte. Aber zum Ausgleich besaß sie einen nicht unerheblichen Vorzug, nämlich ihr bekanntes

Modegeschäft in der Via Montenapoleone. Wenn immer er in eine momentane Geldverlegenheit geriet und – sagen wir – dringend hunderttausend Lire benötigte, war sie dank ihres gutgehenden Geschäftes in der Lage, ihm mit dem erforderlichen Betrag auszuhelfen. Angesichts dieser Großzügigkeit war Gigolo durchaus bereit, seinerseits über ihre leidigen Hängebacken hinwegzusehen, an denen schon so mancher Schönheitschirurg vergebens seine Kunst versucht hatte. Kein Angehöriger der guten Mailänder Gesellschaft wußte von diesem kuriosen Verhältnis, und aus ebendiesem Grunde hatte er beschlossen, für ein paar Tage bei Cristi Solario unterzutauchen – so hieß die Dame, bei der die Mitglieder der feinen Gesellschaft aus Mailand und Umgebung arbeiten ließen. Wirklich nur für ein paar Tage, um zu sehen, welchen Lauf die Dinge nahmen, und um einen günstigen Zeitpunkt für die Fahrt nach Lugano abzuwarten, wo er die Beute an den Mann bringen wollte.

Und so ließ er also seinen Taunus in Cremona am Bahnhof stehen, vorsichtshalber jedoch in einer kleinen, dunklen Seitenstraße, wo er möglicherweise tagelang unbemerkt bleiben würde. Dann fuhr er mit dem Zug um null Uhr fünfunddreißig, wie er es von Anfang an geplant hatte. Es war ein Personen- und Güterzug, ein regelrechter Bummelzug, und als er schließlich in Mailand ankam, war es kurz vor drei Uhr. Für ihn eigentlich ein idealer Zeitpunkt, denn es war kaum ein Mensch auf dem Bahnhof, und auch die Polizisten pflegten sich um diese nachtschlafende Zeit in der Bahnhofswache aufzuhalten und auf dem Sofa oder in den Sesseln einzunicken. Er hatte eine kleine Handvoll Telefonmünzen in der Tasche – man muß eben für alle Eventualitäten gerüstet sein – und verschwand sofort in der ersten Telefonzelle.

Natürlich kommt um diese Zeit – drei Uhr nachts – nicht die Zofe ans Telefon. Aber schon nach kurzer Zeit – sehr kurz, schien es ihm – meldete Cristi Solario sich. Eigentlich war er ein wenig überrascht, denn sie hatte ihm einmal gesagt, daß sie jeden Abend ein Schlafmittel nehme, wenn sie nicht gerade ihren Liebhaber erwartete. Ihre Stimme war leicht schleppend, wie nach der Einnahme eines Schlafmittels.

«Hallo?»

«Ruggero hier», sagte er. Lange Zeit antwortete sie nicht, bis er schließlich fragte: «Hallo? Hörst du mich?»

«Ja, ich höre.» Ihre Stimme war jetzt schon klarer, seltsam scharf und bebend.

«Cristi», hauchte er mit verliebt schmachtender Stimme in den Apparat und klemmte dabei die Aktentasche fester unter seinen Arm. «Cristi, ich muß dich unbedingt sofort sprechen.»

Wieder ein langes Schweigen, viel zu lang, und wieder fragte er: «Hallo? Hörst du mich noch?»

«Ja, ich höre dich.»

«Entschuldige, Cristi, aber ich muß dich unbedingt sofort sprechen. Ich bin hier am Bahnhof, ich nehme ein Taxi und komme zu dir.»

Wieder Schweigen, etwas kürzer diesmal, dann die Stimme seiner zweiundvierzigjährigen Geliebten: «Ja, ich warte draußen vor der Tür.»

Zehn Minuten später kam er vor dem vornehmen alten Haus in der Via Conservatorio an. Cristi Solario, eine der zwölf großen Damen der Mailänder Haute Couture und eine der einsamsten und daher liebebedürftigsten Frauen der Welt, erwartete ihn vor dem Haus.

Über dem Negligé trug sie einen hellen Fohlenmantel, dessen Farbe genau zu dem Blond ihres Haares paßte. Schon im Fahrstuhl begann Gigolo mit dem Küssen. Er verstand sein Geschäft ausgezeichnet.

Gegen fünf Uhr fühlte er sich müde, und er löschte die Nachttischlampe auf ihrer Seite des Bettes. Aber sie knipste sie sofort wieder an.

«Was ist denn?» fragte er. «Wollen wir nicht schlafen?»

«Nein», sagte sie. «Ich muß dir die Zeitung zeigen.»

«Aber hör mal, wer will denn um diese Zeit lesen?!»

«Ich zum Beispiel. Ich lese zu jeder Tages- und Nachtzeit.

Eine Unmenge von Zeitungen, und ich habe da gerade eine, die dich interessieren wird . . .»

Sie stieg aus dem Bett, völlig nackt. Nicht etwa aus Mangel an Schamgefühl, sondern eher aus Eitelkeit, mochte ihr Gesicht auch das einer alten Frau sein, ihr Körper hatte noch die Form und die Geschmeidigkeit eines jungen Mädchens. Dann verließ sie das Zimmer.

Der Ton ihrer Stimme hatte ihm alle Lust zu schlafen genommen. Abgesehen davon, daß er keine große Vorliebe für Zeitungen und noch weniger für Zeitungsleute hatte, wußte er, daß Cristi eine intelligente Frau war und sie schon einen sehr triftigen Grund haben mußte, wenn sie ihm um fünf Uhr morgens, nach einem Schäferstündchen, bei dem sie sich beide nicht geschont hatten, eine Zeitung zeigen wollte. Nach einer Weile war sie mit der Zeitung wieder zurück, die sie ausgebreitet in der Hand hielt. Es war die Spätausgabe von *La Notte*. Die obere Hälfte der Titelseite nahmen über die gesamte Breite drei Fotos ein: eines zeigte Pippo, das zweite Gluck und das dritte ihn selbst. Die riesige Schlagzeile lief ebenfalls quer über die ganze Seite: «Brutaler Mord bei Drogenraub». Darunter drei Zeilen in Fettdruck, die von den drei gefährlichsten Verbrechern Europas – jawohl Europas, nicht Italiens – sprachen.

«Ich wußte gar nicht, daß du so berühmt bist», sagte sie und warf ihm die Zeitung ins Gesicht. Dann brach sie in Tränen aus. Natürlich hatte sie geahnt, daß er einer der vielen kleinen Ganoven war, die sich von älteren Frauen ihres Schlages aushalten ließen, aber niemals hätte sie gedacht, daß er so tief sinken könnte, obwohl sie sich über ihn keine Illusionen gemacht hatte. Seine Liebe zu ihr ruhte auf einer rein geschäftlichen Basis. Sie wußte, daß sie dafür bezahlen mußte, und sie hatte bezahlt. Aber es gab doch Grenzen.

Ruggero kniete sich aufs Bett und breitete die Zeitung auf dem Laken aus, um zu lesen und sein Foto zu betrachten. «Brutaler Mord bei Drogenraub. Vier Personen bestialisch mit Bleirohren niedergeschlagen. Zwei Kilo Rauschgift gestohlen. Hier die Fotos der drei Täter. Zwei Millionen Lire Belohnung.»

Er las und betrachtete sein Foto: Es war sein wahres Gesicht, ohne Sommersprossen, ohne gefärbtes Haar, wie er leibte und lebte. Die Aufnahme stammte aus Genua, wo ihn die Polizei einmal bei einer Razzia wegen Kaffeeschmuggels festgenommen hatte.

Cristi setzte sich, immer noch weinend, auf den Bettrand und zog das Laken über ihre Blöße.

«Ruggero, verschwinde, Ruggero, schnell . . .» schluchzte sie.

Er warf mit verächtlicher Geste die Zeitung zu Boden.

«Ich? Verschwinden? Kommt gar nicht in Frage! Deine Wohnung ist für mich das beste Versteck, das ich mir denken kann. Nur ein paar Meter entfernt von dem Ort, wo ich das Zeug geholt habe. Hier, von deinem Fenster aus, sieht man bis zur Via Vivaio. Kein Mensch wird mich bei dir suchen! Erst wenn sich die Lage ein bißchen beruhigt hat, verschwinde ich.»

«Nein, Ruggero!» Sie schluchzte noch heftiger. «Du mußt sofort weg! Ich habe die Polizei gerufen. Sie werden gleich da sein.»

Obwohl er sonst nicht schwer von Begriff war, traute er seinen Ohren nicht. Er packte sie am Hals und drückte ihren Kopf ins Kissen.

«Du hast die Polizei gerufen?»

«Ja.»

«Wann?»

«Jetzt eben . . .»

Er drückte sie noch fester ins Kissen. Sie erstickte fast unter seinem Griff.

«Was heißt: jetzt eben?»

«Als ich die Zeitung holen gegangen bin. Vom Wohnzimmer aus habe ich die Polizei angerufen.»

Was sie nicht sagen konnte, weder ihm noch irgendeinem Menschen, was sie auch sich selbst nicht eingestehen mochte, war, daß sie schon gleich nach seinem Anruf vom

Bahnhof aus die Polizei hatte benachrichtigen wollen. Aber so war sie nun einmal; sie war eine Frau, eine schwache Frau, die noch einmal mit ihm zusammensein wollte, bevor sie ihn bei der Polizei anzeigte.

«Das ist dein Tod!» murmelte er, denn im gleichen Augenblick hallte die ganze Gegend wider von dem Heulen zahlloser Polizeisirenen.

Es war sicher ein ganzes Regiment Polizisten, das da anrückte. Ihm kam nicht einmal der Gedanke an einen Fluchtversuch. Er hatte sofort begriffen, daß das ganze Gebiet abgeriegelt war. Er sagte nur noch einmal: «Das ist dein Tod!» Und dann schlossen sich seine zehn Finger unbarmherzig um Cristis Hals.

Unter dem immer stärker werdenden Geheul der Polizeisirenen begann er sich anzukleiden, denn der Gedanke, sich nackt verhaften zu lassen, war ihm unbehaglich.

RUTH RENDELL

# *Ein schlechtes Herz*

Sie waren ziemlich aufdringlich gewesen, und so hatte er denn, als sie ihn zum drittenmal fragten, schließlich angenommen. Ergeben, ja fast fatalistisch hatte er zugesagt, zum Essen zu ihnen zu kommen. Aber als er sich dann auf den Weg machte – weit aus London hinaus –, da dachte er verdrossen, sie hätten eigentlich so viel Takt besitzen können, die Bekanntschaft mit ihm völlig abzubrechen. Kein anderer Angestellter, den er entlassen hatte, war ihm je derartig penetrant auf den Leib gerückt. Gedroht hatte man ihm – das ja, etliche sogar hatten ihm gedroht, und einer hatte sogar versucht, ihn zu erpressen, aber keiner hatte die Unverfrorenheit besessen, ihn zum Essen einzuladen. Das gehörte sich einfach nicht. Ein dezenter Mann hätte das nie getan. Aber Hugo Crouch war eben kein dezenter Mann, und das war es ja – unter anderem – auch gewesen, weshalb er ihn gefeuert hatte.

Er wußte genau, weshalb sie ihn eingeladen hatten. Sie wollten ihn ins Kreuzverhör nehmen. Weil er das ahnte, hatte er ja auch vorgeschlagen, man solle sich – auf seine Kosten – in einem Restaurant treffen. In einem öffentlichen Restaurant konnte man schließlich einen Mann nicht weithin hörbar unter Anklage stellen, dort wäre er ihnen nicht so auf Gedeih und Verderb ausgeliefert gewesen. Aber sie hatten hartnäckig darauf bestanden, daß er zu ihnen hinauskäme, und schließlich hatte er sich darein gefügt. Immerhin war er ein älterer Mann mit einer Herzschwäche, und dann diese fast zwanzig Kilometer von seiner Wohnung bis zu ihrem Haus, im Schneckentempo durch den Nebel und den Nieselregen eines widerlichen Februarabends. Das war einfach unzumutbar, aber er würde ihnen schon zeigen, daß er es schaffte, *ihn* kriegten sie damit nicht klein! O ja, der Präsident der Firma Fraser würde ihnen schon zeigen, daß er sich von einem aufgeblasenen Weltbeglücker wie Hugo Crouch nicht einschüchtern ließ, er würde die Situation meistern, genauso wie er damals mit dem Erpresser fertig geworden war.

Als er die Ausläufer des Waldes erreichte, pladderte der Regen so heftig, daß er die Scheibenwischer auf äußerste Geschwindigkeit schalten mußte. Wieder einmal war er dankbar, daß er sich diesen neuen Wagen mit all seinen aufwendigen Extras angeschafft hatte. Und ganz gewiß hätte die Firma diese Anschaffung nicht verkraftet, wenn er Hugo Crouch auch nur einen Tag länger behalten hätte. Wenn er all den idiotischen Forderungen Hugos nachgegeben hätte, dann säße er heute noch mit dem alten Daimler da; und die Winter-Kreuzfahrt hätte er sich ebensowenig leisten können. Hugo war ihm ein richtiger Dorn im Fleische gewesen mit seinen Extratouren und mit diesem Spleen, in einem Haus mitten im Epping Forest zu wohnen, jawohl, buchstäblich mitten im Wald, völlig isoliert, nicht einmal in Reichweite eines der umliegenden Dörfer. Ein Direktor der Firma Fraser hatte gefälligst erreichbar zu sein. Sich hier draußen zu vergraben, das war doch einfach lächerlich.

Die mächtigen Scheinwerfer des Wagens schnitten einen gewundenen Fahrweg aus dem Dunkel. Die grauen Baumstämme zu beiden Seiten verliehen ihm Ähnlichkeit mit einem düsteren Säulengang. Alle paar Sekunden wurde das Bild durch einen Regenvorhang ausgelöscht, um unter dem Schwung der Scheibenwischer für kurze Augenblicke wieder zu erscheinen. Glücklicherweise war er schon einmal hier gewesen, sonst hätte er leicht die hohe Mauer mit dem hölzernen Tor verfehlen können, hinter der das Crouchsche Haus lag, eine viktorianische Villa mit spitzem Giebel, schmutzfarben, schäbig, in seinen Augen einfach scheußlich. Jeder, der einen Abrißauftrag dafür erteilen würde, erwiese der ganzen Umgebung einen Dienst, dachte er grimmig, als er durch das hölzerne Tor fuhr. Nicht ein einziges Licht war zu sehen. Er erinnerte sich, ihre Wohnzimmer lagen nach hinten hinaus, aber sie hätten ja schließlich zu seiner Orientierung etwas Beleuchtung einschalten können. Ohne seine Scheinwerfer hätte er den Eingang nie gefunden. Er preßte die Schachtel Pfefferminzkonfekt, die er für Elisabeth Crouch mitgebracht hatte, an sich und hastete den überfluteten gepflasterten Weg entlang, daß das Wasser nur so aufspritzte. Von oben plätscherte der Regen aus der schadhaften Dachrinne herab wie aus unzähligen Wasserhähnen. Und die rettende Eingangstür war natürlich – wie konnte es anders sein! – an der entlegensten Seite des Hauses. Schwer zu sagen, wo bei denen hier der Garten endete und der Wald anfing. Irgendeine Begrenzung war jedenfalls nicht zu sehen. Überhaupt gar nichts war zu sehen außer ein paar triefenden Ästen und Zweigen, schwach beleuchtet durch den matten Schimmer, der aus dem Oberlicht über der Haustür fiel.

Er ließ die Glocke anhaltend schrillen, ohne den Finger vom Klingelknopf zu nehmen, einzig in der Hoffnung, daß die Nässe nicht schon durch seinen Mantel in den neuen Maßanzug gedrungen war. Soeben traf ein neuerlicher Sturzbach ihn von oben in den Nacken, so daß er am ganzen Körper schlotterte. Da endlich öffnete sich die Tür.

«Duncan! Sie müssen ja total naß sein! War die Fahrt so schlimm?»

«Kann man wohl sagen», japste er und trat mit eingezogenem Kopf in den rettenden Windfang. «Schauderhafter Abend!»

Er warf ihr förmlich die Konfektschachtel zu und gab ihr die Hand. Dann fiel ihm ein, früher hatten sie sich freundschaftlich auf die Wange geküßt. Nun, er hatte nie etwas dagegen, eine hübsche Frau zu küssen, und ihre Schuld war es ja schließlich nicht gewesen. «Wie geht es Ihnen, Elisabeth?» fragte er, nachdem ihre Wangen sich berührt hatten.

«Danke, gut. Geben Sie mir Ihren Mantel. Ich bringe ihn in die Küche, damit er trocknet. Hugo ist im Wohnzimmer. Sie kennen ja den Weg, nicht wahr?»

Einen endlosen Korridor entlang, wie er sich entsann, der weder ordentlich beleuchtet noch im mindesten geheizt war. Der ganze Kasten hier schrie förmlich nach einer Zentralheizung. Er war inzwischen so bis auf die Knochen durchgefroren, daß er nur sehnsüchtig an seine Wohnung denken konnte, wo die Heizkörper immer so heiß waren, daß man selbst jetzt im Februar die Fenster aufreißen mußte, und wo ihm seine Haushälterin just um diese Zeit eine heiße Pastete servieren würde und danach ein Poulet San Josef. Elisabeth Crouch war, soweit er sich erinnerte, eine ziemlich dürftige Köchin.

An der Wohnzimmertür blieb er stehen und wappnete sich für die Begegnung. Er hatte Hugo Crouch nicht mehr gesehen, seit der Mann erhobenen Hauptes sein Büro verlassen hatte, weil er, Duncan Fraser, Präsident der Firma Fraser, ihm überzeugend dargelegt hatte, daß er in einer anderen Position wahrscheinlich glücklicher wäre.

Also gut, je eher die ersten Worte geschafft waren, desto besser. Sehr wenige Männer in seiner Position würden sich eine solche Sache wohl so zu Herzen nehmen, wie er mit seiner Feinfühligkeit es tat; und sehr wenige wären nach dieser Geschichte überhaupt noch gekommen! Er würde sich freundlich, zwanglos, allenfalls ein wenig väterlich geben. Und vor allem würde er unter keinen Umständen die Rede auf Hugos Entlassung kommen lassen. Durch nichts würde er sich dazu bringen lassen, darüber zu sprechen, wenn er es nicht wollte, und letzten Endes würde wohl die Höflichkeit, die sie ihm als Gastgeber schuldeten, dem einen Riegel vorschieben. Er öffnete die Tür, lächelte heiter und brachte sogar ein fröhliches Augenzwinkern zuwege. «Hallo, hier bin ich also, Hugo. Ich habe es tatsächlich geschafft.»

Crouch trug eine ausgesprochen saure Miene zur Schau,

einen Ausdruck, den Duncan oft auf seinem Gesicht gesehen hatte, wenn er wieder mal Hugos mehr als extravagante Anordnungen oder Forderungen hatte annullieren müssen. Er lächelte nicht. Ernst reichte er Duncan die Hand und fragte ihn, was er zu trinken wünsche.

Duncan blickte sich flüchtig in dem Zimmer um, das sich nicht verändert hatte und immer noch mit den ziemlich scheußlichen viktorianischen Möbeln ausstaffiert war. Wenigstens brannte im Kamin ein mächtiges Holzkohlenfeuer. «Ach ja, einen Drink», seufzte er und rieb sich die Hände. Am liebsten hätte er einen Whisky gehabt, aber darum zu bitten, wagte er nicht, denn der Doktor hatte ihn verboten. «Einen kleinen trockenen Vermouth vielleicht?»

«Ich fürchte, ich habe überhaupt keinen Vermouth im Hause.»

Diese Abfuhr versetzte ihm doch einen leichten Schock, auch wenn sie in beiläufigem Ton gesprochen war und auch wenn er dergleichen eigentlich hätte erwarten müssen. Eine erste Herausforderung? Jedenfalls hatte es ihm einen Stich versetzt. Natürlich, er hatte ja gewußt, daß sie ihm zusetzen würden, aber er hatte nicht damit gerechnet, daß der erste Schlag so prompt erfolgen würde. Also gut, sollte er doch durchblicken lassen, daß er sich eine wohlsortierte Bar nicht mehr leisten konnte, weil er seine Stellung verloren hatte. Er, Duncan, würde sich dadurch nicht aus der Fassung bringen lassen. «Dann einen Sherry, bitte», sagte er. «Haben Sie Sherry?»

«Ja, Sherry haben wir», erwiderte Hugo. «Kommen Sie, setzen Sie sich ans Feuer.»

Als er vor den leise zischenden Buchenscheiten saß und langsam auftaute, beschloß er, die Konversation zunächst auf das Wetter zu beschränken. Es war ja wohl auch das naheliegendste Thema, um das Eis zu brechen, bis Elisabeth erschien. Sie kamen auch ganz wacker damit zurecht, schweiften sogar ab zu Sturmfluten an der Ostküste Englands und zu Autounfällen im Nebel, bis sie schließlich zurückkam und sich neben Duncan setzte.

«Wir haben weiter niemanden eingeladen, Duncan. Wir wollten Sie ganz für uns haben.»

Überflüssige Bemerkung unter diesen Umständen, dachte er. Natürlich hatten sie niemanden weiter eingeladen. Die Gegenwart weiterer Gäste hätte ja ihre Pläne durchkreuzt. Aber vielleicht war sie doch nicht so überflüssig gewesen, sondern so eine Art Eröffnungsschachzug?

«Na wundervoll», erwiderte er.

«Wir haben uns doch eine Menge zu erzählen; da dachte ich, es sei netter so.»

«Viel netter.» Eine Menge zu erzählen? Es gab doch wohl nur eins, was sie damit meinen konnten. Aber sie sollte nur nicht denken – und der stumme Hugo da drüben mit seiner grimmigen Duldermiene ebensowenig –, daß er ihnen auch nur einen Millimeter entgegenkommen würde. Wenn sie partout das bewußte Thema ansteuern wollten, so sollten sie die ganze vorbereitende Wühlarbeit gefälligst allein bewältigen. «Wir unterhielten uns gerade darüber», informierte er sie, «wie tragisch doch all diese Verkehrsunfälle sind. Und ich meine, dem könnte doch auf sehr simple Weise abgeholfen werden.» Er erläuterte diese simple Methode, aber er merkte wohl, daß sie daran nicht besonders interessiert waren, und es überraschte ihn nicht, als Elisabeth sagte:

«Das ist wirklich faszinierend, Duncan, aber sprechen wir doch zunächst einmal von Ihnen. Was haben Sie denn so gemacht in letzter Zeit?»

Das Geschäft unter Kontrolle gebracht, das dein Mann beinahe ruiniert hätte!

«Ach, so dies und jenes», meinte er gedehnt, «nicht viel.»

«Haben Sie in diesem Winter wieder eine Kreuzfahrt unternommen?»

«Äh, ja. Ja, richtig. In die Karibik.»

«Das ist ja nett. Ich glaube, die Abwechslung hat Ihnen gutgetan.»

Sie mußte also herausstreichen, wie sehr er es nötig hätte, daß ihm etwas «guttäte»! Und natürlich war sie nur auf die Kreuzfahrt zu sprechen gekommen, um anzudeuten, daß manche Leute sich so was eben nicht leisten konnten. «Ja, es war eine wunderbare Erholung», erwiderte er aufgeräumt. «Ich kann Ihnen da eine höchst amüsante Geschichte erzählen, die mir auf der Heimfahrt passiert ist.» Er erzählte sie ihnen, aber es klang nicht sonderlich amüsant. Elisabeth lächelte bemüht, Hugo jedoch verzog keine Miene. «Na ja, damals wirkte es komisch», meinte er kleinlaut.

«Wir können in fünf Minuten essen», lenkte Elisabeth ab. «Sagen Sie, Duncan, haben Sie eigentlich dieses Landhaus in Südfrankreich gekauft, auf das Sie damals so versessen waren?»

«O ja, das habe ich gekauft.» Was sah sie ihn so neugierig an, geradezu impertinent? Sie wartete wohl darauf, daß er sich dafür entschuldigte, sein eigenes Geld ausgegeben zu haben!

«Nun hören Sie sich bloß diesen Regen an», sagte er kopfschüttelnd. «Er hat noch kein bißchen nachgelassen!»

Ja, das fanden sie auch. Und dann senkte sich bleiernes Schweigen herab. Er sah es deutlich an den Blicken, die die beiden austauschten – in solchen Dingen konnte man ihm nichts vormachen –, sie hatten begriffen, daß sie bislang nichts erreicht hatten. Ganz schön betreten sahen die beiden aus, dachte er triumphierend. Aber die Frau eröffnete bereits die nächste Runde, und diesmal schon mit härteren Bandagen.

«Stellen Sie sich vor, wen wir letzte Woche getroffen haben, Duncan. John Churchouse!» Der Mann, der vor ein paar Jahren die anfallenden Druckereiaufträge für die Firma Fraser erledigt hatte. Duncan erinnerte sich, er mußte die Aufträge zu der Zeit erhalten haben, nachdem Hugo zum Direktor befördert worden war. Er richtete sich in seinem Sessel auf und trank den Rest seines Sherrys.

«Er erzählte uns, daß er monatelang im Krankenhaus gelegen und sehr viel Aufträge verloren hat. Er tat mir so –»

«Bitte, dürfte ich mir wohl die Hände waschen?» fragte Duncan mit fester Stimme. «Vielleicht sagen Sie mir, wo das Bad ist?»

«Natürlich.» Sie sah enttäuscht aus. Sollte sie nur! «Oben an der Treppe, die Tür genau geradeaus.»

Duncan begab sich also ins Badezimmer. Er durfte sich natürlich nicht einbilden, sich ein für allemal aus der Schlinge gezogen zu haben. Bestimmt würden sie während der Mahlzeit wieder über ihn herfallen. Wahrscheinlich betrachteten sie eine Tafelrunde als den angemessenen Ort für ein Kreuzverhör. Na schön, ihn sollte es nicht anfechten, und bisher hatte er sich ja ganz gut gehalten.

Beide warteten sie am Fuß der Treppe, um ihn ins Eßzimmer zu geleiten, und wieder sah er, wie die Frau ihrem Mann einen Blick zuwarf, der einem Rippenstoß nicht unähnlich war. Hugo kriegte anscheinend kalte Füße. In solchen Fällen waren ja immer die Frauen die treibenden Kräfte! Duncan streifte mit einem flüchtigen Blick den Eßtisch und die Platte mit den Horsd'œuvres. Sardinen, Anchovis und Artischokkenherzen – reichlich unpassend für diese Jahreszeit.

«Was haben Sie sich bloß für Umstände gemacht, Elisabeth», sagte er bewundernd.

Sie sah ihn mit einem betörenden Lächeln an. Er hatte es ganz vergessen, dieses Lächeln, das ihr ganzes Gesicht erhellte und die Augen aufblitzen ließ, irisierend blau wie das Gefieder des Eisvogels. «Die Arbeit, die uns freut, wird zum Ergötzen», zitierte sie.

«Ach, ‹Macbeth›.» Sehr gut, ein ausgezeichnetes Thema, um sie während des Vorgerichts abzulenken! «Wissen Sie noch? Nur ein einziges Mal sind wir drei gemeinsam im Theater gewesen, und es gab ‹Macbeth›.»

«Ich weiß», erwiderte sie. «Brot, Duncan?»

«Ja, bitte. Ich habe übrigens vorige Woche diese großartige ‹Macbeth›-Aufführung einer polnischen Theatergruppe gesehen. Vielleicht waren Sie auch dort?»

«Wir waren in diesem Winter überhaupt nicht im Theater», sagte Hugo kalt. Sie mußte ihm unter dem Tisch einen Fußtritt versetzt haben, um ihm diesen Seitenhieb zu entlokken. Duncan ging nicht darauf ein und verbreitete sich statt dessen über Einzelheiten des polnischen «Macbeth», obwohl ein wachsendes inneres Unbehagen ihm derartig zusetzte, daß er sich plötzlich auf alle möglichen Namen nicht mehr besinnen konnte, weder auf die der Shakespeare-Gestalten noch auf die der Schauspieler.

«Ich wollte, Keith hätte es sehen können», meinte Elisabeth. «Es ist sein Wahlthema fürs Examen.»

Sie wollte ihn also zwingen, nach ihren Söhnen zu fragen, damit sie ihm erzählen konnte, daß sie sie aus diesem unsinnig teuren Internat herausnehmen müßten. Er dachte ja gar nicht daran! Das war vielleicht reichlich unhöflich, aber er würde nicht fragen.

«Sie haben unsere Kinder nie kennengelernt, Duncan?»

«Nein, nie.»

«Sie bekommen nächste Woche Schulferien und kommen nach Hause. Ich bin so froh, daß ihre Ferien mit meinen zusammenfallen.»

«Ihre Ferien?» fragte er mißtrauisch.

«Elisabeth ist wieder Lehrerin geworden.»

«Ach, wirklich?» meinte Duncan. «Nein, danke, ich möchte nichts mehr. Es war köstlich. Kann ich Ihnen helfen? Etwas tragen vielleicht –»

«Bitte bemühen Sie sich nicht. Ich werde schon allein fertig.» Sie sah ziemlich gekränkt aus. «Wenn ihr zwei mich entschuldigen wollt. Ich werde mal nach dem Hauptgericht sehen.»

So blieb er also mit Hugo allein in dem zugigen Eßzimmer zurück. Er schob die Beine seitlich unter dem Tischtuch hervor, um sie möglichst nahe an den elektrischen Ofen mit der einen dürftigen Heizspirale zu bringen. Hugo plagte sich mit dem Korken einer Weinflasche ab. Er fluchte verhalten, weil er es nicht schaffte, ihn herauszuziehen.

«Lassen Sie mich mal versuchen, Hugo.»

«Danke, ich schaff das schon allein, besonders wenn Sie mir nicht so auf die Finger gucken», versetzte Hugo unbeherrscht, um dann völlig zusammenhanglos – aber daran war man bei den beiden ja gewöhnt! – fortzufahren: «Übrigens absolviere ich einen Kursus als Wirtschaftsprüfer.»

«Na ja, als Weinkellner sind Sie ja schon nahezu bilanzsicher, Hugo», witzelte Duncan, «ha, ha, ha!»

Hugo lachte nicht. Er war endlich mit dem Korken fertig geworden. «Ich denke, ich werde es schon schaffen. Mit Zahlen konnte ich ja schon immer ganz gut umgehen.»

«O ja, das konnten Sie allerdings. Mehr als gut sogar.» Das stimmte wirklich. Bloß mit dem Personal war der Mann unglaublich umgegangen, hatte Nachwuchskräften und kleinen Sekretärinnen Flausen in den Kopf gesetzt, die ihrem Stellenwert nicht entsprachen. «Ich bin überzeugt, daß Sie es schaffen.»

Warum kam denn nun die Frau nicht endlich zurück? Es mußten zehn Minuten vergangen sein, seit sie durch diese kilometerlangen Korridore in die Küche entschwunden war. Seine eigene Frau – sie war lange tot – hätte das Hauptgericht servierfertig in Schüsseln warm gestellt, bevor man sich zum Horsd'œuvre niedergesetzt hätte.

«Sie müssen sich qualifizieren, das ist die Hauptsache», fügte er hinzu. In der Ferne hörte er die Räder des Servierwagens herankommen. Eine größere Erleichterung hätten auch die Räder eines nahenden Zuges nicht auslösen können, nachdem man eine Stunde auf dem eisigen Bahnsteig gewartet hatte. Er konnte zwar die Frau nicht besonders leiden, aber alles war besser, als mit Hugo allein zu sein. Warum sollte er eigentlich nicht den Stier bei den Hörnern packen, bevor sie sich an das lächerlich schmächtige Brathähnchen machten, das soeben erschienen war? Er zwang sich also zu einem Lächeln, und dann sagte er: «Ich sage Ihnen, Sie beide sind im wahrsten Sinne des Wortes auf die Füße gefallen. Glauben Sie mir, Hugo, wenn Sie erst ein erfolgreicher Wirtschaftsprüfer geworden sind, dann werden Sie zurückblikken und Gott danken, daß Ihre und Frasers Wege sich getrennt haben.»

So, das war's, damit mußte es genug sein. Sie hatten ihn ihrem Verhör unterzogen, und jetzt sollten sie ihn gefälligst in Ruhe dieses halbzerkochte Zeug essen lassen, das sie ihm da als Abendessen auftischten. Wenigstens würden sie nun wohl von irgend etwas anderem anfangen und nicht länger alles ihm überlassen, nachdem er schon den ganzen Abend die Konversation bestritten hatte. Aber statt einer Unterhaltung herrschte tiefe Stille. Keiner von ihnen wußte irgend etwas zu sagen. Und wie sehr sich Duncan, während er sich mannhaft mit seinem Hühnerflügel abmühte, auch das Hirn nach einem Gesprächsthema zermarterte, ihm fiel partout nichts ein. Ihr Haus, seine Wohnung, die Belegschaft bei Fraser, sein Wagen, die Lebenshaltungskosten, ihr Lehrerinnenjob, Hugos Kursus, die soeben verflossene Weihnachtszeit, der bevorstehende Sommer, alle diese Themen würden doch bloß unausweichlich wieder auf Hugos Entlassung zurückführen. Duncan erkannte mit verzweifelter Wut, daß überhaupt *alle* Themen der Welt darauf zurückführen würden, denn er war nun mal er und sie waren sie und die Entlassung stand bei diesem trübsinnigen Gastmahl zwischen ihnen wie ein unbezwingbares Schreckgespenst. Von Zeit zu Zeit hob er den Blick von seinem Teller in der Hoffnung, sie werde sein vielgerühmtes Lächeln erwidern, jenes Lächeln, das durch übermäßige Abnutzung steif und grau geworden war. Aber jedesmal, wenn er sie anschaute, fixierte sie ihn stumm und mit angespannten Gesichtszügen, sehr nüchtern, fast verbissen. Ihre Augen hatten das Eisvogelblau verloren; sie waren verhangen und dunkel wie Rauchglas.

Sie hatten also immer noch nicht genug, sie und ihr mürrischer, saftloser Ehemann! Sie wollten ihn wohl am Boden kriechen sehen. Nicht genug damit, daß er Hugos Entlassung mit offener Freimütigkeit erwähnt hatte, sie erwarteten anscheinend eine Erklärung, eine Entschuldigung. Gut, sie sollten ihre Erklärung haben. Es gab anscheinend keinen Ausweg. Sorgfältig legte er Messer und Gabel nebeneinander auf den leergegessenen Teller. Bestimmt, aber höflich lehnte er ab, als die Gastgeberin ihm nochmals anbot. Er holte tief Atem, so wie er es oft zu Beginn einer Vorstandssitzung tat und wie er es fast immer hatte tun müssen bei jenen Direktionsversammlungen, auf denen Hugo Crouch so hartnäckig und borniert auf Gehaltserhöhungen für die Angestellten bestanden hatte.

«Meine liebe Elisabeth», begann er, «mein lieber Hugo. Ich weiß sehr wohl, weshalb Sie mich heute abend eingeladen haben und auf was Sie beide dauernd anspielen, seit ich das Haus betreten habe. Und weil ich Ihre sehr liebenswürdige Gesellschaft lieber ohne weitere Peinlichkeiten genießen möchte, will ich hier und jetzt das tun, was Sie anscheinend von mir erwarten, nämlich Ihnen erklären, wie es dazu kam, daß ich Hugo zu bedenken gab, ob er sich nicht auf einem anderen Posten wohler fühlen würde als in der Firma Fraser.»

Elisabeth sagte: «Aber Duncan, hören Sie –»

«Sie können Ihre Einwände später vorbringen, Elisabeth. Vielleicht überrascht es Sie, wenn ich sage, daß ich alles, was geschehen ist, einzig und allein *mir selbst* vorwerfen muß. Ja, ich gestehe es, alles war *meine* Schuld.» Er hob eine Hand, um Hugo zum Schweigen zu bringen. «Nein, Hugo, lassen Sie mich ausreden. Wie ich schon sagte, es war meine Schuld. Mir ist eine Fehleinschätzung unterlaufen. O ja, so war es. Ich hätte, als ich Sie beförderte, einfach sehen müssen, daß Sie den Posten nicht ausfüllen würden. Ich muß mir selber den Vorwurf machen, Ihre – nun ja, Ihre Grenzen nicht erkannt zu haben.»

Sie waren stumm. Und sie blickten weder ihn noch einander an.

«Wir Männer in verantwortungsvoller Stellung», fuhr er fort, «wir müssen es uns auch ankreiden lassen, wenn die Leute, die wir einstellen, nicht die Kapazitäten entwickeln, die wir in ihnen vermutet haben. *Wir* sind es dann, denen es an Voraussicht fehlte, das ist alles. *Ich* trage die ganze Verantwortung auf meinen Schultern. Könnten wir es damit nun bewenden lassen? Vergeben und vergessen?»

Er hatte selten derartig verlegene und beschämte Gesichter gesehen – ein Zeichen mehr, wie wenig die beiden ihm gewachsen waren. Seine Erklärung war sicher das letzte gewesen, was sie erwartet hatten, und jede Erwiderung erübrigte sich. Er reichte ihr seinen Teller mit dem kleinen

Grabhügel aus Hühnerknochen und Kartoffelschalen, und als sie ihn nahm, sah er ihr Gesicht in plötzlichem Zorn aufflammen.

Er konnte sich nicht verkneifen, sie zu fragen: «Nun, Elisabeth, haben Sie mir vergeben?»

«Dazu ist es jetzt zu spät. Aus und vorbei», sagte sie mit sehr kalter Stimme. «Für all so was ist es jetzt zu spät.»

«Tut mir leid, wenn ich Ihnen nicht die Erklärung gegeben habe, die Sie erwartet haben. Ich habe Ihnen nur die Wahrheit gesagt.»

Sie erwiderte nichts mehr. Auch Hugo sagte nichts. Und auf einmal fühlte Duncan sich sehr unbehaglich. Ihre verachtungsvollen Gesichter, die Art, wie die beiden innerlich auf Distanz gingen ... das war fast zuviel. Sein Herz begann zu hämmern. Er suggerierte sich, daß ein beschleunigtes Herz gar nichts bedeutete; nicht Herzklopfen war es schließlich, was er fürchten mußte, sondern dieser ganz spezifische Herzschmerz. Ostentativ nahm er eine seiner kleinen weißen Pillen und hoffte, sie würden daran denken, was sie angerichtet hatten.

Als sie auch weiterhin schwiegen, sagte er: «Ich glaube, ich sollte jetzt vielleicht gehen.»

«Sie haben noch keinen Kaffee getrunken», wandte Elisabeth ein.

«Macht nichts, es wäre wohl besser –»

«Bitte bleiben Sie noch zum Kaffee», sagte sie ruhig und ernst. «Ich bestehe darauf», fügte sie hinzu und zwang sich zu einem Lächeln.

Wieder saßen sie im Wohnzimmer, und sie boten ihm Kognak an. Er lehnte ab, weil er noch nach Hause fahren mußte, und je eher er sich auf diesen elenden Heimweg machen konnte, desto erlöster würde er sein. Hugo nahm sich einen großen Kognak und kippte ihn mit einem Schluck in sich hinein, ganz genau so, wie man Kognak niemals trinken sollte, außer man hat einen Schock erlitten oder muß sich für irgend etwas stählen. Elisabeth hatte die Abendzeitung genommen und versuchte gekünstelt, eine Unterhaltung über den Mord in Gang zu bringen, der auf der Titelseite abgehandelt wurde.

«Ich muß wirklich gehen», sagte Duncan.

«Trinken Sie doch noch einen Kaffee, es ist ja noch nicht mal zehn.»

Warum wollten sie partout, daß er bleiben sollte? Oder vielmehr, warum wollte sie es? Hugo griff schon wieder zur Kognakflasche. Duncan sagte sich, daß seine Gegenwart für die beiden bestimmt ebenso ermüdend war wie umgekehrt. Sie hatten doch erreicht, was sie wollten; oder etwa nicht? Er trank seine zweite Tasse Kaffee so schnell, daß er sich den Mund verbrannte. Dann stand er auf.

«Ich hole einen Schirm und begleite Sie nach draußen», erbot sich Hugo.

«Vielen Dank.» Es war überstanden! Jetzt würde er machen, daß er wegkam, und nie im Leben brauchte er ihnen wieder zu begegnen! Plötzlich packte ihn das beklemmende Gefühl, er könne gar nicht schnell genug aus diesem Haus wegkommen. Wirklich, seit er seine kleine Rede gehalten hatte, war die Atmosphäre ganz und gar unerträglich gewesen. «Gute Nacht, Elisabeth», sagte er. Mein Gott, was gab es denn für Platitüden, die nicht allzu absurd klangen? «Danke fürs Essen. Vielleicht treffen wir uns mal wieder.»

«Ach ja. Und ich hoffe, bald, Duncan», erwiderte sie, aber sie reichte ihm nicht ihre Wange zum Kuß. Durch die offene Tür schlug der Regen gegen ihren langen Rock. Sie sah ihm nach, wie er mit Hugo hinausging, und ließ das Licht auf den Weg fallen, bis die beiden um die Ecke des Hauses verschwunden waren.

Er war kaum um die Ecke, da durchfuhr ihn ein heftiger Schock. Seine Scheinwerfer leuchteten schwach, und zwar brannte das Fernlicht, aber mit dem matten Schein des Standlichts.

«Wie ist denn *das* passiert?»

«Ich nehme an, Sie haben das Licht angelassen, um den Weg zur Haustür zu sehen, und dann haben Sie es vergessen.»

«Ich bin ganz sicher, das habe ich *nicht*.»

«Es muß aber so gewesen sein. Halten Sie mal den Schirm, ich versuche mal, ihn anzulassen.» Hugo ließ Duncan auf dem überschwemmten Weg unter dem winzigen Schirm stehen, setzte sich auf den Fahrersitz und steckte den Schlüssel ins Zündschloß. Die Scheinwerfer flammten auf und erloschen dann. Sonst passierte nichts. Es war jetzt stockdunkel. «Nicht der leiseste Funke», seufzte Hugo. «Ihre Batterie ist hin.»

«Das *kann* doch nicht sein!»

«Ich fürchte aber, es ist so. Versuchen Sie es selbst.»

Duncan tat es und wurde bei der Prozedur sehr naß.

«Wir gehen wohl lieber ins Haus zurück. Hier draußen werden wir naß bis auf die Knochen.»

«Was ist denn los?» fragte Elisabeth, die noch immer in der Haustür stand.

«Seine Batterie ist leer. Der Wagen springt nicht an.»

Natürlich konnten sie nichts dafür, aber insgeheim gab Duncan ihnen doch die Schuld. Schließlich war es vor ihrem Haus passiert, nachdem sie ihn zu einem abgefeimten Zweck hier herausgelockt hatten. Es lag ihm auch nicht das mindeste daran, seinen Ärger zu kaschieren.

«Tja, ich fürchte, dann muß ich mir Ihren Wagen ausleihen, Hugo.»

Elisabeth schloß die Tür. «Wir haben keinen Wagen mehr, Duncan. Wir konnten ihn nicht mehr unterhalten. Entweder den Wagen – oder wir hätten die Jungs aus dem Internat nehmen müssen. Also haben wir ihn verkauft.»

«Ich verstehe. Wenn ich dann vielleicht mal Ihr Telefon benützen dürfte, um mir ein Taxi zu bestellen. Ich habe die Nummer eines Taxiunternehmens in der Brieftasche.» Ein Blick in ihr Gesicht sagte ihm, daß auch das nicht möglich sein würde. «Jetzt sagen Sie bloß noch, Sie haben auch das Telefon abgeschafft.» Sollten sie sich zum Teufel scheren, alle beide.

«Natürlich hätten wir es uns auch weiterhin leisten können, bloß wir brauchten es einfach nicht mehr. Es tut mir leid, Duncan, aber ich weiß beim besten Willen nicht, was Sie jetzt tun können. Aber wir könnten uns ja wenigstens drinnen hinsetzen, wo es wärmer ist.»

«Ich will mich nicht hinsetzen.» Duncan brüllte es fast. «Ich muß nach Hause.» Er schüttelte die Hand ab, die sie ihm auf den Arm gelegt hatte, als wollte sie ihn – so kam es ihm vor – mit Gewalt hier festhalten. «Dann muß ich eben bis zum nächsten Haus mit Telefon laufen.»

Hugo öffnete die Tür. Der Regen war mehr eine Wand aus Wasser als eine Folge niederfallender Tropfen. «Bei diesem Wetter?»

«Was soll ich denn sonst tun?» schrie Duncan gereizt.

«Die Nacht über hier bleiben», sagte Elisabeth ruhig. «Ich wüßte wirklich nicht, was Sie anderes tun könnten, als über Nacht hierzubleiben.»

Das Bett war genau das, was man vom Crouchschen Haushalt erwarten konnte – hart, schmal und kalt. Sie hatten ihm eine Wärmflasche hineingelegt, ein Objekt, das er seit Jahrzehnten nicht mehr zu Gesicht bekommen hatte. Und Hugo hatte ihm einen Pyjama geliehen. Während all dieser Vorbereitungen hatte er unentwegt protestiert, er könne nicht bleiben und es müsse doch einen anderen Ausweg geben. Aber am Ende hatte er dann nachgegeben. Nicht daß sie übermäßig gastfreundlich gewesen wären, ihr Verhalten bei der ganzen Angelegenheit war eher . . . ja, wie eigentlich gewesen? Duncan lag in der Dunkelheit, hielt die Wärmflasche zwischen die Knie geklemmt und überlegte, *wie* ihr Verhalten gewesen war. Fatalistisch, ja, das traf es am besten. Sie hatten sich benommen, als sei dies nun eben unvermeidbar. Es gab keinen Fluchtweg für ihn, also mußte er halt bleiben, ob ihnen das nun gefiel oder nicht.

Fluchtweg war natürlich ein lächerliches Wort, aber auf derartige Ausdrücke verfiel man eben, wenn man für eine ganze Nacht in einem Haus in der Falle saß, deren Bewohner alles andere als freundschaftlich, wenn nicht gar feindselig waren. Weshalb war er bloß so ein Idiot gewesen, die Autoscheinwerfer anzulassen? Er *mußte* es ja getan haben, obgleich er sich partout nicht daran erinnern konnte. Aber niemand sonst hätte sie schließlich eingeschaltet – warum auch?

Er wünschte, die beiden würden endlich auch zu Bett gehen. Daß sie es noch nicht getan hatten, sah er an dem Licht, dem rechteckigen Rahmen aus gleißender Helligkeit um seine Schlafzimmertür. Und dann konnte er sie auch reden hören, nicht einzelne Worte, lediglich das Gemurmel ihrer Unterhaltung. Diese spätviktorianischen Häuser waren so jämmerlich gebaut, man hörte jedes Geräusch. Das Trommeln des Regens auf dem Dach klang, als pladdere er auf Pappe statt auf Ziegel. Nein, auf viel Schlaf konnte er nicht hoffen. Wie sollte man schlafen bei all den Geräuschen, bei allem, was ihn bedrückte; die Sorge zum Beispiel, wie er den Wagen wieder flottkriegen und wie er überhaupt morgen ins Büro kommen sollte. Und dann machte es ihn allmählich auch sehr nervös, daß die beiden so endlos aufblieben, besonders weil sie gesagt hatten: «Wenn Sie vielleicht als erster ins Badezimmer gehen wollen, Duncan? Wir kommen dann gleich hinterher!» Gleich hinterher! Das mußte jetzt mehr als eine halbe Stunde her sein. Er drückte auf den Knopf seiner Nachttischlampe und sah, daß es halb zwölf war. Höchste Zeit, daß sie ins Bett kamen, wenn sie morgen früh in ihre Schule und er in seinen Wirtschaftsprüferkursus mußte!

Wieder lag er im Dunkeln, und angesichts des irritierenden Lichtrahmens um die Tür begann er nochmals, über die Scheinwerfergeschichte nachzugrübeln. Natürlich war es schwierig, sich einer Sache ganz sicher zu sein, wenn man so durcheinander war wie er im Moment. Das innere Unbehagen, das sie im Laufe des Abends in ihm ausgelöst hatten, war einfach grauenhaft. Die schlimmsten Momente waren die gewesen, als er mit Hugo allein war, während die Frau dieses uralte Huhn aus ihrem Backofen geangelt hatte, das sie ihnen dann auftischte. Sie hatte eine wahre Ewigkeit gebraucht, dieses Hauptgericht zuzubereiten, wenn man bedachte, was dann schließlich dabei herausgekommen war. Konnte sie womöglich ...? Aber nein, nur eine Verrückte hätte so etwas tun können, und welchen Grund sollte sie auch gehabt haben? Außer ... Wenn man an solch einem gottverlassenen Ort wohnte, und man wollte einen Gast dazu bringen, über Nacht zu bleiben – wenn man jemanden mit aller Gewalt *halten* wollte –, was lag dann näher, als seinen Wagen außer Gefecht zu setzen? Er schauderte, auch wenn er sich sagen mußte, daß solche Hirngespinste absurd waren.

Jetzt kamen sie wenigstens nach oben. Jedes Dielenbrett in diesem Haus knarrte, aber die Treppenstufen spielten geradezu eine Melodie wie eine kaputte alte Violine. Er hörte Hugo etwas murmeln – der Bursche hatte entschieden zuviel Kognak getrunken –, und dann sagte sie: «Laß alles andre mir.»

Wieder durchlief ihn ein Schauer, der nichts mit der Kälte zu tun hatte. Er begriff nicht, warum er plötzlich zitterte. Es war doch eine höchst natürliche Sache, wenn eine Frau so etwas vor dem Zubettgehen sagte? Sie meinte damit lediglich: Du gehst schon ins Bett, ich schließe noch zu und mache das Licht aus. Und doch – der Satz war ihm irgendwie geläufig ... und zwar in einem ganz anderen Zusammenhang. Er wälzte sich auf die andere Seite, fort von dem Licht und hinein in neue Mulden der eiskalten Laken, und überlegte streng, wo er das gehört hatte. Ein Zitat? Jawohl, und zwar aus «Macbeth». Lady Macbeth sagt es, während sie und ihr Mann den Mord an dem alten König aushecken. Und wie war doch gleich der Name des alten Königs? Douglas? Donald?

Jetzt kam einer von ihnen aus dem Badezimmer, und der andere ging hinein. Brauchten die immer solche Ewigkeit, um ins Bett zu kommen? Die Toilettenspülung röhrte, und ein Sturzbach ergoß sich durch die Rohrleitungen, die anscheinend genau unter seinem Bett verliefen. Füße tappten über den Vorplatz, und eine Tür wurde geschlossen. Sie schliefen also in dem Zimmer neben seinem. Er drehte sich um. Wenn doch endlich das verdammte Licht ausgehen würde! Dumm übrigens, daß da kein Schlüssel im Schloß steckte, so daß er die Tür nicht abschließen konnte.

Kaum hatte dieser Gedanke sein Gehirn gestreift, da erschien er ihm auch schon mehr als absurd. Sein Schlafzimmer abschließen – in einem Privathaus? Und wenn nun seine Gastgeberin am Morgen mit einer Tasse Tee erschiene? Sie würde das sehr befremdlich finden. Und es war sehr gut möglich, daß sie kam, nachdem sie ihm schon eine Wärmflasche ins Bett gelegt und ein Glas Wasser auf den Nachttisch gestellt hatte. Er konnte also nicht mal im Traum daran denken, seine Tür abzuschließen. Und warum sollte er auch? Da! Einer von ihnen war schon wieder im Badezimmer!

Plötzlich mußte er an einen der Männer denken, die er entlassen hatte; an den, der ihm gedroht hatte. «Glauben Sie ja nicht», hatte er gesagt, «daß Sie damit ungeschoren davonkommen. Und wenn Sie mir und meinem Haus mit Ihrer üblen Visage auch nur auf einen Kilometer zu nahe kommen, dann wird es Ihnen leid tun ... falls Sie dazu dann noch Zeit haben!» Natürlich war er ungeschoren davongekommen, und nichts hatte ihm leid getan. Andererseits war er auch lieber nicht in der Kilometer-Bannmeile jenes Mannes aufgetaucht ... Jetzt war das Licht endlich erloschen. Schlaf jetzt, ermahnte er sich selbst, entleere deine Gedanken oder denke an etwas Schönes. An den Sommerurlaub in deinem Landhaus zum Beispiel ...

Die Gartenanlagen mit dem Oleander und den Bougainvilleen würden wundervoll sein. Die Sonne würde seine alten Knochen wärmen, wenn er auf der Terrasse säße und durch die Schneise zwischen den Pinien hinabschauen würde auf das blaue Dreieck des Mittelmeeres, leuchtender und sanfter als die Augen einer Frau ... Ach, denk doch nicht an *diese* Frau, vergiß sie! Vielleicht sollte er die Terrasse höher aufschütten und verbreitern lassen und dort den Torso – vermutlich römisch – aufstellen, den er in den Pinienwäldern gefunden hatte? Es würde einen Haufen Geld kosten, aber es war ja *sein* Geld. Warum sollte er denn nicht sein eigenes Geld ausgeben? Er mußte wirklich versuchen, weniger dünnhäutig zu sein, sich weniger anfechten zu lassen von dem absurden sozialen Gewissen, das er aus undefinierbaren Gründen in letzter Zeit entwickelt hatte. Nicht daß er sich dadurch tatsächlich hätte abhalten lassen, sein Geld auszugeben oder sich zu vergnügen, mußte er sich mit einem inneren Schmunzeln eingestehen. Trotzdem, es war einfach lästig, weiter nichts. Er würde also die Terrasse vergrößern und den Salon vielleicht mit einem schwarzen Marmorfußboden auslegen lassen. Frasers Profite schienen in diesem Jahr auf einen neuen Rekord zuzusteuern. Warum sollte eigentlich nicht dieser Bursche, dieser Churchouse, wieder ihre Druckaufträge übernehmen? Wenn der wirklich aus dem letzten Loch pfiff und verzweifelt war, dann würde er zweifellos jede Gelegenheit beim Schopfe fassen und zu einem sehr niedrigen Preis arbeiten ...

Verdammt noch mal, jetzt reichte es aber! Nun redeten die da drüben schon wieder! Er konnte sie durch die Wand flüstern hören, hastig und aufgeregt. Das war vielleicht ein merkwürdiges Paar, diese beiden! Nicht den leisesten Funken Humor. Verbissen ernst, wie Gestalten aus einer Tragödie.

«Die Arbeit, die uns freut, wird zum Ergötzen.» Macbeth hatte das gesagt, Macbeth, der den alten König tötet. Und sie hatte es zu ihm, Duncan, gesagt, als er sich für die Mühe entschuldigte, die er verursachte. Der König hieß übrigens auch Duncan. Natürlich, so hieß er. Er selbst hieß Duncan, und der alte König auch. Und auch er war ja in gewisser Hinsicht ein alter König, der Monarch des Fraser-Imperiums. Tuschel, tuschel, wisperten die Wände.

Er setzte sich auf und machte das Licht an. So fühlte er sich besser. Also, er war aber doch sicher, daß er die Autoscheinwerfer nicht angelassen hatte! «Laß alles andere mir ...» Warum hatte sie gerade *das* gesagt? Warum nicht, wie jeder andere es getan hätte: «Ich kümmere mich schon um alles.» Macbeth und seine Frau hatten dem alten König in ihrem Haus Gastfreundschaft erwiesen und ihn dann in seinem Bett ermordet, obgleich er ihnen nichts Böses getan hatte, nichts, außer daß er der König war. Es bestand da doch wohl keine Parallele, oder? Denn er, Duncan Fraser, hatte sehr wohl etwas getan, etwas, das Rache herausfordern konnte.

Er hatte Hugo Crouch gefeuert und ihn um seinen Lebensunterhalt gebracht. Nein, eine Parallele war es nicht ...

Er knipste das Licht wieder aus, seufzte und legte sich erneut hin. Die beiden flüsterten immer noch. Er hörte die Dielen knacken, als einer von den beiden aus dem Schlafzimmer ging. Nein, es war keine Parallele, es war schlimmer. Warum hatte er das nicht früher gesehen? Lady Macbeth und ihr Gatte hatten keinen Grund – nicht den geringsten ... Der Schweiß brach ihm aus der Stirn, und er langte nach dem Glas Wasser. Aber dann trank er doch nicht. Es war natürlich idiotisch, es nicht zu tun, aber ... Der Morgen würde ja bald kommen. «Oh, nie soll die Sonne den Morgen sehen ...» Wo kam das vor? Mußte er sich das noch fragen?

Wer immer von den beiden im Badezimmer gewesen war, jetzt verließ er es und ging zu dem anderen zurück. Aber nur für einen Moment. Wieder hörte er die Dielen ächzen, wieder rumorte dort jemand auf dem dunklen Vorplatz herum. Dunkel, jawohl, stockdunkel, denn diesmal hatten sie das Licht nicht angemacht. Und jetzt fühlte Duncan den ersten Schwall richtiger Angst, wie er ihn nicht mehr erlebt hatte, seit er als kleiner Junge einmal im Hause seiner Eltern im Kinderzimmerschrank eingeschlossen gewesen war. Er *durfte* keine Angst haben, befahl er sich selbst, er mußte an sein Herz denken! Warum sollten sie auf Rache sinnen? Er hatte ihnen doch alles erklärt. Er hatte ihnen die volle Wahrheit gesagt und die ganze Last der Verantwortung auf seine Schultern genommen.

Das Zimmer war so dunkel, daß er nicht sehen konnte, wie sich der Türgriff bewegte. Aber hören tat er es. Es quietschte kaum hörbar. Sein Herz begann schwer und dumpf zu pochen. Er krümmte seinen Körper zusammen und drängte sich rückwärts gegen die Wand. Wer immer es war, jemand war in sein Zimmer gekommen! Seine – oder ihre? – Umrisse hoben sich rabenschwarz gegen die Dunkelheit ab.

«Was ... Wer ...» stammelte er mit trockener Kehle.

Der Schatten löste sich auf, glitt davon, und die Tür wurde sachte geschlossen. Sie wollten sehen, ob er schliefe. Sie wollten ihn im Schlaf umbringen! Er setzte sich auf, machte die Lampe an und verbarg sein Gesicht in den Händen. «Oh, nie soll die Sonne den Morgen sehen!» Sämtliche Möbel würde er vor die Tür schieben, diese Kommode da, sein Bett, den Sessel. Seine Kehle war ausgedörrt, er griff wieder nach dem Wasserglas und nahm einen tiefen Zug. Es war eiskalt.

Sie flüsterten nicht mehr; sie warteten schweigend. Er stand auf und hängte sich seinen Mantel über. In der bitteren Kälte fing er an, die Möbel von den Wänden zu rücken. Er versuchte, das eiserne Bettgestell anzuheben, das sich so schmal und klein anfühlte, wenn man darin lag, und das doch so unheimlich schwer war.

Nach dem zweiten vergeblichen Versuch richtete er sich auf, und da fühlte er es – den Schmerz in der Brust, den linken Arm hinunter, wie eine Zwinge, die zusammengeschraubt und zugleich glühend heiß wurde. Mit rotglühenden Eisenfingern packte sie seinen Körper und preßte seine Rippen zusammen. Der Schweiß rann ihm am Körper entlang, als sei die Temperatur im Raum plötzlich ins Ungeheure gestiegen. O Gott, o Gott, das Wasser, das er getrunken hatte! Sie mußten ihm einen Arzt holen, sie *mußten* einfach, sie konnten doch nicht so erbarmungslos sein. Er war alt und müde, und sein Herz war schlecht!

Er zerrte den Mantel über dem Schmerz zusammen und stolperte hinaus in den dunklen Flur. Ihre Tür – wo war ihre Tür? Er fand sie, indem er an der Wand entlangtastete, kratzend wie ein gefangenes Tier, und als er sie gefunden hatte, stieß er sie auf, stand schwankend auf der Schwelle und hielt den Schmerz mit beiden Händen umklammert.

Sie saßen aufrecht im Bett, mit dem Rücken gegen ihn. Ja, sie lagen nicht im Bett, sie saßen aufrecht da, ihre Silhouetten hoben sich gegen den schwachen Lichtschein ihrer Nachtlampen ab.

«Oh, bitte», stöhnte er, «bitte helfen Sie mir! Töten Sie mich nicht! Ich flehe Sie an, töten Sie mich nicht. Auf den Knien flehe ich Sie an, vergeben Sie mir. Ich weiß, es war falsch, was ich getan habe. Ich habe etwas Furchtbares getan.

Nein, es war keine Fehleinschätzung, ich habe Hugo gefeuert, weil er zuviel für die Belegschaft wollte. Er wollte mehr Geld für jeden einzelnen von ihnen, und ich wollte das nicht zulassen. Ich wollte meinen neuen Wagen und meine Urlaubsreisen. Ich mußte meine Ferienvilla haben, mein schönes Landhaus, meinen schönen Garten. O Gott, ich weiß, ich war habgierig, und diese Schuld lastet mir seit Monaten Tag für Tag auf dem Gewissen. Ja, die ganze Schuld . . .»

Sie wandten sich ihm zu, zwei weiße Gesichter, unversöhnlich und gnadenlos. Decken und Laken flogen zur Seite, und sie kletterten aus dem Bett. «Habt Mitleid mit mir!» schrie er. «Tötet mich nicht! Ich gebe euch alles, was ich habe, ich gebe euch eine Million . . .»

Sie packten ihn mit ihren Händen, aber es war zu spät. Sie hatte ihm ja gesagt, es sei zu spät . . .

«In unserem Haus!» sagte sie.

«Nicht doch», erwiderte Hugo. «Das sind die Worte von Lady Macbeth. Was heißt das schon, ob es nun in unserem Haus passiert oder nicht?»

«Ich wollte, ich hätte ihn nie eingeladen.»

«Ja, das war deine Idee. Du hast gesagt, wir wollen ihn einladen, weil er Witwer ist, weil er einsam ist. Mir lag nichts an ihm. Es war doch gräßlich, wie er dauernd darauf bestand, über meine Entlassung zu reden, während wir uns abmühten, das Thema um jeden Preis zu vermeiden. Ich hatte wirklich die Nase voll, als er dann auch noch über Nacht hierbleiben mußte.»

«Was machen wir denn jetzt?» wollte Elisabeth wissen.

«Die Polizei holen, denke ich, oder einen Arzt. Es hat aufgehört zu regnen. Ich werde mich anziehen und losgehen.»

«Aber dir geht es doch nicht gut. Du hast dich die ganze Nacht übergeben.»

«Ich bin wieder ganz okay. Ich hab einfach zuviel Kognak getrunken. War ja auch ein einziger Streß, der ganze Abend.

Gott, was für eine Einladung! Keiner wußte mehr, worüber er noch reden könnte! Als du vorhin in seinem Zimmer warst, da war er doch noch ganz in Ordnung, oder?»

«Er schlief halbwegs. Das glaube ich jedenfalls. Ich wollte mich entschuldigen für die Unruhe, die du veranstaltet hast, aber er schien so halb und halb zu schlafen. Hast du irgendwas mitgekriegt von dem, was er sagen wollte, als er hier hereinkam? Ich nicht.»

«Nein, das war ein einziges Lallen. Wir hätten nicht das geringste mehr für ihn tun können, Liebling. Wir haben ja noch versucht, ihn aufzufangen, ehe er umfiel.»

«Ich weiß.»

«Er hatte eben ein schlechtes Herz.»

«In mehr als einer Beziehung, der arme alte Mann», sagte Elisabeth, und sie breitete eine Wolldecke über Duncan, obwohl er weit davon entfernt war, Wärme, Kälte, Schuld, Angst oder sonst irgend etwas zu fühlen.

HENRY SLESAR

# *Das Violinsolo*

Baumgarden und der Maestro waren schon lange befreundet gewesen, ehe sie sich zum ersten Mal auf einer Konzertbühne Stuhl zu Podium gegenübersaßen. Jan Clausing war ein energiegeladener Mann in den Dreißigern gewesen, als sie sich im Jahre 1917 in den Probesälen der Wiener Oper kennengelernt hatten – er hatte seinerzeit noch das Fagott gespielt, während Baumgarden Geiger gewesen und auch geblieben war. Clausing dagegen hatte später sein Instrument aufgegeben, um Kompositionslehre zu studieren. Danach hatte er eine steile musikalische Karriere gemacht, wohingegen sich Baumgarden mit den gemäßigten Klimazonen der Mediokrität zufriedengegeben hatte. Heute nun war Clausing der große Maestro, war er der Dirigent, der dreißig Jahre am Pult hinter sich hatte, und vor ihm, im gesichtslosen Heer der Streicher, saß Carl Baumgarden.

Beide waren sie alte Männer – Baumgarden hatte 67, der Meister 74 Jahre auf dem Buckel. Während sich aber Baumgarden schon längst zu den Ermüdungserscheinungen seines Alters bekannte, verleugnete der Dirigent sie mit wilder Entschlossenheit. Immer wieder hatten die Direktoren des Städtischen Symphonieorchesters die Möglichkeit eines Rückzuges in den Ruhestand angedeutet, aber der greise Clausing, seine Mähne wie ein gealterter Löwe schüttelnd, hatte auf Ansinnen dieser Art stets nur mit Empörung und Wut reagiert. Und dies, obwohl inzwischen nur zu vieles für einen solchen Schritt sprach, war doch das Orchester, das einmal über eine kraftvolle und schöne Stimme verfügt hatte, heute recht lahm, holprig und desorganisiert. Selbst Baumgarden dort unten im anonymen Lager der Streicher war das nicht verborgen geblieben, aber er hatte gute Gründe, warum er sich niemals kritisch über die nachlassenden Fähigkeiten des Dirigenten ausließ.

Baumgardens Frau wußte von alledem nichts – bis zu jenem Tag, an dem er mit hängendem Kopf von der Nachmittagsprobe nach Hause kam. Sie umflatterte ihn wie eine aufgeregte Gans und fragte, ob er krank sei. Er schüttelte sie müde ab und setzte sich an den Küchentisch.

«Ich bin nicht krank», sagte er ruhig. «Nicht so, wie du denkst, Rahel.»

«Aber was ist es denn? Was ist passiert?»

Er hob den Geigenkasten auf seine Knie und strich mit der Hand gedankenverloren über die rauhe Oberfläche. «Was geschehen ist, mußte einfach mal geschehen», sagte er ergeben. «Seit einem Jahr schon beklagen sich die Direktoren über das Orchester, und wer könnte ihnen das verdenken? Wegen dem Maestro können sie nichts unternehmen. Deshalb meinen sie jetzt, es seien vielleicht die Musiker und daß es an der Zeit sein könnte, einmal nachzuschauen, wo sich die schlechten versteckt haben.»

«Was soll das bedeuten?» fragte Rahel ängstlich. «Sie wollen dir doch nicht etwa kündigen, Carl?»

«Noch nicht, noch nicht», seufzte Baumgarden. «Aber es läuft darauf hinaus. Sie haben dem Maestro gesagt, er solle jedes Mitglied des Orchesters einzeln vorspielen lassen, morgen früh geht's los, die Streicher stehen zuoberst auf der Liste. Morgen muß ich Clausing vorspielen.» Er hob die Hände. «Das wär's dann», sagte er ausdruckslos. «Nach so vielen Jahren aus und vorbei.»

«Wieso aus und vorbei? Warum? Bist du etwa nicht so gut wie all die anderen? Vielleicht sogar besser?»

«Rahel», sagte er traurig, «mit wem redest du?»

«Mit dir, mit dir! Warum sagst du solche Sachen?»

«Weil ich meine Hände kenne. Ich halte sie immer in den Taschen, damit niemand sieht, wie sie zittern. Wie oft hörst du mich hier zu Hause spielen?»

«Aber warum solltest du hier auch spielen?» sagte sie abwehrend. «Du spielst doch schon den ganzen Tag über genug. Nimmt etwa ein Zahnarzt seinen Bohrer mit nach Hause?»

Baumgardens Hände ruhten jetzt auf dem Geigenkasten, und seine Finger zitterten. Seine Frau wandte sich ab – sie war nicht bereit, der Wahrheit ins Gesicht zu sehen. Dann öffnete er langsam den Kasten und nahm sein Instrument heraus.

«Rahel», sagte er, «ich spiele jetzt ein Solo, ganz allein für dich. Hör zu, ich werde dir zeigen, wie ich im vergangenen Jahr gespielt habe.»

Er legte den Kasten auf den Boden und klemmte die Geige unters Kinn. Die Finger seiner linken Hand schlossen sich mit festem, zärtlichen Griff um den Hals des Instruments, und er setzte den Bogen an, dann führte er ihn ganz sanft über die Saiten, und seine Finger bewegten sich nach dem Muster einer ihm vertrauten Melodie. Der Bogen tanzte, Baumgarden wiegte den Kopf dazu und blickte seelenvoll.

Und dabei blieb alles still.

Baumgarden hörte zu spielen auf und ließ das Instrument sinken. Er blickte Rahel an und wartete.

«Was soll das?» wollte sie verwirrt wissen. «Ich versteh das nicht, Carl. Ich habe nichts gehört, keinen Ton.»

«Keinen Ton», sagte er wehmütig. «Keinen Ton, Rahel. Das ist nun schon seit einem Jahr mein Beitrag zum Städtischen Orchester. Die Mimik, die Bewegungen, sonst nichts. Dreißig Streicher, aber nur neunundzwanzig spielen. Dein Carl, der große Virtuose, tut gar nichts.»

Baumgarden zupfte an seinem Bogen, an den lockeren Saiten seines Instruments. Dann legte er es in den Kasten zurück.

«Aber warum nur, Carl? Warum?» Rahels Augen waren voller Tränen.

«Weil alles, was ich an Können je besessen habe, weg ist. Meine Finger zittern, mein Ton ist flach, ich kann mit meinen schlechten Augen den Partituren kaum noch folgen. Wenn ich richtig gespielt hätte, wären sie schon längst dahinter gekommen, was mit mir los ist. So aber wissen sie von nichts. Bis zum Vorspielen ...»

Rahels Mund bewegte sich, sie suchte nach Worten des Trostes. Aber selbst wenn sie welche gefunden hätte, wären sie kaum eine Hilfe gewesen. Baumgarden stand auf, eher von Kummer gebeugt denn vom Alter, und schlurfte ins Schlafzimmer. Auf dem Küchenherd wurde der Topf mit Hühnersuppe kalt.

Bresack, der erste Geiger, teilte Baumgarden am folgenden Tag den genauen Termin mit. Er sollte sich am Donnerstag morgen um elf Uhr im Büro des Dirigenten in der Stadthalle einfinden und sich für das Vorspielen bereithalten. Baumgarden hörte sich diese Mitteilung mit stoischer Ruhe an und beschloß sodann, sich noch vor diesem Termin mit dem Maestro in Verbindung zu setzen und ihm seinen Rücktritt anzubieten. Aber Clausing war viel zu beschäftigt, um ihn empfangen zu können. Einer nach dem anderen mußten die Musiker des Städtischen Symphonieorchesters angehört und beurteilt werden. Jene, die schon an der Reihe gewesen waren, berichteten, die Sitzungen seien kurz, die Atmosphäre herzlich gewesen. Es machte sich die Überzeugung breit, daß Clausing niemanden entlassen werde, sondern lediglich seine Pflicht erfülle, um die Direktoren zufriedenzustellen. Baumgarden aber kannte den Maestro. Der alte Herr verfügte über ein viel zu hohes Maß an Aufrichtigkeit – ein schlechter Musiker war ein schlechter Musiker, und selbst eine vierzigjährige Freundschaft würde keinen schiefen Ton, keine sinnlose Pause, keinen kratzenden Laut entschuldigen.

Als der Donnerstag heraufzog, erwachte Baumgarden aus

unruhigem Schlaf, nahm seinen Geigenkasten mit ins Bad und gab im Schlafanzug einen Solovortrag – die Saiten ordentlich gespannt und gestimmt. Das Ergebnis war so schlecht, wie er es erwartet hatte, und sein Seufzen ließ den Spiegel über dem Waschbecken beschlagen, der so gnädig seinen schmerzlichen Gesichtsausdruck verhüllte.

Er zog sich an, verschloß sich Rahels Flehen, doch nicht ohne Frühstück aus dem Haus zu gehen, und machte sich auf den Weg zur Stadthalle.

Vor Clausings Büro warteten drei seiner Kollegen. Sie waren alle vor ihm dran, aber die schwere Tür verhinderte, daß etwas von ihrem Spiel zu ihm drang. Als sie wieder herauskamen, schienen sie erleichtert zu sein. Der letzte schlug Baumgarden auf die Schulter und zwinkerte ihm aufmunternd zu. Doch er verstand diese Geste nicht als Ermutigung, sondern als Beileidsbezeigung. Dann war die Reihe an ihm. Er nahm seinen Geigenkasten auf und betrat das Zimmer.

Der Maestro saß an seinem Schreibtisch und kritzelte geschäftig auf ein Blatt Papier, wobei sich seine schlohweiße Mähne auf und ab bewegte. Er bemerkte Baumgardens Anwesenheit erst, als er schließlich aufsah – und da sammelte das alte Gesicht seine Falten zu einem Lächeln.

«Mein lieber Freund», sagte Clausing, «setzen Sie sich, setzen Sie sich nur», und winkte ihn zu dem Holzstuhl, der vor seinem Schreibtisch stand. «Die Sache wird nur einen Augenblick dauern. Spielen Sie etwas von Schumann, ach, spielen Sie irgend etwas, was Sie mögen.»

Baumgarden ließ sich langsam nieder und befreite die Geige aus ihrem Kasten. «Maestro», sagte er und räusperte sich, «es gibt da etwas, was ich erklären muß –»

«Seien Sie ganz unbesorgt, mein Freund, ich kenne Ihre Arbeit», sagte Clausing, lehnte sich zurück und faltete die Hände vor der Brust. «Sie haben nichts zu befürchten, Carl. Spielen Sie so, wie Sie täglich für mich spielen.»

Baumgardens Antwortlächeln war voller Melancholie. «Gut, Maestro, ich werde Ihnen zeigen, wie ich jeden Tag für Sie gespielt habe.»

Er klemmte die Geige unter das Kinn und fuhr mit dem Bogen über die gelockerten Saiten. Seine Finger bewegten sich liebkosend über das Griffbrett, zeichneten das Muster des Concertos mit einer Behendigkeit nach, derer er nicht fähig gewesen wäre, wenn er hörbar gespielt hätte. Der Bogen bewegte sich blitzschnell nach oben und fuhr wieder hinab, stumme Nachahmung virtuosen Spiels. Baumgardens Augen schlossen sich in simulierter Verzückung, sein Fuß pochte den Takt auf dem Boden. Mit einem abschließenden Wirbel unhörbarer Pizzicati beendete er seinen Vortrag und ließ das Instrument sinken. Die Tränen, die sich in seinen Augen gesammelt hatten, rannen nun über seine Wangen hinab, verliehen seinem Schmerz und seiner Demütigung Ausdruck.

«Da, Maestro», sagte er, «jetzt wissen Sie's. So habe ich in Ihrem Orchester gespielt, Abend für Abend.»

Clausing sah ihn an und rieb sich das Kinn.

Dann hob er die Hände und klatschte Beifall.

«Bravo, Carl», sagte er ruhig. «Das ist gut. Sie sind der Könner, der Sie schon immer waren, mein alter Freund.»

Er beugte sich über den Tisch, bedeutete Baumgarden mit einer Handbewegung, daß er entlassen sei, und begann erneut, etwas auf sein Papier zu kritzeln. Baumgarden erhob sich und wartete auf ein weiteres Wort des Meisters, aber es kam keines mehr. «Maestro», sagte er tonlos wie seine Geige, «Maestro, ich verstehe nicht . . .»

Clausing sah auf und zog die Augenbrauen zusammen. «Nun, worauf warten Sie denn noch, Carl? Ich sagte doch schon, daß Ihr Spiel gut ist. Gehen Sie nach Hause und ruhen Sie sich aus. Vergessen Sie die Probe morgen nicht.» Er lächelte wieder. «Grüßen Sie mir Ihre Frau und sagen Sie ihr, sie solle mich doch irgendwann einmal wieder zum Essen einladen. Rahels Hühnersuppe ist ganz einfach unvergleichlich.»

Baumgarden ging wie im Traum zu Tür. Er blickte sich nur ein einziges Mal um und schaute mit ganz anderen Augen auf seinen Freund zurück, der sich dort über den Tisch beugte, mit arthritischen Fingern schrieb, seine schwachen Augen zusammenkniff – entschlossen, trotzig und taub.

RON GOULART

# *Der Sarg wartet schon*

Die Berichte gerieten alle etwas bizarr und übertrieben wegen des Eichenpflocks, den er im Herzen hatte.

Das und die Tatsache, daß man ihn tot in einem Sarg auffand, verführte die Medien dazu, alle möglichen wilden Geschichten über Vampire und Ritualmorde und Familienflüche zu verbreiten. Die zweite Leiche, die in dem mit Krimskrams vollgestopften alten Herrenhaus hinter einem Sofa lag, trug auch nicht gerade zur Förderung rationaler Überlegung bei. Die Polizei selbst machte Anspielungen, daß man es da mit Okkultismus und möglicherweise mit Teufelsverehrung zu tun haben könnte, aber das ist etwas, was die Polizei von Los Angeles immer wieder mal tut. Selbst nachdem der wahre Mörder sich gestellt und ein umfassendes Geständnis abgelegt hatte, wurde die Sache nicht viel klarer. Er war zu dem Zeitpunkt ziemlich verdreht und hatte sowieso nie richtig kapiert, was eigentlich vorging.

Einmal mehr scheine ich so ziemlich der einzige lebende Mensch zu sein, der weiß, was sich an jenem Abend in der unheimlichen alten Villa ereignet haben muß. Wenn ich den Mund aufmachen würde, könnte ich eine ganze Reihe von Unklarheiten beseitigen, aber ich würde mich in eine unangenehme Lage bringen. Besser, ich bewahre Stillschweigen wie immer und lasse einfach Gras darüber wachsen.

Jerry Hoban erzählte mir das erstemal letzte Woche von dem Eichenpflock, als ich ihn ganz zufällig vor einer Pfandleihe mitten im Zentrum von Los Angeles traf. Er stand dicht vor dem staubigen Fenster und schien einen Fernsehapparat zu betrachten, der drinnen stand. Er war ein hochgewachsener Mann von sechsunddreißig Jahren, ein bißchen aufgedunsen, und er trug einen zerknitterten Sommeranzug aus Köper. Es war ein grauer Wintermorgen, die Temperatur nicht weit über Null, und Jerry stand mit hochgezogenen Schultern da, die Hände in den Hosentaschen.

Ich sprudelte selber nicht gerade über vor Frohsinn. Meine Werbeagentur hatte mich in diesen heruntergekommenen Teil der Stadt geschickt, weil ich überprüfen sollte, ob die hiesigen Spirituosengeschäfte die Werbeplakate aufgehängt hatten, die wir für unseren neuen Kunden, eine Winzerei, verteilt hatten. Die ersten drei Händler gestanden, niemals von Bombardier-Weinen gehört zu haben, der vierte Laden war verrammelt, und als ich den fünften erreichte, wurde der zusammengeschossene Eigentümer gerade von den Sanitätern auf einer Bahre weggetragen. Daraufhin beschloß ich, meine Inspektion zu beenden, und machte mich schleunigst auf den Weg zu der relativ sicheren Garage, wo ich den Firmenwagen abgestellt hatte. Und unterwegs stieß ich, wie gesagt, auf Jerry. Er sah sich irgendeine Unterhaltungssendung an und murmelte gerade mit Bogart-Stimme: «Auf dich, Puppe.»

«Jerry?»

Er straffte die Schultern und drehte sich um. «Als Bogart bin ich doch immer noch gut, nicht?» Er streckte mir die Hand hin.

«Einmalig.» Die Hand war feucht und kalt. «Was tun Sie hier in dieser miesen Gegend –?»

«‹Die große Chance› versäum ich nie.»

«Wäre es nicht einfacher, Sie würden sie sich zu Hause ansehen, an Ihrem eigenen Apparat?»

«Das ist mein eigener Apparat, der da im Fenster steht.» Noch als er mit dem Kopf auf den Fernsehapparat wies, erschien im Fenster eine dürre, knorrige Hand und zwängte einen vergoldeten Siegerpokal zwischen eine elektrische Gitarre und einen Rasierapparat in die Auslage. «Was Sie jetzt zu sehen bekommen, ist einer der Preise, die ich während meiner Schulzeit in Sportwettkämpfen gewonnen habe.»

«Immer noch keine Arbeit, hm?»

«Hören Sie, ich will Ihnen und der Agentur weiß Gott keine Vorwürfe machen, daß Sie meine Stimme nicht mehr nehmen.» Sein Blick war schon wieder auf den Bildschirm im Schaufenster gerichtet. «Ich hab 'ne richtige Flaute.»

«Ich habe wirklich versucht, die Leute zu überreden, es noch einmal mit Ihnen zu versuchen», erwiderte ich, und das stimmte auch. «Aber die letzten Rundfunkspots, die Sie für uns gemacht haben – also, wir konnten keinen einzigen davon verwenden. Die Kosten –»

«Natürlich, ich weiß.» Ein schönes rothaariges Mädchen in einem von Pailletten glitzernden Bikini stand neben einem blitzenden Sportwagen auf einer Drehbühne, wo eine dicke Frau ekstatische Freudensprünge vollführte, während der Showmaster strahlend lächelte. «Gott, sie ist wirklich schrecklich hübsch», sagte Jerry in vollendeter Jimmy-Stewart-Imitation. Ich trat näher. «Ach, ist das nicht Frilly? Wann hat sie denn –»

«Vor zwei Monaten. Sie haben sie als neue Assistentin engagiert. Das ist echt ein Sprung nach dem gräßlichen Strumpfhosenspot.» Er wechselte zu James Mason. «Ironie des Schicksals, nicht wahr? Frilly Sancastles Stern geht leuchtend auf, während der Jerry Hobans in die Nacht des Vergessens stürzt.»

«Aber hören Sie, Sie sind immer noch einer der besten Stimmenimitatoren in Hollywood. Sogar Mel Blanc ist der Meinung, daß Sie –»

«Ich bin der Beste überhaupt», korrigierte er mich. «Oder ich war es zumindest. Erinnern Sie sich, wie ich den Marshmallow-Mann sprach? Diese kleinen Zwanzigsekundenspots haben reihenweise Preise gewonnen. Ich war der perfekte Marshmallow-Mann, ich bin richtig in das Marshmallow reingeschlüpft und hab ihm einen vielschichtigen Charakter gegeben.»

«Das ändert leider nichts daran, Jerry, daß von den Hundefutterspots nicht einer zu verwenden war.»

«Natürlich, Sie haben vollkommen recht, es war meine Schuld», gestand er niedergeschlagen, während er zusah, wie die schöne Frilly sich weit hinunterbeugte, um die Kühlerhaube des Gewinnautos zu öffnen.

«Absolut umwerfend, diese Schönheit, mein Junge», erklärte er mit der Stimme von W. C. Fields.

«Sie sind also immer noch mit Frilly zusammen?»

«Na ja, wir leben nicht mehr direkt zusammen . . .»

«Das kann nur gut sein. Sie müssen zugeben –»

«Okay, okay, Frilly und ich haben uns nicht immer vertragen. Aber –»

«Ha, das ist wirklich die Untertreibung des Jahres. Wenn ich nur an die ewigen Streitereien und Auseinandersetzungen zwischen Ihnen denke, an die Kräche in aller Öffentlichkeit, wo einer lauter gebrüllt hat als der andere. Einmal zog Frilly aus, dann zogen Sie aus; einmal kam Frilly zurück, dann kamen wieder Sie zurück. Ich sag's Ihnen, dieser ganze Streß ist schuld daran, daß Sie jetzt so in der Patsche sitzen. Vor zwei Jahren, bevor Frilly auftauchte, haben Sie für die besten Agenturen und Trickfilmstudios in Hollywood gearbeitet und locker Ihre zweihunderttausend im Jahr verdient.»

«Gefällt mir, Kumpel, daß Sie aus Ihrem Herzen keine Mördergrube machen», sagte er mit John-Wayne-Stimme. Er stand wieder mit hochgezogenen Schultern da und betrachtete Frilly, wie sie zwischen den Bergen von Waren herumhüpfte, die in «Die große Chance» an diesem Morgen noch unter die Leute gebracht werden mußten. «Aber im Grunde ist die Situation ganz einfach. Ich liebe sie, und sie liebt mich. Wenn ich erst wieder verdiene, wenn ich wieder auf die Beine komme, werden wir – kennen Sie den Song *My Shoeleather Done Wore So Thin I'm Back on My Feet Again*?»

«Was ist mit Ihrem Onkel? Könnte er Ihnen nicht unter die Arme greifen?»

«Mein Onkel?» Er wandte den Blick von Frilly und funkelte mich ungehalten an. «Sie meinen Hurford Mildrew, den ehemaligen Präsidenten von Mildrew & Askew, der größten Talentagentur in dieser Stadt der Illusionen? Onkel Hurford, der mindestens seine sechsundzwanzigeinhalb Millionen Eier wert ist? Meinen Onkel Hurford, der wie ein Raubritter in seiner verrückten alten Burg in Altadena lebt, die fast überquillt von Erinnerungsstücken aus alten Filmen?»

«Er hat Ihnen doch vor Jahren schon einmal geholfen, als Sie gerade angefangen –»

«‹Einmal› ist das Schlüsselwort.» Jerry schüttelte den Kopf und äffte seinen Onkel nach. «Laß die Finger von diesem berechnenden Frauenzimmer, das es nur auf Geld abgesehen hat, Jerrold, dann können wir vielleicht – ich sage vielleicht – miteinander reden.»

«Könnten Sie sich nicht an den ehemaligen Geschäftspartner Ihres Onkels, Marco Askew, wenden? Hat er nicht immer noch mit der Talentagentur zu tun?»

«Nein, Marco hat vor zwei Jahren aufgehört. Außerdem haßt er Onkel Hurford und mich wie die Pest, soviel ich weiß.» Er runzelte die Stirn, als ein Werbespot für Buds Gefriersalat über den Bildschirm flimmerte. «Beinahe hätten sie mich als Salatstimme für den Spot genommen. Die sind beide völlig bekloppt. Onkel Hurford genauso wie Marco. Kaum hatte mein Onkel sein Haus in ein Museum für alte Filmrequisiten verwandelt, da beschloß Marco ebenfalls, unter die Sammler zu gehen. Es gibt keine zwei Leute, die sich so von Herzen hassen wie zwei rivalisierende Sammler.»

«Trotzdem könnte es –»

«Marco setzt meinem Onkel schon seit Jahren zu, ihm eins der berühmten Requisiten aus *Schloß der Vampire* zu verkaufen.» Jerry schüttelte traurig den Kopf. «Man stelle sich das vor, da streiten sich zwei schwerreiche alte Herren um den Eichenpflock, mit dem Igor Zarb erstochen wurde, als er in diesem vermoderten alten Film den ehrenwerten Grafen Dracula spielte.»

«Ich werd's noch mal bei der Agentur versuchen», versprach ich, während ich mich langsam zurückzog. «Vielleicht kann ich die Leute überreden –»

«Vielleicht brauche ich nach heute nachmittag gar keine Wohltätigkeit mehr», unterbrach er mich hoffnungsvoll. «Ich habe später einen Termin, auf einem ganz neuen Gebiet – Frilly hat es für mich arrangiert. Obwohl wir im Augenblick nicht so unzertrennlich sind, wie wir es früher mal waren, denkt sie immer noch an mich.»

«Na schön, dann Hals- und Beinbruch.» Ich ging den von Sprüngen durchzogenen Bürgersteig hinunter.

Er deklamierte Ronald Colmans Rede auf der Guillotine aus *Zwei Städte* hinter mir her.

Obwohl das geschäftliche Gespräch, das Jerry an diesem Nachmittag führte, nur kurz war, hatte es eine tiefgreifende Wirkung auf sein Leben.

Hugh Gonzer war der Verleger und Chefredakteur des äußerst erfolgreichen und angesehenen Wirtschaftswochenblatts *The Gonzer Report*. Sein Büro befand sich hoch oben in einem Wolkenkratzer aus Glas am Rand von Beverly Hills. Die Empfangssekretärin in dem weißen Vorzimmer war eine hinreißend schöne Chinesin von neunzehn Jahren.

«Er kann Sie in acht Minuten empfangen», sagte sie zu Jerry, nachdem dieser sich vorgestellt hatte, und bedachte ihn mit einem betörenden und beinahe nichtssagenden Lächeln.

«Vielen Dank», erwiderte er automatisch mit der Stimme von Warner Oland als Charlie Chan.

Sie machte sich rasch eine Notiz auf einem Block, riß das Blatt ab und schob es in eine der unteren Schubladen ihres Metallschreibtischs.

Setzt mich wahrscheinlich auf ihre Spießerliste, sagte er sich, während er sich in einem der Sessel aus Chrom und Plexiglas niederließ.

Sämtliche Zeitschriften, die auf den blitzenden Chrom- und Glastischen auslagen, waren den Freuden des Skifahrens, Fliegens und anderer Freizeitbeschäftigungen gewidmet, die er sich längst nicht mehr leisten konnte. Die Hände auf die Knie gestützt, saß er da und starrte auf die winterliche Pracht Hollywoods und seiner Umgebung hinaus.

Auf die Sekunde genau acht Minuten nach seiner Ankunft befand er sich in Gonzers riesigem Büro.

«Sie wollten mich –» begann er.

«Setzen Sie sich.» Gonzer war einundfünfzig, breit und gutaussehend. Er trug einen 900-Dollar-Anzug und war braungebrannt. Auf dem wuchtigen Stahlschreibtisch vor ihm lag nur ein einziger gelber Holzbleistift.

Jerry setzte sich in einen weißen Ledersessel und sagte: «Ich hab an der Universität von Los Angeles Betriebswirtschaft studiert, ehe ich umgesattelt habe und zum Theater gegangen bin. Ich bin sicher, ich kann –»

«Es geht um Zarbs Eichenpflock.»

«Was?»

«Ich will ihn haben.»

Jerry setzte sich auf.

«Den Eichenpflock aus *Schloß der Vampire*? Den mein Onkel Hurford in seinem privaten Horrormuseum hat?»

«Genau den.»

«Aber nach dem, was Frilly mir sagte, dachte ich, Sie wollten mir ein Angebot geschäftlicher –»

«Ich zahle hundertfünfzigtausend Dollar für den Pflock.» Gonzer gab dem Bleistift einen leichten Stoß, so daß er zehn Zentimeter nach links rollte.

«Das ist ein Haufen –»

«Ihnen, Hoban, zahle ich fünfzehntausend, falls es Ihnen gelingt, die Verhandlungen mit Ihrem unmöglichen Onkel erfolgreich abzuschließen.»

Jerry beugte sich vor und starrte Gonzer an. «Sammeln Sie etwa auch dieses alte Filmgelumpe?»

«Sie lesen mein Blatt nicht.» Es war keine Frage. «Sie wissen nicht, daß Nostalgieartikel bald die beste Kapitalanlage sein werden. Besser noch als Geld. In zehn Jahren wird dieser Pflock mindestens dreihunderttausend Dolar wert sein. Aber sagen Sie das nicht Ihrem senilen alten Onkel oder seinem ehemaligen Geschäftspartner, der sich ebenfalls für Zarbs Pflock interessiert.»

«Onkel Hurford ist ziemlich tatterig, das stimmt», sagte Jerry zu dem Finanzgenie an dem Stahlschreibtisch. «Marco Askew hingegen ist immer noch ein großer, kräftiger Bursche. Er ist über eins achtzig groß, hat ein Temperament wie ein Tatar und macht nach wie vor Marathonläufe. Das sind jedesmal fünfundzwanzig Meilen.»

«Sechsundzwanzig. Ich wiederhole noch einmal mein Angebot. Wenn es Ihnen gelingt, Ihren verrückten Onkel zu überreden, mir den Pflock zu verkaufen, bekommen Sie fünfzehntausend. Er bekommt einhundertfünfzigtausend Dollar.»

Fünfzehntausend Dollar waren zwar keine Riesensumme, doch sie würden ausreichen, um Jerry in Zukunft weitere Ausflüge zu den Pfandleihen von Los Angeles zu ersparen.

«Mein Onkel hat leider nicht gerade einen Narren an mir gefressen, aber ich bin überzeugt, ich –»

«Sie können jetzt gehen. Rufen Sie mich unter meiner Privatnummer an, wenn Ihr Onkel bereit ist, das Geschäft zu machen. Miss Sancastle hat die Nummer. Und jetzt auf Wiedersehen.»

Jerry musterte ihn einige Sekunden lang stumm, dann stand er auf und ging aus dem riesigen Raum. Die Vorzimmerdame gab ihm ein letztes blendendes Lächeln mit auf den Weg.

Sie kennen Hurford Mildrews Villa wahrscheinlich aus Zeitschriften; es sind ja überall Berichte über sie erschienen. Man hat ihm und seinen Schätzen vor einigen Monaten sogar sechs Minuten in der Fernsehsendung «Merkwürdig, nicht?» eingeräumt. Nachdem Mildrew als einer von Hollywoods geschäftstüchtigsten Talentagenten ein Vermögen gemacht hatte, widmete er sich fast zwanzig Jahre lang der Sammlung von Requisiten und Kostümen aus Horrorfilmen und machte seine Villa zu seinem privaten Museum. Die Erinnerungsstücke stammten aus allen Epochen der Filmgeschichte, von der Stummfilmzeit bis heute. Irgendwo in diesem nicht katalogisierten Durcheinander befanden sich der schwere Buckel, den Lon Chaney sich als Glöckner von Notre-Dame auf den Rücken geschnallt, das Cape, das Bela Lugosi sich in *Dracula* um die finstere Gestalt geworfen, und drei Alben, in die Boris Karloff seine Pressekritiken eingeklebt hatte. Es waren Rüstungen darunter, Mumiensarkophage, sogar ein mit Seide ausgeschlagener Sarg. Man munkelte, daß der alte Mildrew häufig in diesem Sarg schlief.

Daran dachte Jerry, als er am späten Nachmittag dieses Tages über das schmiedeeiserne Tor in der hohen Mauer des Landsitzes kletterte. Der Tag hatte sich eingetrübt, es lag Regen in der Luft. Jerry eilte den weißen Kiesweg entlang, der sich durch eine dichte Wildnis von Sträuchern und Bäumen zum weitläufigen, im marokkanischen Stil erbauten Herrenhaus seines Onkels schlängelte.

Als er über den von Unkraut überwucherten rotgepflasterten Hof auf die schwere Eichentür des Haupttrakts zulief, öffnete sich diese knarrend, und ein alter Mann in einem Nadelstreifenanzug, der ihm um einiges zu groß war, trat in den Hof.

«Konntest du dich nicht über die Sprechanlage am Tor anmelden, du Trottel? Vierhundertfünfzig im Monat kostet mich die Anlage.»

«Wenn Mrs. Braff im Dienst wäre, würde sie es sowieso nicht hören, weil sie praktisch stocktaub ist, Onkel Hurford», antwortete Jerry, während er näher kam. «Wenn du dich gemeldet hättest – na ja, manchmal bittest du mich nicht herein. Darum bin ich einfach eingebrochen.»

«Und um wieviel willst du deinen armen, schmerzgeplagten Onkel diesmal anhauen, Jerrold?»

«Jetzt genießt du schon seit so vielen Jahren deinen Ruhestand, Onkel, und redest immer noch wie ein Geizkragen aus den vierziger Jahren.» Er pirschte sich näher an den schrumpeligen alten Mann heran. «Sag mal, ich hätte dir gern eine persönliche Frage gestellt.»

«Du erbst keinen Penny von mir.»

«Das weiß ich bereits», erklärte Jerry. «Aber während ich hier durch deinen Park marschiert bin, um dich und deine Sammlung zu besuchen, hab ich überlegt, ob es stimmt, daß du in einem Sarg schläfst.»

Mildrew lachte keckernd. «Warum nicht? Ich bin sowieso fast tot, da kann ich mich auch gleich daran gewöhnen.»

«Na, irgendwie find ich das morbide.»

«Der Sarg wurde 1942 in *Die Braut des Zombie* eingesetzt. Er ist gut um die fünfzigtausend Dollar wert, besonders so fanatischen Sammlern wie Marco Askew, diesem Hund. Möchtest du ihn sehen?»

«Klar.»

«Dann komm durch die Seitentür hier rein und stoß nichts um.» Hurford schlurfte zu einer Terrassentür und zog sie mit beiden Händen auf. «Ich hab nicht vergessen, wie du damals die Urne aus *Ich heiratete eine Leiche* zerbrochen hast.»

«Damals war ich acht Jahre alt, Onkel.» Er folgte dem alten Mann in einen schattendunklen Raum, in dem es nach Moder und stehengelassenem Essen roch. «Du könntest endlich aufhören, mich deswegen – hoppla!»

«Einmal ein Tolpatsch, immer ein Tolpatsch.»

Jerry wäre beinahe auf eine Mumie getreten, die neben der verrosteten oberen Hälfte einer Ritterrüstung auf dem Perserteppich lag.

«Wenn die Sammlung wirklich Millionen wert ist, wie du immer behauptest, könntest du schon ein bißchen mehr Ordnung und System –»

«Ich weiß, wo alles ist.» Sie hatten das Zimmer durchquert und traten in die riesige Vorhalle. «Du warst seit fast drei Monaten nicht mehr hier, um mir was vorzujammern, du Taugenichts. Was ist los? Hat dich diese dumme Ziege mit der roten Perücke wieder mal vor die Tür gesetzt?»

«Frilly hat echtes rotes Haar.»

«An der ist überhaupt nichts echt, außer daß sie eine echt dumme Ziege ist.» Der Alte stieg sehr langsam eine breite Marmortreppe hinauf, wobei er sich auf der einen Seite auf seinen Stock, auf der anderen auf das Geländer stützte. «Die

Namen, die sich diese Gänse heutzutage zulegen. Wirklich zum Lachen! Frilly. Das hört sich an wie eine Nudelsorte. Namen wie Joan, Judy, Loretta – das sind Starnamen.»

«Damals gab es auch noch Stars», erklärte Jerry mit der Stimme von Gloria Swanson.

«Kein – Wunder, daß – du – keine – Arbeit – bekommst.»

«Was ist denn, Onkel Hurford?» Er nahm zwei Stufen auf einmal und blieb neben dem Alten stehen. «Du keuchst ja wie –»

«Ich – bin – alt. Du wirst – auch mal – alt, wenn du nicht – vorher – unter einem Auto – landest, so – ungeschickt – wie – du bist.»

Jerry faßte den dünnen Arm seines Onkels und half dem Alten das letzte Stück nach oben.

«Vielleicht rufe ich am besten deinen Arzt –»

«Auf den Zimperling kann ich verzichten.» Mildrew blieb stehen und holte ein paarmal röchelnd Atem. Dann schüttelte er Jerrys Hand ab und schlurfte zur nächsten Tür. Er schwang seinen Stock und öffnete sie. «Da kannst du dir den Sarg ansehen.»

«Ach, du schläfst jetzt in einem anderen Zimmer?»

«War einfacher, als den Sarg noch eine Treppe höher zu schleppen.»

Das muffig riechende Schlafzimmer war düster, aber Jerry sah den Pflock sofort. Er lag auf einem Tisch mit Klauenfüßen und Marmorplatte dicht bei dem Sarg. Mit scharfer Spitze und durchaus noch gebrauchsfähig. Der Sarg selbst ruhte auf einem Eisengestell. Auf dem geschlossenen unteren Ende stand ein alter Wecker mit vielen Beulen, der noch von Hand aufgezogen werden mußte.

«Na, wie findest du mein Schlafgemach, Jerrold?» erkundigte sich der Alte mit pfeifender Stimme.

«Hinreißend.» Jerry ging zu dem Pflock hinüber, der unter einer verstaubten Glasglocke lag. «Ich wollte eigentlich etwas Wichtiges mit dir besprechen, Onkel Hurford», sagte er im aufrichtigsten Ton, den er zustande brachte.

Später am selben Abend rief Jerry mich an. Vorher hatte er mit Frilly Sancastle telefoniert, das heißt, er hatte zunächst nur ihren neuen Auftragsdienst erwischt und dann in seiner kleinen, nahezu leeren Wohnung in Westwood herumgetrödelt. Siebenundzwanzig Minuten später hatte sie ihn zurückgerufen.

«Wo bist du denn, Frilly?»

«In der Kirchenbibliothek in Santa Monica.»

«Ich höre Eiswürfel in Gläsern klirren.»

«Du warst bei Gonzer, nicht wahr?» fragte Frilly.

«Ja, aber ein Job war da nicht zu holen. Der wollte keinen Stimmenimitator, sondern –»

«Hast du schon mit deinem Onkel gesprochen?»

«Dann weißt du also, daß dieser Irre von mir nur –»

«Und besorgst du ihm das Ding?»

«Nein, fällt mir nicht ein.»

Sie seufzte enttäuscht. «Warum denn nicht?»

«Weil, wie sich herausstellte, der ehemalige Geschäftspartner meines Onkels, Marco Askew, schon seit Jahren hinter dem Pflock her ist. Er will ihn unbedingt für seine Igor-Zarb-Sammlung haben.» Jerry war absolut sicher, im Hintergrund flotte Klaviermusik zu hören. «Und der Alte ist anscheinend etwas sentimental geworden. Er hat jedenfalls nun endlich Marcos Bitten nachgegeben und verkauft ihm das verdammte Ding. Morgen abend. Von meinem Angebot wollte er überhaupt nichts hören.»

«Und wieviel bekommt er dafür?»

«Das hat er mir nicht verraten.»

«Ich frage mich wirklich, warum ich mich überhaupt noch für dich bemühe! Da baue ich dir eine goldene Brücke nach der anderen, und du bist so unfähig wie diese schwachsinnigen Leute in der ‹Großen Chance›, die –»

«Frilly, bitte, ich will mich nicht schon wieder mit dir streiten», sagte er. «Es tut mir in der Seele leid, daß ich Gonzer den Pflock nicht beschaffen kann. Fünfzehntausend Eier wären eine Hilfe –»

«Ich würde dir raten, deinen Onkel zu überreden, Gonzer

den Pflock zu verkaufen, sonst ist es zwischen uns – also, ich hab wirklich keine Lust, mit dir zu reden, wenn du in dieser defätistischen Stimmung bist. Dazu ist mir meine Zeit zu schade.»

Als Jerry mich eine Stunde später anrief, berichtete er mir, was sich seit unserer zufälligen Begegnung vor der Pfandleihe ereignet hatte.

«Sie haben doch immerhin noch gewisse ethische Grundsätze», sagte ich. «Ich würde gern wissen, was Sie von dem Plan halten, den ich mir überlegt habe.»

Ich hörte mir seine Darlegungen an und sagte ihm, er würde höchstwahrscheinlich geschnappt werden und im Knast landen.

«Für Sie wäre es das beste, Frilly zu vergessen», riet ich ihm. «Kehren Sie Los Angeles ein paar Wochen den Rücken. Wenn Sie wiederkommen, kann ich Ihnen vielleicht Arbeit hier bei der –»

«Ich kann sie nicht vergessen», entgegnete er. «Und ich habe nicht die Absicht, diese Gelegenheit auszulassen, auf leichte Art fünfzehntausend Eier zu verdienen. Aber vielen Dank trotzdem. Sie haben mir geholfen, mir über meine Vorstellungen klarzuwerden.»

In Anbetracht von Jerrys besonderer Begabung war sein Plan, wie er sich den Zarb-Pflock aneignen wollte, wahrscheinlich gar nicht schlecht. Nur überschätzte er leider seine Fähigkeiten um einiges und konnte nicht wissen, daß zwischen Marco Askew und Gonzers bildhübscher chinesischer Vorzimmerdame eine besondere Beziehung bestand.

Soweit ich es rekonstruieren kann, hat Jerry folgendes getan: Am späten Nachmittag des nächsten Tages führte er vier Telefongespräche. Er mußte dazu in die Zelle des Drugstores gleich um die Ecke von seiner Wohnung gehen, da sein eigenes Telefon wegen Nichtbezahlung der Rechnung an diesem Morgen gesperrt worden war.

Zuerst rief er Marco Askew, den sportlichen Expartner

seines Onkels, in seinem Haus am Strand von Malibu an. Beinahe makellos imitierte er die Stimme seines Onkels.

«Marco, mein Junge», sagte er, «Es geht mir dreckig.» Er röchelte überzeugend. «Wir müssen unsere Verabredung verschieben. Heute abend um acht kann ich nicht.»

«Aha», knurrte Askew. «Es ist also wahr.»

«Was ist wahr? Ich verreise lediglich ein paar Tage. Meiner Gesundheit zuliebe. Wenn ich wieder da bin, machen wir unser Geschäft. Du kannst dich auf mich verlassen.»

«Ich mich auf dich verlassen? Erst versprichst du mir den Pflock, und dann hintergehst du mich. Und da soll ich mich auf dich verlassen?»

«Marco, du bekommst den Pflock. In spätestens einer Woche gehört er dir, ich meine es ehrlich –»

«Ha!» brüllte Askew und knallte den Hörer auf.

Daß er sich aufregt, hätte ich nicht gedacht, sagte Jerry zu sich. Na, auf jeden Fall wird der gute Marco heute abend bestimmt nicht in der Villa auftauchen.

Als nächstes rief er bei Gonzer im Büro an, wo er zuerst mit der liebreizenden Vorzimmerdame sprach, dann mit Gonzer selbst.

«Es wäre meinem Onkel lieber, wenn Sie den Preis direkt an mich bezahlen», erklärte er mit seiner eigenen Stimme. «Ich vermute, das hat steuerliche Gründe. Sie können die Summe also gleich mir übergeben. Einhundertfünfundsechzigtausend Dollar bar auf die Hand. Ich bringe Ihnen das bewußte Stück morgen vorbei. Und – ach ja, es wäre meinem Onkel angenehm, wenn Sie vorläufig die Transaktion nicht an die große Glocke hängen würden.»

«Ich verstehe. Um zehn dann.»

«Morgens? In Ordnung. Und Sie halten das Geld bereit?»

«Selbstverständlich.»

Die nächsten beiden Anrufe waren für Jerry der Beweis, daß er von seinen Fähigkeiten als Stimmenimitator nichts eingebüßt hatte. Beide galten seinem alten Onkel.

«Hurf, Marco hier», knurrte er. «Wie zum Teufel geht's dir, alter Seeräuber?»

«Ich werd dich noch überleben, mein Junge. Was hast du mir so Dringendes zu sagen? Wir sehen uns doch heute abend sowieso.»

«Das ist genau der springende Punkt. Ich kann heute abend nicht.»

«Wie du willst, mein Freund. Du bist schließlich derjenige, der mir dauernd damit in den Ohren liegt, daß er den Pflock haben will.»

«Es ist was Unvorhergesehenes dazwischengekommen, Hurf», erklärte Jerry mit der Stimme von Marco Askew. «Ich melde mich morgen oder übermorgen wieder. Unsere Vereinbarung gilt auf jeden Fall.»

«Kommt drauf an», erwiderte Mildrew. «Wenn du Glück hast, ist der Preis morgen immer noch fünfzigtausend, wenn du Pech hast, ist er höher. Du wirst es schon merken.» Damit legte er auf.

«Fünfzigtausend?» sagte Jerry zum Telefonhörer.

«Aber das Ding ist doch viel mehr wert.»

Er trat aus der Zelle und schlenderte ein paar Minuten durch den Drugstore. An einem Regal mit Erzeugnissen, für die er in glücklicheren Tagen einmal Reklamesendungen gemacht hatte, blieb er kurz stehen.

Als er wieder in der Zelle war, wählte er noch einmal die Nummer der alten Villa in Altadena.

«Sie kennen mich nicht, Mr. Mildrew», sagte er mit höchst überzeugender Ganovenstimme, «aber ich hab was, was Sie vielleicht interessiert.»

«Das halte ich für höchst zweifelhaft. Sie –»

«Es ist ein Ring.» Alle Sammler sind gleich. Sie mögen eine noch so große Sammlung haben, ein Stück fehlt ihnen immer. Jerry wußte genau, wonach sein Onkel lechzte. «Es ist ein Rubinring mit so 'ner Art Fledermaus drauf.»

Ein erregtes Röcheln kam durch die Leitung.

«Igor Zarbs Vampirring?» fragte der Alte ungläubig. «Aber der wurde doch mit Zarb begraben, als er vor neun Jahren ins Gras biß.»

«Sachen, die begraben werden, kann man wieder ausgraben, Opa.» Hörte sich gut an, so richtig kaltschnäuzig, und er hatte genau den richtigen Ton gefunden. «Na, interessiert Sie das Ding, oder soll ich's bei Marco Askew versuchen?»

Nach ein paar Sekunden Pause sagte der Alte: «Ich würde ihn mir gern ansehen. Kommen Sie bei mir –» «Nix da, kommt nicht in Frage. Wenn Sie das Stück haben wollen, müssen Sie schon zu uns kommen.»

«Ich bin alt und krank. Ich –»

«Heute abend in Fat Furys Café in Venice. Um neun.» «Junger Mann, ich weiß nicht mal, wo –»

«Dann fragen Sie.» Er legte auf und lachte. «Oh, eine gar wundersame Gabe ward dir da geschenkt, mein Freund», sagte er mit der Stimme Barry Fitzgeralds zu sich selbst.

Er wußte, daß sein Onkel auf den Ring genauso verrückt war wie Askew auf den Pflock. Der Alte würde der Verlokkung nicht widerstehen können, ein so seltenes Stück zu ergattern. Er fuhr immer noch selbst Auto, und Jerry war überzeugt, daß er an diesem Abend nach Venice hinausfahren würde. Marco Askew, der glaubte, die Verabredung wäre geplatzt, würde nicht zur Villa kommen, und Mrs. Braff, die Haushälterin, ging nie später als um neun Uhr zu Bett.

Das hieß, die Villa würde an diesem Abend praktisch leer sein.

Mit Einbruch der Dunkelheit hatte es zu regnen angefangen, und als es neun Uhr wurde, fiel der Regen in Strömen. Der Park und die Villa sahen aus wie die Kulisse aus einem der Horrorfilme, die der alte Hurford Mildrew so sehr liebte.

Jerry hatte für das Unternehmen Tennisschuhe angezogen, in die jetzt das Wasser hineinsickerte. Als er die Terrassentür zum Hof erreichte, zog er die Schuhe aus. Dann drehte er vorsichtig den Griff der nächsten Tür. Wie er erwartet hatte, war sie nicht abgeschlossen.

Unter seinem dunklen Pullover trug er eine einigermaßen überzeugende Nachahmung des Pflocks; er hatte sie selbst aus einem Stück Holz geschnitzt, das er sich bei einem Holzhändler besorgt hatte. Nun brauchte er nur noch ins Schlafzimmer hinaufzuschleichen, den falschen Pflock unter die Glasglocke zu legen und den richtigen an sich zu nehmen. Der klapprige Alte würde die Vertauschung wahrscheinlich nie bemerken. Und um neuerliche Verhandlungen zwischen ihm und Askew zu verhindern, brauchte Jerry nur noch einmal ein paar Anrufe zu machen – bei Askew mit der Stimme des alten Mildrew, und bei Mildrew mit Askews Stimme. Einige an passender Stelle eingeflochtene Beleidigungen würden die alte Fehde rasch wieder aufflammen lassen.

Gonzer würde vielleicht irgendwann dahinterkommen, daß der Pflock gestohlen war. Aber Jerry glaubte nicht, daß ihm das viel ausmachen würde. Bis Gonzer sich entschloß, das Stück zu verkaufen, in zehn Jahren vielleicht oder so, würde der Alte längst tot sein.

Außerdem würde Jerry ja schon am nächsten Morgen einhundertfünfundsechzigtausend Dollar bar in Händen haben. Wenn der Boden hier wirklich zu heiß werden sollte, würde es ihm sicher gelingen, Frilly zu einer Reise nach Südamerika zu überreden.

Mit einem Grinsen huschte er über die Schwelle ins dunkle Zimmer.

«Das ist ja wohl das Dümmste, du Trottel!» Mit einem Schlag flammten die Lichter auf, und Jerry sah sich seinem Onkel gegenüber, der in der zittrigen welken Hand einen 32er Revolver hielt. «Und was du doch für ein Trampel bist! Beinahe wärst du mit deinen Schweißquanten auf meine Mumie getreten.»

«Onkel Hurford! Hör mir zu, ich wollte nur den Zarb-Pflock. Du wolltest ihn für lumpige fünfzigtausend an Askew verkaufen, ich kann das Dreifache bekommen. Einhundertfünfzigtausend, ja. Mindestens! Das wollte ich dir eigentlich sagen, als ich gestern hier war, aber du hast mir überhaupt keine Gelegenheit dazu gegeben. Ich möchte bei dem Geschäft nur eine kleine Provision von –»

«Ich mache nur mit Leuten Geschäfte, denen ich vertraue.

Aber nicht mit Einbrechern.» Er wies mit dem Revolver zum Telefon, das auf einem Grabstein aus Balsaholz stand. «Was dich angeht, du Galgenstrick, rufe ich jetzt die Polizei an –»

«Was redest du da, Onkel? Ich bin dein Neffe, verdammt noch mal, dein einziger lebender –»

«Ein feiner Neffe. Ruft mich an und gibt sich als Marco aus, und als wäre die Vorstellung nicht schon mies genug gewesen, ruft er mich gleich noch mal an und tut, als wäre er Lionel Ständer. Soviel Dummheit auf einem Fleck!»

«Ich dachte, ich hätte dich getäuscht.»

«Genau das wollte ich, du Schwachkopf, um dich dann in flagranti zu schnappen.» Sein Röcheln wurde lauter. «Und jetzt rufe ich die Polizei an, so weh es mir tut.»

«Du willst mich wirklich anzeigen?»

«Ja glaubst du denn, du Trottel, ich hätte zwei Stunden lang hier im Dunklen herumgesessen, um dann mit dir zu palavern?»

«Du wirst nicht anraufen.» Jerry machte einen Satz und schlug mit der Faust auf die Hand, die die Waffe hielt.

Der Alte schnappte einmal nach Luft und gab dann einen schrecklichen langgezogenen Klagelaut von sich.

«Du hast mich umgebracht», stöhnte er und klappte neben der Mumie auf dem Boden zusammen.

«Hör auf mit dem Quatsch, Onkel. Dauernd versuchst du, mir ein schlechtes Gewissen zu machen.» Jerry kniete neben dem Alten nieder und umfaßte sein Handgelenk.

Es war kein Pulsschlag zu spüren.

Nach einem Moment der Unschlüssigkeit richtete sich Jerry auf, dann beugte er sich von neuem hinunter und schob seine Hände in die Achselhöhlen des toten alten Mannes. Es war unwahrscheinlich, daß Mrs. Braff den kurzen Wortwechsel gehört hatte, doch er wollte die Leiche auf jeden Fall fürs erste verstecken.

Der Pflock war noch oben. Ehe Jerry ging, wollte er den Toten in einen Sessel setzen. Genau! Er brauchte Gonzer nur zu berichten, er hätte alles mit dem Alten geklärt und wäre dann gegangen. Irgendwann danach, möglicherweise infolge der Aufregung über die Verhandlung, hatte Hurford Mildrew das Zeitliche gesegnet . . .

Nachdem Jerry die Leiche hinter einem Sofa versteckt hatte, das in *Draculas verpatztes Wochenende* eine Rolle gespielt hatte, eilte er nach oben.

Der Pflock lag noch genau da, wo er am Tag zuvor gelegen hatte. Selbst im trüben Licht, das aus dem Flur in das dunkle Zimmer fiel, konnte er ihn erkennen. Er griff gerade nach der Glasglocke, als er von unten das Krachen splitternden Holzes hörte.

«Ha, glaubst du, deine Papiertür könnte mich aufhalten?» brüllte eine Stimme, die Jerry kannte. «So leicht kann man Marco Askew nicht reinlegen.»

Was Jerry nicht wußte, nicht hatte wissen können, war, daß Marco Askew jeden, von dem er vermutete, er könnte ihm den Besitz des Pflocks streitig machen, scharf im Auge behielt. Eine der Personen, die er bestochen hatte, damit sie ihm Nachrichten lieferte, war Gonzers bildhübsche Vorzimmerdame. Sie hatte ihn nach Jerrys erstem Besuch bei Gonzer angerufen und dann nochmals am folgenden Nachmittag, nachdem Jerry versprochen hatte, den Pflock zu liefern.

Askew, ein jähzorniger Mensch, war nach diesem zweiten Anruf seiner Informantin aus dem Haus gestürzt und hatte einen langen Dauerlauf am Meer entlang gemacht. Als sein Zorn sich nach dreizehn Meilen immer noch nicht gelegt hatte, war er kurz entschlossen in seinen Wagen gesprungen und nach Altadena gefahren, um mit Hurford Mildrew abzurechnen.

Dies alles wußte Jerry nicht, der oben im düsteren Schlafzimmer stand und auf das Poltern lauschte, das die Treppe heraufkam. Er vergaß den Pflock. Er dachte nur daran, sich irgendwo zu verstecken, um mögliche Scherereien zu vermeiden.

Lautlos huschte er zum Sarg und kletterte hinein. Doch ehe er die obere Hälfte des Deckels über sich schließen konnte, stürmte Askew ins Zimmer.

«Du Verräter! Du Judas!» brüllte er. «Da versprichst du mir

dieses Stück, das ich zur Vervollkommnung meiner Sammlung noch brauche, und dann verschacherst du es an diesen Idioten, diesen Gonzer. Und wofür? Für Geld! Du hast gewußt, daß ich im Augenblick nicht mehr als fünfzigtausend lockermachen kann. Du gemeiner Verräter!»

Was, dachte Jerry, sollte er tun? Den Deckel so unauffällig wie möglich schließen und abwarten oder sich aufsetzen und dem übergeschnappten Askew die Wahrheit sagen, mehr oder weniger zumindest? Doch das konnte dazu führen, daß man ihn wegen Mordes an seinem Onkel festnahm.

«Ha! Hier ist er ja!» Die Glasglocke fiel klirrend zu Boden, als Askew sich auf den Pflock stürzte.

Da wurde Jerry mit einem Schlag klar, wie er sich retten konnte. Trotz allem nämlich, was sein verstorbener Onkel gesagt hatte, war er ein hervorragender Stimmenimitator. Und alles, was Askew im Grunde wollte, war dieses Stück Holz mit der feinen Spitze. Vom Sarg aus sagte Jerry mit Hurford Mildrews Stimme laut und vernehmlich: «Okay, nimm den gottverdammten Pflock und mach, daß du nach Hause kommst, du Nervensäge. Laß mich endlich schlafen.»
«Ach, du bist also hier, Judas!» Askew stürmte zum Sarg. «Ich habe dich gewarnt! Ich hab dir immer gesagt, daß du einmal zu weit gehen würdest.»

Selbst in der Düsternis konnte Jerry erkennen, womit Askew ihn erstechen würde.

Agatha Christie

# *Haus Nachtigall*

«Auf Wiedersehen, Liebling!»

«Auf Wiedersehen, mein Schatz!»

Alix Martin lehnte sich über das schmale Gartentor und sah ihrem Mann nach, der den Weg zum Dorf hinunterging. Kleiner und kleiner wurde die Gestalt, jetzt war sie in einer Kurve verschwunden, aber Alix verharrte immer noch in der gleichen Stellung. In Gedanken versunken, strich sie eine Locke ihres dichten braunen Haares aus ihrem Gesicht. Ihre Augen blickten träumerisch in die Ferne.

Alix Martin war nicht schön, strenggenommen nicht einmal hübsch. Ihr Gesicht war das einer Frau, die nicht mehr in den besten Jahren ist. Trotzdem war es strahlend und weich, und ihre früheren Kollegen aus dem Büro hätten sie wahrscheinlich kaum wiedererkannt.

Miss Alix King war eine ordentliche, geschäftstüchtige junge Frau gewesen, etwas forsch in ihrem Verhalten, aber sie stand offensichtlich mit beiden Füßen auf der Erde.

Alix war durch eine harte Schule gegangen. Fünfzehn Jahre lang, von ihrem achtzehnten Lebensjahr an, bis sie dreiunddreißig war, hatte sie für sich selbst gesorgt, sieben Jahre davon auch noch für ihre kranke Mutter. Den Unterhalt hatte sie durch ihre Arbeit als Stenotypistin verdient. Dieser Existenzkampf hatte die weichen Linien ihre Gesichtes gehärtet.

Sicher, es hatte auch Liebe gegeben – so eine Art. Dick Windyford, ein Büroangestellter und Kollege. Ohne es sich je anmerken zu lassen, hatte Alix natürlich gewußt, was er für sie empfand. Nach außen hin waren sie Freunde gewesen, mehr nicht. Mit seinem spärlichen Gehalt konnte Dick im Moment noch nicht ans Heiraten denken. Er mußte für die Schulkosten eines jüngeren Bruders aufkommen.

Unerwartet war es dann plötzlich mit der täglichen Plackerei zu Ende. Eine entfernte Kusine war gestorben und hatte Alix ihr Geld hinterlassen. Es waren ein paar tausend Pfund, genug, um ein paar hundert im Jahr einzubringen. Für Alix bedeutete es Freiheit, Leben, Unabhängigkeit. Nun brauchten Dick und sie nicht länger zu warten.

Aber Dick reagierte eigenartig. Er hatte niemals offen zu Alix über seine Liebe gesprochen, und jetzt schien er es weniger denn je zu beabsichtigen. Er ging ihr aus dem Wege, wurde mürrisch und verschlossen.

Alix erkannte den Grund schnell. Dick war zu feinfühlend und stolz, um ausgerechnet jetzt, da sie Geld hatte, um ihre Hand anzuhalten. Sie liebte ihn dafür noch mehr und hatte sich schon vorgenommen, selbst den ersten Schritt zu tun, als zum zweitenmal das Unerwartete in ihr Leben trat.

Im Hause einer Freundin lernte sie Gerald Martin kennen. Er verliebte sich stürmisch in sie, und eine Woche später waren sie bereits verlobt. Alix, die von sich selbst überzeugt gewesen war, daß ihr so etwas nie passieren könne, war im siebenten Himmel.

Damit hatte sie unwissentlich den Weg gefunden, um Dick Windyford wachzurütteln. In Rage und voller Empörung war er zu ihr gekommen.

«Dieser Mann ist ein völlig Fremder für dich. Du weißt überhaupt nichts über ihn», hatte er ihr vorgehalten.

«Ich weiß, daß ich ihn liebe.»

«Wie kannst du das nach einer Woche?»

«Nicht jeder braucht elf Jahre, um herauszufinden, daß er in ein Mädchen verliebt ist», hatte sie ihn ärgerlich angeschrien.

Sein Gesicht war weiß.

«Ich habe dich geliebt, seit ich dich zum erstenmal sah. Ich dachte, du liebst mich auch.»

Alix war ehrlich. «Ich glaubte das auch», gab sie zu. «Aber das war, weil ich nicht wußte, was Liebe ist.»

Dick war außer sich. Bitten, Flehen, sogar Drohungen – Drohungen gegen den Mann, der ihn verdrängt hatte – stieß er aus. Alix war erstaunt, als sie den Vulkan erlebte, der unter dem reservierten Äußeren des Mannes steckte, von dem sie glaubte, ihn so gut zu kennen.

Als sie an diesem sonnigen Morgen an dem Gartentor des Landhauses gelehnt stand, wanderten ihre Gedanken zurück zu diesem Gespräch. Einen Monat lang war sie verheiratet, und sie war wunschlos glücklich. Jetzt, da ihr Mann, der ihr alles bedeutete, nicht da war, schlich sich trotzdem ein Beigeschmack von Angst in ihr perfektes Glück. Und der Grund für diese Angst war Dick Windyford.

Dreimal seit ihrer Hochzeit hatte sie den gleichen Traum gehabt. Die Umgebung war stets eine andere, aber die Hauptsache war immer die gleiche. *Sie sah ihren Mann tot daliegen, und Dick Windyford stand über ihn gebeugt, und sie wußte, daß es Dick war, der ihn erschlagen hatte.* Aber so schrecklich das auch war, es gab noch etwas Entsetzlicheres, und zwar nach dem Erwachen, denn im Traum schien es völlig natürlich und unvermeidlich zu sein. *Sie, Alix Martin, war froh, daß ihr Mann tot war.* Sie streckte dem Mörder die Hände entgegen, manchmal dankte sie ihm. Der Traum endete immer gleich: Sie war in Dick Windyfords Arme geschmiegt.

Sie hatte ihrem Mann nichts von diesem Traum erzählt, aber innerlich hatte er sie tiefer beunruhigt, als sie zugeben wollte. War es eine Warnung – eine Warnung vor Dick Windyford?

Alix wurde aus ihren Gedanken gerissen, als das schrille Läuten des Telefons aus dem Haus drang. Sie ging hinein und nahm den Hörer ab. Plötzlich schwankte sie und hielt sich an der Wand fest.

«Wer, sagten Sie, ist am Apparat?»

«Aber Alix, was ist denn los mit dir? Ich hätte deine Stimme fast nicht erkannt. Hier ist Dick.»

«Oh», brachte sie hervor. «Oh! Wo – wo bist du?»

«In ‹Traveller's Arms›, so heißt das wohl, nicht wahr? Oder kennst du nicht einmal eure Dorfwirtschaft? Ich habe Urlaub, möchte ein bißchen fischen hier. Hast du etwas dagegen, daß ich euch heute nach dem Abendessen besuche?»

«Nein!» antwortete Alix scharf. «Du darfst nicht kommen!»

Nach einer kleinen Pause kam Dicks veränderte Stimme wieder.

«Es tut mir leid», sagte er förmlich, «ich möchte dich natürlich nicht belästigen –»

Alix unterbrach ihn hastig. Er mußte ihr Benehmen als reichlich ungewöhnlich betrachten. Es war auch ungewöhnlich. Ihre Nerven hatten sie im Stich gelassen.

«Ich meinte nur, daß wir für heute abend schon verabredet sind», erklärte sie und versuchte ihrer Stimme einen möglichst natürlichen Klang zu geben. «Möchtest du nicht – würdest du morgen zum Abendessen kommen?»

Aber Dick hatte den plötzlichen Meinungsumschwung offenbar bemerkt.

«Vielen Dank», antwortete er, «aber ich werde dann lieber gleich weiterfahren. Es hängt noch davon ab, ob ein Freund von mir herkommt oder nicht. Auf Wiedersehen, Alix.» Er hielt einen Moment inne und fügte dann hastig und mit veränderter Stimme hinzu: «Viel Glück, Alix.»

Mit einem Gefühl der Erleichterung legte Alix den Hörer auf die Gabel. Er darf nicht herkommen, wiederholte sie in Gedanken. Er darf nicht herkommen. Gott, was bin ich dumm, mich so aufzuregen! Trotzdem bin ich froh, daß er nicht kommt.

Sie nahm einen Strohhut vom Tisch und ging wieder hinaus in den Garten. Einen Moment blieb sie stehen und blickte auf den Namen, der draußen am Tor eingeschnitzt stand: Haus Nachtigall.

«Ist das nicht ein sehr eigentümlicher Name?» hatte sie zu Gerald gesagt, bevor sie heirateten. Er hatte gelacht.

«Du kleines Londoner Stadtkind», hatte er liebevoll geantwortet. «Ich glaube, du hast noch nie eine Nachtigall gehört. Ich bin froh darüber. Wir werden sie an einem Sommerabend zusammen vor unserem eigenen Haus hören.»

Als sich Alix jetzt daran erinnerte, spürte sie ein Gefühl des Glücks in sich aufsteigen. Es war Gerald, der Haus Nachtigall gefunden hatte. Er war zu Alix gekommen, vor Aufregung ganz außer sich gewesen: Er habe genau das richtige für sie aufgetrieben, ein Juwel, die Chance des Lebens. Und als Alix es gesehen hatte, war sie von seinem Charme ebenfalls bezaubert. Gewiß, die Lage war ziemlich einsam, zwei Meilen vom nächsten Dorf entfernt. Aber das Haus selbst war so auserlesen mit seinem an frühere Zeiten erinnernden Äußeren und seinem soliden Komfort mit Badezimmern, Heißwasseranlagen, elektrischem Licht und Telefon, daß Alix diesen Reizen sogleich erlegen war. Doch dann stellte sich heraus, daß die Sache einen Haken hatte. Der Besitzer, ein reicher Mann, lehnte ab, das Haus zu vermieten. Er wollte nur verkaufen.

Gerald Martin war nicht imstande, sein Kapital zu diesem Zeitpunkt flüssig zu machen. Er hatte zwar ein gutes Einkommen, aber das Äußerste, was er aufbringen konnte, wären tausend Pfund gewesen. Der Besitzer wollte dreitausend. Aber Alix hatte ihr Herz schon an dieses Haus verloren, und sie wußte Rat. Über ihr eigenes Geld konnte sie sofort verfügen, da es in Pfandbriefen angelegt war. Sie würde die Hälfte davon abzweigen, um ihr Heim zu kaufen. So wurde Haus Nachtigall ihr Eigentum, ein Entschluß, den Alix bisher keinen Augenblick bereut hatte.

Sicher, das Hauspersonal mochte die ländliche Abgeschiedenheit nicht, darum hatte sie im Moment auch keine Hilfe. Aber Alix, jahrelang nur den eintönigen Bürobetrieb gewohnt, machte es Spaß, Leckerbissen zu kochen und das Haus in Ordnung zu halten. Für den Garten, in dem prachtvolle Blumen wuchsen, hatte sie einen alten Mann aus dem

Dorf, der zweimal wöchentlich, und zwar immer montags und freitags, kam.

Sie war deshalb erstaunt, ihn heute, Mittwoch, hinter dem Haus in einem Blumenbeet beschäftigt, anzutreffen.

«Nanu, George, was machen Sie denn hier?» fragte sie, als sie auf ihn zukam.

Der alte Mann richtete sich mühsam auf und hob zwei Finger an den Schirm seiner uralten Mütze.

«Ich dachte mir schon, daß Sie sich wundern würden, Madam. Aber es ist so. Auf dem Gut wird am Freitag ein Fest gefeiert, und ich sagte mir, weder Mr. Martin noch seine junge Frau werden etwas dagegen haben, wenn ich mal statt Freitag schon am Mittwoch komme.»

«Ist schon in Ordnung», antwortete Alix. «Ich wünsche Ihnen viel Vergnügen.»

«Das werde ich haben», meinte George treuherzig. «Es ist 'ne feine Sache, zu wissen, daß man sich so richtig vollessen kann, ohne selbst bezahlen zu müssen. Der Gutsbesitzer ist bei seinen Leuten nie kleinlich gewesen. Und dann dachte ich mir auch, Madam, ich kann Sie genausogut jetzt, bevor Sie wegfahren, nach Ihren Wünschen für die Rabatten fragen. Sie wissen wohl nicht, wann Sie zurückkommen, Madam?»

«Aber ich fahre gar nicht fort.»

George starrte sie an.

«Fahren Sie denn morgen nicht nach London?»

«Nein. Wie kommen Sie auf diese Idee?»

George rückte mit einer langsamen Bewegung seine Mütze ins Genick.

Mr. Martin hat es mir erzählt, als ich ihn gestern im Dorf traf. Er sagte, daß Sie beide morgen nach London fahren, und es sei ungewiß, wann Sie wieder zurückkämen.»

«Unsinn», lachte Alix. «Sie müssen ihn mißverstanden haben.» Trotzdem wunderte sie sich, was Gerald wohl zu dem alten Mann gesagt hatte, er konnte ihn doch nicht so mißverstanden haben. Nach London fahren? Sie wollte niemals wieder nach London.

«Ich hasse London», sagte sie plötzlich bitter.

«Aha», meinte George gelassen. «Na, dann werd ich mich wohl verhört haben. Und doch, er sagte es ja ganz deutlich. Ich bin froh, daß Sie hierbleiben. Ich halte nichts von diesen Spazierfahrten, und von London halte ich schon gar nichts. Ich habe, Gott sei Dank, nie hinfahren müssen. Zu viele Autos – das ist das Schlimmste heutzutage. Wenn die Leute erst mal ein Auto haben, dann können sie nicht mehr an einem Platz bleiben. Mr. Ames, dem dieses Haus früher gehörte, war immer ein friedlicher, ruhiger Mann gewesen, bis er sich so ein Ding kaufte. Noch nicht einen Monat hat er es gehabt, als er schon das Haus zum Verkauf anbot. Und 'ne Menge Geld hatte er hier reingesteckt, mit fließend Wasser in allen Schlafzimmern und dem elektrischen Licht und so. ‹Das Geld kriegen Sie nie wieder›, sagte ich ihm, aber er meinte, er bekäme zweitausend Pfund für dieses Haus, und zwar auf den Penny. Und richtig, er bekam es auch.»

«Es waren dreitausend», unterbrach Alix lächelnd seinen Redeschwall.

«Zweitausend», wiederholte George. «Die Summe, die er damals verlangte, wurde hier lange genug diskutiert.»

«Es waren wirklich dreitausend», sagte Alix.

George war nicht zu überzeugen. «Frauen verstehen nichts von Zahlen», meinte er. «Sie wollen mir doch nicht erzählen, daß Mr. Ames den Nerv hatte, von Ihnen dreitausend zu verlangen?»

«Er verlangte es nicht von mir, sondern von meinem Mann», antwortete Alix.

George kniete sich wieder hin.

«Der Preis war zweitausend», murmelte er störrisch.

Alix hatte keine Lust, sich mit ihm zu streiten. Sie ging zu einem anderen Beet und pflückte sich einen schönen, dicken Blumenstrauß.

Als sie ins Haus gehen wollte, bemerkte sie im Vorbeigehen einen kleinen dunkelgrünen Gegenstand, der zwischen den Blättern eines Beetes hervorschaute. Sie bückte sich, hob ihn auf und sah, daß es das Notizbuch ihres Mannes war.

Sie öffnete es und durchblätterte amüsiert die Eintragungen. Gleich zu Beginn ihres Ehelebens hatte sie erkannt, daß Gerald, der impulsiv und gefühlvoll war, einen ausgeprägten Sinn für Ordnung und Systematik besaß, was eigentlich nicht zusammenpaßte. Er war geradezu versessen darauf, daß die Mahlzeiten pünktlichst eingehalten wurden, und er plante seinen Tagesablauf mit der Präzision eines Uhrwerkes voraus.

Während sie das Notizbuch durchstöberte, entdeckte sie zu ihrer Erheiterung die Eintragung vom 14. März: «Alix heiraten, 14.30 Uhr, St.-Peters-Kirche.»

«Der große Junge», murmelte sie und blätterte weiter. Plötzlich stutzte sie.

«Mittwoch, 18. Juni – das ist ja heute!»

In dem Raum, der für dieses Datum zur Verfügung stand, war mit Geralds gestochener Schrift eingetragen: «21.00 Uhr.» Sonst stand da nichts.

Was hatte Gerald um neun Uhr abends vor? Alix überlegte. Sie lächelte, denn sie sagte sich, wenn das eine Geschichte wäre, eine solche, wie man sie öfter liest, wäre unzweifelhaft mehr darüber aus dem Notizbuch zu entnehmen gewesen. Zumindest hätte es den Namen der anderen Frau enthalten.

Langsam durchblätterte sie auch die zurückliegenden Eintragungen. Es gab Verabredungen, Besprechungstermine, knappe Anmerkungen über Geschäftsabschlüsse, aber nur einen Frauennamen, nämlich ihren eigenen.

Dennoch, als sie das Büchlein in die Tasche steckte und mit ihrem Blumenstrauß ins Haus ging, spürte sie eine leichte Unruhe. Dick Windyfords Worte kamen ihr in den Sinn, als hätte er sie in diesem Moment wiederholt: «Dieser Mann ist ein völlig Fremder für dich. Du weißt überhaupt nichts über ihn.»

Das stimmte. Was wußte sie von ihm? Gerald war immerhin vierzig. In vierzig Jahren mußte eine Frau in seinem Leben eine Rolle gespielt haben . . .

Alix schüttelte ungeduldig den Kopf. Sie durfte solchen Gedanken keinen Platz einräumen. Sie hatte ein viel brennenderes Problem. Sollte sie ihrem Mann erzählen, daß Dick angerufen hatte, oder nicht? Es war ja möglich, daß Gerald ihn sowieso im Dorf getroffen hatte. In diesem Fall würde er es sicher, sobald er nach Hause kam, erwähnen. Dann wäre die Sache ohne ihre Zutun erledigt. Wenn nicht, was dann? Alix entschied, daß sie lieber nichts sagen würde. Wenn sie ihrem Mann davon erzählte, würde er sicher vorschlagen, Dick einzuladen. Dann müßte sie ihm erklären, daß Dick sich schon selbst einladen wollte, daß sie aber eine Ausrede gebraucht hatte, um sein Kommen zu verhindern. Und wenn Gerald sie dann fragen würde, weshalb sie das getan habe – was sollte sie dann sagen? Ihm ihren Traum erzählen? Er würde doch nur lachen, oder, was noch schlimmer wäre, er würde sagen, er verstehe nicht, warum sie diesem Traum eine derartige Bedeutung zukommen ließ.

Endlich beschloß Alix, nichts zu erwähnen. Es war das erste Geheimnis, das sie vor ihrem Mann hatte, und sie war nicht glücklich dabei.

Als sie hörte, wie Gerald kurz vor dem Mittagessen aus dem Ort zurückkam, eilte sie in die Küche, und um ihre Verlegenheit zu verbergen, gab sie sich hier sehr beschäftigt. Sie merkte sofort, daß Gerald Dick Windyford nicht getroffen hatte. Alix war erleichtert und beklommen zugleich. Jetzt war sie zur Verschwiegenheit verdammt.

Erst am Abend nach dem Essen, als sie in dem eichengetäfelten Wohnzimmer saßen, fiel Alix das Notizbuch wieder ein.

«Hier hast du etwas, mit dem du die Blumen gegossen hast», sagte sie und warf es ihm in den Schoß.

«Das habe ich wohl in den Randbeeten verloren, was?»

«Ja. Und jetzt kenne ich alle deine Geheimnisse.»

«Nicht schuldig», lachte Gerald und schüttelte den Kopf.

«Wie steht's mit deinem Vorhaben heute abend um neun Uhr?»

«Ach, das?» Er schien einen Augenblick etwas überrascht, dann lächelte er, als ob ihm irgend etwas ganz besonderen Spaß machte. «Es ist eine Verabredung mit einem außergewöhnlich netten Mädchen, Alix. Sie hat braunes Haar, blaue Augen und ist dir sehr ähnlich.»

«Ich verstehe nicht», antwortete Alix mit vorgetäuschter Strenge. «Du weichst mir aus.»

«Nein, das tue ich nicht. Spaß beiseite – ich wollte nur nicht vergessen, heute abend einige Negative zu entwickeln. Ich möchte gern, daß du mir dabei hilfst.»

Gerald Martin war ein begeisterter Fotograf. Er besaß eine altmodische Kamera mit hervorragenden Objektiven und entwickelte seine Filme in einem kleinen Keller selbst, den er als Dunkelkammer eingerichtet hatte.

«Und das muß genau um neun Uhr sein», neckte ihn Alix.

«Mein liebes Kind», erwiderte Gerald, und eine Spur Gereizheit lag in seiner Stimme, «man sollte eine Sache immer für eine ganz bestimmte Zeit planen. Dann erledigt man seine Arbeit ordnungsgemäß.»

Alix saß eine oder zwei Minuten still und beobachtete ihren Mann, wie er in seinem Sessel lag und rauchte, betrachtete den zurückgeworfenen dunklen Kopf, die klargezeichneten Linien seines glattrasierten Gesichts, die gegen den düsteren Hintergrund abstachen. Und plötzlich, aus heiterem Himmel, überfiel sie eine Welle der Panik, und bevor sie sich zurückhalten konnte, rief sie: «Ach, Gerald! Ich wünschte, ich wüßte mehr über dich!»

Ihr Mann wandte sich ihr mit erstauntem Gesicht zu.

«Aber meine liebe Alix, du weißt alles über mich. Ich habe dir von meiner Jugendzeit in Northumberland erzählt, von meinem Leben in Südafrika und von den letzten zehn Jahren in Kanada, die mir Erfolg brachten.»

«Ach, Geschäfte», meinte Alix wegwerfend.

Plötzlich lachte Gerald auf.

«Ich weiß, was du meinst – Liebesgeschichten. Ihr Frauen seid doch alle gleich. Etwas anderes interessiert euch nicht.»

Alix fühlte, wie ihr der Hals trocken wurde, während sie

undeutlich murmelte: «Nun, aber es muß doch – Liebesgeschichten gegeben haben. Ich meine, wenn ich nur wüßte ...»

Wieder trat minutenlang Stille ein. Unwillig runzelte Gerald Martin die Stirn. Als er zu reden anfing, tat er es ernst und ohne eine Spur seiner vorherigen neckenden Art.

«Alix, hältst du dieses Blaubart-Gehabe für klug? Es gab Frauen in meinem Leben. Ich streite es nicht ab. Du würdest es mir auch sowieso nicht glauben. Aber ich kann dir ehrlich versichern, daß keine von ihnen mir etwas bedeutete.»

Es war eine Aufrichtigkeit in seinem Ton, die Alix beruhigte.

«Zufrieden?» fragte er mit einem Lächeln. Dann blickte er sie mit einem Anflug von Neugierde an. «Wie bist du eigentlich ausgerechnet heute abend auf dieses unerquickliche Thema gekommen?»

Alix stand auf und begann ruhelos hin und her zu laufen.

«Ach, ich weiß es nicht», antwortete sie. «Ich war schon den ganzen Tag über nervös.»

«Das ist seltsam», sagte Gerald leise, als spräche er mit sich selbst, «sehr seltsam.»

«Was ist daran seltsam?»

«Aber mein Liebes, ich habe das nur so gesagt, weil du gewöhnlich ausgeglichen und nett bist.»

«Heute war alles dazu angetan, mich zu verärgern», beichtete sie. «Sogar der alte George. Er hatte so eine lächerliche Idee im Kopf, daß wir nach London fahren würden. Er sagte, du hättest es ihm erzählt.»

«Wo hast du ihn getroffen?» fragte Gerald scharf.

«Er kam statt Freitag schon heute zur Arbeit.»

«Der verdammte alte Dummkopf», schnauzte Gerald zornig.

Alix blickte ihn überrascht an. Das Gesicht ihres Mannes war vor Wut verzerrt. Niemals vorher hatte sie ihn so aufgebracht gesehen. Als er ihr Erstaunen bemerkte, bemühte er sich, seine Selbstkontrolle wiederzugewinnen.

«Na, er ist auch ein verflixter alter Schwätzer», knurrte er.

«Was hast du denn zu ihm gesagt, daß er auf solche Ideen kommt?»

«Ich? Ich habe überhaupt nichts gesagt. Wenigstens – ach ja, jetzt erinnere ich mich. Ich habe einen kleinen Witz gemacht und ihm erzählt, daß ich am Morgen nach London fahre. Das hat er wohl ernst genommen. Vielleicht hörte er auch nicht mehr richtig. Du hast ihn natürlich aufgeklärt?»

Gespannt wartete er auf ihre Antwort.

«Sicher. Aber er ist einer von der Sorte alter Männer, die sich von einer Idee nicht mehr abbringen lassen.»

Dann erzählte sie Gerald von Georges Behauptung, das Haus habe nur zweitausend Pfund gekostet.

Gerald war einen Augenblick still, dann sagte er langsam:

«Ames war gewillt, zweitausend Pfund in bar und den Rest in Pfandbriefen zu nehmen. Ich nehme an, daß er das durcheinandergebracht hat.»

«Wahrscheinlich», stimmte Alix zu.

Dann blickte sie auf die Uhr.

«Wir sollten anfangen, Gerald. Fünf Minuten Verspätung!»

Ein undefinierbares Lächeln trat in sein Gesicht.

«Ich habe es mir heute anders überlegt», antwortete er ruhig. «Ich werde heute abend keine Bilder mehr entwikkeln.»

Die Gedanken einer Frau sind eine seltsame Sache. Als Alix an diesem Mittwoch abend zu Bett ging, war sie ruhig und mit sich zufrieden. Der Ärger war vergessen und ihr Glück ungetrübt wie eh und je.

Aber am Abend des folgenden Tages spürte sie, daß irgendwelche Kräfte wieder daran waren, dieses Gefühl des Glücks zu unterminieren. Dick Windyford hatte nicht noch einmal angerufen. Trotzdem führte sie ihre Unruhe auf seinen Aufenthalt im Dorf zurück. Immer und immer wieder kamen ihr seine Worte in den Sinn: «Dieser Mann ist ein völlig Fremder. Du weißt überhaupt nichts über ihn.» Und sie sah ihren Mann wieder vor sich, wie er sagte. «Alix, hältst du dieses Blaubart-Gehabe für klug?» Weshalb hatte er das gesagt? Eine Warnung hatte in diesen Worten gelegen – ein Anflug von Drohung, so als wollte er sagen: «Schnüffle nicht in meiner Vergangenheit, Alix, sonst kannst du eine peinliche Überraschung erleben.»

Bis Freitag morgen hatte sich Alix eingeredet, daß es tatsächlich eine Frau in Geralds Leben gegeben hatte, eine Affäre, die er eifrig vor ihr zu verbergen versuchte. Ihre Eifersucht kannte keine Grenzen.

War es eine Frau, die er neulich abends um neun Uhr treffen wollte? War seine Geschichte, Negative entwickeln zu wollen, eine Notlüge, die er aus dem Augenblick heraus erdacht hatte? Vor drei Tagen noch hätte sie geschworen, daß sie ihren Mann durch und durch kannte. Jetzt hatte sie das Gefühl, daß er ein Fremder war, über den sie nichts wußte. Sie erinnerte sich an seinen Ärger über den alten George. So aufgebracht war er noch nie gewesen. Eine Kleinigkeit, vielleicht, aber sie zeigte ihr, daß sie den Mann, mit dem sie verheiratet war, nicht wirklich kannte.

Am Freitag mußten verschiedene Kleinigkeiten aus dem Dorf besorgt werden. Am Nachmittag schlug Alix vor, daß sie dies erledigen werde; Gerald könne im Garten bleiben. Aber zu ihrer Verwunderung war er damit nicht einverstanden und erklärte eigensinnig, daß er sich um die Sachen kümmern werde und daß sie zu Hause bleiben solle.

Alix gab nach, aber seine Beharrlichkeit erstaunte und alarmierte sie. Weshalb wollte er so ängstlich vermeiden, daß sie ins Dorf ging?

Plötzlich fiel ihr eine Erklärung dafür ein. War es nicht möglich, daß er Dick Windyford getroffen hatte, ohne ihr etwas davon zu sagen? Als sie heirateten, war Alix nicht eifersüchtig gewesen. Und jetzt? – Konnte es mit Gerald nicht das gleiche sein? Vielleicht wollte er nur verhindern, daß sie Dick wiedersah? Diese Erklärung war so einleuchtend und sie hatte etwas so Tröstliches, daß Alix sich nur zu gern daran klammerte.

Aber später, nach dem Tee, war sie wiederum ruhelos und nervös. Sie kämpfte mit einer Versuchung, die sie seit Geralds Weggehen verspürte. Zu guter Letzt, als sie sich lange genug eingeredet hatte, daß das Ankleidezimmer ihres Mannes eine gründliche Reinigung nötig habe, ging sie mit einem Staubtuch hinauf. «Wenn ich nur sicher wäre», wiederholte sie immer wieder, «wenn ich nur ganz sicher wäre!»

Vergeblich versuchte sie, sich davon zu überzeugen, daß alles, was kompromittierend sein könnte, gewiß schon vor Jahren vernichtet worden war. Dagegen wiederum argumentierte sie, daß Männer oft die verrücktesten Beweisstücke aus übertriebener Sentimentalität aufbewahrten.

Am Ende unterlag der letzte Widerstand in Alix. Ihre Wangen brannten vor Scham über ihr Tun, während sie atemlos in gebündelten Briefpäckchen und Dokumenten wühlte, die Schubladen herauszog und sogar die Taschen der Anzüge ihres Mannes durchstöberte. Nur zwei Schubladen machten ihr einen Strich durch die Rechnung. Die unterste der Kommode und eine schmale Lade rechts im Schreibtisch waren verschlossen. Aber inzwischen hatte Alix jede Hemmung verloren. Sie war nun fest überzeugt, in einem dieser beiden Fächer Beweise für die Existenz dieser eingebildeten Frau aus der Vergangenheit zu finden, die ihr im Kopf herumspukte.

Ihr fiel ein, daß Gerald seine Schlüssel achtlos unten auf die Anrichte gelegt hatte. Sie holte sie und probierte einen nach dem anderen aus. Der dritte paßte für das Schreibtischfach. Begierig öffnete Alix. Sie fand ein Scheckbuch und eine prall mit Geldnoten gefüllte Brieftasche und dann, ganz hinten, ein Bündel Briefe, säuberlich mit einem Band zusammengeschnürt. Ihr Herz klopfte zum Zerspringen, als sie das Band löste.

Brennende Schamröte übergoß ihr Gesicht, und sie ließ das Bündel zurück in die Schublade fallen, schob sie zu und verschloß sie wieder. Es waren die Briefe, die sie vor ihrer Hochzeit an Gerald geschrieben hatte.

Sie wandte sich jetzt der Kommode zu, mehr aus dem Gefühl heraus, nichts auslassen zu wollen, als in der Erwartung, etwas zu entdecken. Ärgerlich stellte sie fest, daß keiner der Schlüssel von Geralds Bund paßte. Sie ging in ein anderes Zimmer und kam mit einer Auswahl kleiner Schlüssel zurück. Befriedigt fand sie heraus, daß ein Reserveschlüssel vom Kleiderschrank paßte. Sie schloß die Schublade auf und zog sie heraus. Was sie fand, war nichts als eine Rolle Zeitungsausschnitte, die durch die Zeit bereits verschmutzt und vergilbt waren.

Ein Seufzer der Erleichterung entfuhr Alix. Nichtsdestoweniger las sie die Ausschnitte. Sie war neugierig, was Gerald so sehr interessiert haben könnte, daß er diese vergilbte Zeitungsrolle aufbewahrt hatte. Es waren fast alles amerikanische Zeitungen, beinahe sieben Jahre alt, die von einem notorischen Schwindler und Bigamisten, Charles Lemaitre, handelten. Lemaitre war verdächtigt, seine Frauen beiseite gebracht zu haben. Unter dem Fußboden in einem der Häuser, die er gemietet hatte, war ein Skelett gefunden worden, und die meisten Frauen, die er «geheiratet» hatte, waren wie vom Erdboden verschwunden.

Er hatte sich mit außerordentlicher Geschicklichkeit verteidigt und wurde dabei von einem der besten Anwälte der Vereinigten Staaten unterstützt. Das Urteil «Freispruch mangels Beweisen» mochte vielleicht diesen Fall am besten charakterisiert haben. Jedenfalls wurde er, was die Hauptanklage betraf, für nicht schuldig erklärt. Für andere Delikte, die ihm zur Last gelegt wurden, erhielt er eine längere Gefängnisstrafe.

Alix erinnerte sich an die Aufregung, die dieser Prozeß seinerzeit verursacht hatte, und auch an die Sensation, als es Lemaitre nach ungefähr drei Jahren gelungen war, auszubrechen. Er wurde niemals wieder gefaßt. Die Persönlichkeit dieses Mannes und seine außergewöhnliche Macht über Frauen war ausführlich in der englischen Presse diskutiert worden. Auch seine Reizbarkeit vor Gericht, seine leidenschaftlichen Proteste und seine manchmal auftretenden physischen Zusammenbrüche, die er seines schwachen Herzens wegen erlitt, wurden eingehend besprochen.

In einem der Zeitungsausschnitte war ein Bild von ihm, und Alix betrachtete es mit Interesse. Ein Herr mit Vollbart, der etwas Schulmeisterhaftes an sich hatte.

An wen erinnerte sie dieses Gesicht nur? Plötzlich wurde es ihr mit Schrecken bewußt: an Gerald selbst. Seine und dieses Mannes Augen und Stirn hatten eine Ähnlichkeit, die nicht zu übersehen war. Vielleicht hatte er die Ausschnitte deswegen aufgehoben? Ihr Blick ging weiter zur Bildunterschrift. In dem Notizbuch des Angeklagten waren gewisse Daten gefunden worden, und man war überzeugt, daß es die Daten waren, an denen er seine Opfer umgebracht hatte. Und dann war da noch von einer Frau die Rede, die den Verhafteten durch die Tatsache identifiziert hatte, daß er am linken Handgelenk ein Muttermal hatte, genau über der Innenfläche seiner Hand.

Alix ließ das Papier zu Boden fallen. Sie schwankte. Ihr Mann hatte an der gleichen Stelle eine Narbe.

Später wunderte sie sich darüber, daß sie sofort so überzeugt gewesen war. Gerald Martin war Charles Lemaitre. Sie fühlte es. Nein, sie wußte es jetzt. Gedankenfetzen jagten durch ihr Gehirn wie Teile eines Puzzlespiels, die sich zusammenordneten. Das Geld für das Haus, ihr Geld. Die Pfandbriefe, die sie auf seinen Namen eingetragen hatte. Sogar ihr Traum erschien ihr in seiner wirklichen Bedeutung. Ihr Unterbewußtsein hatte sich immer vor Gerald gefürchtet und hatte versucht, sich von ihm freizumachen. Es war Dick Windyford gewesen, an den sich ihr Unterbewußtsein um Hilfe gewandt hatte. Das war es auch, weshalb sie die Wahrheit so schnell erkannt hatte. Ohne Zweifel sollte sie das nächste Opfer Lemaitres werden.

Ein dünner Schrei entrang sich ihren Lippen. *Mittwoch um neun Uhr.* Der Keller mit seinen Steinplatten, die man so leicht hochheben konnte! Schon einmal hatte er sein Opfer in einem Keller vergraben. Es war alles vorausgeplant gewesen für Mittwoch abend. Aber es noch niederzuschreiben – ein Wahnsinn!

Nein, das war ja logisch. Gerald machte sich stets Notizen

über seine Verabredungen. Mord war für ihn ein Geschäft wie jedes andere. Aber wie war sie nur davongekommen? Was hatte sie geschützt? In letzter Minute hatte er umdisponiert ...

Wie ein Blitz kam ihr die Antwort: der alte George!

Jetzt verstand sie den offenen Zorn ihres Mannes. Zweifellos hatte er sich den Weg geebnet, indem er jedem erzählt hatte, daß sie am nächsten Tag nach London fahren würden. Dann war George unerwartet zur Arbeit gekommen, hatte London ihr gegenüber erwähnt, und sie hatte die Geschichte richtiggestellt. Es war zu riskant gewesen, sie an diesem Abend zu beseitigen. Wenn sie diese triviale Geschichte nicht erwähnt hätte! Alix schauderte.

Aber sie hatte keine Zeit zu verlieren. Sie mußte gehen, bevor er zurückkam. Eilig legte sie die Zeitungsauschnitte in das Fach zurück und verschloß es. Dann stand sie bewegungslos da, wie zu Stein erstarrt. Sie hatte das Quietschen des Gartentors gehört. Ihr Mann war bereits zu Hause.

Einen Augenblick blieb sie starr vor Schreck, dann schlich sie auf Zehenspitzen ans Fenster, versteckte sich hinter den Gardinen und sah hinaus.

Ja, es war Gerald. Er lächelte und summte eine kleine Melodie. In seiner Hand hielt er etwas, das ihr das Herz stillstehen ließ: es war ein nagelneuer Spaten. Instinktiv kam Alix zu der Gewißheit, es würde heute abend sein.

Aber noch hatte sie eine Chance. Summend ging Gerald um das Haus herum zur Rückseite. Ohne einen Moment zu zögern, rannte sie die Treppe hinunter und aus dem Haus. Doch als sie gerade aus der Tür kam, erschien ihr Mann von der anderen Seite.

«Hallo», rief er. «Wohin läufst du so eilig?»

Alix bemühte sich verzweifelt, ruhig und unauffällig zu erscheinen. Ihre Chance war für den Augenblick verpatzt, aber wenn sie vorsichtig war und seinen Verdacht nicht erregte, konnte noch alles gutgehen.

«Ich wollte ein bißchen spazierengehen», sagte sie. Aber ihre Stimme war schwach und klang nicht überzeugend.

«Fein», sagte Gerald, «ich komme mit.»

«Nein, bitte Gerald. Ich bin nervös. Ich habe Kopfschmerzen und möchte lieber allein sein.»

Besorgt sah er sie an. Sie bildete sich sofort ein, daß in seinen Augen Verdacht aufglomm.

«Was ist los mit dir, Alix? Du bist blaß, und du zitterst ja.»

«Nichts.» Sie zwang sich zu einem Lächeln. «Ich habe Kopfschmerzen, das ist alles. Ein wenig frische Luft wird mir guttun.»

«Aber es ist nicht schön von dir, zu sagen, du möchtest mich nicht dabeihaben», erklärte Gerald mit einem leichten Lachen. «Ich gehe mit, ob du willst oder nicht.»

Sie wagte nicht, weiter zu protestieren. Falls er Verdacht schöpfte, daß sie wußte ...

Mit Mühe gelang es ihr, sich unbefangen zu geben. Dennoch hatte sie das unbehagliche Gefühl, daß er sie von Zeit zu Zeit verstohlen betrachtete, als wenn er nicht ganz zufrieden wäre.

Als sie nach Hause zurückkehrten, bestand er darauf, daß sie sich hinlegte. Er spielte, wie immer, den besorgten Ehemann, brachte Eau der Cologne und rieb ihr damit Stirn und Schläfen ein. Alix fühlte sich so hilflos, als wäre sie in eine Falle geraten.

Nicht eine Minute ließ er sie allein. Er ging mit ihr in die Küche und half ihr, die kalte Platte hereinzutragen, die sie schon vorbereitet hatte. Sie würgte die Bissen hinunter und zwang sich, fröhlich und natürlich zu wirken. Sie wußte jetzt, daß sie um ihr Leben kämpfte. Sie war allein mit diesem Mann, meilenweit von jeder Hilfe entfernt. Sie war völlig in seiner Gewalt. Ihre einzige Chance lag darin, sein Mißtrauen zu zerstreuen. Vielleicht ließ er sie ein paar Minuten allein, wenigstens so lange, daß sie in die Diele gehen und Hilfe herbeitelefonieren konnte. Das war jetzt ihre einzige Hoffnung.

Plötzlich erinnerte sie sich, daß er seinen Plan schon einmal geändert hatte. Angenommen, sie erzählte ihm, daß Dick Windyford heute abend kommen werde?

Die Worte lagen ihr schon auf der Zunge, aber sie schwieg. Diesen Mann konnte man ein zweites Mal nicht von seinem Vorhaben abhalten. Seine Entschlossenheit hatte etwas Beängstigendes an sich. Sie würde das Verbrechen nur noch beschleunigen. Wahrscheinlich würde er sie dann gleich umbringen und Dick Windyford anrufen, um ihm irgendeine Geschichte zu erzählen, die ihn entschuldigte.

Ach, wenn nur Dick Windyford heute abend käme!

Plötzlich hatte sie eine Idee. Sie blinzelte verstohlen zu ihrem Mann hinüber, als hätte sie Angst, daß er ihre Gedanken erraten könnte. Während sie sich ihren Plan zurechtlegte, schöpfte sie wieder Hoffnung. Sie benahm sich jetzt so ungezwungen und natürlich, daß sie sich selbst bewunderte. Sie machte Kaffee und trug ihn auf die Veranda hinaus, wo sie manchmal an schönen Abenden saßen.

«Übrigens», sagte Gerald plötzlich, «ich möchte, daß du mir nachher hilfst, einige Negative zu entwickeln.»

Alix spürte einen kalten Schauder ihren Rücken hinunterlaufen. Aber es gelang ihr, gleichgültig zu fragen:

«Kannst du das nicht allein? Ich bin heute abend wirklich etwas müde.»

«Es wird nicht lange dauern.» Er lächelte maliziös. «Und ich kann dir versichern, daß du danach überhaupt nicht mehr müde sein wirst.»

Die Worte schienen ihn zu amüsieren. Alix zitterte. Jetzt oder nie war der Zeitpunkt gekommen, wo sie ihren Plan ausführen mußte. Sie erhob sich.

«Ich rufe nur rasch den Metzger an», meinte sie leichthin.

«Den Metzger? Um diese Zeit?»

«Sein Geschäft ist natürlich geschlossen, Dummerchen. Aber er ist sicher zu Hause. Morgen ist Sonnabend, und ich möchte, daß er mir ein paar Kalbskoteletts bringt, bevor sie mir jemand vor der Nase wegschnappt. Der Gute tut alles für mich.»

Rasch ging sie ins Haus und schloß die Tür hinter sich. Sie hörte, wie Gerald ihr nachrief: «Laß die Tür offen!»

«Ich will nicht, daß die Nachtfalter hereinkommen», sagte

sie rasch. «Ich kann sie nicht ausstehen.» Dann fügte sie hinzu: «Hast du Angst, ich flirte mit dem Metzger, mein Lieber?»

Kaum drinnen, wählte sie die Nummer vom Gasthaus «Traveller's Arms». Augenblicklich war die Verbindung hergestellt.

«Mr. Windyford, bitte. Ist er noch da? Kann ich mit ihm sprechen?»

Dann blieb ihr Herz stehen. Die Tür wurde aufgestoßen, und ihr Mann kam in die Diele.

«Geh weg, Gerald», sagte sie empfindlich, «ich mag nicht, wenn man mir beim Telefonieren zuhört.»

Er lachte nur und ließ sich auf einem Stuhl nieder.

«Ist das wirklich der Metzger, den du anrufst?» fragte er spöttisch.

Alix war verzweifelt. Ihr Plan war schiefgegangen. Im nächsten Moment würde Dick Windyford an den Apparat kommen. Sollte sie es wagen und um Hilfe rufen?

Und dann, während sie nervös den kleinen Schlüssel am Apparat, mit dem man ein Gespräch beliebig unterbrechen konnte, hin und her drehte, fiel ihr ein anderer Plan ein.

Es wird schwierig sein, sagte sie sich. Es bedeutet, daß ich den Kopf nicht verliere, die richtigen Worte wähle und nicht stottere. Aber ich glaube, ich schaffe es. Ich muß es schaffen!

Und in diesem Augenblick hörte sie Dick Windyfords Stimme am anderen Ende der Leitung.

Alix holte tief Luft, dann drehte sie den Schlüssel und sprach.

«Hier ist Mrs. Martin, Haus Nachtigall. Bitte, kommen Sie» – sie drehte den Schlüssel um – «morgen früh mit sechs Kalbskoteletts.» Sie drehte den Schlüssel. «Vielen Dank, Mr. Hexworthy. Entschuldigen Sie, wenn ich so spät noch angerufen habe, aber die Koteletts sind wirklich» – wieder Drehen – «eine Sache von Leben und Tod.» Schlüsseldrehen. «Gut, morgen früh.» Schlüsseldrehen. «So schnell wie möglich.»

Sie legte den Hörer auf und wandte sich ihrem Mann zu.

«So redest du also mit deinem Metzger», sagte Gerald.

«Das ist weibliche List», erwiderte Alix leichthin.

Die Aufregung brachte sie halb um. Er hatte nichts bemerkt. Selbst wenn Dick sie nicht verstanden hatte – kommen würde er jedenfalls.

Sie ging hinüber ins Wohnzimmer und schaltete das elektrische Licht ein. Gerald folgte ihr.

«Du scheinst wieder bester Laune zu sein», sagte er und beobachtete sie gespannt.

«Ja», entgegnete sie, «meine Kopfschmerzen sind vergangen.»

Sie setzte sich in ihren Sessel und lächelte ihrem Mann zu, als er ihr gegenüber Platz nahm. Sie war gerettet. Es war erst fünfundzwanzig Minuten nach acht. Lange vor neun würde Dick kommen.

«Der Kaffee, den du mir serviert hast, hat mir nicht geschmeckt», beschwerte sich Gerald. «Er war bitter.»

«Ich habe eine neue Sorte ausprobiert. Ich werde ihn nicht mehr nehmen, wenn du ihn nicht magst, Liebling.»

Alix nahm sich eine Handarbeit und begann zu sticken. Gerald las ein paar Seiten in seinem Buch, dann blickte er zur Uhr und legte es weg.

«Halb neun. Zeit, um in den Keller zu gehen und mit der Arbeit anzufangen.»

Die Handarbeit fiel Alix aus den Händen.

«Oh, noch nicht. Laß uns bis neun warten.»

«Nein, mein Kind. Halb neun. Diese Zeit habe ich mir vorgenommen. Um so früher kannst du zu Bett gehen.»

«Aber ich möchte lieber bis neun Uhr warten.»

«Du weißt, wenn ich eine Zeit festsetze, halte ich mich daran. Komm, Alix. Ich werde keine Minute länger warten.»

Alix blickte zu ihm auf, und sosehr sie sich auch dagegen wehrte, eine Welle des Entsetzens durchflutete sie. Die Maske war gefallen. Gerald zupfte an seinen Fingern. Seine Augen leuchteten vor Aufregung. Immer wieder fuhr er mit der Zunge über seine trockenen Lippen. Jetzt machte er sich nicht mehr die Mühe, seine Erregung zu verbergen.

Alix dachte: Es ist wahr. Er kann es nicht abwarten. Er benimmt sich wie ein Wahnsinniger.

Er kam auf sie zu und berührte ihre Schulter. Sie sprang auf.

«Komm, mein Schatz. Oder ich werde dich tragen.»

Seine Stimme klang fröhlich, aber eine unmißverständliche Grausamkeit schwang im Unterton mit. Mit letzter Kraft machte sie sich frei und hielt sich kauernd an der Wand fest. Sie war machtlos. Sie konnte nicht weglaufen. Sie konnte überhaupt nichts tun. Und er kam immer näher.

«Also, Alix . . .»

«Nein – nein!» Sie schrie. Kraftlos streckte sie ihre Hände aus, um ihn abzuhalten.

«Gerald, halt ein. Ich muß dir etwas sagen, etwas beichten!»

«Beichten?» fragte er neugierig.

«Ja, beichten.» Sie hatte dieses Wort aufs Geratewohl gewählt. Verzweifelt redete sie weiter und versuchte, damit seine Aufmerksamkeit zu fesseln.

«Ein ehemaliger Liebhaber, nehme ich an», sagte er höhnisch.

«Nein», antwortete Alix. «Etwas anderes. Man nennt es – ich glaube, man nennt es ein Verbrechen.»

Sofort merkte sie, daß sie den richtigen Ton angeschlagen hatte. Instinktiv hörte er ihr zu. Als sie das fühlte, beruhigten sich ihre Nerven etwas. Noch hatte sie eine Chance. Sie ging durch das Zimmer und setzte sich wieder in ihren Sessel.

«Du solltest dich auch lieber hinsetzen», sagte sie leise.

Sogar ihre Handarbeit hatte sie wiederaufgenommen. Aber ihre Ruhe war auch nur eine Fassade. Sie mußte eine Geschichte erfinden, die ihn fesselte, bis Hilfe kam.

«Ich erzählte dir», begann sie, «daß ich fünfzehn Jahre lang als Stenotypistin gearbeitet habe. Das ist nicht ganz die Wahrheit. Es gab zwei Unterbrechungen. Die erste passierte, als ich zweiundzwanzig Jahre alt war. Ich begegnete einem Mann, einem älteren Herrn, der ein wenig Besitz hatte. Er verliebte sich in mich und wollte mich zur Frau. Ich sagte zu, und wir heirateten.» Sie machte eine kleine Pause. «Ich brachte ihn dazu, eine Lebensversicherung zu meinen Gunsten abzuschließen.»

Alix sah das außerordentliche Interesse im Gesicht ihres Mannes und fuhr mit neuer Sicherheit fort.

«Während des Krieges arbeitete ich in der Arzneimittelabteilung eines Krankenhauses. Ich hatte dort die Verwaltung von Medikamenten und Giften unter mir.»

Wieder unterbrach sie sich. Jetzt hatte sie ihn gepackt. Daran bestand kein Zweifel. Mörder haben Interesse an Mordgeschichten. Sie hatte damit gerechnet und Erfolg gehabt. Verstohlen blickte sie auf die Uhr. Es war fünfundzwanzig Minuten vor neun.

«Es gibt ein Gift – so ein kleines weißes Pulver. Eine Prise davon bringt den Tod. Kennst du dich vielleicht ein wenig mit Giften aus?»

Sie bebte, als sie diese Frage stellte. Wenn er mit Gift Bescheid wußte, mußte sie auf der Hut sein.

«Nein», antwortete Gerald. «Ich weiß sehr wenig davon.»

Ein Seufzer der Erleichterung kam über ihre Lippen.

«Du hast sicher schon einmal etwas von Hyosamin gehört? Das Gift, von dem ich spreche, hat die gleiche Wirkung, nur ist es absolut unnachweisbar. Jeder Arzt würde den Totenschein auf Herzschlag ausstellen. Ich habe ein kleines Quantum davon gestohlen und aufbewahrt.»

Sie schwieg und ordnete ihre Gedanken.

«Weiter!» befahl Gerald.

«Nein. Ich habe Angst. Ich kann es dir nicht sagen. Ein andermal.»

«Jetzt», rief er ungehalten. «Ich will es jetzt hören!»

«Wir waren einen Monat lang verheiratet. Ich war sehr gut zu meinem Mann. Er rühmte mich bei allen Nachbarn. Jeden Abend bereitete ich ihm seinen Kaffee. Eines Abends, als wir allein waren, streute ich eine Prise des tödlichen Alkaloids in seine Tasse.»

Wieder machte Alix eine Pause und fädelte sorgfältig einen neuen Faden in ihre Nadel. Sie, die niemals schauspielern konnte, überflügelte jetzt die größten Mimen der Welt. Sie lebte ihre Rolle als kaltblütige Giftmischerin.

«Es war sehr friedlich. Ich saß und beobachtete ihn. Nur einmal hat er ein wenig nach Luft geschnappt. Ich öffnete die Fenster. Er sagte, er könne nicht mehr vom Stuhl aufstehen. Dann starb er.»

Sie lächelte. Es war nur noch eine Viertelstunde bis neun Uhr. Gewiß würde Dick jeden Augenblick hiersein.

«Wie hoch war die Versicherungssumme?» erkundigte sich Gerald.

«Ungefähr zweitausend Pfund. Ich habe damit spekuliert und das Geld verloren. Ich ging wieder ins Büro. Aber nicht lange. Dann lernte ich einen anderen Mann kennen. Ich hatte im Geschäft meinen Mädchennamen behalten, daher wußte er nicht, daß ich schon einmal verheiratet war. Er war jung, sah gut aus und war ganz gut situiert. Wir haben in aller Stille in Sussex geheiratet. Er wollte keine Lebensversicherung abschließen. Aber er hat natürlich ein Testament zu meinen Gunsten gemacht. Er liebte es, daß ich ihm seinen Kaffee selbst zubereitete, genau wie mein erster Mann.» Alix lächelte nachdenklich und fügte dann schlicht hinzu: «Ich machte einen sehr guten Kaffee.»

Dann fuhr sie fort:

«Ich hatte einige Freunde im Dorf, in dem wir lebten. Sie bemitleideten mich sehr, daß mein Mann so plötzlich einem Herzschlag erlag. Der Arzt war mir unsympathisch. Ich glaube zwar nicht, daß er mich verdächtigte, aber er war jedenfalls über den plötzlichen Tod meines Mannes sehr überrascht.

Ich weiß nicht genau, weshalb ich wieder in mein Büro zurückging. Gewohnheit, wahrscheinlich. Mein zweiter Mann hinterließ viertausend Pfund. Diesmal spekulierte ich nicht. Ich investierte es. Und dann, na, du weißt ja –»

Aber sie wurde unterbrochen. Gerald Martin, hochrot im Gesicht, halb erstickt, deutete mit dem Zeigefinger auf sie.

«Der Kaffee! Mein Gott, der Kaffee!»

Sie blickte ihn starr an.

«Ich weiß jetzt, warum er so bitter war. Du Teufelin! Du hast deinen Trick zum dritten Mal angewendet!»

Seine Hände umklammerten die Armlehnen seines Sessels. Er war nahe daran, sich auf sie zu stürzen.

«Du hast mich vergiftet!»

Alix war vor ihm zum Kamin zurückgewichen. Sie wollte schon die Lippen öffnen, um es abzustreiten, dann hielt sie an. Jede Sekunde würde er sie anspringen. Sie nahm all ihre Kraft zusammen. Ihre Augen hielten seinem Blick stand.

«Ja», sagte sie, «ich habe dich vergiftet. Das Gift wirkt schon. Du kannst dich nicht mehr bewegen.»

Nur noch ein paar Minuten!

Da. Was war das? Schritte auf der Straße. Das Quietschen des Gartentors. Dann Schritte auf dem Weg zum Haus.

«Du kannst dich nicht bewegen», wiederholte sie.

Dann schlüpfte sie an ihm vorbei und flüchtete kopfüber aus dem Zimmer. Ohnmächtig fiel sie in die Arme von Dick Windyford.

«Mein Gott, Alix!» rief er aus.

Dann wandte er sich an den Mann neben ihm, eine große, kräftige Gestalt in Polizeiuniform.

«Sehen Sie nach, was passiert ist!»

Er legte Alix behutsam auf eine Couch und beugte sich über sie.

«Mein kleines Mädchen», murmelte er, «mein armes kleines Mädchen. Was haben sie nur mit dir gemacht?»

Ihre Lider zuckten, und ihre Lippen murmelten seinen Namen.

Dick fuhr hoch, als der Polizist seinen Arm berührte.

«In dem Zimmer ist nichts, Sir, außer einem Mann, der in einem Sessel sitzt. Er sieht aus, als hätte er einen schweren Schock erlitten, und ...»

«Und?»

«Nun, Sir, er ist tot.»

Sie waren überrascht, als sie Alix' Stimme hörten. Sie sprach wie im Traum; ihre Augen waren noch geschlossen.

«Und dann», sagte sie, als ob sie etwas zitierte, «starb er.»

HANSJÖRG MARTIN

# *Der Tod in der Thermosflasche*

Sie waren die ganze Nacht gefahren und erreichten Kofelseeheim kurz nach sieben, als die Frau des Gemischtwarenhändlers Emberger gerade die Ladentür aufschloß, das erste Zeitungsbündel ächzend auf den Tresen hob und aufschnürte. Nebenan fegte vor dem Gasthof «Erzherzog Franz» ein untersetztes Mädchen das Steinpflaster. Der Kittel, den es trug, sah sehr neu aus, und das leuchtende Kornblumenblau des noch steifen Leinens bildete einen heftigen Kontrast zum Rot der Mädchenhaut und zum fast weißen Blond des Haares.

Theo Bennewitz bremste, ließ den Wagen rechts ranrollen und schaltete die Zündung aus. «Wir sollten hier versuchen, Frühstück zu kriegen», meinte er. «Ich weiß nicht, Tilde, wie lange es noch dauert, bis wir oben auf der Alm sind. Die haben was vom Hof im Tal gleich hinter Kofelseeheim geschrieben, wo wir das Auto stehenlassen können – aber wie es dann weitergeht . . .»

«Ich frage mal», sagte Mathilde Bennewitz und drehte das Fenster an ihrer Seite herunter.

Es kam niemand, den sie hätte fragen können. Steirische Kleinstadtluft wehte zum offenen Fenster herein und vertrieb den sauerstoffarmen Mief aus Müdigkeit und viel zu vielen Zigaretten, deren Reste sich in den Aschenbechern am

Armaturenbrett krümmten. Es roch nun nach frischem Brot, Kaffee, Kuhstall, Wiese, Seife, Misthaufen und – wie überall in der zivilisierten Welt – ein bißchen nach Benzin, dem Protoplasma des sogenannten Fortschritts der Menschheit.

Theo streckte sich. Seine Schultern schmerzten. Sie hatten sich zwar abgelöst unterwegs, aber er war doch den weitaus größten Teil der elfhundert Kilometer gefahren, weil sie es auch auf der Autobahn nicht wagte, den Wagen voll auszufahren. Wenn der Tacho über hundertzwanzig stieg, klammerte sie sich so ängstlich ans Lenkrad, daß er nervös wurde. Er war es gewöhnt, lange Strecken zu fahren, aber die Serpentinenkurbelei der letzten anderthalb Stunden, seit sie die Autobahn verlassen hatten, war ihm doch in die Oberarmmuskeln gegangen.

«Gibt's bei Ihnen ein Frühstück?» rief Mathilde schließlich quer über die Straße dem blau-rot-blonden Mädchen zu.

«Haa?» fragte das Mädchen zurück, stützte sich auf den Besen und ließ nach dem langen A seiner Frage den Mund offen.

«Frühstück!» wiederholte Mathilde. «Ob wir schon Frühstück kriegen können!»

Das Mädchen drehte sich wortlos um, lehnte den Besen gegen die weißgetünchte Wand und verschwand mit klappernden Holzschuhen über die drei ausgetretenen Sandsteinstufen ins dämmrige Innere des Hauses. Ihr langgezogener Ruf «Cheeefin!», der auf die Straße drang wie ein Hilfeschrei, ließ erkennen, daß Mathildes Frühstücksfrage etwas in Gang gesetzt hatte.

Sie warteten schweigend. Theo griff nach der Zigarettenschachtel, ließ sie dann aber ungeöffnet. Mathilde zog sich vor dem Spiegel der heruntergeklappten Sonnenblende die Lippen nach. Sie fröstelte.

Die Frau des Gemischtwarenhändlers Emberger brachte eine Zeitung aus dem Laden und befestigte sie an einem Drahtgestell neben der Tür. Die Schlagzeile schrie in drei Zentimeter großen Buchstaben:

# MORD AUS LANGEWEILE

Theo Bennewitz konnte es vom Auto aus quer über die ganze Straße lesen. Langeweile – das können sie bei mir nicht schreiben, dachte er; Langeweile bestimmt nicht... Überdruß vielleicht. Nee, das trifft's auch nicht ganz. Widerwillen, ja – das wär's schon eher... Aber warum zerbrech ich mir den Kopf, zum Teufel? Es wird ja gar nicht zu so 'ner Schlagzeile kommen. Es kann ja gar nicht dazu kommen, weil niemand Tildes Tod als Mord...

«Da ist die Wirtin», sagte Mathilde.

Eine dicke Frau stand im Gasthaustürrahmen und winkte ihnen zu. Sie trug eine knallbunt-großgeblümte Kittelschürze. Ihr überdimensionaler Busen, von doppelfaustgroßen Sonnenblumen überspannt, wackelte, als sie winkte. Das sah aus, als nickten die Sonnenblumenblüten im Wind.

Theo gab sich einen Ruck. «Ja, dann woll'n wir mal!» sagte er und stieg aus. Seine Rückenwirbel schienen zu knarren, als er sich aufrichtete, und ein kleiner roter kreisender Schwindelanfall zwang ihn für Sekunden, die Augen zu schließen und sich am Autodach festzuhalten.

Mathilde sah es. «Ist dir nicht gut?» fragte sie. Es klang eher neugierig als besorgt.

«Doch, doch!» Er nickte vorsichtig. «Alles okay. Bißchen flau – weiter nichts. Ich bin hungrig... Mach bitte drüben die Verriegelung runter und das Fenster zu, ja?»

«Hier? Glaubst du, hier geht uns jemand ans Auto? Am hellichten Tag?»

«Peter Kirschmann haben sie mitten im Wald den ganzen Wagen ausgeräumt. Und er hat hundert Schritt entfernt nichts gehört.»

«Wer weiß, womit er beschäftigt war – im Wald!»

«Mit Fotografieren – ausgefallene Pflanzen. Er ist schließlich Botaniker, ja?»

«Na ja, im Wald... Aber hier – direkt vorm Gasthof? Das ist ja wohl lächerlich!»

Sie hatte jetzt den spitzen Streitton in der Stimme, den er

haßte und fürchtete. Es war ein ganz winziger Ton, eigentlich nur eine minimale Überhöhung der i-Laute, aber unerträglich für ihn, zumal er wußte, daß dieser Ton meist den Beginn endloser Zänkerei ankündigte.

«Ich finde es nicht lächerlich», sagte er betont milde und leise, «aber laß nur, ich schließe schon ab. Hast du deine Handtasche?»

Der Märtyrer! dachte sie; der nachgiebigere Klügere ... Er schließt schon ab. Er duldet und leidet und bringt alles wieder in Ordnung, was seine blöde, böse Frau verpatzt. Er ist ja der Überlegene, der Mann, der supergescheite, tolerante, nachsichtige ... «Natürlich hab ich meine Handtasche!» sagte sie und ging auf den Gasthof zu.

Und ob ich meine Handtasche habe! dachte sie. Da ist doch meine Chance drin, meine Hoffnung auf Freiheit, meine Zukunft, mein neues Leben, wenn seines ausgelöscht sein wird – morgen, übermorgen ...

«Guten Morgen», sagte sie zur großgeblümten Wirtin, «wie schön, daß Sie uns schon ein Frühstück machen wollen!»

«Ja, freilich», sagte die Dicke. «Was hätten's denn gern? Auch einen Aufschnitt und Eier?»

Hotel- und Gasthof-Frühstücke sind – zumal in den deutschsprachigen Landen – reine Glückssache. Dieses hier, im «Erzherzog Franz» in Kofelseeheim am Fuße der Laurentiuswand mit den Siebenzinnen – dieses Frühstück war ein Glücksfall.

Der Kaffee war wirklich vorzüglich. Die goldgelbe, feste Butter schmeckte richtig nach Butter. Die Eier waren nestfrisch und genau auf den Härte- oder Weichheitsgrad gekocht, den Frühstückseier haben müssen. Es gab vier Sorten Wurst und schwarzroten, geräucherten Schinken, mit Tauperlen benetzten Käse, Honig und selbstgemachte Himbeermarmelade, Weißbrot, Schwarzbrot, duftende Hörnchen und knusprige Brötchen ... phantastisch.

Theo Bennewitz, der gern gut aß – im Gegensatz zu Mathilde, die angesichts der schönsten Dinge an Kalorien denken zu müssen glaubte –, Theo vergaß über den Schalen und Tellern, über dem Gekochten und Geräucherten, über dem Gewürzten und Süßen Mathildes spitze i-Töne und genoß die guten Gaben der großgeblümten Wirtin.

Die stand, als Theo und Mathilde Bennewitz fertig waren, mit untergeschlagenen Armen, auf denen ihr pompöser Busen ruhte, am Tischrand und fragte, ob es denn alles recht und reichlich gewesen sei.

Theo nickte, noch kauend.

«Wollen Sie hier in der Gegend Ferien machen?» fragte die Dicke.

«Ja, auf der Birnbacher Alm», sagte Mathilde und bemühte sich, den Widerwillen zu verbergen, den ihr das rote Gesicht, die schweißglänzende Stirn und die fettigen Lippen ihres noch immer geräusch- und genußvoll kauenden Gatten einflößten.

«Ah, beim Leutner Joseph», sagte die Wirtin. «Wollen's denn etwa auch in die Wand?»

«Ja, natürlich, aber sicher!» sagte Theo Bennewitz, nachdem er sich den Mund abgewischt und die Stirn getrocknet hatte. «Deshalb sind wir ja hergekommen. Deshalb vor allem, jedenfalls. Wegen der Berge ...»

«Klettern Sie denn beide?» wollte die Wirtin wissen.

«Ja. Wir machen alle Touren miteinander. Seit gut zwölf Jahren schon, nicht, Tilde?» Er tätschelte über den Tisch hinweg seiner Frau den Arm und setzte in Gedanken hinzu: Das ist das einzige, was wir noch miteinander machen ...

Und Mathilde, die sich seine Tätschelei nicht erklären konnte, dachte: ... und dieses Jahr zum letztenmal! Dazu lächelte sie.

«Aber hier in Kofelseeheim sind Sie noch nicht gewesen – oder?» fragte die Wirtin weiter. Sie freute sich über die Möglichkeit zum Schwatzen und beschloß im stillen, dem netten Ehepaar aus der Stadt das Frühstück billig zu berechnen. Es war noch früh im Jahr – Mai –, und die Saison hatte noch nicht begonnen. Später, wenn die Fremden erst in Scharen kamen, würde sie selten Zeit haben, sich mit ihnen zu unterhalten. Bei sechsundzwanzig Betten, dem Mittagstisch und der Mann im Betrieb nicht zu gebrauchen, weil er ein Grobian war und die Gäste anpöbelte, wenn er zu tief in die Flasche ... Ach ja. Und sie schwatzte so gern, schon um mal was anderes zu hören als Dorfklatsch und Kuhglocken.

«Nein, hier sind wir noch nicht gewesen», sagte Mathilde.

«Aber die Laurentiuswand mit den Siebenzinnen ist ja berühmt», fügte Theo hinzu.

«Ja», sagte die Wirtin. «Aber leicht ist sie nicht. Mein eigener Schwager, der jüngste Bruder von meinem Mann, der Anton, den hat's erwischt droben in der Wand. Steinschlag ... Der Anton, das war auch so ein Spinneter. Immer allein im Fels! Sie haben ihn erst nach zwei Monaten gefunden ...» Sie bekreuzigte sich.

«Na ja – das kommt vor», sagte Theo, dem ein Gruseln über den Rücken kroch. «So schwere Touren, da geht man eben nicht allein. Ich hab's nur einmal versucht. Früher, als ganz junger Bursch. Drüben in den westlichen Urner Alpen, Schweiz, wissen Sie ... da bin ich fast vierzehn Stunden im Tellistock herumgestiegen. Und dann kam Nebel und Schnee ... Mörderisch, sag ich Ihnen!»

Er erschrak bei dem Wort «mörderisch» so, daß er sich verschluckte und husten mußte und nicht merkte, daß auch seine Frau erschrocken zwinkerte.

Die Wirtin nickte eifrig und beflissen, wodurch aus ihrem Doppelkinn ein Vierfachkinn wurde. «Ja – die Berge!» sagte sie. «Ich kann's ja nicht verstehn, daß die Leut immerzu da hinaufwollen – und schon gar nicht, daß sie dann nicht die bequemen Wege naufsteigen, sondern extra die unbequemen, lebensgefährlichen ... Was mein zweiter Bub ist, der Ferdl, den hat's auch schon erwischt. In jeder freien Minute steigt der da oben umanand. Da kannst nix machen, sagt mein Mann.» Sie seufzte tief.

«Nein, da kann man nichts machen», bestätigte Theo Benewitz. «Es ist eine Leidenschaft, gewissermaßen. Aber nehmen Sie's nicht so schwer, Frau Wirtin. Wenn Ihr Sohn ein Motorradrennfahrer wäre oder ein Düsenjägerpilot oder so was – das wär noch viel gefährlicher. Schau'n Sie uns an – wir haben schon über hundert Gipfel gemacht, meine Frau und ich. Ganz schwere darunter, die Westwand vom Bauernpredigtstuhl im Wilden Kaiser und die Dachl-Nordwand im Gesäuse ... Und uns ist nichts passiert, seh'n Sie!»

Er fügte diesmal nicht «Unberufen, toi, toi, toi!» hinzu, wie er es sonst immer tat, doch das fiel Mathilde nicht auf, weil sie mit ihren Gedanken woanders war ...

Dachl-Nordwand hatte er gesagt ... Seltsam. Seit Jahren hatten sie nicht mehr über jene Tour gesprochen. Das war die große, aufregende Besteigung gewesen, bei der sie sich kennengelernt hatten. Ihre, Mathildes, erste große Bergtour überhaupt ... Daß er jetzt und hier davon sprach!

Mathilde Cornehls hatte damals schon seit zwei Tagen mit ihrer Freundin Edeltraud Buchstaller, die eine erfahrene Bergsteigerin war, auf der Haindlkarhütte auf besseres Wetter gewartet, um in die Dachl-Nordwand gehen zu können. Es regnete, und der Berg trug eine tiefsitzende dichte Wolkenmütze. Sie hatten sich die Zeit mit Spaziergängen rund um die Hütte vertrieben, waren am Nachmittag des zweiten Tages, als es gar nicht aufklaren wollte, noch mal hinunter nach Gstatterboden im Ennstal gegangen, um ihren Proviant aufzufüllen und sich in einer kleinen Konditorei bei Sachertorte und Kaffee mit Schlagobers über die Touristen lustig zu machen, die im Nieselregen ihre geschniegelten Lodencapes gelangweilt oder trübselig an den Reiseandenkenläden entlangtrugen oder die Gaststätten und Cafés füllten, nörgelten und in zwei Wochen alten Illustrierten blätterten.

Als der Regen aufgehört hatte, waren die Freundinnen aufgebrochen und hatte sich auf den Weg zur Hütte gemacht. Sie hatten nicht allzuviel zu tragen gehabt, doch nach der ersten Dreiviertelstunde bergan, etwa auf der Hälfte der Strecke, hatten sie dann doch ihre Päckchen und Tüten abgelegt und sich für eine kurze Rast auf bemooste Steine gesetzt, die den gewundenen Pfad säumten.

Da war plötzlich ein dicklicher, mittelgroßer Mann in den

Dreißigern um die Wegbiegung gekommen, schwitzend, mit rotem Gesicht und einem so riesigen Rucksack, als trüge er seine gesamte Habe den Berg hinan. Er war stehengeblieben, hatte schwer atmend so etwas wie einen Gruß gebrummt und gefragt, ob sie auch zur Haindlkarhütte hinauf wollten und wie weit das wohl noch wäre.

Als sie bejaht und erklärt hatten, daß es bei zügigem Zuschreiten noch mal etwa eine Dreiviertelstunde sei, hatte er wortlos nach den zwei schwereren ihrer Pakete gegriffen – Brot und Konserven –, hatte sie sich mit Schwung oben auf den quergebundenen Schlafsack gehoben und verkündet, er werde ihnen tragen helfen – auf fünf oder zehn Kilo komme es ihm nun auch nicht mehr an, und das sei ein gutes Training für die großen Dinge, die er vorhabe. Sie hatten protestieren wollen, aber der Mann hatte nur gelacht und war weitergestiegen, so daß ihnen nichts anderes übriggeblieben war, als ihre restlichen paar Tüten und kleinen Päckchen einzusammeln und ihm zu folgen. Mathilde erinnerte sich noch genau der faltigen Grimassen, die sein lederner Kniehosenboden gezogen hatte, als der Fremde vor ihnen herstapfte.

Das war ihre erste Begegnung mit Theo Bennewitz gewesen.

In der Hütte hatten sie ihn an jenem Spätnachmittag nur kurz gesehen. Er war sehr zeitig schlafen gegangen, weil er am anderen Morgen früh los wollte. Die beiden Mädchen hatten auf ihren Strohsäcken noch bis zum Einschlafen über den komischen Kavalier gekichert.

Der nächste Tag war dann weniger lustig verlaufen.

Das erste Ärgernis war erbsensuppendicker Nebel gewesen, der sich auch im Laufe des Vormittags nicht lichten wollte und damit alle Ausflugs-, Wander- oder gar Kletterpläne zunichte gemacht hatte. In der Hütte war es eng geworden. Die Schlafräume und Kammern waren bis auf den letzten Strohsack belegt, und in der Gaststube hatten auf den Bänken, auf denen sonst vier Leute saßen, sechs Platz finden müssen. Trotzdem war die Stimmung gut gewesen. Ein Wiener, der eine Gitarre dabeihatte, war mit seinem Instrument und seinen Liedern zum Mittelpunkt der Gesellschaft geworden. Er sang sich die Kehle heiser und spielte sich die Fingerspitzen wund. Wenn es nur vier Quadratmeter freien Raum in der niedrigen Stube gegeben hätte, wäre wohl sogar getanzt worden.

Am Fenster neben dem Durchgang zur Küche hatten die beiden Freundinnen einen Platz ergattert. Am gleichen Tisch gegenüber war es dem Dicken zuvor gelungen, einen Stuhl zu erobern. Er war ganz offensichtlich glücklich, in ihrer Nähe sitzen zu können, denn er hatte sie den ganzen Vormittag nicht aus den Augen gelassen, während er schweigend dagesessen und aus seiner faustgroßen Pfeife dicke, aber gutriechende Wolken ausgestoßen hatte.

Es war nur nicht ganz klargeworden, ob er Mathilde oder Edeltraud meinte.

Das zweite, viel ärgerlichere Ereignis jenes Tages hatte sich am Nachmittag angekündigt, als der dichte Nebel einem steten, vorhangähnlichen Regen gewichen war.

Mathildes Freundin war zunehmend stiller geworden, hatte mit schiefem Lächeln den Wein abgelehnt, den Theo Bennewitz spendiert und ihr angeboten hatte, und war dann plötzlich blaß und schmal, mit tiefen Ringen unter den Augen, in einen Schüttelfrost gefallen, der Mathilde und alle Umsitzenden erschreckte.

Die Hüttenwirtin hatte zwar gemeint, das sei nur eine Sommergrippe, so was komme öfter mal vor und vergehe mit Tee und Wadenwickeln ganz schnell wieder – aber an Bergsteigen sei ganz gewiß in den nächsten vier, fünf Tagen nicht zu denken. Sie hatte die Kranke in einer Extrakammer untergebracht und sich um sie gekümmert.

Am nächsten Morgen war der Himmel blitzblank gewesen und innerhalb einer Stunde nach Sonnenaufgang die Hütte nahezu menschenleer. Außer einer Familie mit Kindern hatten nur noch Mathilde Cornehls und Theo Bennewitz in der Gaststube gesessen und gefrühstückt, alle anderen waren schon unterwegs gewesen.

«Wollten Sie nicht aufs Dachl?» hatte sie ihn gefragt.

«Ja, das schon ... Aber wenn ich weiß, daß Sie hier dann allein herumsitzen müssen, da vergeht mir die Laune ...»

Er hatte das so gesagt, daß Mathilde ihn von diesem Augenblick an geliebt hatte. Und daß man schwere Touren nicht am ersten Tag nach schweren Regenfällen macht, hatte sie damals noch nicht gewußt.

Als sie nun, zwölf Jahre später, wieder an all das dachte, kam es ihr vor, als sei sie damals nicht ganz richtig im Kopf gewesen. Jetzt und hier, in der Gaststube des «Erzherzog Franz» in Kofelseeheim, nachdem Theo der Wirtin vom Dachl erzählt und damit ihre Erinnerungskette ausgelöst hatte, jetzt und hier, in ihrer Handtasche das Mittel, mit dessen Hilfe sie sich von diesem Mann befreien wollte, jetzt und hier konnte sie nicht glauben, was damals geschehen war.

Was, zum Teufel, hatte sie dazu gebracht, sich in den Mann zu verlieben?

Seine Kletterkünste konnten es kaum gewesen sein, denn damit war es nicht so weit her. Aber das hatte sie nicht gemerkt, als es ihm gelungen war, sie zu überreden, mit ihm die Tour zu machen, die sie eigentlich mit der Freundin hatte machen wollen.

Sie hatte seine Unsicherheit und Unerfahrenheit nicht gemerkt, weil sie selbst unsicher und unerfahren gewesen war. Sie hatte sich ihm anvertraut und von ihm den Hof machen lassen, weil es ihr Spaß machte, hofiert zu werden ... Vielleicht auch, weil es ein Triumph über die Freundin war, ein kleiner Sieg über die hübschere, erfolgreichere Freundin.

Nicht zuletzt hatte wohl auch ihre mit den Jahren wachsende, nie zugegebene, aber immer vorhandene Angst, ein übriggebliebenes Mädchen zu werden, eine Rolle gespielt. Denn sie hatte mit ihren achtundzwanzig Jahren bis dahin kein Glück gehabt, obschon sie nicht häßlich, aber zu ängstlich und aus Angst zu abweisend gewesen war.

Kurz und gut: Mathilde Cornehls war am nächsten Morgen, versehen mit dem – leicht spöttischen – Segen der kranken Freundin hinter Theo Bennewitz in die schwierige Dachl-Nordwand gestiegen.

Sie hatte sich am Nachmittag, als sie nach langen Stunden kräftezehrender, atemberaubender, schwindelerregender, lebensgefährlicher Kletterei glücklich den Gipfel erreicht hatten, von ihm küssen lassen und hatte ihn wiedergeküßt – nicht nur so aus Gipfelbezwinger-Euphorie, sondern mit durchaus anderem Beigeschmack. Sie war todmüde, mit schmerzenden Beinmuskeln, aber eigenartig glücklich, weitere dreieinhalb Stunden später in der Hütte an seiner Seite auf dem Strohsack eingeschlafen. Er war für den Austausch von Zärtlichkeiten wohl zu erschöpft gewesen, hatte ihr nur behutsam-schüchtern unter der Wolldecke die Brust ein bißchen gestreichelt und «Gute Nacht, Liebste!» gebrummt. Drei Tage darauf, die Freundin durfte schon aufstehen, aber noch nicht spazierengehen, hatte Theo sie zwischen den Latschenkiefern rechts vom Wege nach Gstatterboden verführt – soweit man das, was geschah, bei ihrem bereitwilligen Entgegenkommen als «Verführung» bezeichnen darf. Es war umständlich, unbequem, kompliziert und ziemlich enttäuschend abgelaufen, zumal Theo auch auf diesem Gebiet unsicher und unerfahren war. Aber Mathilde hatte das alles wundervoll und außerordentlich aufregend und himmlisch und berauschend schön gefunden – was sie zwar heute nicht mehr verstehen, aber auch nicht leugnen konnte.

Sie hatte zwei Monate später «ja» gesagt, als Theo Bennewitz sie gefragt hatte, ob sie seine Frau werden wolle. Sie hatte ihn danach noch zweimal für ein Wochenende getroffen, ehe sie heirateten.

Und sie hatte schließlich zwei Jahre gebraucht, bis ihr klargeworden war, daß sie ihn nicht liebte.

Wenn es nur erloschene Liebe wäre, Gleichgültigkeit, Entfremdung ... Das wäre ja vielleicht zu ertragen gewesen. Darüber hilft die Gewohnheit unter Umständen hinweg ... doch es war im Laufe der Jahre Widerwillen, Abscheu, schließlich blanker Haß geworden. Sie konnte diesen dicken Menschen mit dem ewigen Lächeln, das kein Lächeln war, nicht mehr sehen. Sie konnte ihn nicht mehr riechen. Sie konnte ihn nicht mehr ertragen. Sie kannte seine Sprüche, seine Witze, seine Reaktionen so genau, wie man eine hundertmal gehörte Schallplatte kennt. Sie wußte im voraus, was er zu einer Radiomeldung sagen, wie er einen Bekannten beurteilen, welche Krawatte er zu welchem Anzug umbinden würde – und sie fürchtete sich vor der Zeit, in der er nicht mehr geschäftlich unterwegs, sondern von morgens bis abends, von abends bis morgens zu Hause sein würde, wie vor einer schlaflosen Nacht.

Es wäre ihr zwar gewiß nicht recht gewesen, einen Filou zum Mann zu haben, einen Spieler, Abenteurer, Schürzenjäger – aber dieser Langweiler, dieser stets zufriedene, selbstzufriedene, selbstgerechte Mann ohne Ehrgeiz ging ihr von Jahr zu Jahr heftiger auf die Nerven.

Und nun war es soweit, daß sie ihn ermorden wollte, um endlich dem Höllenleben an seiner Seite ein Ende zu bereiten.

«Tja», sagte Theo Bennewitz, «nun haben wir aber lange genug gegessen, Frau Wirtin! Ihr Frühstück war wirklich erstklassig, schönen Dank . . . Was bin ich Ihnen schuldig?»

«Fünfzig Schilling», sagte die Dicke.

Geradezu geschenkt! Theo beeilte sich zu bezahlen, bedankte sich noch einmal und stand auf. Mathilde erhob sich ebenfalls.

«Ach ja – noch was!» sagte Theo und machte seinen Gürtel ein Loch weiter, weil er ihn drückte. «Wie kommen wir zu dem Hof im Tal, bei dem man das Auto stehenlassen kann, wenn man zur Birnbacher Alm hinauf will?»

«Das ist der Leutner-Hof», sagte die Wirtin, «der Hof vom Xaver . . . Der Xaver will ja partout nicht aufs Altenteil, trotz seiner Zweiundachtzig. Drum hat er auch dem Joseph die Almhütte eingerichtet . . . Ja, also zum Leutner-Hof. Da müssen Sie hinter der Metzgerei rechts die schmale Straße hinein. Ein Schild hat's da nicht. Aber es ist gar nicht zu verfehlen – gleich rechts hinter der Metzgerei! Und dann am Friedhof vorbei immer gradaus. Dann gabelt sich die Straße, und da müssen Sie sich links halten – links am Waldrand entlang. Da sehen Sie den Hof auch bald. Es ist der letzte vom Dorf. Die Straße hört gleich dahinter auf.»

«Schönen Dank!» sagte Theo, gab der Dicken die Hand und wandte sich zur Tür. «Komm, Liebling!» forderte er Mathilde auf, ihm zu folgen.

Liebling? dachte sie verblüfft. Das hat er noch nie gesagt ... Und dann war sie noch erstaunter, als er ihr beim Überqueren der Straße den Arm um die Hüfte legte.

Falls die Wirtin übermorgen erfährt, daß Mathilde ums Leben gekommen ist, dachte Theo, wird sie sicher allen Leuten erzählen, wie wir noch über die Gefahren des Bergsteigens miteinander geredet haben. Und sie wird seufzen und sagen, daß es so traurig ist, wenn eine so glückliche Ehe so schrecklich enden muß, bloß weil die Menschen immer auf die Berge hinauf müssen ... Er hielt Mathilde die Wagentür auf und half ihr fürsorglich beim Einsteigen. Dann stieg er selber ein, winkte der Dicken, die ihnen von der Gasthaustür aus nachschaute, noch einmal zu und startete.

«Ach ja ...» seufzte die Wirtin, schüttelte beim Gedanken an ihre eigene Ehe den Kopf und watschelte in die Küche.

Mathilde und Theo fuhren den beschriebenen Weg hinter der Metzgerei rechts ab. Am Friedhof mußte Theo Gas wegnehmen und dicht an der Mauer entlang Schritt fahren, weil ihnen eine Langholzfuhre entgegengerumpelt kam. Ohne es zu ahnen, hatten beide Eheleute die gleichen Gedanken:

Daran hab ich ja überhaupt noch nicht gedacht! Was soll denn mit ihm/ihr werden, wenn er/sie tot geborgen ist aus der Wand? Muß ich seine/ihre Leiche nach Hause überführen lassen? Wie geht so was? Oder kann man auch als Protestant hier auf dem katholischen Friedhof begraben werden? Warum eigentlich nicht? Es wird sicher viel billiger, wenn ich ihn/sie gleich hier beerdigen lasse. Und ich kann ja immer und zu jedem, der fragt, sagen: Theo/Mathilde hat es so gewünscht; er/sie wollte in den geliebten Bergen zur letzten Ruhe ...

«Woran denkst du?» fragte Mathilde plötzlich.

«Woran ich ... Also eigentlich an gar nichts», stammelte Theo erschrocken. «Warum?»

«Du hast so gelächelt», sagte sie. «So ganz anders als sonst!»

«Ach? Gelächelt?» fragte er. «Na ja, sicher. Ich freu mich halt auf den Urlaub.»

Sie erreichten den Hof kurze Zeit später. Als sie das Auto unter einer von mehreren mächtigen Kastanien neben einem guten Dutzend anderer Autos parkten und ausstiegen, kam aus dem Haus ein alter Mann. Er kam mit eigenartig ruckhaften Bewegungen auf sie zu, so, als hingen seine Beine und Arme an unsichtbaren Fäden und würden von irgendwoher gelenkt.

Er war unsäglich mager. Sein Kopf unter dem zerknautschten, speckigen Filzhut war nur noch ein mit dünnem, dunkelbraunen Leder überzogener Schädel. Aber die hellblauen Augen in ihren tiefen Höhlen, über die buschige Brauen wie Vogelkrallen zipfelten, strahlten eine so ungeheure Energie aus, daß die Ankommenden den Eindruck hatten, das ganze knochig-wackelige Klappergestell von Mann würde von diesen Augen zusammen- und in Betrieb gehalten.

«Guten Tag», sagte Theo Bennewitz. «Wir wollen zur Birnbacher Alm hinauf. Wir haben uns angemeldet droben. Für drei Wochen. Bennewitz, mein Name.»

Der Alte nickte ruckartig und nuschelte Unverständliches, da seine zerklüfteten Lippen vor einem zahnlosen Mund flatterten. Dann reichte er Mathilde und Theo die Hand, die sich wie Holz anfühlte, und wies mit ausgestrecktem dürren Arm nach links zu einer breiten Scheune.

Jetzt erst sahen sie, daß sich vom offenen Gipfel der Scheune aus Drahtseile den Berg hinauf über die Tannenwipfel schwangen.

«Ein Lift?» rief Theo. «Wie schön! Das hab ich ja gar nicht gewußt. Da brauchen wir nicht hinaufzulaufen, wie?»

Aber der Alte schüttelte den Schädel, bewegte abwehrend

die knochige Hand und zischelte, speichelte, quackerte drauflos, ohne die geringste Chance, verstanden zu werden.

Schließlich, nach kurzer Ratlosigkeit, fragte Theo: «Ist das ein Lift? Eine Seilbahn?»

«Hawraschah», blubberte der Alte, und da er dazu nickte, schloß Theo, daß dies «Ja» heißen sollte.

«Führt diese Seilbahn hinauf zur Birnbacher Alm?» fragte er weiter.

«Hawraschah», machte der Alte.

«Also kann man doch hinauffahren!»

«Fleibelifleiflei . . .» sprudelte der Mann, schüttelte erneut den Kopf und wackelte wieder mit den hölzernen Händen vor Theos Gesicht herum.

«Ist sie kaputt?» fragte Theo jetzt, und es war ihm anzumerken, daß er die Geduld zu verlieren begann.

«Fleibeilibleilei . . .» gurgelte der Alte verneinend.

Theo hob hilflos die Schultern und guckte seine Frau an. «Verstehst du, was los ist?» fragte er.

Der Alte ließ seine strahlenden Augen von ihm zu ihr und wieder zurück wandern. Er stand da mit hängenden Armen und wartete auf irgendwas.

Mathilde schwieg und machte ihr hochmütiges Gesicht, das Theo nicht ausstehen konnte. *Tu doch was!* stand in dem Gesicht. *Nun zeig doch endlich mal, daß du ein Mann bist . . .*

Sie hatte dieses Gesicht in den vergangenen Jahren häufig aufgesetzt. Bei vielen Gelegenheiten hatte sie ihm nur mit dieser Miene zu verstehen gegeben, was sie von ihm hielt. Einmal war es ihm besonders an die Nieren gegangen. Da hatte er, anläßlich des zwanzigsten Jahrestags seiner Zugehörigkeit zur Firma Köhler & Co. (Öle und Fette) seinen Chef und zwei Kollegen aus dem Vertrieb eingeladen. Mit Damen.

Es sollte ein festlicher Abend werden, und er hatte, als sie alle eingetroffen waren, Schwierigkeiten mit der Sektflasche gehabt. Es war ihm nicht gelungen, die verdammte Pulle aufzukriegen, um den Gästen einen Schluck zur Begrüßung einzuschenken. Der idiotische Drahtring um den Korken brach ab und saß fest wie angeschweißt.

Alle hatten erwartungsvoll um ihn herum gestanden, als er sich, immer zappeliger und nervöser werdend, mit dem tückischen Ding gequält, den Handteller blutig gerissen und schließlich kapituliert hatte, erschöpft, mit verrutschter Krawatte, den Tränen nahe.

Siggelschmidt, der eine Kollege, war ihm endlich zu Hilfe gekommen, und sie hatten zu zweit mittels einer Flachzange und unter verlegenem Gelächter die Sektflasche so entkorkt, daß mehr als die Hälfte des Inhalts auf Teppich und Parkett geschäumt, aber immerhin noch in jedes Glas ein guter Schluck gelangt war.

Damals hatte Mathilde auch dieses Hochmuts-Gesicht gemacht. Und alle hatten darin gelesen, wie sie ihn verachtete ... Vielleicht war das der Augenblick gewesen, wo er zum erstenmal daran gedacht hatte, sie umzubringen.

Aus dem Bauernhaus kam jetzt zum Glück ein dralles Mädchen in schmutzigen Jeans und Gummistiefeln, fragte den Alten irgendwas, das Theo und Mathilde wieder nicht verstehen konnten, und sagte dann in langsamem, mühseligem Hochdeutsch:

«Sie können Ihr Gepäck, bitte schön, in die Kiste vom Lift laden. Nur Personen dürfen nicht hinein. Das hat der Gendarm verboten, wegen der Sicherheit.»

«Wie lange läuft man denn hinauf?» fragte Mathilde.

«Drei Stunden, wenn Sie zugeh'n», sagte das Mädchen, warf einen Blick auf das Schuhwerk der beiden und meinte: «Aber es wäre schon gut, wenn Sie sich festere Schuh anziehen möchten. Es ist weiter oben ziemlich steinig.»

«Danke schön!» sagte Mathilde.

Sie luden ihre Siebensachen aus dem Wagen. Das Mädchen half ihnen, von dem blubbernden Alten unterstützt, Koffer und Rucksäcke zur Scheune zu bringen. Dort wechselten sie, von aufgescheuchten Hühnern umgackert, ihre Schuhe; Theo gab der Drallen ein Trinkgeld, das sie mit «Vergelt's Gott!» und einem mißlungenen Knicks quittierte – und dann machten sie sich auf den Weg.

Bei Gebirglern gehen die Uhren anders. Sie haben auch andere Entfernungsmaße. Wenn da einer «Drei Stunden!» sagt, sind es meist vier oder gar noch mehr. Und wenn einer meint: «Auf der XY-Alm sind Sie schnell droben!», dann keucht der Flachländer fluchend einen halben Tag und glaubt unterwegs verzweifelt, sich verhört oder verstiegen zu haben.

Mathilde und Theo Bennewitz fluchten nicht. Wenigstens nicht laut. Aber der Anstieg fiel ihnen doch sehr viel schwerer als frühere ähnliche Anstiege. Das mochte wohl daran liegen, daß ihnen außer der Anstrengung der durchfahrenen Nacht auch der Entschluß in den Gliedern steckte, sich des Partners baldmöglichst zu entledigen.

Ich muß es so einzurichten versuchen, dachte Mathilde zum Beispiel unterwegs, daß die Männer der Bergwacht ihn möglichst schnell finden und bergen. Denn wenn er länger liegt – und wenn, was ich nicht weiß und auch nicht erfragen konnte, wenn das Zyankali vielleicht eine konservierende Wirkung hat, und er ist also nicht, wie üblich, verwest ... oder nicht von Krähen, Dohlen, Füchsen oder anderen Tieren angefressen, weil die das Gift möglicherweise wittern ... Wenn das eintritt, dann könnten die Leute stutzig werden; es wird eine Obduktion geben ... Aber wie soll ich das hinkriegen, daß er so abstürzt, nachdem er den Gifttee getrunken hat, daß sie ihn schnell finden?

Theos Aufstieg zur Birnbacher Alm wurde von einem anderen Problem gehemmt: Das Wichtigste ist, daß sie keinen Verdacht schöpft, überlegte er. Am besten wird sein, ich lasse sie bis zum ersten Biwakplatz vorankletterm. Da liegt der Linksquergang und die tiefe Scharte mit dem Schluchtüberhang schon hinter uns. Das ist die untere Steinschlagstrecke – und ich werde sie ein paarmal auf die Gefahr aufmerksam machen, dann wird sie nicht mißtrauisch sein, wenn wir oben in die zweite Gefahrenstrecke im Kamin einsteigen und wenn ich dann vorangehe ... Denn der Stein muß sie sofort treffen, wenn ich über die Gratkante bin und sie noch im Kamin ist. Das ist am glaubwürdigsten. Dort ist es auch am wahrscheinlichsten, daß mir das Seil durch die Hände läuft, wenn sie plötzlich stürzt ... Und dann kommt's nur noch darauf an, daß ich überzeugend verzweifelt bin, ganz und gar der verstörte, hilflose Mann, der eben seine Frau auf so entsetzliche Weise verloren hat ... Das krieg ich schon hin. Das wird schon klappen ... Es muß einfach klappen!

Sie brauchten mit ihrem Gedankenballast über vier Stunden, bis sie die Birnbacher Alm erreichten. Doch sie bekamen, da die Seilbahnkiste mit ihrem Gepäck ihre Ankunft ja avisiert hatte, noch Mittagessen, obschon es schon auf vierzehn Uhr ging. Die Suppe war zwar nicht mehr ganz warm, doch das Schnitzel briet die Almwirtin frisch. Und der Topfenstrudel zum Nachtisch war auch noch heiß und knusprig.

Die Alm war überhaupt, das spürten sie sofort, gut geführt. Die jungen Leutners hatten ein altes Käsehaus mit halbmeterdicken Natursteinmauern zum Gästehaus umgebaut und in den zehn Zimmern sogar Heizung und Duschen installiert.

Das Zimmer, das dem Ehepaar Bennewitz angewiesen wurde, war hell möbliert und groß und roch gut nach dem Holz der Kieferntäfelung. Es besaß einen breiten Balkon nach Südosten. Über dem weiten, welligen Almboden, der in der Sonne lag, ragte die düstere Laurentiuswand mit den Siebenzinnen in den klaren Himmel, und Theo stand, während Mathilde duschte, lange mit seinem Feldstecher draußen und sah sich das klotzige Massiv an.

«Wie sieht es aus?» Mathilde war im Bademantel hinter ihn getreten.

«Großartig», sagte er, «aber nicht ganz einfach. Die Wand erinnert mich sehr an die Nordostwand der Kingspitze vor drei Jahren, weißt du noch? Als wir den bösen Wetterumschlag hatten und elf Stunden auf dem Drei-Quadratmeter-Vorsprung im Seil gehockt haben ...»

«Ich weiß», sagte sie. «Aber das lag nicht am Berg, sondern am Wetter, damals.»

«Ja. Die Route hier ist nur im letzten Drittel schwierig, hab ich gelesen. Und auch da sind schon 'ne Menge Haken im Fels.»

«Wann wollen wir's machen?»

«Bald, wenn das Wetter hält ...» Er sah zum Himmel. «Sieht allerdings nicht gut aus. Federwolken ... Morgen wird's noch halten, denk ich.»

«Dann morgen schon?» fragte sie leise.

«Ja, von mir aus ... Warum nicht? Wir könnten nachher die Rucksäcke packen, zeitig zu Abend essen und früh schlafen gehen und morgen um halb vier los. Die Sonne geht kurz nach vier auf; bis zum Einstieg sind es anderthalb Stunden. Zum Gipfel, heißt es, braucht man etwa acht, neun Stunden, und für den Abstieg über das Ostkar, an der Pacheralm und Kühlocken vorbei noch mal ungefähr vier. Das wären ...» Er rechnete, «rund vierzehn Stunden – mit der Rastzeit fünfzehn. Wir könnten gegen sieben am Abend wieder hiersein.»

«Schöner voller Tag», bemerkte sie.

«Ja ... Du hast recht», überlegte er. «Eigentlich Blödsinn, gleich am ersten Tag so 'ne Tour.»

«Hab ich schon mal schlappgemacht?» fragte sie kühl.

«Nein», sagte er. «Das meine ich auch nicht. Aber –»

«Wir können ja umkehren, wenn wir merken, daß wir's nicht schaffen.»

«Umkehren dürfte schwierig sein. Wenn wir einmal über dem zweiten Biwak in der Wand sind, müssen wir rauf, denk ich. Aber gut – wie du willst, Tilde!»

«Ich will wohl», sagte sie.

«Gut. Dann sage ich nachher der Wirtin Bescheid.»

«Aber sie braucht unsretwegen nicht so früh aufzustehen», meinte sie. «Den Tee kann ich hier mit dem Tauchsieder aufbrühen, und die Brote machen wir uns heute abend fertig und packen sie gut ein.»

«Ja», sagte er. «Alsdann. Ich geh jetzt auch erst mal unter die Dusche.»

Mathilde zog sich an, während Theo unter der Brause prustete. Dann räumte sie das Zimmer auf und strich die Betten glatt, die vom Kofferauspacken kraus geworden waren.

Es ist ja ganz gut, daß wir diesmal zufällig ein Doppelzimmer haben, dachte sie, denn sie wußte ja nicht, daß ihr Mann das bei seiner Anmeldung betont gewünscht hatte. Und daß wir nicht getrennt schlafen wie sonst. So macht's einen viel besseren Eindruck... Eigentlich komisch, daß Theo auf einmal so aufmerksam ist: legt mir den Arm und die Hüfte, hilft mir ins Auto, sagt «Liebling» – so höflich, beinahe zärtlich, als wären wir frisch verheiratet... Komisch. Er wird ja wohl... Schreck laß nach – er wird ja wohl hoffentlich durch das Doppelzimmer nicht auf die Idee kommen, mich heute abend hier... Um Himmels willen, nein! Die liebende Gattin muß ich aber trotzdem spielen nachher beim Essen. Und wenn er schon plötzlich aufmerksam und höflich ist und wenn ich – aus optischen Gründen, aber das kann er nicht ahnen – auch auf liebende Gattin mache, dann könnte er ja nachher beim Schlafengehen den entsetzlichen Einfall haben und mich... Hilfe, nur das nicht!

Seit Jahren ist mir das erspart geblieben. Wann war es zuletzt? Silvester vor... Ja – vor vier Jahren. Wir waren beide ziemlich angetrunken, aber mich hat seine Hast, seine Grobheit, seine Brutalität so ernüchtert, so abgestoßen, daß ich ihm gesagt habe, wie widerwärtig ich ihn finde. Das war böse. Aber ich konnte diese schnelle, egoistische Art nicht aushalten... Seitdem hat er es nicht wieder versucht, Gott sei Dank. Aber wir haben seitdem auch noch nicht wieder in einem Zimmer geschlafen... Und er ist seitdem auch nicht mehr so aufmerksam-höflich, ja beinahe zärtlich gewesen wie heute unten im Dorf.

Sehr sonderbar.

Auf alle Fälle, bei dem Gedanken an die Möglichkeit, an die Gefahr einer Umarmung von Theo lief es ihr kalt über den Rücken. Sie trat auf den besonnten Balkon hinaus und betrachtete lange und nachdenklich die gewaltige, drohend wirkende Wand.

Als Theo Bennewitz der Almwirtin Bescheid sagte, daß er mit seiner Frau am nächsten Morgen in die Laurentiuswand wolle, sah sie ihn erstaunt an:

«Gleich am ersten Tag? Das sollten Sie sich aber überlegen, Herr Bennewitz! Die Wand ist schwer, und Sie kommen grad erst von unten. Ohne daß Sie sich ein bisserl eingewöhnt haben, gleich eine so große Tour . . . Ich weiß nicht!»

«Wir sind ja alte Berghasen», sagte Theo. «Das Wetter sieht so aus, als wollte es umschlagen, deshalb. Wenn es morgen noch gut ist . . . Und bis zum ersten Biwakplatz oder notfalls auch noch vor dem zweiten können wir immer noch umkehren, hab ich mir sagen lassen.»

«So genau kenn ich mich nicht aus, da fragen Sie besser meinen Mann, der ist bis vor zwei Jahren jeden Sommer ein dutzendmal und noch häufiger hinaufgestiegen.»

Theo stutzte. «Und warum jetzt nicht mehr?»

«Es graust ihn», sagte die Wirtin leise.

«Es . . . es graust ihn?»

«Ja . . . Lassen Sie sich's mal erzählen. Aber vielleicht erst, wenn Sie wieder heil herunter sind – sonst verlieren Sie die Lust!»

Natürlich fragte Theo Bennewitz den Leutner Joseph noch am selben Abend nach dem Essen, was das denn für ein grausliches Erlebnis sei, das ihn davon abhalte, in die Laurentiuswand zu steigen.

Der Wirt, ein drahtiger Dreißiger, dunkelbraun gebrannt und mit verblüffend weißen Zähnen zwischen den Lippen – der Wirt also zögerte zwar zunächst, doch Theo schenkte ihm vom Rotwein ein, den sie sich bestellt hatten, und bot ihm eine seiner guten Zigarren an.

«Was kann denn da schon passiert sein, Herr Leutner», sagte er lächelnd. «Haben Sie sich verstiegen? Oder ist Ihnen der Berggeist erschienen und hat «Huh!» gemacht, weil Sie ein Edelweiß pflücken wollten oder ein Adlernest ausnehmen? Nun kommen Sie schon, machen Sie's nicht so spannend!»

«Es gibt keine Edelweiß in der Wand», sagte Joseph Leutner ernst, «und auch keine Adlernester. Aber mit dem Geist, da treffen Sie's fast . . .» Er trank langsam, in kleinen Schlukken.

«Es war im September vor zwei Jahren», begann er. «Wir hatten ein paar Tage richtig schlechtes Wetter gehabt, Nebel und Regen und oben an der Baumgrenze schon Schnee. Nur mehr wenig Gäste waren heroben. Ich bin, als es klar wurde, allein los an einem Vormittag, nur mit kleiner Ausrüstung – paar Haken, ein Seil und Brot und Käse –, denn ich wollte nicht hinauf zum Gipfel, sondern nur ein Teilstück der Route neu markieren, weil der kleine Kamin vor der ersten Verschneidung durch einen Bergrutsch voller Geröll lag und kaum mehr zu begehen war. Der Stein ist unsicher dort und brüchig. Man kann auch heute dort nicht weiter. Zuerst ging's ganz gut, bis auf einen schweren Quergang von dreißig Metern. Da bin ich ins Schwitzen gekommen. Aber dann hatte ich eine schräge Rinne, die ziemlich leicht zu klettern war. In einer Stunde hab ich sie geschafft; dann ist da ein Überhang gewesen. Direkt links drunter eine kleine Höhle, vielleicht vierzig Meter entfernt, schräg über mir, ich konnte sie schon gut sehen. Auf einmal ist ganz plötzlich Nebel eingefallen . . . Sie kennen das sicher, wenn Sie viel geklettert sind. Das geht im Handumdrehen. Auf einmal ist alles ringsum grau und düster, und der Fels ist sofort naß und glitschig . . . Ich hab mich ins Seil gesetzt und gewartet. Manchmal geht's ja vorüber, wenn der Wind aufkommt – aber manchmal hält sich's tagelang. Ich hab geflucht. Das soll man nicht am Berg. Ich hätt nicht fluchen dürfen . . .

Vier Stunden hab ich gewartet. Kalt war's. Zu regnen hat's angefangen. Zurück hab ich auch nicht mehr können. Dann hab ich versucht, zu der Höhle zu kommen. Fast eine halbe Stunde hab ich gebraucht für die paar Meter unter dem Überhang. Dunkel ist es auch schon geworden. Schließlich hab ich die Höhle erreicht. Eigentlich war's mehr ein Loch in der Wand, kaum zwei Meter tief und so niedrig, daß es grad zum Hocken gereicht hat. Aber trocken ist's gewesen, das Loch, und so breit, daß ich mich ausstrecken hab können. Ich hab erst einmal Brotzeit gemacht nach der Schinderei, Brot und Käse. Dann hab ich zwei Haken eingeschlagen, um mich mit dem Seil zu sichern und nicht im Schlaf abzustürzen – falls ich überhaupt einschlief... schlafen konnte... Zum Abstieg war's auf alle Fälle zu spät, selbst wenn der Nebel aufgerissen wäre. Ja, und dann, als ich alles für die unfreiwillige Übernachtung fertig hatte, die mir bevorstand, wie ich mich grad gefreut hab, daß ich wenigstens im Trocknen war, da wollte ich mir eine Pfeife anzünden. Und da –»

Joseph Leutner brach ab. Seine Faust, die geballt auf der Tischplatte neben dem Weinglas lag, war so verkrampft, daß die Knöchel hell aus der dunklen Haut hervortraten.

Theo schluckte ratlos und wagte nichts zu sagen. Mathilde bereute schon, daß sie den Wirt gedrängt hatten, zu erzählen. Aber dann siegte ihre Neugier:

«Und da...?» fragte sie leise.

«Und da, wie ich das Streichholz angerissen hab», fuhr Joseph Leutner mit rauher Stimme fort, «hab ich die Hand gesehen. Über mir. Die Hand und den Totenkopf...»

«Mein Gott!» stöhnte Mathilde und legte die Fingerspitzen der Linken an die geöffneten Lippen.

«Direkt über mir», sagte Leutner, «nur einen Meter entfernt, hat mich der Schädel angegrinst... Kopfüber, versteh'n Sie, als ob er von oben über die Felskante schaut und seh'n will, wer da in der Höhle sitzt.»

«Aber das ist ja – das ist ja fürchterlich!» wisperte Mathilde.

«Ein... Ein Totenkopf?» fragte Theo heiser.

«Ich hab mir die Finger verbrannt am Streichholz», sagte der Wirt, «und dann ist's lang gegangen, bis ich mich halbwegs von dem Schreck erholt hatte. Einbildung, hab ich mir gesagt; der Nebel... Aber ich hab mich nicht getraut, ein zweites Streichholz anzumachen. Ich hab da im Dunkeln gesessen und geschlottert... Schließlich hab ich mich dann zusammengenommen und mich einen Feigling geschimpft und noch mal ein Streichholz angezündet... Der Kopf hat noch grad so von oben über die Kante geschaut, und die knöcherne Hand ist am Rand des Höhleneingangs gehangen, und von den Fingerspitzen ist der Regen abgetropft ... Ich hab das Streichholz weggeschmissen und im Finstern gehockt und geschlottert, und gebetet hab ich auch ... Sie, das hilft Ihnen gar nichts, wenn Sie sich sagen, nimm dich zusammen, verdammt noch mal, das war irgend so ein armer Hund, der abgestürzt ist ... Zwischendurch bin ich auch mal eingeschlafen und hab wirres Zeug geträumt – bis es anfing, hell zu werden. Der Nebel hatte sich verzogen, und der Schädel hing als klumpige Silhouette vor der Höhle, und die Hand sah gar nicht mehr so aus, als ob sie nach mir greifen wollte ...»

Er schwieg. Kleine Schweißperlen glitzerten auf seiner Stirn. Die Zigarre, die Theo ihm gegeben hatte, war ausgegangen.

«Schauerlich!» Theo versuchte nicht sehr erfolgreich, seiner Stimme einen forschen Ton zu geben. «Und ... Und was war das nun für ein ... für ein Totenkopf?»

Joseph Leutner trank, saugte an der kalten Zigarre, zündete sie neu an und erzählte weiter:

«Als es ganz hell geworden war, bin ich vorsichtig hingekrochen. Ich hab immer noch gezittert, ehrlich – aber das waren auch die Kälte und die Müdigkeit und die Nerven, verstehen Sie ... Und dann hab ich gesehen, daß er da hing, mit der Hüfte in einer Spalte eingeklemmt, ganz fest zwischen den Steinen und so im Fels, daß man ihn weder von oben noch von unten hängen sehen konnte. Er war schon fast wie ein Skelett, leere Augenhöhlen, Knochen und verwitterte Kleidungsfetzen. Nur die Lederteile schienen ihn noch zusammenzuhalten, der Gürtel und die Hose und die Schuhe. Bei Tageslicht hat's nur noch halb so grauslich ausgeschaut, aber noch grauslich genug. Ich bin abgestiegen, so schnell ich konnte, und hab die Bergwacht angerufen. Die haben ihn dann geholt ... Er war im Jahr zuvor abgestürzt. Im Frühjahr. Ich hab mich noch an ihn erinnert. Ein Alleingänger, wissen Sie. Er war von hier aus los, hat aber keinem Menschen gesagt, wo er hin wollte. Als dann die Vermißtenmeldung kam, haben wir zwar gesucht, aber wir wußten ja nicht, wo wir suchen mußten – und dort, wo er hing, hätte ihn sowieso keiner gefunden. So was kommt ja vor, daß einer jahrelang liegt oder gar nicht wiedergefunden wird ... Ja, so war das. – Ich vergeß die Nacht mein Lebtag nicht, und manchmal träum ich noch davon ...»

«Das kann ich mir denken», sagte Mathilde.

«Und Sie sind seitdem nicht wieder in die Wand gegangen?» fragte Theo.

«Nein», sagte Joseph Leutner. «Und keine zehn Pferde kriegen mich da wieder hin ... Hoffentlich hab ich Ihnen den Spaß an der Tour morgen nicht verdorben.»

«Aber nicht doch», beschwichtigte Theo. «Machen Sie sich keine Gedanken. Wir gehen morgen hinauf, wenn das Wetter gut ist, nicht wahr, Tildchen?»

«Von mir aus sicher», sagte Mathilde. «Es begegnen einem ja nur selten Tote am Berg – wie?»

Ihr Lächeln fiel schief aus, weil sie über ihren eigenen Satz erschrocken war.

Theo lachte um so lauter. Zu laut für ein echtes Lachen.

Es war noch nicht dunkel, als Theo und Mathilde Bennewitz schlafen gingen – oder richtiger: zu Bett gingen. Denn von Schlafen war weder bei ihr noch bei ihm in dieser Nacht so recht die Rede, obschon sie beide sehr müde waren.

Sie lagen wach, ohne daß einer es vom anderen wußte, aber auch ohne es voneinander zu merken, denn sie hatten ja beide keine Übung mehr, nebeneinander zu schlafen.

Theo hatte zum Glück und zur großen Erleichterung Mathildes nicht die Idee gehabt, zärtlich zu werden. Die Aufmerksamkeit, die er noch in der Gaststube an den Tag gelegt hatte, war erloschen wie eine Kerze im Wind, als sie allein waren. Das hatte Mathilde irritiert, aber sie hatte nicht länger darüber nachgedacht, als sie im Bett lag und mit brennenden Augen gegen das allmählich dunkler werdende Fensterviereck starrte.

Ihrer beider Gedanken liefen ähnliche Wege, kreisten um

die gleichen Fragen. Das waren für sie keine neuen Fragen. Sie hatten sie schon hundertmal und öfter gedacht. Aber hier und jetzt, vor dem entscheidenden Tag, dachten sie noch intensiver darüber nach.

Sie dachten beide, ob der geplante Mord, die geplante Befreiung vom unerträglich gewordenen Partner unumgänglich, ob sie nicht vielleicht doch zu vermeiden, ob nicht doch eine normale Scheidung der Ausweg sei ... Aber der Gedanke an das Gerede der Leute, an das Haus, das beide liebten und dem anderen nicht gönnten, an die schmutzige Wäsche, die dann gewaschen, an all das Vermögensrechtliche, das dann geregelt werden mußte, bestärkte sie im längst gefaßten Beschluß: Ja, es war entschieden einfacher, verwitwet zu sein als geschieden ... Oder? Immer neue Fragen. Hundert Fragen, auf die es keine simplen Antworten gab. Hundert Gründe, die eine Scheidung unmöglich erscheinen ließen. Und dazu der aufgestaute Haß, die lange, große Wut aus all den vergangenen Jahren ...

Sie hat mich gedemütigt und gequält, wo sie nur konnte, dachte Theo.

Er hat keinen Funken Interesse an mir und liebt nur sich selbst, dachte Mathilde.

Und beide dachten: Ohne sie/ihn wäre mein Leben anders, besser, schöner verlaufen ...

Irgendwann schliefen sie dann beide doch ein, und sie schliefen so tief, daß sie lange Sekunden brauchten, um beim Rattern des Weckers zu sich zu kommen.

Theo stand als erster auf, zog die Leinenvorhänge zur Seite und öffnete die Balkontür. «Mojn», sagte er. «Schönes Wetter!»

«Ja ...» Mathilde rieb sich schlaftrunken die Augen.

«Wird es halten?»

«Ich denke schon.»

Er begann, sich zu rasieren. Sie stand neben ihm am Waschbecken und drückte sich den nassen, kalten Waschlappen ins Gesicht. Beide vermieden es, einander anzusehen. Als er sich angezogen hatte, holte er die Plastiktüte mit dem vorbereiteten Proviant vom Balkon. «Es ist kühl draußen», sagte er.

«Ja», sagte sie. «Ende Mai...» Sie hantierte mit dem Tauchsieder. «Ach du Schreck!» rief sie plötzlich, «ich hab die falschen Teebeutel eingepackt zu Hause – statt des schwarzen hab ich aus Versehen Pfefferminztee genommen... So was Dummes! Macht's dir was aus? Sonst geh ich und wecke die Wirtin und bitte sie, uns –»

«Nein», sagte er. «Das macht mir nichts aus.»

Sie verkniff sich ein Triumphlächeln. Es lief alles genauso, wie sie es geplant hatte. Der Pfefferminztee, den sie bewußt gewählt hatte, konnte den Bittermandelgeruch der Blausäure besser übertönen als schwarzer Tee.

Sie hatte lange gesucht und viel gelesen, bis sie auf Blausäure gestoßen war. Es war das Gift, das sie am leichtesten selbst hatte herstellen können, ohne sich durch den Einkauf besonderer Zutaten verdächtig zu machen. Und sie hatte es mit großer Sorgfalt hergestellt... Nicht viel, nur einen Teelöffel voll. Aber das würde genügen.

Wenn ihre Informationen richtig waren, und daran zweifelte sie nicht, mußte Theo schon nach dem ersten Schluck Tee so heftige Krämpfe und Lähmungserscheinungen kriegen, daß er – notfalls mit sanfter Nachhilfe – unausweichlich abstürzen mußte.

Nachdem sie als Frühstück jeder nur einen großen Becher Orangensaft mit Schmelzflocken zu sich genommen hatten, brachen sie auf.

Theo trug den großen Rucksack mit warmer Kleidung für den Fall eines Wettersturzes, Schlafsäcke für den Fall einer planwidrigen Übernachtung, Steigeisen nur sicherheitshalber, weil um diese Jahreszeit im großen Kar beim Abstieg auf der Ostseite noch mit Schnee, möglicherweise bretthartem Harsch zu rechnen war – zwei Seile, Kletterschuhe, Hammer, Haken und all das, was der Mensch so braucht, wenn er höchst überflüssigerweise zur vertikalen Fortbewegung übergeht. Mathildes Rucksack war kleiner; er enthielt nur den Proviant und zwei Thermosflaschen mit Pfefferminztee. Die eine, die harmlose Flasche, hatte einen hellblauen Verschluß, die andere, nur knapp zu einem Fünftel gefüllte, sinnigerweise einen schwarzen. Die Flasche mit dem schwarzen Verschluß und Schraubbecher wollte sie sofort nach Theos Tod in eine Felsspalte werfen – aber in eine andere als die, in die er möglicherweise gestürzt war.

Es war ein sehr schöner Morgen.

Die aufgehende Sonne sandte goldglitzernde Strahlenstreifen über die Almwiesen, auf denen sternblütiger Steinbrech neben Alpengrasnelken, Berghahnenfuß, Aurikel und Enzian blühte. Unter ihnen im Wald waberten noch Nebelbänke, doch vor und über ihnen war der Himmel von einem sanften, kühlen Ostwind blankgefegt.

Der Weg war leicht zu gehen. Sie kamen gut voran und standen zur vorausberechneten Zeit vor dem markierten Eingang in die Laurentiuswand. Bis dahin waren sie schweigend hintereinanderher gegangen. Jetzt standen sie nebeneinander und blickten an der zerklüfteten, mächtigen Wand hinauf, die, streckenweise fast senkrecht, nahezu achthundert Meter in den seidigen weißblauen Himmel ragte.

«Bis zum ersten Biwakplatz sind es ungefähr dreihundert Meter», sagte Theo. «Das soll eine verhältnismäßig einfache Strecke sein. Schöne Freikletterei, abgesehen von einer kurzen Schlucht, bei der vor Steinschlag gewarnt wird, und einem Quergang nach links am Ende der tiefen Scharte, die man von hier aus sehen kann.»

Sie folgte mit den Augen seiner ausgestreckten Hand und nickte. «Ja, sehe ich», sagte sie.

«Willst du erst mal vorgehen?» fragte er. «Bis dahin ist wahrscheinlich auch wenig Arbeit mit Haken. Die stecken reichlich, glaub ich. Wenn's danach zu hämmern gibt, geh ich voran. Einverstanden?»

«Einverstanden», sagte Mathilde, verknotete das Doppelseilende, das sie sich um Leib und Schulter geschlungen hatte, und nahm die ersten schroffen Stufen in Angriff.

Theo folgte.

Sie stiegen zügig aufwärts, umgingen ein Geröllfeld, zogen die Kletterschuhe an, als es steiler wurde, und sicherten sich da, wo es nötig war, mit Seil und Haken.

Vor der Schlucht warnte Theo: «Paß auf, wohin du trittst! Der Fels sieht hier brüchig aus.»

Als sie nach fast drei Stunden die Nische mit der waagrechten Plattform erreicht hatten, die als Biwakplatz bezeichnet war und auch Reste von früheren Rasten zeigte, legten sie eine Rast ein. Der Blick von hier aus hinab in die dunstigen Täler und hinauf und hinüber zu dem gegenüberliegenden Bergmassiv war grandios.

«Das ging ja ganz gut», meinte Theo, nahm den Rucksack ab, unter dem sein Hemd schweißnaß war, setzte sich und zog die Schnürsenkel seiner Schuhe fest.

«Ja», sagte Mathilde. «Willst du was essen?»

«Ja, bitte», sagte er. «Vor allem was trinken.»

Mathilde überlegte. Nein, hier geht es nicht, dachte sie. Die Plattform ist zu groß. Er stirbt hier oben und stürzt nicht ab. Stoßen ist hier zu riskant – da reißt er mich noch mit hinunter . . . Sie nahm die Flasche mit dem hellblauen Verschluß und goß ihm einen Becher voll.

«Schmeckt ganz gut, Pfefferminztee», sagte er kauend. «Das sollte man sich merken für die Zukunft.»

«Ja», sagte sie.

«Ißt du nichts?» fragte er.

«Ich bin nicht hungrig.»

«Aber wir brauchen sicher noch mal gut zwei Stunden bis zur nächsten Rastmöglichkeit», gab er zu bedenken.

Sie schüttelte den Kopf, trank nur einen Schluck Tee und packte den Proviant wieder ein, als er fertig war. Dann setzten sie ihren Aufstieg fort.

Theo ging jetzt voran. Er mußte hier und da neue Mauerhaken einschlagen oder locker gewordene Haken festklopfen. Es war ein kurzer, aber schwieriger Pendelgang zu bewältigen, der sie viel Zeit kostete, und dann kamen sie in den Kamin, der hinauf zum zweiten Biwakplatz führte.

Hier lag stellenweise noch Schnee in den tieferen Spalten.

Die Wand war naß, und es war schwierig, sichere Griffe zu finden. Sie kamen nur langsam voran; Theo konnte hier nicht mehr mit dem Rucksack klettern, und Mathilde mußte das schwere Gepäck nach jeder Seillänge am zweiten Seil hochziehen und sichern, ehe sie weitersteigen konnten. Sie brauchten über eine Stunde für die vierzig Meter. Zweimal polterten unter Theos Schuhen Steinbrocken in den Abgrund. Mathilde kam jedoch nicht in Gefahr, da sie sich seitlich unterhalb ihrem Mann hielt.

Kurz vor dem Ausstieg – nur noch zwei Meter trennten ihn von der oberen Kante – sagte Theo: «Bleib eben da, wo du bist, Tilde; ich will erst mal sehen, ob die Kante stabil ist. Dann leg ich das Seil oben fest und zieh dich rauf.»

«Ja», sagte sie, nichts Böses ahnend, und stemmte sich mit gespreizten Beinen mit dem Rücken gegen den Fels. Sie sah zu ihm hinauf und wartete.

Er war bis auf Griffnähe an der Kante, öffnete vorzeitig den Knoten des Seils, weil Mathilde, die ihn sicherte, ein paar Zentimeter zu tief stand, und wollte sich hinaufziehen. Da brach sein Griff aus, sein Fuß rutschte ab, er hing an einem Arm im Leeren, suchte einen neuen Halt, geriet ins Pendeln . . .

«Aaaaah!» schrie Theo gellend und stürzte, immer noch schreiend, knapp an der entsetzten Mathilde vorbei in die Tiefe. Das Seil, das er nur noch lose um den Leib gelegt hatte, schnellte hoch und traf sie wie ein Peitschenhieb . . . Dann war alles vorüber . . . Nur das vielfache Echo des gräßlichen Schreis hallte noch nach.

Wie betäubt kletterte Mathilde die paar Meter hinauf, ohne sich umzusehen. Sie erreichte den schmalen Biwakplatz, brach dort zusammen und blieb ohnmächtig liegen.

«Hast du das gehört eben?» fragte Anton Merkl seinen Gefährten Petrus Schaffner.

«Ja – da hat einer geschrien . . .»

«Aber ganz in der Nähe muß das gewesen sein!»

Sie horchten.

Nichts.

«Das muß da links gewesen sein, beim anderen Aufstieg zum Kamin», sagte Schaffner.

«Gema nachschaun!» sagte Merkl.

Sie hatten, auf einer anderen Route kommend, gerade den letzten, langen Anstieg über den Grat beginnen wollen, der von oberhalb des Kamins zum Gipfel führte. Bisher hatten sie geglaubt, heute allein in der Wand zu sein, denn es war nichts zu sehen und zu hören gewesen. Und nun dieser Schrei . . .

Sie ließen die Rucksäcke am Fuß des Grates liegen und erreichten nach einer Viertelstunde den zweiten Biwakplatz oberhalb des Kamins.

«Da liegt einer», sagte Merkl.

«Oschtia Madonna!» sagte Schaffner, der Südtiroler.

Sie stiegen hinab zu der Felsplatte, so schnell sie konnten.

«Es ist eine Frau», sagte Merkl.

«Ist sie tot?» fragte Schaffner.

Merkl fühlte der besinnungslosen Mathilde den Puls.

«Nein – sie lebt noch.»

«Aber die war's nicht, die geschrien hat», sagte Schaffner. «Ich mein, das war ein Mann.» Er sah sich suchend um, da er aber nichts entdecken konnte, wandte er sich wieder der Ohnmächtigen zu. «Mach ihr die Jacke auf am Hals, und die Bluse», sagte er zu Anton Merkl, «und dreh sie auf die Seite!»

«Ich?» fragte Merkl.

«No ja – warum nicht? Genierst dich etwa?»

«Man müßte ihr einen Schnaps einflößen oder die Schläfe mit Kölnisch Wasser reiben», sagte Merkl, während Schaffner Mathilde mit unsicheren Fingern ungeschickt den Reißverschluß des Anoraks aufzog und den Blusenkragen aufknöpfte.

«Hast du einen Schnaps dabei – oder ein Kölnisches Wasser?» fragte er ärgerlich.

«Oben am Grat hab ich einen Enzian», sagte Merkl.

«Ich schau mal in ihrem Rucksack nach», sagte Schaffner.

Er öffnete Mathildes Rucksack. «Da ist was zum Trinken», sagte er befriedigt und holte eine Thermosflasche heraus.

«Komm, gib's ihr», sagte Merkl. «Ich halt ihr den Kopf hoch . . .»

Petrus Schaffner nickte. Er schob behutsam Mathildes Lippen auseinander und drückte ihr sacht den Unterkiefer herab, so daß sich die Zähne öffneten. Merkl stützte den Kopf der Bewußtlosen.

Schaffner schnupperte an der Flasche, deren Verschluß er abgeschraubt hatte. «Riecht süß», sagte er. «Grauslich . . . Irgend so ein Likör. Wie Marzipan . . .» Er goß den schwarzen Becher voll und ließ die Flüssigkeit vorsichtig in Mathildes Mund rinnen.

Mathilde schluckte.

JOAN AIKEN

# *Dem Geruch nach*

«Hast du auch dazugeschrieben, daß es für eine arme, alte Dame ist, die sehr schwer hört und fast nichts mehr sieht? Und hast du sie auch gebeten, es so schnell wie möglich zu erledigen?» fragte Mrs. Ruffle.

Mrs. Ruffle war eine stämmige, alte Frau. Unter ihrem runden Hut, flach wie ein Suppenteller, sah ein grobknochiges Gesicht hervor, dessen Züge den Ausdruck steinerner Unzugänglichkeit angenommen hatten, der für Taube charakteristisch ist.

«Ja doch, ja, ich habe dir schon zweimal gesagt, daß ich ihnen das geschrieben habe», erwiderte ihr Sohn ungeduldig und nickte dabei mehrmals nachdrücklich mit dem Kopf, weil ihm eingefallen war, daß sie ihn nicht hören konnte, wobei er sich über den Schaltertisch der Postabteilung weit zu ihr vorbeugte. Sie beobachtete ihn unablässig und mißtrauisch die ganze Zeit über, in der er den Brief schloß und zum übrigen Inhalt der Sendung in den kleinen festen Karton schob, der in Blockschrift an die *Hörhilfe – Reparaturabteilung, Stanbury, Klinik für Ohren-, Nasen- und Halskrankheiten* adressiert war, das Päckchen mit einem Klebestreifen versah und eine Marke darauf klebte.

«Was glaubst du, George, wie lange es dauern wird, bis sie es mir zurückschicken?»

«Drei Tage, vielleicht vier. *Vier Tage!*» sagte er so laut er konnte und formte dabei die Worte mit den Lippen.

«Was hast du gesagt, mein Junge?»

Er griff nach ihrer Hand, um es durch Abzählen der Finger begreiflich zu machen, aber sie, schon lange nicht mehr an irgendwelche körperliche Berührung gewöhnt, zuckte nervös zurück wie ein wildes Tier in einer feindlichen Umgebung und riß dabei einen neben ihr stehenden Stapel Blechkästen um, so daß sie krachend auf den holprigen Ziegelsteinboden des kleinen Ladens stürzten. Den Aufschriften nach enthielten sie Kekse der Sorten «Marie», «Nice», «Oval», «Osborne», «Petit Beurre» und «Sponge Fingers».

Ohne von dem durch sie angerichteten Chaos die geringste Notiz zu nehmen, stapfte sie mit Hilfe ihres weißen Blindenstocks mitten durch eine Gruppe ehrerbietig zurückweichender Kunden hindurch zur Ladentür, blieb dort stehen, schnüffelte und sagte:

«Hier riecht es nach etwas, das nicht hergehört. – George, hast du vielleicht in einer Keksschachtel etwas verschimmeln lassen – wahrscheinlich den Deckel nicht ordentlich zugemacht? Das wird es sein. Da waren die Mäuse dran, wenn du es wissen willst. Ich habe noch nie erlebt, daß mit den ‹Marie› nicht etwas passiert wäre. Immer sind die Mäuse drangegangen.»

Wütend fegte George Ruffle Kekse, Krümel und die Reste von angenagtem Papier vom Boden auf, ohne zu antworten, und zuckte auf das verständnisvolle Grinsen einiger Kunden nur die Achseln, als wollte er sagen: «Da kann man nichts machen!» Dann schüttete er den ganzen Abfall in ein leeres Faß und kehrte hinter den Ladentisch zurück, um weiterzubedienen.

Seine Mutter steckte den Kopf noch einmal durch die Tür.

«Bei deinem Vater wäre so etwas nicht vorgekommen. Zu seinen Lebzeiten gab es im Laden nur frische, einwandfreie Ware. Nicht das gefrorene Zeug, das doppelt soviel kostet und nicht das geringste taugt.»

Dabei sah sie mit ihren kurzsichtigen Augen gehässig in

die Richtung der Tiefkühltruhe, die George trotz ihrer wütenden Proteste nach dem Tode seines Vaters angeschafft hatte.

«Wie oft läßt du eigentlich diese Rattenfalle saubermachen? Immer wenn Weihnachten und Ostern auf einen Tag fällt, wie? Es könnte deinem Faulpelz von Sohn nichts schaden, wenn er sich an jedem blauen Montag darüber hermachte!»

Sie lachte hämisch auf und stieß brüsk die Hand eines Mannes zurück, der ihr die zwei Stufen zur Straße hinunterhelfen wollte.

«Hier ist einer, der fischen gegangen ist – das rieche ich doch», schimpfte sie halblaut vor sich hin, setzte sich schweren Schritts in Gang und war bald für die Zurückbleibenden verschwunden.

«Verdammt resolute alte Dame, deine Mutter», sagte ein Bauer, der am Ladenschalter für Postsachen «Nationale-Versicherungs-Marken» kaufte.

«Und ob!» erwiderte George. «Nichts mit ihr anzufangen. Der Inspektor vom Gesundheitsamt hat schwer was dagegen, daß sie in ihrem Haus allein lebt, aber sie weicht und wankt nicht – sagt, daß sie in ihren vier Wänden sterben will und nicht in einem Altersheim. Das wäre bloß ein anderer Name für Gefängnis.»

«So wie sie aussieht, macht sie es noch eine ganz schöne Zahl von Jahren.»

«Mit ihrer eisernen Gesundheit», pflichtete George bei, während er eine Rolle Kupfergeld einstrich und in ein vergittertes Kassettenfach unter dem Ladentisch gleiten ließ. «Das einzige ist ihre Taubheit, die kann ihr gefährlich werden. Sie hört nicht, ob ein Topf überkocht oder eine Flasche ausläuft. Und jetzt schon gar nicht, wo sie ohne ihr Hörgerät ist. Aber was kann man machen! Sie ist zu nichts zu bewegen. Sie hat genug zum Leben, ist in ihrem kleinen Haus geboren worden und will da auch sterben. – Ja, bitte, Wally? Was soll es denn sein? Eine Postanweisung über 3 Pfund und 11 Shilling? – Frank!» Er rief seinen Sohn, der im Hintergrund des Ladens arbeitete. «Laß jetzt das Aufladen der Bestellungen auf den Wagen und komm lieber her und hilf mir einen Augenblick im Laden, ja?»

Frank, ein ansehnlicher, etwas schläfriger Bursche in einem weißen Overall, setzte die Kartons mit Lebensmitteln, die er gerade im Arm hielt, widerwillig ab, aber gehorchte.

Inzwischen stapfte die alte Mrs. Ruffle langsam ihren gewohnten Weg entlang. Metzgerei: Hackfleisch und einen Knochen für den Hund. Drogerie Rendell: Verdauungspillen.

«Ohne Hörgerät heute?» fragte der Verkäufer, erhielt jedoch keine Antwort und gab weitere Verständigungsversuche auf. Er händigte ihr die Pillen und das Restgeld aus, das sie sorgfältig nachzählte, wobei sie mit dem Daumennagel an dem gerillten Rand der Sixpence-Stücke entlangfuhr.

Stoffgeschäft von Miss Knox: zwei Paar Wollstrümpfe.

«Sie kauft regelmäßig jeden Monat zwei Paar Wollstrümpfe», vertraute diese ihrer zu Besuch weilenden Cousine an, nachdem sie die Ladentür hinter Mrs. Ruffle geschlossen hatte. «Eine Extravaganz, aber sie sagt, zum Stopfen sähe sie nicht mehr gut genug und sie könnte ihr Geld ebensogut ausgeben statt zu sparen.»

«Sie muß sich ganz gut stehen, wie?»

«Oh, im Dorf heißt es, daß sie ein hübsches, rundes Nestei in ihrem Landhaus versteckt hätte.» Miss Knox warf einen Blick hinter der alten Dame mit dem breiten, kräftigen Rükken her, die langsam die Dorfstraße hinunterschritt.

Mrs. Ruffle tappte nach Hause mit Hilfe ihres Stocks, sich im übrigen ihres Sehvermögens von 4 Fuß im Umkreis und ihres Geruchssinnes bedienend.

Der Geruch von verbrannten Haaren und Horn, das war der Schmied. Löwenzahn, das war der abschüssige, grasbewachsene Hang vor der Kirche. Das Gitter um die Kirche, erst kürzlich gestrichen, roch in der Junisonne nach frischer Farbe mit einem Hauch von Kreosot. Dann kam der schwere, etwas stickige Duft der Buchsbaumhecke am Friedhof. Sie trat durch die Gittertür ein, um Berts Grab zu inspizieren.

Ja, sie hatten die Blumen erneuert und das Gras gemäht, aber keinen Handschlag mehr getan als unbedingt notwendig. Sie hätte sich nicht gewundert, wenn auch das unterblieben wäre. George hatte nie wirklichen Respekt vor seinem Vater gehabt, Doris sah auf die Familie ihres Mannes hinunter, und Frank, dieser verzogene, faule Bengel, hatte nur Wetten und Motorräder im Kopf.

Nachdem sie dem Grab ihren gewohnten Besuch abgestattet und sich zehn Minuten auf der Bank daneben ausgeruht hatte (mit dem Schild «Zum Gedächtnis an Albert Edward Ruffle, gestiftet von seiner Witwe»), setzte sie ihren mühsamen Weg fort. Vorbei am Lokal «Zum Glockengeläut»: Geruch von Sägespänen und Bier durch die offne Tür – dann den Hügel vom Dorf hinab zu dem flachen, weiten Marschland mit einem Geruch von Salzwasser, wobei sie zu Anfang, infolge der hohen Böschungen, zu beiden Seiten ein leichtes Dunkel umgab. Jenseits der Deiche des Marschlandes wehte der Wind eine Wolke von Ammoniak herüber, die von den weidenden Schafen kam. Wenn sie ihr Hörgerät trug, konnte Mrs. Ruffle gerade noch das unaufhörliche, dünne Blöken wahrnehmen, aber heute verlor es sich für sie unhörbar in der großen hellen Kuppel des Himmels.

Sie stapfte weiter, schnupperte den Salzhauch der fünf Meilen entfernten See und gab sorgfältig acht, in der Mitte des engen flachen Feldweges zwischen den sauber ausgerichteten Böschungen zu bleiben. Die einzigen Fahrzeuge, die hier entlangfuhren, waren Traktoren und Lieferwagen. Die Fahrer erkannten sie schon von weitem an ihrer plumpen Figur, verlangsamten ihre Fahrt und fuhren vorsichtig um sie herum, mit zwei Rädern schon über den Wegrand hinaus.

Bald darauf umgab sie der Duft ihrer Hecke und der dicken Bohnen, die jetzt in voller Blüte standen. Je näher sie kam, desto deutlicher roch sie die vertraute Atmosphäre des Hauses selbst. Das alte Fachwerk, das Schilfdach und die gekochten Kartoffeln von tausend Mahlzeiten. Rover, ihr Bullterrier, kroch schweifwedelnd aus seiner Hütte. Sie war seine Begrüßung so gewohnt, daß sie sich einbilden konnte, das fröhliche Rasseln seiner Kette zu hören. Sie gab ihm den Knochen, und er ließ sich auf einem sonnigen Fleck nieder, um sich damit zu beschäftigen.

Mit sicherem Griff langte sie nach dem unter dem vorspringenden Schilfdach versteckten Schlüssel, der dort an einem Nagel hing – und stutzte. Der Schlüssel hing verkehrt herum. Mißtrauisch vor sich hinmurmelnd nahm sie ihn herunter, steckte ihn ins Schloß und öffnete die Haustür.

Im selben Augenblick, als sie eintrat, wußte sie, daß jemand im Haus gewesen war, oder – da sie nichts hörte – sogar noch da war. Sie blieb wie gebannt stehen, riß die Augen auf und blähte die Nasenflügel. Außerdem versuchte sie verzweifelt, mit ihren tauben Ohren irgendein Geräusch wahrzunehmen, bis ihr vor Angst und Anstrengung schwindlig wurde.

Nachdem etwa fünf Minuten so vergangen waren, wagte sie zitternd, weiterzuschleichen, ihren Kopf wie eine Schildkröte hin und her bewegend. Sich von einem Möbel zum anderen tastend ging sie langsam durch die Wohnung. – Ja, der Stuhl stand nicht an seinem alten Platz, und auch der Tisch war weggerückt worden.

Und der Riegel an dem Wandschrank stand offen.

Sie griff hastig hinein und holte von hinten eine kleine rosaglasierte Teekanne hervor. Mit flatternder Hand hob sie den Deckel. Die Teekanne war leer.

Es dauerte lange, bis dies Mrs. Ruffle endgültig klarwurde. Mehrere Dutzend Male stellte sie die Teekanne an ihren Platz und nahm sie wieder heraus und griff hinein. Dann holte sie nach und nach das gesamte übrige Geschirr aus dem Schrank, Teekannen, Krüge, Töpfe, Schüsseln, Vasen, und untersuchte fieberhaft jedes Stück. Sie durchwühlte den ganzen Schrank, das Zimmer, das Haus.

Nachdem sie dreimal alles durchsucht, jedes Stück in die Hand genommen, an seinen Platz gestellt und wieder hervorgeholt hatte, war sie am Ende ihrer Kräfte. Es war ihr gleichgültig, wie es in den Zimmern aussah. Sie ließ sich schwer in den alten Lehnstuhl fallen, der sich in vierzig

Jahren ihrer Körperform angepaßt hatte, und ging nach einer Weile geradenwegs zu Bett. Aber noch im Schlaf zitterte und keuchte sie wie ein Hund, der im Traum hinter einem Wild herjagt. Dabei öffneten und schlossen sich ihre Hände krampfhaft wie auf der Suche nach etwas.

Am nächsten Morgen erwachte sie früh und begann von neuem alles zu durchwühlen. Dann brach sie ihre Suche ab, weil ihr einfiel, daß Sid, der Milchmann, bald kommen würde, und stellte sich vor die Haustür, um auf ihn zu warten.

Kaum hielt sein kleiner, verwaschener blauer Ponywagen vor dem Hause, als sie, so schnell sie konnte, zur Gartentür lief.

«Sid, ich bin bestohlen worden, ich bin bestohlen worden, Sid! Du mußt die Polizei holen!»

«Ist Ihnen nicht gut, Missis?» Ihre Totenblässe, ihr verfallenes Gesicht und ihr ziellos umherirrender Blick versetzten Sid in Sorge. Er erbot sich, sie in seinem Karren zu George mitzunehmen, aber da sie nichts hörte, gab sie keine Antwort, und so fuhr er endlich weiter, mit dem Versprechen, ihr umgehend jemanden zu Hilfe zu schicken.

Als Polizeikommissar Trencher erschien, rief seine dunkelblaue Uniform mit den blanken Knöpfen bei ihr zunächst ein Gefühl der Zuversicht hervor. Als erstes untersuchte er das ganze Haus, vom Schlafzimmer im Dachgeschoß bis zum rückwärtigen Keller unter dem Garten, der nie benutzt wurde, weil bei Regenwetter die Abwässer der Senkgrube hineinflossen. Er ließ keinen Raum aus. Mrs. Ruffle folgte ihm auf Schritt und Tritt.

«Wie gedenken Sie mir mein Geld wiederzubeschaffen?» fragte sie immer wieder. «Wie wollen Sie mir meine 500 Pfund wieder verschaffen? Sie werden sie mir doch wieder verschaffen, nicht wahr?»

Als er versuchte, ihr die Schwierigkeiten auseinanderzusetzen, da es keinen Anhaltspunkt gab, weder Fingerabdrücke noch sonst etwas, und Zeugen fehlten und sie nicht einmal beweisen könne, den von ihr genannten Betrag wirklich im Hause aufbewahrt zu haben und nicht vielleicht nur den zehnten Teil (obwohl es im ganzen Dorfe hieß, sie habe einen größeren Betrag bei sich im Hause in einem Versteck) – und als er ihr am Schluß seiner Ausführungen den Leichtsinn vorhielt, 500 Pfund in einer Teekanne zu verstecken, wußte man nicht, ob sie von alldem auch nur ein Wort verstanden hatte. Hartnäckig wiederholte sie immerzu: «Nicht wahr, Sie schaffen es mir wieder herbei?»

Der Kommissar fragte sich, ob sie bei klarem Verstand sei und der Schock sie nicht vielleicht verwirrt habe. Vorsichtshalber wandte er sich an Oberkommissar Bray, seinen Vorgesetzten, der klugerweise ein Gespräch erst dann mit ihr führen wollte, wenn sie ihr Hörgerät zurückerhalten haben und eine wenn auch lückenhafte Verständigung mit ihr möglich sein würde.

George, in schlechtester Laune und ebenso verlegen wie nervös, begleitete seine Mutter zu dieser Unterredung.

«Es war höchst unvernünftig von Ihnen», wandte sich der Oberkommissar mit lauter Stimme an sie, «das ganze Geld bei sich im Haus aufzubewahren, Mrs. Ruffle. Wir können nicht versprechen, es Ihnen wieder zu beschaffen. Ist Ihnen das klar?»

«Sparen Sie sich Ihre Belehrungen, junger Mann», gab die alte Frau bissig zurück. «Schaffen Sie lieber das Geld wieder herbei, mehr verlange ich nicht. Er kann es in der kurzen Zeit nicht ausgegeben haben, ohne sich in der Nachbarschaft verdächtig zu machen. Das ist doch klar.»

«Welcher er?»

«Der Dieb. Der das Geld gestohlen hat.»

«Er könnte damit auch Schulden außerhalb des Distrikts bezahlt haben. Auf jeden Fall haben wir vorläufig nicht den geringsten Anhaltspunkt dafür, wer es genommen haben könnte.»

«Dann denken Sie gefälligst ein bißchen nach, Sie fauler Schafskopf.»

«Mutter!» rief George entsetzt. Aber Mrs. Ruffle ließ sich nicht stören und setzte fort: «Es muß einer sein, der regelmäßig ins Haus kommt. Sonst wäre Rover ihm an die Beine gefahren. Das liegt doch auf der Hand. Und wer kommt regelmäßig? Da ist Sid Curtis, der Milchmann, der junge Tom Haynes, der die Post bringt, dann mein Enkel Frank, der einmal die Woche mit Lebensmitteln kommt – dann hier, mein Sohn George –»

«Mutter, wirklich –»

«– dann meine Schwiegertochter Doris, die sich nur sehen läßt, wenn Weihnachten und Ostern auf einen Tag fallen, und noch einige – Wally Turner, der den Zähler abliest, Bernard Wiggan, der mir im Garten beim Umgraben hilft, wenn die Kneipe geschlossen ist, Alf Dunning, der mir die Kohlen liefert, und Luke Short und Jim Humble von der Gemeindeverwaltung. Die kommen aber nur, um die Senkgrube auszuleeren, wenn sie am Überlaufen ist. Einer davon muß es gewesen sein – oder nicht?»

«Alles schön und gut», sagte der Beamte. «Da haben wir ja eine reiche Auswahl. Oder haben Sie einen bestimmten Verdacht, wer es von den Genannten gewesen sein könnte?»

«Allerdings. Ich weiß sogar, wer es gewesen ist», sagte Mrs. Ruffle grimmig. Die beiden Beamten starrten sie fassungslos an.

»Was soll das heißen, Mutter? . . . Du weißt es . . . Woher willst du das wissen?»

«Dem Geruch nach. Daher.»

«Dem Geruch nach?»

«Jeder Mensch hat bekanntlich einen besonderen Geruch – oder nicht?! Sie zum Beispiel . . .» sie wandte sich dem Kommissar zu, «Sie riechen nach dem sauberen Tuch Ihrer schönen Uniform. Mein Sohn George riecht meistens nach Käse, Sid Curtis nach seinem Pony, Tom Haynes nach dem Tabak, den er immer raucht. Mein Enkel Frank riecht so penetrant nach einem bestimmten Rasierwasser, daß man ihn straßenweit daran erkennen kann. Dasselbe ist mit Wally Turner. Nur sind es bei ihm die Schweine, die er hält. Meine Schwiegertochter Doris benutzt ein Parfum «Weiße Veilchen». Berıard hat immer etwas von den Pommes frites aus der Bar an ›ich, Alf Dunning von seinen Kohlensäcken, sogar durchlringend, und Luke und Jim stinken natürlich immer nach auche, die armen Schweine. Wie ihre Frauen das aushalten, veiß ich nicht, aber jeder muß ja sehen, wie er sich durch›ringt, meine ich.»

«Aber wie wollen Sie danach mit Sicherheit feststellen, wer hr Geld gestohlen hat?»

«Im Augenblick kann ich es nicht mit Sicherheit sagen», :rwiderte Mrs. Ruffle. «Aber ich würde ihn sofort erkennen, ›obald ich ihn wieder rieche.»

«Also, wer ist es Ihrer Meinung nach gewesen?»

«Ja, das werde ich Ihnen nicht auf die Nase binden», ver›etzte die Alte schlau. «Erst müssen Sie mir versprechen, ihn estzunehmen, sonst kommt er und schneidet mir die Kehle lurch.»

«Grundgütiger Himmel, wir können doch nicht jemanden estnehmen, nur weil Sie behaupten, ihn am Geruch wieder:uerkennen», rief der Oberkommissar, bereits am Ende seiıer Nerven, infolge der Anstrengung, so laut zu sprechen, laß Mrs. Ruffle ihn verstehen konnte. «Wie einer riecht, das st doch kein Beweismittel!»

Der Vormittag ging in dem Bemühen hin, die Alte davon :u überzeugen, daß die Polizei unmöglich jemanden auf ihre ›loße Vermutung hin festnehmen könne. Als es George endich gelang, sie nach Hause zu bringen, fiel sie zusammen. )ie Kräfte verließen sie, die sie so lange aufrecht gehalten ıatten, als sie glaubte, den Kommissar überzeugen zu könıen. Sie versank in einen Zustand halber Geistesabwesenıeit und hockte teilnahmslos in ihrem alten Sessel, ohne auf Jeorge zu hören, der ihr auseinandersetzte, daß sie jetzt ınter keinen Umständen mehr allein im Haus bleiben könne ınd zu ihm ziehen müsse.

«Du kannst hier nicht länger allein bleiben, Mutter, siehst lu das nicht ein? Wovon willst du leben, um nur davon zu eden?»

Das riß sie etwas aus ihrer Lethargie, und sie erwiderte:

«Ich werde wie immer von meiner Rente leben. Das einzige, was ich mir nicht mehr leisten kann, sind zwei Paar neue Strümpfe jeden Monat. Das ist aber auch alles. Dafür wird Doris mir meine alten stopfen, ob sie das gern tut oder nicht. Und jetzt mach, daß du verschwindest, George – viel geholfen hast du mir sowieso nicht. Und untersteh dich, jemandem auch nur ein Sterbenswort von dem zu erzählen, was ich dem Kommissar erklärt habe, wenn du mich nicht eines Morgens ermordet in meinem Bett finden willst.»

Sie schloß die Haustür hinter dem ärgerlich abziehenden George, kehrte an ihren Platz zurück und starrte düster und verschlossen in das Kaminfeuer, ab und zu etwas vor sich hinmurmelnd.

Ein Monat verging, ohne daß sich jemand im Dorf durch größere Geldausgaben verdächtig gemacht hätte. Ohne Zweifel würde der Fall binnen kurzem zu den unerledigten Akten gelegt werden.

In Mrs. Ruffles Landhaus erschienen regelmäßig wie immer die üblichen Besucher. Sid, Frank und Bernard kamen und gingen wie seit je. Alf Dunning lieferte seine Kohlen ab, und ein paarmal erschien Doris bei ihrer Schwiegermutter und übergab ihr widerwillig gestopfte Strümpfe. Der Postbote brachte eine belanglose Karte von ihrer Tochter in Kanada, die Mrs. Ruffle nicht entziffern konnte.

Das warme Wetter im Juni schlug im Juli in Regen und Kälte um. Wassermassen rauschten die Deiche entlang und blieben auf dem festeren Marschboden in Tümpeln stehen. Es war vorauszusehen, daß die Senkgrube im Garten von Mrs. Ruffle bald überlaufen und ihr übelriechender Inhalt anfangen würde, in den rückwärtigen Keller zu rinnen. Sie richtete also an die zuständige Stelle der Gemeindeverwaltung die Anfrage, wann sie jemanden zu schicken gedächten, um die Senkgrube zu entleeren.

Eines Tages um die Teestunde erschien Wally Turner, um den Zähler abzulesen.

Es war ein trüber, regnerischer Nachmittag. Der Regen troff unaufhörlich vom Schilfdach, und die Regentonne war am Überfließen. Die Schafe auf der Weide drängten sich eng aneinander und ließen ihr klägliches Blöken über die Marsch erschallen. Rover lag im Halbschlaf in seiner Hütte, und Mrs. Ruffle saß neben dem Kamin, in dem eine Handvoll Kohlen glühte, und dachte an ihre leere Teekanne. Sie glaubte auch jetzt noch ab und zu, sie müsse sich geirrt haben, nahm die Kanne aus dem Schrank, hob den Deckel hoch und blickte erwartungsvoll ins Innere, so als ob das Bündel Banknoten wie durch ein Wunder wieder an seinem Platz liegen könnte.

Als Wally klopfte, war Mrs. Ruffle hinten in der Küche und hängte den Wasserkessel über das Feuer.

Wie immer, wenn er keine Antwort bekam, öffnete Wally die Tür selbst. Danach begab er sich in den kleinen Korridor, wo der Zähler, höchst unpraktisch, in einer dunklen Ecke unter der Treppe unmittelbar neben der Tür zum Keller angebracht war.

«Guten Tag, Wally», hörte er plötzlich Mrs. Ruffle hinter sich sagen und fuhr zusammen. Da sie Filzschuhe trug, hatte er sie nicht aus der Küche kommen hören.

«Hallo, Mrs. Ruffle!» erwiderte er laut und nervös. «Ich sehe, Sie haben diesmal weniger Strom verbraucht als sonst . . .»

«Was bleibt mir übrig. Nachdem mir meine ganzen Ersparnisse gestohlen worden sind, muß ich mich einschränken.»

«Ja, ich habe es gehört, es hat mir außerordentlich leid getan», schrie er ihr in das eine Ohr.

«So, wirklich?» Sie trat dicht an ihn heran und fragte wie beiläufig: «Wie geht es denn den Schweinen, Wally?» Ihre Nasenflügel zitterten.

«Ganz gut, Mrs. Ruffle. Sie mögen nur das schlechte Wetter nicht.»

«Wer mag das schon. Ich bin in großer Sorge wegen meines Kellers, kann ich Ihnen sagen. Wenn die Gemeinde mir nicht bald jemanden schickt, läuft er voll. Könnten Sie nicht mal eben einen Blick hineinwerfen, um zu sehen, ob das Wasser schon bis zur elektrischen Leitung geht und womöglich ein Kurzschluß entsteht?»

«Da ist alles in Ordnung. Soviel ich weiß, geht Ihre Leitung gar nicht durch den Keller.»

«Trotzdem, Wally. Ich möchte, daß Sie hineinschauen und nachsehen.»

Dabei drehte sie den Schlüssel im Schloß und stieß die Kellertür auf. Ein betäubender Gestank von fauligem Unrat stieg aus dem Keller hoch. Angewidert sah Wally die dunkle Treppe hinab.

«Können Sie sehen, wie hoch das Wasser steht?»

«Es ist zu dunkel», erwiderte er.

«Ihre Augen werden sich gleich daran gewöhnen. Sie brauchen nur eine Stufe tiefer zu steigen.»

Er trat zögernd auf die erste Stufe der Treppe. Im gleichen Augenblick hob sie ihren Stock und versetzte ihm mit aller Kraft einen Stoß in den Rücken. Er rutschte auf der nassen Steinstufe aus, fiel vornüber und verschwand mit einem Schrei in dem dunklen, hoch aufspritzenden Wasser.

Mrs. Ruffle machte die Kellertür zu und schloß sie ab.

«Ich werde dir zeigen, was es heißt, anderer Leute Ersparnisse zu stehlen!» schrie sie durch das Schlüsselloch. Dann ging sie in die Küche, um sich ihren Tee zu bereiten.

Wally, der sich ein Bein gebrochen hatte, arbeitete sich mühsam und unter großen Schmerzen aus dem zwei Fuß tiefen, stinkenden Wasser heraus und schleppte sich die Kellertreppe hoch.

«Ich bin es nicht gewesen, ich bin es nicht gewesen ...» stöhnte er laut und schlug mit den Fäusten gegen die Tür. Und nach einer Weile: «Du kannst mir gar nichts nachweisen, verdammte alte Hexe! Dein Geld siehst du jedenfalls nicht wieder ...»

Mrs. Ruffle schenkte seinen Worten keine Beachtung. Seine Hilferufe waren nur auf der rückwärtigen Seite des Hauses hörbar, und auch da nur undeutlich. Für alle Fälle nahm sie ihr Hörgerät ab und ließ es aus einer gewissen Höhe auf den Ziegelboden fallen.

Am nächsten Nachmittag stapfte sie durch den Regen zum Laden.

«Du mußt das Ding noch einmal der Klinik zurückschikken, George», sagte sie. «Es ist schon wieder kaputt.»

George packte das Hörgerät ein und machte es postfertig, wobei sie ihm teilnahmslos zusah.

Zu Luke Short, der im Laden stand, sagte sie: «Wann kommt ihr eigentlich, um die Senkgrube leer zu pumpen? Der Keller muß schon halb voll sein. Noch ein paar Tage dieses Wetter, und er ist voll bis an den Rand.»

Luke schrie sich die Lungen aus dem Leibe:

«Tut mir leid, Madam, aber es liegen so viele Bestellungen vor, daß wir die nächsten vier oder fünf Tage nicht bei Ihnen vorbeikommen können. Sagen wir, nächsten Donnerstag, frühestens . . .»

Nicht sicher, ob sie ihn verstanden hatte, nahm er den großen Postkalender von der Wand, hielt ihn ihr vor das Gesicht und zeigte mit dem Finger auf den genannten Tag.

«Was? Erst Donnerstag? Aber was soll ich machen, wenn es nicht früher geht . . .»

Dann stapfte sie langsam wieder die Dorfstraße hinunter.

LIA MATERA

# *Die Verteidigerin*

«Ich bin deine Anwältin», erinnerte ich ihn in fast demselben Tonfall, in dem ich in der nicht allzu fernen Vergangenheit gesagt hatte: «Ich bin deine Frau.»

Jack Krauder warf der Acryltrennwand zwischen uns und einem gähnenden Gefangenen einen finsteren Blick zu.

«Howard Frost ist mein Anwalt.»

«Und Howard Frost ist mein Partner – mein *zweiter* Partner! Du hast eine Kanzlei beauftragt, Jack, nicht eine bestimmte Person.»

«Ich wollte Howard.»

«Er ist vor Gericht. Und ich habe Zeit.» Und außerdem bin ich die bessere Anwältin. «Durch ein Wunder der modernen Technik» – ich fummelte an einem kleinen Kassettenrecorder herum – «kann Howie jedes Wort hören, das du mir sagst. *Falls* du dich endlich entschließen solltest, mir zu erzählen, was passiert ist!»

«Du glaubst mir ja doch nicht.» Er achtete darauf, daß seine Stimme gelangweilt klang. Das war ein Maklertrick, den er mit Hilfe von verärgerten Hausbesitzern und störrischen Planungsausschüssen bis zur Vollendung kultiviert hatte.

«Wie lange hast du mit Mary Sutter zusammengelebt? Sechs Monate?» Sieben Monate und neun Tage, um genau zu sein. «Du mußt doch *irgendwas* wissen! Mehr, als hier drin steht!» Dabei klopfte ich auf den Polizeibericht. «Weißt du noch, wie oft ich mich über die Auslassungslügen meiner Klienten beschwert habe? Ransilov, erinnerst du dich noch? Wie er mir nichts gesagt hat über – Jack?» Ich schob meine Hand mitfühlend über den gerillten Metalltisch, der uns trennte. «Versuch nicht, deine eigene Verteidigerin hinters Licht zu führen!»

Jack löste die Hand von der Stuhllehne und ließ sie auf den Tisch fallen wie ein Stück rohes Fleisch. Er runzelte die Stirn über seine wundgescheuerten roten Knöchel und war offenbar nicht dazu in der Lage, seine Hand so weit zu bringen, daß sie die meine berührte. Zwei Jahre ehelicher Hölle, dann sieht eine Beziehung so aus.

«Na schön, Jack, versuchen wir's mal so: Mary will dich und sich umbringen, aber es geht etwas schief. Sie trinkt ihren Kaffee, doch du rührst deinen nicht an. Sie stirbt und du nicht.»

Seine Hand ballte sich zur Faust. «Nein!»

«Wie sehen die Alternativen aus? Irgend jemand haßte Mary – oder dich – so sehr, daß er euch beide umbringen wollte. Jemand, der euch nahe genug steht, um zu wissen, wo ihr den Kaffee aufbewahrt.»

Er sah die schmutzig lachsfarbenen Wände an, die umgitterten, fluoreszierenden Lampen, die angeschlagene Fläche des Metalltisches – alles, nur nicht mich. Sein Grübchenkinn war so angespannt, daß man es als Amboß hätte verwenden können.

«Das ist es, nicht wahr? Und du weißt genau, wer's war, oder? Oder, Jack?»

Er schlug einmal auf den Tisch und erwiderte meinen Blick. «Versuch nicht, mich herumzukommandieren, Janet!»

«Ich will nur die Wahrheit wissen!»

Da war es wieder, das Gespenst der ständigen Auseinandersetzung, das unsere Ehe langsam, aber sich ausgehöhlt hatte.

«Na schön, Jack. Die Sitzung über deine Kaution ist morgen nachmittag. Ich regle alles.»

«Nein!» fuhr er mich an.

«Was meinst du mit ‹nein›? Es könnten sechs, acht Monate bis zu deiner Verhandlung vergehen. Du kannst doch nicht hier drin bleiben!»

«Verdammt noch mal, klar kann ich das, wenn ich will. Ich besprech das mit Howard.»

«Jack! Ich weiß, du willst nicht zurück zu . . . Du kannst bei mir bleiben!»

«Nein!»

«Oder in einem Hotel! Alles ist besser als –»

Er stand unvermittelt auf und wandte mir den Rücken zu.

«Laß mir meine Ruhe, Janet!»

Als der Hilfssheriff ihn aus dem Raum führte, sah sich Jack noch einmal nach mir um. Mein Exmann wirkte besorgt.

Jacks Küchentisch, seine Arbeitsplatte und die hintere Tür waren noch immer mit dem Graphitstaub der Spurensicherung überzogen. Kreidespuren verunstalteten den Hartholzboden. Den Umrissen nach zu urteilen, war Mary Sutter in sich zusammengesunken gestorben. Strychnin. Die Untersuchungsbeamtin hatte gesagt, sie habe sich so sehr zusammengekrümmt, daß sie sich beim Sturz leicht zwei Knochen gebrochen haben könnte.

Howard Frost stieß einen tiefen Seufzer aus und polierte das Objektiv seiner Kamera. Ich bin eine bessere Fotografin als Howie, aber ich bot ihm nicht an, die Bilder zu machen. Jedenfalls nicht diesmal.

«Hast hier selber mal gelebt, nicht wahr?» Howie hatte einen englischen Akzent, und seine Stimme klang höflich-unverbindlich wie immer. Das ist vor Gericht ein großer Nachteil.

«Den ganzen Kram da» – dabei deutete ich auf die vertrauten Americana, den Ahornholztisch, die Kommode mit der gefliesten Oberfläche und die Kommode in der Ecke – «hab ich ausgesucht.»

«Mmm.» Er hielt die Kamera vors Auge, drehte das Objektiv scharf und beugte sich tiefer über den Tisch mit dem Graphitstaub. Ein Gittermuster aus staubfreien Vierecken zeigte an, wo die Polizei mit Klebestreifen die Fingerabdrücke abgenommen hatte.

Ich wandte mich der Kommode zu. Die Schubladen waren bereits durchsucht worden. Alte Baukostenvoranschläge, Großhändlerquittungen für Sheetrock, Belege für Marys Künstlerbedarf, nicht abgesandte Publishers-Clearing-House-Umschläge, einer davon an mich adressiert. «Ich frage mich, ob die Polizisten wissen, daß das Ding ein Geheimfach hat.» Ich schob das Durcheinander von Papieren beiseite und tastete nach dem versteckten Verschluß.

Hinter mir überlegte Howie laut: «Den Kaffee noch in der Dose zu vergiften!» Ein Anflug von Zorn, das war die stärkste Gefühlsregung, die ich dieser monotonen Stimme je angehört hatte. «Verdammt leichtsinnig! Und wenn sie jetzt Besuch bekommen hätten?»

«Jack ist ein Glückspilz! Ich kenne niemanden, der so koffeinsüchtig ist wie er! Und die Chance, daß er am Morgen zu spät dran ist und seine Tasse Kaffee stehenläßt...» Das Geheimfach gab nach. «Du meine Güte, Howie! Schau dir mal das an!»

Ich hielt ein Foto hoch. Darauf war eine junge Frau mit gespreizten Beinen neben einem Swimmingpool zu sehen. Ihre Haare waren naß, und ihre Augen waren hinter einer großen Sonnenbrille verborgen. Auf den ersten Blick sah die Frau wie Mary Sutter aus, aber Marys Haare hatten ihr bis zur Taille gereicht; auf dem Foto fielen die feuchten Strähnen gerade bis auf die Schultern. Außerdem war Mary hager gewesen und stolz auf ihre etwas schrumpelige, sonnengebräunte Haut. Die Frau auf dem Foto hatte eine vollere, jugendlichere Figur.

Bei ihr waren zwei Männer, der eine lag flach, der andere saß in der Hocke. Beide ließen ihre prächtigen Muskeln spielen. Jung, südländisch, dunkle Haare und Augen; möglicherweise Brüder. Alle drei waren nur mit einem vielsagenden Lächeln bekleidet. Vielleicht sonnten sie sich gerade; vielleicht machten sie auch etwas Interessanteres.

Howie trat hinter mich. «Komisch, daß die Polizei das übersehen hat.»

Ich ließ das Geheimfach zurückschnappen. «Genau wie im Kino. Bloß frage ich mich . . .» Ich betrachtete das Foto. «Eine jüngere Mary Sutter! Wäre das nicht toll, wenn jemand sie erpreßte? Da erzähl noch einer was von wegen vernünftigem Zweifel gegenüber der Anklage!»

«Weiß nicht so recht. Ist doch ziemlich zahm, die ganze Sache. Und es gibt keinen Grund, warum der liebe Jack den Mund halten sollte, wenn jemand Mary erpreßte. Jedenfalls nicht mehr.»

Ich drehte mich zu ihm um. Seine Babyhaut war ungewöhnlich blaß, als er das Foto ansah.

«Der liebe Jack» war erst kürzlich in Howies Fußballmannschaft eingetreten. Es hatte mich in den vergangenen Monaten ganz schön genervt, ständig zu hören, wie mein Mitarbeiter Jacks «Abwehrfallen» lobte. (Schließlich war Howie *mein* Partner und *mein* Freund. Es war schon schlimm genug, daß Jack das Haus und die Möbel bekommen hatte.)

«Ich war nicht umsonst zwei Jahre zu lang mit Jack Krauder verheiratet. Ich weiß, wann er etwas verheimlicht. Da steckt mehr dahinter.» Ich legte das Foto auf die geflieste Oberfläche mit der Graphitstaubschicht. «Irgendwie hab ich ein schlechtes Gefühl bei dem Bild, Howie. Wie wenn ich auf einer Falltür stünde.»

«Janet? Ich würde wirklich gern mit ihm reden. Heut abend vielleicht? Oder morgen vor der Verhandlung?»

«Ich kümmere mich schon drum!» Wie oft mußte ich ihm das denn noch erklären? «Wenn wir von ihm was erfahren wollen, müssen wir es aus ihm rausprügeln! Was Jack braucht, ist Führung, nicht Freundschaft.»

Ich hatte Carole Bissett von Anfang an nicht leiden können, von dem Augenblick an, wo sie in das Haus neben dem von mir und Jack einzog. Eine Aerobiclehrerin, so was konnte auch bloß mir passieren. Oder eher Jack: Das Schicksal umgab ihn immer mit schönen Frauen. (Ich war die große Ausnahme von dieser Regel gewesen.) Ich konnte es zwar nicht beweisen, aber ich hatte den Verdacht, daß Jack den größten Teil unseres letzten Ehejahres mit Carole ins Bett gegangen war. Sie war einer der Gründe, warum ich ihm das Haus überlassen hatte; ich haßte den Anblick von Caroles glänzendem Trikot. Sie tupfte sich ihre glühenden Wangen mit einem Frotteeschweißband ab und holte zwei Flaschen Evian-Mineralwasser aus dem Kühlschrank. «Armer Jackie! Ich wünschte, ich könnte ihm helfen!»

Ich nahm eine der Flaschen und wünschte mir statt des Wassers drei Fingerbreit Whisky darin. «Vielleicht können Sie das. Haben Sie nebenan irgend etwas Ungewöhnliches bemerkt, merkwürdige Besucher, Leute, die Sie nicht dort erwartet hätten?»

Carole legte ihre süße kleine Nase in Falten. «Ach, Sie kennen doch diese Künstler. Viele von Marys Freunden waren ein bißchen merkwürdig.» Dann fügte sie reuig hinzu: «Ich sollte nicht schlecht von ihr reden!»

«Irgendwelche Drogen?»

Ein tolerantes Lächeln. «Sicher nichts Hartes. Mary hat ein bißchen gehascht und auch mal geschnupft. Jackie macht das nicht – Sie kennen ihn ja!»

«Woher hatte Mary das Zeug?»

Sie zögerte. «Ich will niemanden in Schwierigkeiten bringen.»

«Jack steckt sowieso schon bis zum Hals in Schwierigkeiten.» Caroles Gehirn war mit Sicherheit der Körperteil, den sie am wenigsten betätigte. «Waren es diese zwei gutaussehenden Chicanos – wie hießen sie gleich?»

«Jaime und Andy?» Sie verzog das Gesicht bei dem Versuch nachzudenken. Na komm schon, drängte ich sie innerlich; wer nicht wagt, nicht gewinnt. «Vielleicht.»

«Haben Sie eine Ahnung, wo ich sie finden kann?»

«Versuchen Sie's bei Stacy. Sie sind die meiste Zeit mit ihr hergekommen.»

«Stacy?»

«Marys kleine Schwester.»

Wieder starrte ich Jack über den Metalltisch hinweg an. Kantiges Gesicht, grüne Augen, schwarze Haare, die ihm in die Stirn fielen wie bei Superman – er sah einfach blendend aus.

Schade, die Geschichte mit der Scheidung. Was sie aus ihm gemacht hatte.

Und aus mir.

«Ich weiß über Stacy Bescheid, Jack.»

Sein Gesichtsausdruck wurde mißtrauisch. «Was ist mit ihr?»

«Netter Versuch – *lieber Jack*. Aber ich hab sie besucht.»

Ich hatte sie tatsächlich besucht, und an der Tür hatte mich eine ziemlich mitgenommene Frau in Pflegerinnenkleidung abgewiesen. Offenbar nahm Stacy Sutter sich den Tod ihrer Schwester sehr zu Herzen. Vielleicht hatte sie guten Grund dazu.

«Ich habe mir gedacht, ich geh dem Schnappschuß, den ich in deiner Kommodenschublade gefunden habe, lieber noch mal nach. In dem Geheimfach.»

«Was für ein Schnappschuß?»

«Die kleine Orgie an deinem Swimmingpool; nackte Jungs und Koks.»

Seine Lippen preßten sich zu einem weißen Strich zusammen; seine Augen verengten sich zu funkelnden Schlitzen.

«Willst du wissen, was mir das Bild sagt? Entweder haben Mary und du sich erpressen lassen, damit das Negativ nicht an die Öffentlichkeit kommt – schließlich würde niemand so ein Bild gern veröffentlicht sehen, nicht mal jemand wie Stacy Sutter.»

Jacks Nasenflügel begannen sich zu blähen; sein Zorn wuchs.

«Oder, die zweite Möglichkeit, eine kleine pornographische Anregung für dich. Ein nacktes Mädchen, das jung genug ist, um deine Tochter zu sein.»

Inzwischen war er fast zornig genug.

«Und dann ist da noch die Sache mit den Drogen. Stacy ist kokainsüchtig. Die beiden Männer auf dem Bild sind Pusher.»

Ich glaubte, ihn aus der Reserve gelockt zu haben, aber er unterdrückte, was er hatte sagen wollen.

«Jack, du kannst Stacy Sutter ruhig decken, wenn du willst. Vielleicht ist es dir egal, wenn sie Mary umgebracht hat und dich umbringen wollte! Aber ich frage mich, wie du sie so wütend gemacht hast. Oder hat es schon gereicht, daß du mit beiden Schwestern geschlafen hast?»

Er erhob sich, und dabei fiel sein Stuhl nach hinten um. Auf seinem Gesicht breiteten sich hektische Flecken aus; seine Hände zitterten.

Der Wärter kam sofort herbeigerannt und drehte ihm die Arme auf den Rücken.

«Du hast dich kein bißchen verändert!» zischte Jack mich an.

Ich lief auf Strümpfen im Büro auf und ab. Howie lag mit geschlossenen Augen auf meinem Sofa.

«Hör dir mal meine Theorie an», sagte ich. «Jack schläft mit Stacy Sutter. Sie hat es satt, ihre Schwester mit deren Freund zu betrügen, und versucht, beide umzubringen. Jack fühlt sich verantwortlich und beschließt, Stacy zuliebe den Mund zu halten.»

«Bißchen weit hergeholt. Kaum zu glauben, daß Jack – oder irgend jemand sonst – so ritterlich sein soll.»

«Nicht ritterlich – altmodisch! Altmodisch genug, um zu glauben, daß das die gerechte Strafe für eine Affäre mit beiden ist.»

«Du hast ihn aber doch nie zu – äh – altmodisch gefunden, als du noch mit ihm verheiratet warst.»

Was für ein Ausbund an Takt, dieser Howie. «Wenn du damit auf seine *Treue* anspielst, hast du recht. Die würde ich ihm nie vorwerfen. Aber er ist auf jeden Fall ein Familienmensch. Er hat mich geheiratet, als er dachte, daß ich . . . Und hat das Haus für uns gekauft. Es ist ein großer Unterschied, ob man mit seiner Nachbarin schläft, was ziemlich traditionelles Machoverhalten ist» – ich bemühte mich, die Verbitterung aus meiner Stimme zu verdrängen – «oder mit der kleinen Schwester der Geliebten. Und, Howie, du hättest sein Gesicht sehen sollen, als ich ihn danach gefragt habe. Die Halsadern sind ihm fast geplatzt!»

«Das wundert mich nicht!» Howie rieb sich mit dem Handrücken über sein sauber rasiertes Gesicht. «Aber was bringt uns das? Nehmen wir mal an, Jack gibt's nicht zu und die kleine Schwester auch nicht?»

«Jaime und Andy.»

«Wie bitte?»

«Die beiden Männer, die zusammen mit Stacy Sutter auf dem Bild sind. Sie haben Stacy mit Drogen versorgt. Sie haben offensichtlich ein recht enges Verhältnis gehabt, und sie hat ihnen sicher vertraut. Es ist ziemlich wahrscheinlich, daß sie von der Geschichte mit Stacy und Jack gewußt haben.» Ich ging zu meinem Schreibtisch hinüber. «Das Problem ist nur, Drogenhändler sind verdammt schlechte Zeugen.»

«Ihre Glaubwürdigkeit wird oft angezweifelt», stimmte Howie zu.

«Und sie sind nachtragend.» Das letzte Mal, als wir einen Koksdealer vorgeladen hatten, hatte er unseren Klienten ins Krankenhaus befördert.

«Du glaubst doch nicht ...» In Howies Stimme schwang ein für ihn völlig uncharakteristisches Zögern mit. «Du glaubst, daß Jack freiwillig im Gefängnis versauert, um eine Frau zu beschützen. Hast du dich denn schon mal gefragt, ob er nicht vielleicht selbst schuldig sein könnte?»

Ich schlüpfte in meine Pumps. «Kannst du dir eine schlimmere Scheidung vorstellen als unsere, Howie? Wenn Jack *mich* nicht umgebracht hat» – ich zuckte mit den Schultern – «dann bringt er es auch bei keiner anderen fertig.»

Howie blinzelte zu mir hoch. «Komisch, daß *du* ihn verteidigen sollst.»

«Tja, das will er aber!» Das klang zu aggressiv. Ich sah weg.

Draußen vor meinem Fenster hing ein Werbeplakat mit der Aufschrift: KATYS KAFFEEKANNE, FRÜHSTÜCK WIE AUF DEM LANDE UND MMMM MMMM KAFFEE.

Sollte Howard sich die Wahrheit doch später von Jack erzählen lassen. Bis dahin hätte ich Jack herausgeholt, den Fall vielleicht sogar schon gelöst.

«Schau, Howie», ich lachte nervös, «als wir verheiratet waren, hab ich mich selber die ganze Zeit über den grünen Klee gelobt und Jack ständig erzählt, daß ich die beste Strafverteidigerin im ganzen Bundesstaat bin. Bloß, um Eindruck zu schinden bei ihm; du weißt ja, wie das ist.»

«Mmm», murmelte er amüsiert. Howie wußte, daß ich selbst daran glaubte. «Und die, na ja, die Geschichte – *stört* ihn nicht?»

«Verdammt noch mal! Natürlich stört sie ihn!» Ich begann, in meiner Aktentasche herumzukramen. «Vor mir nimmt er sich in acht. Ist bissig. Wahrscheinlich glaubt er, daß ich es ihm immer noch nachtrage, weil er mich wegen Mary hat sitzenlassen.» Ich biß mir auf die Lippen und sortierte meine Papiere neu. «Und vielleicht tu ich das auch ein bißchen!» Ich knallte den Deckel der Aktentasche zu. «Aber Jack kann nichts Besseres finden als mich, und irgendwo weiß er das auch!» Warum sonst würde er meinen Juniorpartner wollen? Sicher, sie waren befreundet, aber mein Name kam zuerst auf dem Briefkopf. «Wovor ich wirklich Angst habe . . .» Ich massierte mein Brustbein; es war heiß im Zimmer, und das Atmen fiel mir schwer. «Er will keine Kaution, Howie! Er will nichts davon hören.»

Howard richtete sich mit gerunzelten Brauen auf. «Ist er zu sehr mitgenommen, um sich noch was draus zu machen, was aus ihm wird? Ein Leben ohne Mary?»

Mary! Ich steckte die Fäuste in die Taschen. «Ich frage mich, ob er . . .? Du glaubst doch nicht etwa, daß er drinbleiben will?» Sich weigerte, über seine Verteidigung zu sprechen; sich nur an die nackten Tatsachen hielt. «Howie, er wird doch nicht im Gefängnis bleiben *wollen*, oder?»

Howie legte den Kopf schief und dachte nach.

«Oder... Was ist, wenn er damit rechnet, daß wir die Sache vermasseln?» Heuert einen unerfahrenen Jungen an – den Angestellten seiner Exfrau. Vielleicht war das gar kein Vertrauensbeweis. Vielleicht war das Sabotage. «Er kann doch wohl nicht denken, daß ich seinen Fall absichtlich in den Sand setze, oder?»

Howie schwieg, offenbar war ihm diese Möglichkeit bereits in den Sinn gekommen!

«Du weißt, daß ich das nicht machen würde!»

«Janet, wenn er wirklich drinbleiben will? Kann er sich da selbst schützen?»

«Wovor? Wieviel tiefer als die örtliche Wanzenburg kann man denn noch sinken?»

«Unter die Erde?» Howie schielte aus dem Fenster; *Mmmm mmmm Kaffee,* versprach das Werbeplakat. «Jemand hat versucht, ihn umzubringen. Vielleicht fühlt er sich im Moment hinter Gittern einfach sicherer.»

«Sicherer? Mein Junge, Gefangene werden tagtäglich in ihren Zellen umge-» Ich wandte mich erschüttert ab. «Wo zum Teufel ist meine Jacke?»

Ich traf eine halbe Stunde vor Jacks Kautionsverhandlung im Bezirksgefängnis ein. Als der Hilfssheriff und ich uns der kurzen Reihe von Zellen näherten, hörte ich jemanden würgen, einen Betrunkenen singen, Stimmen auf spanisch reden. Ich hoffte, daß Jack sich eingeengt genug fühlte, um sich den Vorschlag mit der Kaution noch einmal zu überlegen.

Als ich die anderen Gefangenen sah, packte ich den Hilfssheriff am Arm und fragte: «Warum sind die hier?»

Der Hilfssheriff wischte meine Hand von seinem Arm. «Die Verhandlung war vor ein paar Stunden. Kokain. Haben das Zeug verkauft.»

Einen Augenblick lang musterte ich die beiden gutaussehenden Südländer. Der Betrunkene hörte auf zu singen, um mich anzustarren. Ich suchte die übrigen Zellen nach Jack ab. Er lag mit dem Gesicht zur Wand in der Zelle, zwischen dem Betrunkenen und den Südländern.

«Mein Gott! Sie haben ihn *umgebracht!*»

Der Hilfssheriff sah mich an, als hielte er mich für verrückt, besonders, nachdem Jack sich herumgedreht und aufgesetzt hatte.

Ich lehnte mich gegen die Wand hinter mir und legte die Hand auf die Brust. «Hören Sie zu, diese beiden Männer haben Mary Sutter gekannt – sie haben ihr Drogen verkauft; vielleicht haben sie auch ihre Schwester erpreßt!»

Die jungen Südländer sahen mich fragend an. Der Größere murmelte dem Kleineren etwas auf spanisch zu.

Jack zischte mir zu: «Von was redest du überhaupt?»

«Das Problem ist, daß es dir egal ist, wenn sie dich umbringen, Jack, oder? Du willst mir die Informationen nicht geben, mit denen ich dich freibekommen könnte, aber du willst doch dein Leben auch nicht hinter Gittern verbringen!» Das war nicht gerade das, was man als Anwalt in der Öffentlichkeit sagte, aber ich konnte nicht aufhören. «Ich lasse jedenfalls nicht zu, daß du hier drin ermordet wirst!»

Der Hilfssheriff trat zwischen mich und die Gitterstäbe.

«In meinem Gefängnis wird niemand ermordet!»

«Sie meinen wohl, niemand *mehr?*»

Vergangenen Monat war ein Drogenhändler am Abend vor seiner Aussage gegen seinen Mitangeklagten in seiner Zelle gestorben. Den Gefangenen in den Nachbarzellen war «nicht aufgefallen», wie sein Schädel gegen die Gitterstäbe schlug. Der Sheriff hatte es als Unfall bezeichnet; der Gefangene war ausgerutscht und hingefallen.

Ich hatte die Leiche in der Stahlschublade gesehen. Wenn der Mann tatsächlich hingefallen war, mußte das mindestens ein halbes dutzendmal passiert sien.

Das Gesicht des Hilfssheriffs lief dunkelrot an.

«Euer Ehren, abgesehen davon, daß in diesem Fall keine Fluchtgefahr besteht, halte ich den Beklagten auch für körperlich gefährdet, wenn er weiterhin im Bezirksgefängnis bleiben muß.»

Auf den kirchenbankähnlichen Sitzen hinter mir lauerten

die Reporter. Ich hörte aufgeregtes Flüstern. Ich fühlte den Zorn des Bezirksstaatsanwaltes und die übellaunige Abneigung des Richters gegen jede Art von Melodram. Aber ich glaubte, keine andere Wahl zu haben. Ich sprach über Jaime und Andy und gab dem Staatsanwalt und dem Richter jeweils einen Abzug des Fotos, das ich in Jacks Geheimfach gefunden hatte. «Diese beiden Männer befinden sich gegenwärtig in der Zelle neben der von Mr. Krauder, Euer Ehren. Ich bin der Überzeugung, daß sie sich absichtlich haben verhaften lassen, um so meinen Klienten vor seiner Verhandlung umbringen zu können.»

Der Richter schlug mit seinem Hammer auf den Tisch, um die Anwesenden zum Schweigen zu bringen.

«Euer Ehren!» Der Bezirksstaatsanwalt hörte sich – wie nicht anders zu erwarten – skeptisch an. «Wir werden gegen die Zulässigkeit und die Relevanz dieses Fotos ein andermal Widerspruch einlegen. Ich würde jedoch gerne zu Protokoll geben, daß ich die beiden erwähnten Männer persönlich kenne. Sie heißen Julio und Silvio Marcos. Sie wurden aufgrund eines verläßlichen Informanten wegen Drogenbesitzes festgenommen.»

Verläßlicher Informant – das ist im Polizeijargon jeder anonyme Schleimer, der sie anruft.

«Zumindest» – ich bemühte mich, ruhig zu bleiben – «sollten sie in einem anderen Gefängnis untergebracht werden, bis über die Kaution entschieden ist!»

«Ich hab diese Männer noch nie gesehen!» mischte sich Jack ein. «Das sind nicht Jaime und Andy!»

Der Richter, ein alter Griesgram, starrte mich wütend an. «Dann sehe ich eigentlich keinerlei Veranlassung, warum wir die Gefangenen unbedingt trennen sollten, oder, Miss Dale?»

Ich hätte nie gedacht, daß ich so etwas einmal über einen eigenen Klienten sagen würde: «Er lügt, Euer Ehren!»

Der Bezirksstaatsanwalt konnte ein Keuchen gerade noch unterdrücken.

«Treten Sie vor an den Tisch des Richters!» bellte der Richter. Sein Tonfall klang eher nach: «Auf der Stelle raus mit Ihnen, junge Frau!»

Ich hielt mich an der Eichenumrandung seines Tisches fest und reckte den Hals vor, um ihn anzuflehen. «Bitte! Ich will hier noch nicht die Einzelheiten meiner Verteidigung verraten, Euer Ehren, aber diese beiden Männer sind –»

Der Bezirksstaatsanwalt schlug mit der Hand auf das Foto, das ich ihm gegeben hatte. «Das sind andere Männer! Sogar Krauder selbst sagt das!»

«Sie haben die Sonne im Rücken! Schauen Sie das Bild nur einmal genauer an. Es sind die gleichen.»

«Janet!» Der Bezirksstaatsanwalt und ich waren im Gericht schon zu oft aufeinandergetroffen, als daß es zwischen uns bei einer bloßen Zufallsbekanntschaft geblieben wäre. «Ich weiß, daß Sie mal mit dem Kerl verheiratet waren, aber was Sie jetzt hier machen, grenzt an Paranoia!»

Wütend wandte ich mich von ihm ab. «Euer Ehren, es tut doch niemandem weh, wenn wir diese Männer –»

«Jetzt reicht's!» Der Richter knallte die Kladde mit seiner verhutzelten Hand zu. «Wir sind hier nicht in Los Angeles! Sie wissen ganz genau, daß wir nur ein Gefängnis haben! Und ich werde den Prozeß gegen diese beiden Männer mit Sicherheit nicht dadurch gefährden, daß ich sie in eine andere Stadt verlegen lasse, Miss Dale!»

An seinem Gesicht war deutlich abzulesen, daß jeder weitere Kommentar zwecklos war. Ich sah den Bezirksstaatsanwalt an. Seine besorgte Miene war demütigend.

Ich marschierte zum Verteidigertisch zurück. Jacks Mund verzog sich zu einem spöttisch-frostigen Grinsen. Er sagte laut und vernehmlich: «Die Frau ist nicht meine Verteidigerin! Ich will nicht, daß sie mich verteidigt!»

Der Richter bellte: «Was? Miss Dale, hat der Angeklagte Sie bevollmächtigt, hier als seine Verteidigerin aufzutreten?»

Ich zwang mich, Jack nicht anzusehen. Idiot! «Mein Partner Howard Frost ist der eingetragene Verteidiger, Euer Ehren. Mr. Frost konnte heute nachmittag nicht hier erscheinen. Er ist in einer Verhandlung, und ich vertrete ihn.»

«Dann will ich nicht auf Kaution raus!» Jacks Stimme schäumte vor Boshaftigkeit. «Ich bleibe lieber hier, wo ich bin, bis –»

«Sei still, Jack!»

Die Unruhe auf den Bänken wurde größer. Der Richter rief verzweifelt: «Miss Dale, warum stehlen Sie dem hohen Gericht die Zeit mit einer Kautionsverhandlung, wenn Ihr Klient – Mr. Frosts Klient! – gar nicht –» Er schlug ein paarmal mit dem Hammer auf den Tisch. «Ruhe! Alle! Wir sind hier nicht bei einem Fußballspiel, das ist ein Gerichtssaal!»

Ich hatte so gut wie keine Zweifel, daß der Richter Jack als nächstes in seine Zelle zurückschicken würde. Ich sah Jack an und haßte ihn für das, wozu er mich zwang.

«Ich will nicht indirekt an Mr. Krauders Selbstmord beteiligt sein, Euer Ehren!» beharrte ich. «Und genau das verlangen Sie von mir!» Ich sprach lauter und übertönte den wilden Ruf des Richters, ich mißachtete die Ehre des Gerichts. «Jack weiß, daß man ihn im Gefängnis umbringen wird, und das ist ihm egal! Er fühlt sich moralisch verantwortlich. Er will –» Ich schluckte. Ich verlor die Beherrschung. Das durfte ich nicht. «Sie müssen Jack kennen, um das zu verstehen! Jemand, der ihm wichtig ist, jemand, dem er seiner Ansicht nach Unrecht getan hat, hat mit Drogenhändlern zu tun – mit diesen beiden Gefangenen, Jaime und Andy! Verstehen Sie denn nicht: Sie haben Angst, daß Jack sie mit seiner Aussage belastet.»

Ich sah mich im Gerichtssaal um: die Wut des Richters, das schockierte Mitleid des Bezirksstaatsanwaltes. Hysterische Exfrau, dachten sie wohl. Und ich erinnerte mich an den toten Gefangenen mit dem blutigen Kopf und dem Schädelbruch. Nur noch ein paar Augenblicke, dann wäre das Verfahren vorbei, und man würde Jack wegführen. Ich spielte meine Trumpfkarte aus.

Jack klappte die Kinnlade herunter. «Verdammt», flüsterte er und blickte in die Mündung des Revolvers, den ich gerade aus meinem Aktenkoffer geholt hatte.

Ich sah, wie der Bezirksstaatsanwalt versuchte, dem Amtsdiener durch eine Geste etwas mitzuteilen, und zielte instinktiv mit der Waffe auf ihn, bevor ich zu dem Schluß kam, daß es wohl sicherer wäre, sie nur auf eine Person zu richten. Und weil ich Jack mit mir nehmen wollte, mußte diese eine Person Jack sein.

«Bitte», flehte ich den Richter an, «versuchen Sie zu verstehen, warum ich das tue. Wenn sich herausstellen sollte, daß die Gefangenen nicht Jaime und Andy sind, okay. Ich bringe Jack wieder zurück. Aber ich kann einfach nicht zusehen, wie er wieder ins Gefängnis zurückgeht und umgebracht wird!»

Die Stille veränderte sich, als der Richter die Arme hob. Einen Augenblick stand er bewegungslos da, wie eine Vogelscheuche im Talar. Dann krächzte er: «Bitte machen Sie die Gänge frei. Ich will den Angeklagten nicht durch unser Eingreifen gefährden.»

«Ich werde nicht gehen», knurrte Jack. Er senkte stur den Kopf, wandte den Blick aber nicht von der Waffe ab.

Ich streckte den Arm aus, bis der Revolver nur noch wenige Zentimeer von seinem Gesicht entfernt war. «Ich werfe meine ganze Karriere für dich weg, Jack! Meine *Karriere*! Um dein erbärmliches Leben zu retten! Verdammt, so hilf mir doch ein einziges Mal!»

Die Hand, in der ich die Waffe hielt, zitterte nicht. Ich hatte für meine Zielsicherheit Auszeichnungen bekommen; und ich hoffte, daß Jack sich daran erinnerte. Nach einer langen Pause, die mir vorkam wie Jahre, drehte er sich um und ging mir voran aus dem Gerichtssaal.

Die Zuschauer regten sich, ein Blitzwürfel knallte. Meine Hand zitterte nicht. Niemand hatte das Bedürfnis, den Helden zu spielen.

Die Gänge waren nahezu leer; ich hatte mich absichtlich um einen Termin am späten Nachmittag bemüht. Der Protokollführer, eine Frau mit einem Stück Gebäck in der Hand, ein Anwalt, der zusammengesunken auf einer Bank saß – sie alle beobachteten uns mit erschrecktem, fahlem Gesicht, machten aber keine Anstalten, sich einzumischen. Wir gelangten ohne Schwierigkeiten zu meinem Wagen, den ich unrechtmäßig vor dem hinteren Eingang abgestellt hatte. Ich fuhr mit quietschenden Reifen aus dem Parkplatz und sah mich nach Polizeipatrouillen um. Die meisten von ihnen waren noch in der Stadt unterwegs, weil ich vor der Verhandlung einen falschen Alarm ausgelöst hatte. Ich lenkte den Wagen mit einer Hand und drückte Jack die Mündung des Revolvers in den Unterleib.

«Versuch nicht, mir die Waffe abzunehmen, Jack. Wenn sie losgeht, bist du vielleicht nicht tot, aber wahrscheinlich schrecklich unglücklich.»

Ich warf ihm einen Blick zu. Er war weiß wie Vanillepudding und hatte die Augen wie im Gebet geschlossen.

Es war wichtig, daß ich das Auto loswurde; die Polizei würde die Nummer schon bald haben. Ich steuerte den Wagen in eine Tiefgarage. Ich hatte Glück; es war gerade niemand dort unten. Also mußte ich mir keine Gedanken darüber machen, wie ich die Waffe am besten versteckte, als ich Jack aus dem Auto und in den Aufzug dirigierte.

Wir stiegen ganz oben aus und fanden uns auf einem zugigen Dach wieder. Jack wich rückwärts ein, zwei Meter von mir zurück, bevor ich die Waffe wieder hob. «Fangen wir noch mal von vorn an, Jackie. Und erzähl mir jetzt keinen Stuß mehr! Sag mir, was du weißt.»

«Das Gebäude hat nur vier Stockwerke. Vielleicht bin ich nicht tot, wenn ich runterfalle.»

«Wenn du runterfällst», wiederholte ich.

«Das hat du doch vor, oder? Du wirst sagen, ich habe den Mord gestanden und bin aus Reue gesprungen. Du wirst sagen, du hast versucht, mich aufzuhalten, aber ich habe dich überwältigt. Du wirst weinen und sagen, wie sehr du mich geliebt hast, und alle werden dir das abkaufen, weil du für mich sogar das Risiko eingegangen bist, daß man dir die Zulassung entzieht.» Sein Gesicht verzerrte sich vor Verachtung, und zum erstenmal spürte ich, wie die Waffe in meiner Hand zitterte. «Ich soll dir sagen, was ich weiß? Ich weiß, daß ich dich nur geheiratet hab, weil du mich reingelegt hast. Du hast mich fast erstickt mit deinen ständigen Klagen und deiner Klettenhaftigkeit. Du warst doch auf jede Frau eifersüchtig, mit der ich je gesprochen habe, und durch unsere Scheidung hat sich daran nicht das geringste geändert. Glaubst du vielleicht, ich hätte nicht gesehen, wie du mir und Mary nachspioniert hast? Du und dein verdammtes Teleobjektiv! Du hast doch das Foto von Stacy und ihren Freunden an unserem Swimmingpool gemacht, oder? Weil du gedacht hast, das ist Mary.»

Die Distanz zwischen uns schien größer zu werden. »Nein!»

«Du hast gesagt, du hast es in meinem Haus gefunden. Wenn das stimmt, hast du es zuerst da hingelegt.»

«Warum sollte ich das tun?»

«Damit die Polizei glaubt, Jaime und Andy sind bei mir im Gefängnis. Du weißt ganz genau, daß die beiden nicht Jaime und Andy sind! Wahrscheinlich hast du sie selbst auffliegen lassen. Durch deinen Job hast du Kontakte zu allen Drogenhändlern der Stadt. Du mußtest nur darauf achten, daß du zwei Männer erwischst, die ein bißchen wie die auf dem Foto aussehen, und hast ihnen dann die Polizei auf den Hals gehetzt.»

«Warum sollte ich –»

«Damit du einen Grund für den ganzen Zirkus hier hast. Damit du mich aus dem Gefängnis herausbekommst und den Plan zu Ende führen kannst, den du mit dem Gift im Kaffee begonnen hast.»

Ich sah ihn über die rußige Oberfläche des Daches hinweg an. Breite Brust, lange Beine, wehendes schwarzes Haar, was für ein verdammt gutaussehender Bastard!

«Du hast's geschafft, mir ein paar meiner Beziehungen ordentlich zu vermiesen, was, Janet? Ich hab mich oft gefragt, was du zu meiner Buchhalterin gesagt hast, daß sie mich so hat sitzenlassen! Aber du hast gesehen, Mary und ich –» Er massierte sich den Brustkorb, als schmerze er. «Wir haben einander zu sehr geliebt, als daß du dich zwischen uns hättest drängen können. Und das hast du nicht ertragen. Du wolltest uns beide umbringen. Aber ich hab an dem Morgen keinen Kaffee getrunken. Und du weißt, ich bin nicht dumm. Über kurz oder lang mußte ich merken, daß du es warst; du bist die einzige, die verrückt genug für so was ist. Ich wünschte nur, ich hätte erkannt – ich hab so vieles am Hals gehabt –» Er fuhr sich mit beiden Händen durch die Haare, faßte sich am Kopf, ließ die Schultern hängen. «Ich hab gedacht, das ist einfach nur wieder mal typisch für dich. Bis du die Waffe gezückt hast, habe ich nicht –»

«Ich liebe dich, Jack!» Wenn er es nur zuließe, daß ich ihn tröstete.

«Liebe!» Aus dem Wort klang Abscheu. Er preßte die Arme an den Körper wie ein Soldat. «Du hättest mich umgebracht, wenn sie mich auf Kaution freigelassen hätten, oder? Wer würde schon meine Anwältin verdächtigen? Und als ich dir gesagt habe, daß ich nicht auf Kaution raus will, mußtest du diese ganze Farce hier inszenieren. Das Foto ins Haus schmuggeln, die beiden Chicanos auffliegen lassen, vor dem Gefängniswärter die Show abziehen, damit er später zu deinen Gunsten aussagt. Und, natürlich, mich heute ‹retten›. Vielleicht entzieht man dir dafür die Zulassung, aber es werden auch eine Menge Leute Mitleid mit dir haben – selbst wenn sie herausfinden, daß du dich mit den beiden Typen im Gefängnis ‹getäuscht› hast. Du wirst einen kleinen Nervenzusammenbruch haben, der vielleicht sogar aufrichtig gemeint ist, wenn ich tot bin. Und dein Freund, der Bezirksstaatsanwalt, wird dich mit Nachsicht behandeln. Vielleicht mußt du nicht mal ins Gefängnis – verdammt, wenn irgend jemand genau weiß, wie das Spiel läuft, dann bist du das!»

«Du hättest mich nicht verlassen sollen, Jack. Mary hat dich nicht so geliebt wie ich.»

Er spuckte mich an.

«Na schön, du Schwein! Spring oder laß dich erschießen. Such dir's aus.»

«Und was erzählst du ihnen, wenn du mich erschießt?»

«Daß du mich umbringen wolltest.»

«Nachdem ich alles gestanden habe?»

Ich nickte.

«Nein, Janet, so funktioniert das nicht. Es gibt nämlich einen Zeugen.»

Und tatsächlich, hinter mir stand Howie Frost, das Gesicht vor Erstaunen verzogen. «Janet?» Er schüttelte ungläubig den Kopf. «Meine Verhandlung ist verschoben – ich habe ihren Sachverständigen für inkompetent erklären lassen.»

Tja, ja, er hatte schon was dazugelernt. «Ich bin herausgekommen und habe deinen Wagen am Hintereingang gesehen. Und weil ich weiß, was du für Jack empfindest, hab ich mir gedacht, ich fahr dir lieber nach und paß ein bißchen auf.» Howie schlang die Arme um seinen Körper. «Nicht, daß ich wirklich geglaubt hätte... O Janet! Du brauchst Hilfe!»

Ich spürte, wie meine Unterlippe zitterte und mein Kinn sich verkrampfte.

«Gib mir die Waffe, Janet, komm, gib sie mir! Es wird alles wieder gut. Wir sorgen dafür, daß du einen guten Therapeuten und jede erdenkliche Hilfe bekommst!»

«‹Hilfe›!» wiederholte Jack. In seiner Stimme schwang mehr mit als bloßer Abscheu; sie klang nach kaltem, geballtem Haß. «Du glaubst, weil du jeden Psychiater und jeden Richter in der Stadt kennst, kommst du ungeschoren davon, oder, Janet? Du denkst, du kannst das System hintergehen wie dieser ganze Abschaum, den du immer verteidigst!» Er machte einen Schritt auf mich zu und hob die Faust. «Tja, das wird dir *nicht* gelingen! Jedenfalls nicht, solange ich –»

«Howie – hör dir das an! Er verdient den Tod! Er hat mich die ganze Zeit über schlecht behandelt, all die Jahre. Er hat mich angelogen, mich reingelegt. Er *muß* dafür zahlen!»

«Ich denke bloß an dich, Janet.» Howie trat zwischen mich und Jack und streckte die Hand aus. Er sah aus wie ein verängstigtes Reh. «Um Himmels willen!» schrie er mit schriller Stimme. – Wer hätte das von Howie erwartet? «Dir zuliebe! Bitte! Gib mir die Waffe!»

Ich sah, daß Jack heimlich näher kam und Howie als Deckung benutzte. Ich machte einen Schritt zur Seite und versuchte, ein freies Schußfeld zu bekommen, aber auch Howie duckte sich seitwärts und versperrte mir die Sicht.

Verdammter Howie! Er war *mein* Partner, *mein* Freund – und er hatte sich mit Jack verbündet! Alle Welt verbündete sich mit Jack!

Howie streckte die Hand nach der Waffe aus, Jack drei Schritte hinter ihm. Nur noch eine Sekunde, dann hatten sie mich. Wenn nicht ...

Ich hatte einige Verfahren gewonnen, indem ich auf Unzurechnungsfähigkeit plädierte; ich wußte, worauf die Psychiater aus waren. Und ich war eine gute Schauspielerin; als Anwältin mußte ich das sein. Mit ein bißchen Glück würde ich damit durchkommen.

Es waren nur zwei Schüsse nötig.

PETER LOVESEY

# *Vandalen*

Miss Parmenter konnte den jungen Mann auf Anhieb nicht ausstehen. Er schockierte sie. Sie faßte es als eine persönliche Beleidigung auf, daß er so vor ihrer Türe stand, in schwarzer Lederjacke, ausgebleichten Bluejeans und dem, was sie gelernt hatte, für Tennisschuhe zu halten.

Sie hatte es sich angewöhnt, abends am Fenster zu stehen und in den Hof hinunterzustarren. Der Hotelprospekt bezeichnete ihn als die Piazza. Piazza! *Schweinestall* kam der Wirklichkeit näher, seit die Gangster und Rowdies angefangen hatten, sich abends hier zu treffen. Sie hatten ihn ruiniert. Sie saßen auf ihren Motorrädern, ließen sich mit Bier vollaufen, stocherten im Essen aus der Imbißstube herum und verdreckten den Boden mit den Dosen und Pappschachteln, die sie angeschleppt hatten. Das meiste Essen landete am Boden. Oft bewarfen sie sich damit. Manchmal warfen sie mit Flaschen, und der Platz war voller Scherben. Sie hatten die Wände verwüstet mit Wörtern, die sie in meterhohen Lettern an die Mauern sprühten – Namen von berühmten Popgruppen, wie sie gehört hatte. Das schlimmste war, daß sie gar kein Recht hatten, sich dort aufzuhalten. Sie waren keine Hotelgäste. Der Hotelmanager hätte sie schon vor Monaten wegschicken sollen, aber er war ein Schwächling. Er behauptete, er hätte sie mehrmals angesprochen.

Und jetzt stand dieser junge Mann da vor ihrer Türe, nicht anders gekleidet als einer von diesen Gangstern.

Miss Parmenter versuchte, ihrer Angst verstandesmäßig Herr zu werden. Sie wußte, daß sie ein Leben wie im Kloster führte im *Ocean View.* Wahrscheinlich war es ein anständiger junger Mann, der zufällig Leder und Jeans bevorzugte.

Sie trat vom Spion zurück und holte tief und stockend Atem, rieb dann gedankenverloren an ihren Fingernägeln und schob die Haut zurück, bis es schmerzte. Sie konnte ihn leicht loswerden, wenn sie vorgab, ausgegangen zu sein.

Und doch hatte sie zwanzig Jahre auf diese Gelegenheit gewartet. Sie würde sie nicht vorbeigehen lassen.

Sie sah nach ihrem Haar. Eine widerspenstige Strähne mußte unter dem Knoten festgesteckt werden.

Er läutete wieder.

Er *mußte* es sein. Niemand anderer hatte einen Grund, sie zu besuchen.

Sie legte die Sperrkette vor und öffnete die Tür die paar Zentimeter, die möglich waren; halb hoffte sie, den jungen Mann auf wundersame Weise im dreiteiligen Anzug mit gestreifter Krawatte vorzufinden.

Es gab kein Wunder, aber immerhin sah die Jacke sauberer aus als andere, die sie gesehen hatte.

Er grinste. «Ich bin Paul Yarrow. Hoffentlich bin ich nicht zu spät?»

Er hatte bemerkenswert ebenmäßige Zähne. Sie waren so makellos, daß sie hätten künstlich sein können. Vielleicht war er gar nicht so jung, wie es der Stil seiner Kleidung vermuten ließ. Seine Augen waren hinter einer großen Sonnenbrille verborgen.

«Erinnern Sie sich?» sagte er. «Ich habe letzte Woche angerufen.»

«Ja.»

Sie meinte, sie hätte einen Hauch Alkohol in seinem Atem gerochen. Vielleicht war es auch etwas anderes, dieses Rasierwasser, für das sie im Fernsehen Reklame machten. Sie hielt die Tür noch fester.

«Woher weiß ich, wer Sie sind?»

Er zuckte die Schultern und lächelte. «Hab ich doch gesagt. Ich bin der Kerl, der angerufen hat.»

«Haben Sie keine Karte oder so etwas?»

«Wie?»

«Eine Art Ausweis?»

«Sie müssen sich schon auf mein Wort verlassen.»

«Ich hätte wirklich gedacht, daß so eine angesehene Firma wie Ihre –»

«Ich bin nicht bei der Firma. Ich bin so 'ne Art freier Mitarbeiter, verstehen Sie? Man hat mich angerufen und gebeten, die Sache zu erledigen. Soll ich reinkommen, oder würden Sie gerne etwas trinken irgendwo?»

Sein Benehmen gefiel ihr überhaupt nicht, aber sie sagte sich, daß er eine kultivierte Aussprache hatte. Genaugenommen wollte sie es einfach glauben. Sie mußte die Sache unbedingt zu Ende führen.

Sie holte tief Luft und hakte die Sperrkette auf. «Es ist besser, Sie kommen herein, Mr. Yarrow.»

«Danke.»

Sie hatte schon alles für den Tee auf dem Rosenholztischchen im Wohnzimmer bereitstehen. Sie mußte nur noch die Teekanne aus der Küche holen, wo der Kessel seit zwanzig Minuten am Sieden war, aber sie überlegte es sich anders. Sie wagte nicht, ihn im Zimmer allein zu lassen.

«Möchten Sie sich nicht setzen?»

Ohne die Aufforderung zu beachten, ging er quer über den Teppich zum Eckschrank und nahm eine große Keramikvase in die Hand. Er wog sie auf der Hand und strich behutsam über die Oberfläche, den Rillen folgend, die die Finger des Töpfers zurückgelassen hatten.

«Einmalig. Phantastische Glasur.»

«Sie ist recht hübsch», stimmte Miss Parmenter zu.

«Die muß aus der Zeit nach ihrer Japanreise 1933 stammen.»

Ihre Haut kribbelte. «Sie wissen, wer sie gemacht hat?»

«Ihre Schwester – wer sonst?»

Er wußte es. Ihre Erleichterung war so spürbar wie Regen in tropischer Hitze. Trotz seiner wenig einnehmenden Erscheinung hatte er bewiesen, daß es ihm zustand, hierzusein. Er kannte sich aus mit Keramik, mit Maggies Keramik. Er war ein Kenner. «Ich könnte nicht sagen, was für eine Glasur es ist», erzählte sie ihm in einem Wortschwall. «Sie hatte Hunderte, na gut, Dutzende jedenfalls. Sie hat sie alle aufgeschrieben wie Kochrezepte. Sie nannte sie tatsächlich Rezepte. Das hier kann alles sein, einfach alles.»

«Seladon», sagte Mr. Yarrow. «Es ist ein Seladon. Das Graugrün.»

«Wirklich? Ich glaube, Sie haben womöglich recht, aber ich könnte Ihnen nicht um alles in der Welt sagen, was sie dafür verwendete.»

«Feldspat, Holzasche und eine Spur Eisenoxyd», sagte Mr. Yarrow.

«Sie wissen sehr gut Bescheid.»

«Deswegen bin ich hier.» Er stellte die Vase zurück. «Kommen wir zum Geschäft?»

Miss Parmenter sagte: «Ich hole uns etwas Tee. Sie trinken doch eine Tasse, Mr. Yarrow?»

«Sicher.»

Sie hatte das Gefühl, daß sie ihm jetzt einfach trauen mußte, auch wenn sie noch immer den Gedanken an Gangster und Vandalen nicht loswerden konnte. Sie war so in Eile, daß sie bewußt darauf verzichtete, die Teekanne zuerst anzuwärmen, eine Regel, von der sie in ihrem Leben nur ein- oder zweimal abgewichen war. Als sie die Kanne – nackt, ohne den Teewärmer – ins Wohnzimmer brachte, hatte Mr. Yarrow Maggies Vase wieder in der Hand.

«Toll!»

«Ein schönes Beispiel ihrer Kunst», sagte Miss Parmenter, als sie den Tee ausgeschenkt hatte. Sie hatte das Sieb vergessen. Sie würde nochmals von einer Regel abweichen und ohne zurechtkommen.

«Nein, ich habe Sie gemeint», sagte Mr. Yarrow. «Sie, eine kleine alte Dame, vergraben in einem kleinen Hotel an der

Südküste. Hatten früher eine berühmte Schwester, aber sie starb vor zwanzig Jahren. Wer hätte gedacht –»

«Einen Moment», fiel ihm Miss Parmenter ins Wort. «Vielleicht bin ich alt, Mr. Yarrow, aber klein bin ich ganz gewiß nicht. Und ‹vergraben› bin ich auch nicht, wie Sie es ausdrückten. Es gibt stündlich einen Zug nach London, wenn mir danach ist.»

Er schüttelte den Kopf und lächelte. «Das war kein sehr guter Einstieg, fürchte ich.»

«Wenn Sie so freundlich wären, die Vase wieder ins Regal zurückzustellen, kann ich Ihnen eine Tasse Tee reichen.»

«Gut.»

«Zucker?»

«Nein. Macht's Ihnen etwas aus, wenn ich's noch mal versuche? Ihre Schwester hatte einen internationalen Ruf als Töpferin. Sie reiste in der ganzen Welt herum. Sie arbeitete mit den größten Töpfern des zwanzigsten Jahrhunderts, mit Leuten wie Hamada und Bernard Leach.»

«Ich habe sie kennengelernt.»

«Da bin ich sicher, aber es muß doch die Hölle gewesen sein, als Schwester von Margaret Parmenter.»

«Ich weiß nicht, was Sie meinen.»

«Sind Sie denn im Ausland gereist wie sie?»

«Nein.»

«Hat man Sie jemals ein Genie genannt?»

«Mr. Yarrow, ich weiß nicht, worauf Sie hinauswollen, aber ich finde es aufdringlich und peinlich.»

«Ich versuche, Ihnen ein Kompliment zu machen, Miss Parmenter. Sie müssen schon eine recht außergewöhnliche Frau sein, um das alles auf sich zu nehmen, was Sie getan haben, damit der Name Ihrer Schwester in Erinnerung der Öffentlichkeit bleibt, wenn man bedenkt, daß Sie selbst keine Begabung hatten. Das nenne ich Selbstlosigkeit.»

«Ach Unsinn», murmelte Miss Parmenter und blickte schamhaft in ihre Tasse.

«Ganz und gar nicht. Geben Sie's zu. Haben Sie denn nie einen Funken Eifersucht gespürt?»

Sie sah auf und musterte ihn unverwandt. «Sie werden einsehen müssen, daß ich dazu erzogen wurde, meine Schwester und meine ganze Familie zu lieben und zu schätzen. Vater glaubte an gewisse Prinzipien, die leider von der heutigen Elterngeneration vernachlässigt werden.»

«Altmodische Werte?»

«Man kann sie vielleicht so nennen. Ich habe gehört, man sagt, daß wir unterdrückt waren, vermutlich, weil wir nicht in Banden herumzogen und der Schrecken der Leute waren. Wenn wir uns verwirklichen wollten, lernten wir, es auf schöpferische Art und Weise zu tun, wie meine Schwester.»

«Und Sie?» fragte Mr. Yarrow. «Waren Sie schöpferisch tätig?»

«Ich möchte eigentlich nicht von mir sprechen.»

«Wurden Sie nicht ermuntert?»

«Ich hatte keine Gelegenheit. Mutter starb, als ich zwanzig war, also mußte ich mich um das Haus und Vater kümmern.»

«Ah, die Elternfalle», sagte Mr. Yarrow. «Die unverheiratete Tochter, die sich des alternden Vaters annimmt.»

Miss Parmenter stellte Tasse und Untertasse ab. Sie war so aufgebracht, daß sie fürchtete, den Henkel der Tasse abzubrechen. «Mr. Yarrow, ich weiß nicht, ob diese Bemerkung mitleidig gemeint war. Wenn ja, dann war sie unangebracht. Es war mir eine Genugtuung und Ehre, daß ich mich über dreißig Jahre lang um meinen Vater kümmern konnte. Die Tatsache, daß ich mich dafür entschied, unverheiratet zu bleiben, ist ohne Belang. Ich habe nichts zu verbergen vor Ihnen oder irgend jemand anderem, aber ich lasse mir mein Leben nicht von einem völlig Fremden sezieren, der nichts darüber weiß. Nichts.»

«Langsam», sagte Mr. Yarrow, als ob er zu einem gefährlichen Tier spräche. «*Sie* haben mich hierher eingeladen. Ja?»

«Ich bat die Galerie Artemis, jemanden zu schicken, um eine Ausstellung zu arrangieren.»

«Aber Sie haben nicht mit einem Burschen wie mir gerechnet, der sich persönlich für die Sache interessiert?»

«Ich gebe gern zu, daß ich jemanden erwartete, der... nun, mehr einem Geschäftsmann gleicht.»

«Nadelstreifen und Melone?»

«Nun...»

«Gott, steht mir bei», murmelte Mr. Yarrow. «Na schön, machen wir's so, wie Sie's wollen. Was können Sie mir zeigen?»

Miss Parmenter verschränkte die Arme und setzte sich im Stuhl zurück. «Einen Augenblick noch. Zunächst, was wissen Sie über den Werdegang meiner Schwester?»

«Genug. Royal College. Die zwei Jahre mit Hamada in Japan. Diese eleganten hohen Gefäße mit den blassesten Holzascheglasuren, die sie während der vierziger und fünfziger Jahre machte.»

«Wie viele haben Sie gesehen?»

«Nicht viele», gab er zu. «Die meisten kamen in private Sammlungen.»

«Wenigstens sind Sie ehrlich.»

«Besten Dank. Die paar, die ich gesehen habe, sind umwerfend.» Ihretwegen ergänzte er: «Exquisit.»

«Ehrlichkeit gefällt mir», bemerkte Miss Parmenter. «Wenn meine Generation einen Fehler hatte, dann den, daß sie zuviel Wert darauf legte, taktvoll zu sein, manchmal auf Kosten der Wahrheit. Die jungen Leute sind nicht so zimperlich mit dem, was sie sagen. Sie können verletzend sein, aber wenigstens sind sie ehrlich. Ich wäre gern ehrlich zu Ihnen.»

«Kein Problem. Ich war bei den Pfadfindern.»

Sie stand auf, nahm das Tablett und trug es zur Türe. «Sie brauchen sich nicht lustig zu machen.»

Er folgte ihr zur Tür und griff nach der Klinke. «Miss Parmenter, ich versuchte, Ihnen klarzumachen, daß Sie mich nicht wie ein Kind zu behandeln brauchen.»

Sie lachte. Sie konnte es kaum glauben, daß sie wirklich lachte, aber es war so. Das Komische daran war, daß er recht hatte. Sie behandelte ihn wie ein Kind. Sie fürchtete sich nicht im geringsten vor ihm. Und das war der Mann, den sie beinahe nicht eingelassen hätte, wegen der einschüchternden Kleidung, die er trug.

«Was ist daran so komisch?» fragte er.

«Nichts, was Sie verstehen würden.»

«Soll ich das Tablett nehmen?»

«Nein. Ich komme zurecht damit, danke. Aber kommen Sie mit.» Sie hatte merklichen Spaß an der Sache. Ihr großer Augenblick würde gleich kommen, und sie wollte ihn auskosten. Sie trug das Teegeschirr in die Küche und stellte es ab. Sie war überaus zuversichtlich. Sie stand in der Küche und leerte die Teekanne, dabei sagte sie, ohne ihn anzusehen: «Wissen Sie, was ich mache, seit Vater starb?»

«Spüren Sie die Gefäße Ihrer Schwester auf?»

«Ja. Maggie war von peinlicher Genauigkeit. Sie führte Aufzeichnungen über jedes einzelne, wer es kaufte, was sie bezahlten und wann. Einige haben mehrmals den Besitzer gewechselt seit damals und einige wenige haben leider Schaden erlitten, aber ich glaube, ich kann über jedes einzelne Bericht erstatten.»

«Nützlich.»

«Manche Leute weigern sich natürlich einfach zu verkaufen.»

«Zu *verkaufen?* Sie kaufen die Gefäße zurück?»

«Ich biete einen sehr anständigen Preis. Seit Vaters Tod fehlt es mir nicht an Geld. Insgesamt habe ich über siebzig zurückgekauft.»

«Wozu? Warum haben Sie das getan?»

«Dafür.»

«Wofür?»

«Die Ausstellung.»

Mr. Yarrow rieb sich den Nacken. «Ich verstehe Sie nicht. Sie müssen doch nicht alles wieder in Ihren Besitz bringen, um es auszustellen. Die Leute sind normalerweise bereit, die Sachen auszuleihen.»

Sie lächelte wieder. «Sie halten mich offensichtlich für leicht verblödet, wie man wohl heute sagt.»

«Ich meine nur, daß es eine höllisch teure Methode ist, um eine Austellung zustande zu bringen. Schön, es ist eine phantastische Huldigung an Ihre Schwester, aber was bleibt Ihnen? Trocken Brot, wenn ich auch nur das geringste vom Wert dieser Gefäße verstehe. Selbst wenn wir die Sache durchziehen, kann ich Ihnen nicht garantieren, daß Sie Ihr Geld zurückbekommen.»

«Das Geld interessiert mich nicht.»

«Sie verlangen Provision für alles, was Sie verkaufen.»

Miss Parmenter hörte ihn kaum. Sie sagte: «Ich finde, Sie sollten die Sammlung jetzt sehen.»

«Nichts kann mich davon abhalten», sagte Mr. Yarrow.

«Sie versprechen, daß Sie Ihre ehrliche Meinung abgeben?»

«Sie können sich auf mich verlassen.»

«Dann kommen Sie bitte hier entlang.» Sie führte ihn aus der Küche und durch den Gang zu einer Tür am anderen Ende. «Sie können aufmachen und hineingehen.»

Mr. Yarrow trat ein.

Miss Parmenter wartete draußen mit einem Lächeln. «Lassen Sie sich Zeit, so lange Sie wollen», rief sie. «Da drinnen ist immerhin die Arbeit eines Lebens.»

Eines Lebens . . . und mehr. Eine alte Melodie ging ihr durch den Kopf. Etwas, das Vater oft gepfiffen hatte, wenn er gut gelaunt war, an einem jener Morgen, an denen ein Brief ankam.

*«Von unserer Maggie, und der Teufel soll mich holen, wenn sie nicht schon wieder einen Pott verkauft hat. Ist sie nicht ein toller Hecht?»*

Schade, daß Vater es nicht erleben durfte, was seine andere, unbeachtete Tochter zu guter Letzt erreicht hatte. Oder Maggie gar, die hervorragende, gefeierte Maggie. Wäre *sie* nicht erstaunt gewesen?

Schritte! Mr. Yarrow kam heraus!

Er hatte seine Sonnenbrille abgenommen. Er hatte blaue Augen, und sie waren weit offen, wie es sich gehörte, nach dem, was sie eben gesehen hatten.

Sie war so gespannt, daß sie ihn beinahe angefaßt hätte. «Nun?»

Er fingerte an seinem Hemdkragen herum. «Mir ... fehlen die Worte.»

Miss Parmenter lachte nervös auf. «Das nehme ich an, aber sagen Sie mir, was Sie davon halten.»

Mit einem Schulterzucken sagte er: «Ich bin lediglich erstaunt, das ist alles.»

«Das wußte ich. Aber es gefällt Ihnen doch, nicht wahr?»

Er wandte die Augen ab. «Es ist eine unglaubliche Geschichte. Jahrelange Arbeit, da bin ich sicher.»

«Ich möchte es wissen», sagte sie. «Sie haben mir versprochen, ehrlich zu sein.»

«Gut.» Er rieb sich die Arme, als fühlte er plötzlich einen kalten Luftzug. «Gehn wir in Ihr Wohnzimmer hinüber?»

«Wenn Sie wollen – aber Sie werden ehrlich sein?»

Als er im Lehnstuhl saß, sagte er: «Sind das alles Gefäße Ihrer Schwester?»

«Ja. Habe ich Ihnen doch gesagt.»

«Und die Muscheln – haben Sie die selbst gesammelt?»

«Jeden Morgen, vom Strand, ganz früh, bevor irgend jemand anderer dort war.»

«Es müssen Millionen sein.»

«Vermutlich. Ich mußte die ganz kleinen Muscheln nehmen. Große wären ungeeignet gewesen. Und sie mußten alle nach Form und Farbe sortiert werden, bevor ich sie verwenden konnte.»

«Gewiß», sagte Mr. Yarrow. «Wie haben Sie sie denn an der Oberfläche der Gefäße befestigt?»

«Fliesenkleber. Sehr stark. Es besteht keine Gefahr, daß sie abfallen, falls Sie das meinen.»

«Wie sind Sie auf die Idee gekommen?»

Sie kicherte in ihr Taschentuch. «Eigentlich durch einen der Souvenirläden am Weg zum Strand. Sie haben alle möglichen Sachen, die mit Muscheln verziert sind. Tischlampen, Aschenbecher, Kästchen. Dilettantisch gemacht, natürlich. Man kann es nicht als Kunst bezeichnen.»

«Und so haben Sie sich entschlossen, jedes Gefäß, das Ihre Schwester jemals gemacht hat, zurückzukaufen und mit Meeresmuscheln zuzudecken.»

«Zu *verzieren.* Meine Muster sind hochkompliziert, was Sie gewiß zu würdigen wissen. Ich habe einige Ideen für den Ausstellungskatalog. Für die Titelseite dachte ich an eine Nahaufnahme von einem der Gefäße und darauf in weißer Schrift *Margaret und Cecily Parmenter.*»

Mr. Yarrow stand auf und ging zum Eckschrank hinüber. «Eine haben Sie übersehen.» Er nahm die Vase, die er schon vorher in der Hand gehalten hatte und drehte sie langsam. «Warum haben Sie die so gelassen?»

«Die?» Sie nahm sie ihm aus der Hand. «Weil es die einzige ist, die mir gehörte. Sie schenkte sie mir.»

«Und so durfte sie entkommen.»

Miss Parmenter zögerte. «Entkommen?»

Seine Stimme änderte sich. Es lag etwas darin, das Miss Parmenter frösteln ließ. «Sie wollten die Wahrheit hören», sagte er. «Sie haben diese Gefäße ruiniert. Sie haben die Glasur zerstört, den Umriß, die Oberfläche, alles. Das sind keine Kunstwerke mehr.»

Sie starrte ihn an, unfähig etwas zu sagen.

Er setzte seine Sonnenbrille wieder auf. «Ich gehe jetzt besser. Ich kann nur sagen, Sie müssen diese Schwester gehaßt haben.» Er wandte sich zur Tür.

Miss Parmenter hatte noch immer die Vase in der Hand. Sie hob sie hoch und schmetterte sie auf Mr. Yarrows Hinterkopf.

Er stürzte hin ohne einen Laut. Blut floß über das Rosenholztischchen und färbte die Steingutsplitter, die auf der Platte verstreut lagen.

Sie ging zum Küchenschrank, wo sie ihre Schlaftabletten aufbewahrte. Sie schluckte zwei Hände voll und spülte sie mit Wasser hinunter. Dann ging sie in das Zimmer, in dem die Gefäße auf Regalen angeordnet waren. Sie öffnete das Fenster, um sie langsam, eines nach dem anderen, zu den leeren Bierdosen auf den Hof fallen zu lassen.

URSULA CURTISS

# *Gute Nachbarn*

Mrs. Glass näherte sich dem Haus auf der anderen Straßenseite mit der unerschütterlichen Selbstsicherheit einer Frau, die jahrelang Pfadfinderwölflinge, Schulausschüsse und unbedeutende Bürgerinitiativen geleitet hat.

Das Haus war alt und klein, aus Luftziegeln gebaut, und so natürlich wie ein Pilz schmiegte es sich in den Schatten der hohen Pappeln. Mit einem Blick hatte Mrs. Glass die Lage als ungesund eingestuft.

Zu ihrer grimmigen Genugtuung bemerkte sie, daß die überdachte Haustür, die Wind und Wetter auf das Aussehen von Treibholz gebeizt hatte, weder Klingel noch Klopfer aufwies.

Das war wieder einmal typisch. Diese vereinsamten alten Leute zogen sich wehleidig in ihr Schneckenhaus zurück, und selbst Mrs. Glass, die mit Senioren gearbeitet hatte, fiel es oft schwer, sie aus ihrer Isolation herauszulocken.

Forsch klopfte sie an die Tür, dann wandte sie den Kopf, um ihr eigenes Heim zu betrachten.

Gaslaternen, deren Flackern man im Licht des frühen Morgens nicht wahrnahm, säumten die bekieste Zufahrt mit dem auf antik getrimmten Holzschild: GRIFFIN-SIEDLUNG.

Die teuren, nagelneuen Häuser standen auf landschaftlich wunderschön gestalteten Grundstücken. Dies war keine phantasielose Massensiedlung; die Häuser – manche mit Holz-, manche mit Steindekor – standen nicht einheitlich in Reih und Glied, sondern so gegeneinander versetzt, daß den Bewohnern ein gewisses Maß an Privatsphäre blieb.

Mrs. Glass wohnte im ersten Haus rechts von der Zufahrt. Wenn der grellorangefarbene Gasbehälter hinter der Siedlung erst in einer sanftgrünen Farbe gestrichen war – wie die Planer es versprochen hatten –, dann würde er kaum noch ins Auge fallen.

Mrs. Glass schaute und staunte; es war kaum zu glauben, daß die Fläche noch vor einem halben Jahr eine Wildnis aus Feldern und Bäumen war, über die krächzend die Krähen kreisten.

Sie wandte sich wieder der Tür zu und hob schon die Hand, um ein zweites Mal zu klopfen, als geöffnet wurde. Eine kleine ältliche Dame mit hochgestecktem weißen Haar und durchdringenden braunen Augen – es hätten die Augen eines jungen Mädchens sein können – sagte hastig:

«Wie Sie sehen, benutze ich keine Kosmetik, und ich lese auch keine Illustrierten. Ich sage es Ihnen gleich», erklärte sie mit entwaffnender Natürlichkeit, «um weder Ihre noch meine Zeit zu verschwenden.»

Mrs. Glass brauchte ein paar Sekunden, ehe sie begriff. Dann, als die Tür mit höflicher Bestimmtheit in ihre Richtung schwenkte, begann sie fröhlich zu lachen: «*Ach so!* Sie sind Mrs. Corey? Ich bin Stella Glass, Ihre Nachbarin von gegenüber, und ich will Ihnen nichts verkaufen. Ich kam nur auf einen Sprung herüber, um Ihnen guten Tag zu sagen.»

Einen Moment lang schien Mrs. Corey zu glauben, daß dies somit geschehen sei, doch dann öffnete sie die Tür wieder ganz und sagte freundlich: «Das ist sehr nett von Ihnen. Möchten Sie nicht eintreten, Mrs. Glass?»

Mrs. Glass trat ein. Sie interessierte sich brennend für diese arme alte Seele, die niemals Besuch bekam, die ganz ungeniert Solitaire spielte oder an einem Tisch rechts von der Eingangstür las.

Wie viele Bewohnerinnen des amerikanischen Südwestens, so inspizierte auch Mrs. Glass ein fremdes Haus mit der unverblümten Neugier eines Kindes, das sich das Spielzeug eines anderen Kindes zeigen läßt. Mit wachen, begierigen Augen sah sie sich um.

Zwei blanke Gegenstände erregten ihre Aufmerksamkeit. In dem länglichen, schattigen Raum zogen sie ihre Blicke ebenso zwangsläufig an, wie wenn es hellstrahlende Lampen gewesen wären.

Bei dem einen Gegenstand handelte es sich um einen silbernen Semmelwärmer auf einem niedrigen Bücherschrank. Geschlossen hätte er wie eine Riesenmuschel auf Beinen ausgesehen. Doch die beiden Hälften waren zurückgeklappt, und das Innere füllte eine Schale mit Stiefmütterchen.

Das andere war ein massiver vergoldeter Adler, der auf dem Kaminsims hockte und einen kalten Glanz verströmte. Das grausame Profil, die halb ausgebreiteten Schwingen und die gespreizten Klauen wirkten selbst noch in ihrer metallenen Starre bedrohlich.

Mrs. Glass, die Blumen in Vasen stellte, wohin sie gehörten, wußte nicht recht, was sie von dem silbernen Objekt halten sollte. Der Adler war ihr schon vertrauter, sein Abbild in Miniaturformat hatte sie bereits als Verzierung auf Spiegelrahmen gesehen. «Das ist bestimmt alter Kolonialstil», meinte sie, indem sie näher an den Kamin herantrat und emporblickte.

Mrs. Corey bestätigte ihr Urteil – der Adler sei sogar schon sehr, sehr alt. Nach einem Moment der Verlegenheit forderte sie ihre Besucherin auf, Platz zu nehmen.

Mrs. Glass nahm Platz. Ihr Polizistenblick hatte mittlerweile eine Anzahl anderer Dinge im Raum registriert. Doch abgesehen davon, daß sie sich in ihrer Überzeugung bestärkt fühlte, ein Eremitendasein sei sowohl gefährlich als auch trostlos, verspürte sie noch eine andere Empfindung, deren wahre Natur sie sich nur ungern eingestand. Mrs. Glass war beeindruckt.

Im Verlauf der nächsten zehn Minuten entlockte sie ihrer

Gastgeberin die Auskünfte, daß sie Witwe sei, ihre Jugend im Osten des Landes verbracht hatte und – dieses Bekenntnis kam nur sehr zögernd über ihre Lippen – ja doch, die neue Griffin-Siedlung fände sie sehr schön. Natürlich sei es etwas ganz anderes als die freien Felder, die sich vorher jenseits der Hauptstraße erstreckt hatten.

«Sie müssen uns besuchen und sich unser Haus anschauen», sagte Mr. Glass, indem sie die geschickt aufgebaute Falle zuschnappen ließ. «Bei mir gibt es jederzeit Kaffee, und meine Nachbarin wird Ihnen bestimmt gefallen. Sie heißt Helen Spenlow und stammt auch aus dem Osten. Wer weiß, vielleicht haben Sie viele gemeinsame Bekannte.»

Ein sonderbarer Ausdruck huschte über Mrs. Coreys Gesicht. Mit einer geübten Geste, die Mrs. Glass nicht wenig überraschte, zündete sie sich eine Zigarette an. Danach machte sie Anstalten, sich zu erheben. «Es war sehr freundlich von Ihnen, bei mir hereinzuschauen, Mr. Glass, aber wenn Sie mich jetzt bitte entschuldigen wollen? Vormittags arbeite ich immer, wissen Sie?»

Mrs. Glass sperrte die Augen auf.

«Ich schreibe meine Memoiren», erklärte Mrs. Corey.

«Natürlich werden sie alle schrullig – sie können nichts dafür», sagte Mrs. Glass zu Helen Spenlow. «Doch abgesehen von der Sache mit den Memoiren ist sie sehr auf Draht, wirklich, und ziemlich intelligent. Es kommt darauf an, sie zum Ausgehen zu bewegen und sie *unter Menschen zu bringen*. Überlassen Sie das mir ...»

Am nächsten Tag klopfte sie wieder an Mrs. Coreys Tür. Als geöffnet wurde, trällerte sie fröhlich: «Wo haben Sie Ihren Mantel? Ich wollte Sie zu einer Ausfahrt abholen.»

«Ausfahrt?» wiederholte Mrs. Corey. Sie blickte so verblüfft drein, als sei die Erfindung des Automobils ohne ihr Wissen vonstatten gegangen. «Wohin?»

«Egal, wohin.» Mrs. Glass machte eine weitausholende Geste. «Es ist herrliches Wetter, viel zu schön, um drinnen zu bleiben, und Sie haben doch sicher einige Einkäufe zu erledigen – ich habe jedenfalls Besorgungen vor. Kommen Sie. Es wird Ihnen guttun.»

«O nein», erwiderte Mrs. Corey beinahe ängstlich. «Ich danke Ihnen vielmals, aber ich bleibe lieber hier. Ich muß arbeiten, wissen Sie?»

«Die Arbeit läuft Ihnen nicht davon», winkte Mrs. Glass ab.

Eine feine Röte kroch in die runzligen Wangen. «Um die Wahrheit zu sagen, Mrs. Glass, ich gehe nur sehr selten aus. Am liebsten bin ich zu Hause. Mir genügt meine eigene Gesellschaft. Außerdem», setzte Mrs. Corey der Höflichkeit halber hinzu, «fühle ich mich heute nicht besonders wohl.»

Sie fühlt sich nicht wohl, sinnierte Mrs. Glass, während sie den grasbewachsenen Weg zurückschritt, und hockt mutterseelenallein und ohne Telefon in einem Haus. (Ein Anschluß existierte nicht, das hatte sie überprüft.) Wenn das nicht gefährlich war! Angenommen, die alte Dame stürzte unglücklich oder erlitt einen Herzanfall? Gewiß, sie wirkt rüstig, doch gerade die, die am wenigsten gebrechlich zu sein schienen, waren oft am anfälligsten.

Unverzüglich begann Mrs. Glass mit der Zubereitung eines nahrhaften Puddings.

Das hatte sich an einem Mittwoch zugetragen. Am Donnerstag regnete es. Ein böiger Wind blies den dichten Sprühregen vor sich her, der zuweilen aussah, als sei er mit Schnee vermischt, wenn die Blüten der Apfel- und Kirschbäume vom gegenüberliegenden Grundstück über die Straßen wehten.

Mrs. Glass, die müßig aus dem Fenster ihres gemütlichen Wohnzimmers schaute, entdeckte plötzlich zu ihrem Entsetzen die kleine, stämmige Gestalt Mrs. Coreys, wie sie sich mit einer Hacke über den verwilderten Rasen hermachte.

Wie die Alten den Tod regelrecht herauszufordern schienen! In dieser Hinsicht war es ja verständlich, doch es widersprach der christlichen Ethik.

Eilig schlüpfte Mrs. Glass in einen Regenmantel, band sich ein Kopftuch um und überquerte die naßglänzende Straße.

Die Grünflächen der Griffin-Siedlung bestanden hauptsächlich aus Kakteengewächsen, und den Boden hatte man vernünftigerweise mit zerkleinertem Naturstein abgedeckt. Mrs. Coreys gärtnerische Bemühungen erstreckten sich dagegen auf ein verwahrlost aussehendes Irisbeet und vereinzelt sprießende Narzissen, die so planlos gepflanzt schienen, als habe jemand eine Handvoll Perlen verstreut.

«Meine gute Mrs. Corey!» keuchte Mrs. Glass. «Hier draußen in der Kälte und dem Regen werden Sie sich noch den Tod holen. Also wirklich!»

Mrs. Corey hielt mit dem Hacken inne. Die Augen unter dem weißen Haarschopf, der zur Zeit zwar feucht und strähnig, aber dennoch stolz aufgetürmt war, als rüste sie sich für einen Abend im Theater, blickten Mrs. Glass durchdringend an. «Ich halte mich gern draußen im Regen auf, Mrs. Glass. Ich bin ziemlich robust.»

Tatsächlich hieb sie auf die feuchte Erde des Irisbeets mit einer Kraft ein, die um den Stiel der Hacke fürchten ließ.

«Dann müssen Sie mir gestatten, daß ich Ihnen helfe», erklärte Mrs. Glass bestimmt. «Warten Sie, besitzen Sie einen Pflanzenheber oder einen kleinen Handkultivator?»

Schweigend betrachtete Mrs. Corey ihr eigenwilliges Blumenbeet, und voller Mitgefühl vergegenwärtigte sich Mrs. Glass, daß das kleine Gesicht plötzlich spitz und eingefallen aussah.

«Ich glaube, Sie haben recht», räumte Mrs. Corey ein. Ihre Stimme klang erschöpft. «Ich werde lieber wieder ins Haus zurückgehen. O nein – bitte, mir fehlt nichts. Im Wohnzimmerkamin brennt ein Feuer, und ich wechsle auch gleich die Schuhe . . .»

Doch am Freitag vermerkte Mrs. Glass' wachsames Auge, daß die alte Dame ihr Haus überhaupt nicht verließ. Nicht einmal dann, als das Postauto mit quietschenden Reifen vor ihrem Briefkasten hielt, was ohnehin selten genug vorkam. Obendrein blieb das Fenster, an dem man sie häufig Solitaire spielen sah, verhängt, wie wenn ein Kranker im Zimmer ruhte.

Um zwei Uhr nachmittags konnte Mrs. Glass es nicht

länger aushalten. Mit Kopftuch und Mantel gegen den stürmischen Wind geschützt, überquerte sie die Straße, schritt den Pfad entlang und klopfte an die Eingangstür.

Auf jemand anderen hätte das stille Haus die Wirkung eines Tierbaus gehabt, in dem sich eine zutiefst erschrockene Kreatur totstellt. Mrs. Glass hingegen witterte sogleich eine jener Katastrophen, die für hilfreiche Nachbarn wie geschaffen sind.

Sie klopfte zwei weitere Male, und nachdem sie ihren Mund dicht an die Türritze gebracht und «Mrs. Corey?» gerufen hatte, ohne eine Antwort zu bekommen, rüstete sie sich besorgt, das Haus zu umkreisen.

Sie begegnete einem verhängten Fenster nach dem anderen, und nichts rührte sich auf all ihr Klopfen und die Rufe.

Das kam davon, dachte sich Mrs. Glass mit aufkeimendem Groll, wenn ältere Leute sich von ihrer Umwelt abkapselten. Wer half ihnen dann, wenn sie krank wurden?

Ihr Auge hatte sich so an die geschlossenen Vorhänge gewöhnt, daß sie erst mit einiger Verzögerung bemerkte, wie sich an einem der rückwärtigen Fenster hinter einem schmalen, offenen Spalt etwas bewegte.

Sie gewahrte einen matten Lichtschimmer, der nur von einer Lampe herrühren konnte. Indem Mrs. Glass ein Auge zukniff und mit dem anderen angestrengt durch den Vorhangschlitz spähte, erkannte sie eine Hand, die nur die von Mrs. Corey sein konnte. Die Finger hielten eine brennende Zigarette.

Während Mrs. Glass schaute, hob sich die Hand, und ausgeblasener Rauch kräuselte sich hernieder; alsdann wanderte die Zigarette zu einem Aschenbecher, der außerhalb ihres Blickfeldes lag. Auf Zehenspitzen machte sich Mrs. Glass davon, obwohl der Wind, der ihr Klopfen und ihre Rufe verschluckt hatte, das gleiche mit ihren Schritten getan hätte.

Sie fühlte sich wie ein Missionar, der heimlich einen tanzenden Kannibalen beobachtet – schockiert, doch voll grenzenlosen Mitleids.

Es lag auf der Hand, was passiert sein mußte. Ganz auf sich allein gestellt, Gott weiß wie viele Jahre lang nur von leeren, windbestrichenen Feldern umgeben, hatte die arme Frau ihren Bezug zur Realität verloren. Allein das Fehlen einer anderen menschlichen Stimme forderte seinen Tribut. Man stelle sich nur ihre Angst vor, auf eine Ausfahrt mitgenommen zu werden, und dann die rührende Anwort: «Ich gehe nur sehr selten aus; am liebsten bin ich zu Hause. Mir genügt meine eigene Gesellschaft.»

Die Griffin-Siedlung war gerade noch rechtzeitig gebaut worden. Von Stund an wurde Mrs. Glass nicht müde, Mrs. Corey aus ihrem Schneckenhaus zu locken. Ihren wortkargen und ungeselligen Ehemann konnte sie nicht zum Verbündeten gewinnen, und ihre neuen Freunde, die Spenlows, waren in Urlaub gefahren.

Trotz der Tatsache, daß die Griffin-Siedlung von Kindergekreisch widerhallte, war eine gewisse Mrs. Demarest die einzige junge Mutter, die Mrs. Glass zu fassen bekam. Nachdem sie in den sozialen Problemfall von der anderen Straßenseite eingeweiht war, erwiderte sie versonnen: «Sie lebt also ganz für sich allein? Ohne irgendeinen anderen Menschen? Wie herrlich.»

Einen Tag nach ihrer unheimlichen Klausur ging Mrs. Corey – als sei nichts geschehen – zu ihrem Briefkasten. Sofort war Mrs. Glass mit einem Kuchen bei ihr. Die höflichen Bedenken hinsichtlich ärztlicher Anweisungen und Diätvorschriften prallten ergebnislos an Mrs. Glass ab.

«In diesem Kuchen ist nichts, was auch nur einer Fliege ein Leid antun könnte», verkündete sie resolut. «Er wird Ihnen guttun – bestimmt. Ach, und wegen dieses alten Tellers brauchen Sie sich nicht zu bemühen. Ich hole ihn ab, wenn ich gelegentlich bei Ihnen vorbeischaue. Es tut mir schrecklich leid, aber jetzt muß ich mich sputen.»

Am nächsten Tag hatte Mrs. Glass eine Idee, die ihr schon längst hätte kommen müssen. Mrs. Corey sehnte sich nach jemand aus ihrer eigenen Generation – natürlich nach einem Menschen, mit dem sie Erinnerungen austauschen konnte, der sich in der gleichen Situation befand wie sie. Die ideale Person wäre eine Witwe. Mrs. Glass' Tante Mildred war beträchtlich älter als Mrs. Corey –Tante Mildred war bereits über achtzig, aber eine Seniorin, auf die jeder stolz sein konnte.

Sie gehörte den «Geselligen Achtzigern» und dem «Oldtimer Club» an, in dem sie vergangene Weihnachten bei einem Volkstanzwettbewerb den ersten Preis gewonnen hatte. Ihr Alter tat ihrer Lebensfreude keinen Abbruch.

Sie interessierte sich für Mode, für Preise sämtlicher Waren und für ihre Mitmenschen generell – «sind das Ihre eigenen Zähne»? Sie konnte richtig drollig sein, die treue Seele. Bei Tante Mildred – so lautete Mrs. Glass' feste Überzeugung – taute jeder auf.

Also fuhr sie ins Hochland und brachte ihre Tante für einen Tag herunter. Es herrschte mildes, sonniges Wetter, die vollbelaubten Bäume warfen satte, erquickende Schatten – an einem solchen Tag hielt es selbst Mrs. Corey nicht drinnen.

Und wirklich – sie kam. Besser gesagt, sie ging, denn nur weil Mrs. Glass ständig wachsam auf der Lauer lag, erspähte sie die kleine Gestalt, die das Haus durch die Hintertür verließ. Unter dem Arm trug sie etwas, das ein zusammengeklappter Liegestuhl zu sein schien.

«Ach, Tante Mildred», zwitscherte Mrs. Glass, indem sie sich vom Fenster abwandte. «Ich möchte dich gern mit einer Nachbarin bekannt machen.»

Mrs. Glass fand, alles liefe wie am Schnürchen. Mrs. Corey brachte zwei weitere Liegestühle nach draußen, kredenzte Tom Collinses, und plaudernd saß man unter der großen Pappel beisammen.

Wenigstens zu Anfang, denn durch den Genuß von Alkohol sank Tante Mildred in einen friedlichen Schlummer, aus dem sie zuweilen hochschreckte und dann mit scharfer Stimme fragte: «Wer? Was haben Sie gesagt?», um gleich darauf wieder einzunicken.

Mrs. Corey betrachtete sie gedankenverloren. «Eine ungewöhnliche Frau», meinte, sie, und eifrig griff Mrs. Glass diesen Faden auf. «Ja, nicht wahr? Sie ist so lebenslustig, auch jetzt noch. Heute ist sie ein bißchen müde – die lange Fahrt, Sie wissen ja –, aber ich merke schon, daß sie Sie gern leiden mag. Ich glaube, Sie beide werden noch dicke Freundinnen. Bestimmt können Sie –»

«Wer?» fragte Tante Mildred in ziemlich ruppigem Ton. «Ich habe gehört, was gesprochen wurde. Ich bin nur –»

Ihr Kinn sackte wieder herab. Mrs. Corey deutete ein Lächeln an und erhob sich. «Sie dürfen Ihren Kuchenteller nicht vergessen», sagte sie ruhig und begab sich ins Haus.

Mrs. Glass weckte ihre Tante, denn die Schatten wurden länger, und beide bedankten sich bei ihrer Gastgeberin, als diese mit dem Kuchenteller aus dem Haus auftauchte.

Bei ihrem Abschied blickte Mrs. Corey ganz wehmütig drein, dachte Mrs. Glass triumphierend. Und wirklich lag in den Augen, die auf einmal tief eingesunken wirkten, ein beinahe trauriger Ausdruck.

Der Nachmittag war so einschläfernd gewesen, daß Mrs. Glass sich einbildete, sie höre Mrs. Corey murmeln: «Es ist Notwehr.» Doch als sie sich fragend umwandte, starrte Mrs. Corey auf den Holzzaun, der die Griffin-Siedlung umgab. «Ein schöner Zaun», meinte sie.

Mrs. Glass' Tante war von Mrs. Corey überaus angetan. Sie erinnerte sie an ein Mädchen auf einem Debütantinnenball in Chicago, erzählte sie. Die gleichen braunen Augen und der gleiche Gesichtsschnitt. Aber das Mädchen sei mit einem Taugenichts durchgebrannt, obschon sie aus einer sehr guten Familie stammte, und man hatte nie wieder etwas von ihr gehört.

«Sie muß mich unbedingt besuchen und die anderen Mädels kennenlernen», bestimmte sie.

Ausgerüstet mit der Einladung ihrer Tante marschierte Mrs. Glass zum Haus auf der anderen Straßenseite.

Man muß das Eisen schmieden, solange es heiß ist, dachte sich Mrs. Glass, und zweifelsohne hatte man in Mrs. Coreys Mauer aus Einsamkeit bereits eine erste Bresche geschlagen.

Nicht umsonst hatte die alte Dame so nachdenklich ausgesehen, nicht umsonst hatte sie Mrs. Glass mit diesem sonderbaren Blick bedacht. Am Himmel ballten sich Wolken zusammen. Sie hingen so niedrig, daß eine geradezu vorwitzig über den First des Hauses zu lugen schien.

«Diese Wolke müssen Sie bestellt haben», wollte Mrs. Glass scherzhaft sagen. «Denn – kommen Sie nur und schauen Sie – sie sieht genauso aus wie Ihre Frisur.»

Kräftig klopfte sie an die Tür. Mrs. Corey mußte sich Eichhörnchen halten, denn von oben erklang ein leises, scharrendes Geräusch.

Sie pochte von neuem, gebieterisch; sie wußte selbst nicht, was sie auf einmal veranlaßte, den Blick zu dem kleinen Dach zu heben, das die Eingangstür überragte.

Der metallische Glanz dort droben stammte nicht von der Messinglaterne, die sonst von dem verwitterten Balken hing; nein, es war der große Adler aus vergoldetem Eisen, dessen Kopf sich ein wenig drehte, obwohl sich kein Lufthauch rührte.

Merkwürdig, wunderte sich Mrs. Glass, während der Adler auf sie niederstieß; gestern hatte er noch nicht dort gehang –

DOROTHY SAYERS

# *Gift im Portwein*

«Guten Morgen, Miss», sagte Montague Egg, als sich die Haustür öffnete, und lüftete mit leichtem Schwung seinen eleganten Filzhut. «Da bin ich wieder, wie Sie sehen. Sie haben mich nicht vergessen, wie? Das ist schön denn ich könnte eine junge Dame wie Sie niemals vergessen, in hundert Jahren nicht. Wie geht es Seiner Lordschaft heute? Ich denke, er wird ein paar Minuten für mich zu sprechen sein?»

Egg lächelte liebenswürdig, eingedenk der Maxime Nummer zehn aus dem Handbuch für Handlungsreisende: «Ist dir das Mädchen wohlgesonnen, hast du die Sache fast gewonnen.»

Das Stubenmädchen jedoch machte einen nervösen, verwirrten Eindruck.

«Ich weiß nicht . . . o ja . . . kommen Sie herein, bitte. Seine Lordschaft . . . das heißt . . . ich fürchte . . .»

Egg trat eilfertig ein, das Musterköfferchen in der Hand, und sah sich zu seiner großen Überraschung einem Polizisten gegenüber, der ihn ziemlich schroff nach seinem Namen und Beruf fragte.

«Reisevertreter der Firma Plummet & Rose, Wein und Spirituosen, Piccadilly», sagte Egg mit der Miene eines Mannes, der nichts zu verbergen hat. «Hier ist meine Karte. Was gibt's, Herr Wachtmeister?»

«Plummet & Rose?» fragte der Polizist. «Soso da setzen Sie sich mal einen Augenblick. Es würde mich nicht wundern, wenn der Inspektor ein paar Worte mit Ihnen reden möchte.»

Eggs Befremden wuchs; gehorsam nahm er Platz, und nach wenigen Minuten wurde er in ein kleines Wohnzimmer geführt, in dem sich ein uniformierter Polizeiinspektor und ein weiterer Polizist mit einem Notizbuch befanden.

«Aha», sagte der Inspektor, «setzen Sie sich, Mr. ... hm, hm ... Egg. Vielleicht können Sie ein bißchen Licht in diese Affäre bringen. Wissen Sie etwas über eine Kiste Portwein, die im letzten Frühjahr an Lord Borrodale verkauft wurde?»

«Sicher, wenn Sie den Dow 1908 meinen», erwiderte Egg. «Ich habe den Abschluß selbst getätigt. Sechs Dutzend Flaschen zu einhundertzweiundneunzig Shilling das Dutzend. Von mir persönlich am 3. März bestellt. Von unserem Hauptbüro am 8. März abgesandt. Empfang bestätigt am 10. März, mit Scheck beglichen. Von unserer Seite alles in Ordnung. Es ist doch nichts schiefgegangen damit, hoffe ich? Wir haben bisher noch keine Klagen gehört. Ich kam gerade vorbei, um Seine Lordschaft zu fragen, wie ihm der Wein schmeckt und ob er mir einen weiteren Auftrag geben möchte.»

«Ich verstehe», sagte der Inspektor. «Sie kamen heute also ganz zufällig hierher, im Verlauf Ihrer üblichen Tour?»

Egg, der nun überzeugt war, daß etwas gründlich schiefgegangen sein mußte, reichte als Antwort dem Inspektor sein Auftragsbuch und seinen Reiseplan.

Der Inspektor sah die Unterlagen kurz durch, dann sagte er: «Scheint alles in Ordnung zu sein. Nun, Mr. Egg, ich muß Ihnen leider sagen, daß Lord Borrodale heute morgen in seinem Arbeitszimmer tot aufgefunden wurde, und zwar unter Begleitumständen, die mit höchster Wahrscheinlichkeit darauf schließen lassen, daß er Gift zu sich genommen hat. Und was schwerer wiegt, es sieht ganz so aus, als wäre ihm das Gift mit einem Glas von Ihrem Wein eingeflößt worden.»

«Was Sie nicht sagen!» rief Egg ungläubig. «Es tut mir sehr

leid, daß ich das hören muß. Es wird unserm Ruf nicht gerade nützen. Ausgeschlossen, daß der Wein nicht völlig in Ordnung war, als wir ihn versandten. Es würde sich nicht auszahlen, wenn wir unsere Weine mit irgend etwas versetzten, das brauche ich Ihnen nicht zu erzählen. Aber eine solche Affäre schafft nicht die Art Publicity, die wir schätzen. Was bringt Sie überhaupt darauf, daß es der Portwein war?»

Statt zu antworten, schob der Inspektor eine Glaskaraffe, die auf dem Tisch stand, zu Egg hinüber.

«Da, sehen Sie selbst, was Sie davon halten. Fassen Sie's ruhig an, wir haben es schon auf Fingerabdrücke untersucht. Hier ist ein Glas, wenn Sie eines wollen, aber ich rate Ihnen nicht, etwas davon zu trinken – falls Sie nicht lebensmüde sind.»

Egg schnupperte vorsichtig an der Karaffe und runzelte die Stirn. Er goß ein Schlückchen von dem Wein ins Glas, schnupperte wieder und runzelte wieder die Stirn. Dann nahm er einen Versuchstropfen auf die Zunge und spie ihn sofort mit größtmöglichem Anstand in einen Blumentopf.

«Du meine Güte», sagte Montague Egg. Sein rosiges Gesicht war ganz faltig vor Kummer. «Das schmeckt, als ob der alte Herr seine Zigarrenstummel in den Portwein hätte fallen lassen.»

Der Inspektor wechselte einen Blick mit dem Polizisten.

«Sie haben nicht weit danebengeraten», sagte er. «Der Doktor ist mit seiner Obduktion noch nicht ganz fertig, aber er meint, es sehe nach einer Nikotinvergiftung aus. Und das ist das Problem. Lord Borrodale hatte die Gewohnheit, jeden Abend nach dem Essen in seinem Arbeitszimmer ein paar Gläser Portwein zu trinken. Gestern abend wurde ihm der Wein wie üblich gegen neun Uhr gebracht. Es war eine neue Flasche, und Craven – das ist der Butler – holte sie direkt aus dem Keller in einem Korbgestell –»

«Einem Flaschenkörbchen», warf Egg ein.

«– einem Flaschenkörbchen, wenn Sie's so nennen. James, der Diener, folgte ihm mit Karaffe und Glas auf einem Tablett. Lord Borrodale prüfte die Flasche, die noch das Originalsiegel trug, dann zog Craven den Korken heraus und füllte den Wein in die Karaffe, unter den Augen Lord Borrodales und des Dieners. Daraufhin verließen beide Dienstboten das Zimmer und gingen in den Küchentrakt; im Weggehen hörten sie, wie Lord Borrodale das Arbeitszimmer hinter ihnen zusperrte.»

«Wozu das?»

«Anscheinend machte er es gewöhnlich so. Er schrieb an seinen Memoiren – er war ein berühmter Richter, müssen sie wissen –, und da manche der Papiere, die er als Unterlagen benützte, streng vertraulich waren, sicherte er sich lieber gegen unliebsame Überraschungen. Um elf Uhr, als das Personal zu Bett ging, bemerkte James, daß das Licht im Arbeitszimmer noch brannte. Am Morgen entdeckte man, daß Lord Borrodale nicht zu Bett gewesen war. Die Tür des Arbeitszimmers war noch immer versperrt, und als man sie aufgebrochen hatte, fand man ihn tot auf dem Boden liegen. Es sah so aus, als hätte er, von Übelkeit befallen, versucht, die Glocke zu erreichen, und wäre unterwegs zusammengebrochen. Der Doktor sagt, er muß etwa um zehn Uhr gestorben sein.»

«Selbstmord?»

«Nun, damit hat es einige Schwierigkeiten. Erstens die Lage der Leiche. Dann haben wir das Zimmer sorgfältig durchsucht und keinerlei Spuren von einem Fläschchen oder sonst etwas gefunden, in dem er das Gift gehabt haben könnte. Außerdem scheint er sich seines Lebens gefreut zu haben. Er hatte keine finanziellen oder häuslichen Sorgen und war bei ausgezeichneter Gesundheit. Warum sollte er Selbstmord begehen?»

«Aber wenn er es nicht selbst war», wandte Egg ein, «wie kam es, daß er den üblen Geruch des Weins nicht bemerkte?»

«Anscheinend hat er gleichzeitig eine ziemlich schwere Zigarre geraucht», sagte der Inspektor (Egg schüttelte mißbilligend den Kopf), «außerdem litt er, wie man mir sagte, an einer leichten Erkältung, das mag seinen Geruchs- und Geschmackssinn etwas beeinträchtigt haben. Auf der Karaffe und dem Glas sind keine Fingerabdrücke außer seinen eigenen und denen des Butlers und des Dieners – was zwar nicht ausschließen würde, daß jemand Gift in eins von beiden praktizierte, wenn nicht die Tür versperrt gewesen wäre. Auch die Fenster waren beide von innen verschlossen, mit einbruchssicheren Riegeln.»

«Und wie ist es mit der Karaffe?» fragte Egg, eifrig bedacht auf den guten Ruf seiner Firma. «War sie sauber, als sie hereingebracht wurde?»

«Ja. James wusch sie aus, unmittelbar bevor er damit ins Arbeitszimmer ging; der Koch schwört, er habe es gesehen. James benützte dazu Wasser aus der Leitung und spülte mit einem bißchen Brandy nach.»

«Sehr richtig», sagte Egg anerkennend.

«Und auch mit dem Brandy war alles in Ordnung, denn Craven nahm nachher selbst ein Glas davon – um sein Herzklopfen zu beruhigen, sagte er.» Der Inspektor räusperte sich bedeutungsvoll. «Das Glas wurde von James ausgewischt, als er es aufs Tablett stellte, und dann trug er alles ins Arbeitszimmer. Nichts blieb auch nur einen Augenblick irgendwo stehen zwischen dem Verlassen des Anrichteraums und dem Betreten des Arbeitszimmers, doch Craven erinnert sich, daß ihn beim Durchqueren der Hall Miss Waynfleet aufhielt und kurz ein paar Anordnungen für den folgenden Tag mit ihm besprach.»

«Miss Waynfleet? Das ist die Nichte, nicht wahr? Ich sah sie bei meinem letzten Besuch. Eine sehr charmante junge Dame.»

«Lord Borrodales Erbin», bemerkte der Inspektor vielsagend.

«Eine sehr reizende junge Dame», sagte Egg mit Nachdruck. «Und wenn ich Sie recht verstanden habe, trug Craven nur das Flaschenkörbchen, nicht die Karaffe oder das Glas.»

«Ja, so war es.»

«Schön, dann sehe ich keine Möglichkeit, daß sie in das, was Craven trug, etwas hineinträufeln konnte.» Egg machte eine Pause. «Das Originalsiegel über dem Korken – Sie sagen, Lord Borrodale sah es?»

«Ja, und ebenso Craven und James. Sie können es selbst ansehen, wenn Sie wollen – vielmehr das, was davon übrig ist.»

Der Inspektor zog einen Aschenbecher heran, der neben ein wenig Zigarrenasche kleine Stückchen dunkelblauen Siegellacks enthielt. Egg untersuchte sie sorgfältig.

«Das ist unser Siegellack und unser Siegel, es stimmt», erklärte er schließlich. «Die Spitze des Korkens ist mit einem scharfen Messer sauber weggeschnitten und das Firmenzeichen unverletzt erhalten. ‹Plummet & Rose. Dow 1908.› Völlig in Ordnung. Wie steht's mit dem Filtriertrichter?»

«Am selben Nachmittag vom Küchenmädchen mit kochendem Wasser ausgewaschen. Unmittelbar vor dem Gebrauch von James ausgewischt, der ihn mit der Karaffe und dem Glas auf seinem Tablett hineintrug. Mit der Flasche zurückgebracht und sofort wieder gespült – unglücklicherweise, sonst natürlich hätte er uns vielleicht etwas darüber erzählt, wie das Nikotin in den Portwein geriet.»

«Nun», sagte Egg störrisch, «bei uns kam es nicht hinein, das ist sicher. Mehr noch: Ich glaube nicht, daß es überhaupt in der Flasche war. Wie könnte das auch sein? Wo ist sie übrigens?»

«Eingepackt, um zum Gerichtschemiker gebracht zu werden, denke ich», antwortete der Inspektor, «aber da Sie hier sind, werfen Sie besser noch einen Blick darauf. Podgers, geben Sie uns die Flasche noch einmal. Es sind keine Fingerabdrücke darauf außer denen von Craven, es sieht also nicht so aus, als wenn daran herumgepfuscht worden wäre.»

Der Polizist brachte ein braunes Päckchen zum Vorschein, aus dem er eine Portweinflasche zog, mit einem frischen Korken verschlossen. Es haftete noch ein wenig Kellerstaub daran, vermischt mit Fingerabdruckpulver. Egg entfernte den Korken und beroch den Inhalt lange und intensiv. Dann veränderte sich sein Gesichtsausdruck.

«Woher haben Sie diese Flasche?» fragte er scharf.

«Von Craven. Natürlich gehörte sie zum ersten, was wir zu sehen wünschten. Er nahm uns mit in den Keller und zeigte sie uns.»

«Stand sie für sich oder unter anderen Flaschen?»

«Sie stand auf dem Kellerboden am Ende einer Reihe leerer Flaschen, die alle zur selben Kiste gehörten; er erklärte uns, daß er sie nacheinander, wie sie verbraucht würden, auf den Boden stelle, bis man sie einsammle und wegbringe.»

Egg neigte gedankenvoll die Flasche, bis ein paar Tropfen dicker roter Flüssigkeit, getrübt von Teilchen des aufgerührten Niederschlags, in sein Weinglas rannen. Er roch wieder daran und kostete. Seine Stumpfnase hob sich kriegerisch.

«Nun?» fragte der Inspektor.

«Kein Nikotin darin, unter keinen Umständen», antwortete Egg, «oder meine Nase trügt mich, was – Sie werden mich verstehen, Herr Inspektor – sehr unwahrscheinlich ist, denn meine Nase ist sozusagen mein Lebensunterhalt. Nein. Sie werden die Flasche selbstverständlich zur chemischen Untersuchung schicken müssen; das verstehe ich durchaus, aber ich würde ein ganz hübsches Sümmchen darauf wetten, daß sie sich als harmlos erweist. Und das – ich brauche es Ihnen nicht zu versichern – wird für uns eine große Erleichterung bedeuten. Ich für meinen Teil möchte Ihnen noch sagen, daß ich die freundliche Art, mit der Sie mir die Sache vorgelegt haben, sehr zu schätzen weiß.»

«Schon gut; Ihre Fachkenntnis ist für uns wertvoll. Wir können jetzt wohl die Flasche aus unseren Überlegungen ausschließen und uns auf die Karaffe konzentrieren.»

«Ganz recht», erwiderte Egg. «Doch was ich sagen wollte: Wissen Sie zufällig, wieviel von den sechs Dutzend Flaschen verbraucht worden sind?»

«Nein, aber Craven kann es uns sagen, wenn Sie es unbedingt wissen wollen.»

«Nur zu meiner Beruhigung», sagte Egg. «Nur, damit ich sicher weiß, daß dies tatsächlich die bewußte Flasche ist. Ich möchte nicht das Gefühl haben, daß ich Sie in irgendeiner Weise irregeführt habe.»

Der Inspektor drückte auf die Klingel, und sogleich erschien der Butler, ein älterer Mann von höchst ehrbarem Aussehen.

«Craven», sagte der Inspektor, «das ist Mr. Egg von Plummet & Rose.»

«Ich habe die Bekanntschaft Mr. Eggs schon gemacht.»

«Ach ja. Er ist natürlich an der Geschichte mit dem Portwein interessiert und wollte wissen – was war es doch genau, Mr. Egg?»

«Diese Flasche», sagte Monty und schlug leicht mit dem Fingernagel gegen das Glas, «ist doch diejenige, die Sie gestern abend geöffnet haben?»

«Ja, Sir.»

«Sind Sie sicher?»

«Wie viele Flaschen haben Sie noch?»

«Das kann ich nicht so aus dem Stegreif sagen, Sir, ohne das Kellerbuch.»

«Und das ist im Keller, nicht wahr? Ich würde gern einen Blick in Ihren Keller werfen; man hat mir erzählt, er sei ausgezeichnet. Alles bestimmt piekfein in Ordnung. Die richtige Temperatur und was sonst dazu gehört?»

«Zweifellos, Sir.»

«Wir gehen alle zusammen und schauen uns den Keller an», schlug der Inspektor vor, der trotz seines eben geäußerten Vertrauens anscheinend doch Bedenken hatte, Egg mit dem Butler allein zu lassen.

Craven verbeugte sich und ging voraus; er hielt kurz inne, um die Schlüssel aus dem Anrichteraum zu holen.

«Dieses Nikotin», plauderte Egg, als sie einen langen Gang hinabschritten, «ist das sehr giftig? Ich meine, benötigt man ein großes Quantum davon, um einen Menschen zu töten?»

«Ich hörte vom Arzt», erwiderte der Inspektor, «daß wenige Tropfen des reinen Extrakts, oder wie sie es nennen, den Tod herbeiführen, und zwar innerhalb einer Zeitspanne von zwanzig Minuten bis zu sieben oder acht Stunden.»

«Du meine Güte», sagte Egg. «Und wieviel von dem Portwein hat der arme alte Herr getrunken? Zwei ganze Gläser?»

«Ja, Sir, nach der Karaffe zu schließen. Lord Borrodale hatte die Gewohnheit, seinen Wein rasch wegzutrinken, Sir.»

Egg war betrübt.

«Keinesfalls das richtige», sagte er kummervoll, «nein, nein! ‹Nur durch Schnuppern, Schlürfen, Schmecken läßt die Blume sich entdecken› – das ist die Regel fürs Weintrinken, müssen Sie wissen. Gibt es im Garten so etwas wie einen Teich oder Bach, Mr. Craven?»

«Nein, Sir», antwortete der Butler ein wenig überrascht.

«Ich habe mir gerade etwas überlegt. Jemand muß doch das Nikotin in irgendeinem Behälter hierhergebracht haben. Was konnte dieser Jemand mit dem Fläschchen, oder was es nun war, anstellen?»

«Oh, es ins Gebüsch werfen oder vergraben», sagte Craven, «das macht keinerlei Schwierigkeiten. Es sind sechs Morgen Garten, ohne die Wiese und den Hof. Und dann gäbe es dafür natürlich auch die Wasserfässer und den Brunnenschacht.»

«Wie dumm von mir», gab Egg zu, «daran habe ich nicht gedacht. Und das ist der Keller, nicht wahr? Großartig – die Ausstattung ist wirklich famos, kann ich nur sagen. Sehr hübsch, auch die Temperatur. Sommer und Winter gleich, wie? Weit genug entfernt von der Zentralheizung?»

«O ja, gewiß, Sir. Die liegt an der anderen Seite des Hauses. Vorsicht bei der letzten Stufe, meine Herren, sie ist ein bißchen angeschlagen. Und hier stand der Dow 1908, Sir. Kiste Nr. 17 – ein, zwei, drei und ein halbes Dutzend sind noch da, Sir.»

Egg nickte und überprüfte im Schein seiner Taschenlampe, die er dicht an die herausragenden Flaschenhälse hielt, sorgfältig das Firmensiegel.

«Ja», sagte er, «da sind sie. Dreieinhalb Dutzend, wie Sie sagen. Traurig, zu denken, daß die Kehle, durch die ihr Inhalt hätte rinnen sollen, nun vom Tod verschlossen daliegt – wenn man so sagen darf. Ich denke oft, wenn ich meine Besuchstouren mache, wie schade es ist, daß wir nicht alle im

Alter milder und sanfter werden, wie dieser Wein. Ein feiner alter Herr, Lord Borrodale, so hat man mir erzählt, aber ein bißchen dickköpfig, wenn das nicht zu unehrerbietig klingt.»

«Er war hart, Sir», stimmte ihm der Butler zu, «aber gerecht. Ein sehr gerechter Herr.»

«Bestimmt. Und das hier, nehme ich an, sind die leeren Flaschen. Zwölf, vierundzwanzig, neunundzwanzig – und eine sind dreißig – und dreieinhalb Dutzend sind zweiundvierzig – zweiundsiebzig – sechs Dutzend – meiner Rechnung nach stimmt es.» Er hob die leeren Flaschen eine nach der anderen hoch. «Man sagt, Tote erzählen keine Geschichten, aber die hier verraten dem guten Monty Egg doch einiges. Diese da zum Beispiel. Wenn sie jemals Dow 1908 von Plummet & Rose enthielt, dann dürfen Sie Monty Egg nehmen und Rührei aus ihm machen. Der Geruch stimmt nicht, der Niederschlag stimmt nicht, und dieser Kalkspritzer stammt auch auf keinen Fall von unserem Kellermeister. Passiert eben sehr leicht, daß man eine leere Flasche mit einer andern verwechselt. Zwölf, vierundzwanzig, achtundzwanzig und eine sind neunundzwanzig. Ich frage mich, was aus der dreißigsten Flasche geworden ist?»

«Ich weiß sicher, daß ich nie eine wegnahm», sagte der Butler.

«Die Schlüssel im Anrichteraum – sie hängen innen bei der Tür – sind sehr leicht zugänglich», sagte Monty.

«Einen Augenblick», unterbrach der Inspektor. «Meinen Sie damit, daß diese Flasche nicht zu derselben Sendung Portwein gehört?»

«Sie gehört nicht dazu – aber zweifellos fand Lord Borrodale gelegentlich an einer anderen Weinsorte Gefallen.» Egg stellte die Flasche auf den Kopf und schüttelte sie heftig. «Völlig trocken. Seltsam. Eine tote Spinne lag auf dem Flaschenboden. Sie würden sich wundern, wie lange eine Spinne ohne Nahrung am Leben bleibt. Seltsam, daß diese leere Flasche, die mitten in der Reihe steht, trockener sein soll als die am Anfang und eine tote Spinne enthält. Wir bekommen eine Menge seltsamer Dinge zu Gesicht in unserem Beruf, Herr Inspektor – wir werden dazu angeregt, alles mögliche zu bemerken, wenn man so sagen darf. ‹Halt überall die Augen offen, so darfst du auf Erfolge hoffen.› Die Flasche kann man wohl ein seltsames Ding nennen. Und noch etwas. Die andere Flasche, die, von der Sie sagten, Sie hätten sie gestern abend geöffnet, Craven – wie konnten Sie sich so irren? Wenn ich meiner Nase trauen kann, von meinem Gaumen ganz zu schweigen, ist diese Flasche schon mindestens eine Woche offen.»

«Wirklich, Sir? Ich weiß bestimmt, daß ich sie vom Ende der Reihe wegnahm. Jemand muß hier gewesen sein und sie ausgewechselt haben.»

«Aber –» sagte der Inspektor, dann hielt er plötzlich mitten im Sprechen inne, als sei ihm ein Gedanke aufgegangen. «Ich glaube, es ist besser, Sie geben Ihre Kellerschlüssel mir, Craven, und wir werden den Keller genau untersuchen. Das wär's für den Augenblick. Wenn Sie mit mir nach oben kommen wollten, Mr. Egg? Ich möchte noch ein paar Worte mit Ihnen sprechen.»

«Immer gern zu Diensten», sagte Monty liebenswürdig. Sie kehrten in die Oberwelt zurück.

«Ich weiß nicht, Mr. Egg», bemerkte der Inspektor, «ob Sie sich bewußt sind, welche Tragweite, oder sagen wir, welche Folgerungen Ihre letzten Äußerungen haben. Angenommen, es stimmt, daß diese Flasche nicht die richtige ist, dann wurde sie mit Absicht ausgetauscht, und die richtige fehlt. Und weiter: Die Person, die sie vertauschte, hinterließ keine Fingerabdrücke.»

«Ich verstehe, was Sie meinen», sagte Egg, der diese Folgerung schon vor einiger Zeit gezogen hatte, «und mehr noch: Es sieht so aus, als ob das Gift am Ende doch in der Flasche gewesen wäre, nicht wahr? Und damit – so wollen Sie sagen – scheint die Sache für Plummet & Rose ernst zu werden, da nun einmal zweifellos unser Siegel auf der Flasche war, als sie in Lord Borrodales Zimmer gebracht wurde. Ich streite das nicht ab, Herr Inspektor. ‹Wenn Tatsachen dich nicht verschonen, nützen dir keine Illusionen.› Das ist ein sehr nützlicher Grundsatz für jeden, der in unserer Brache vorankommen möchte.»

«Nun, Mr. Egg», antwortete der Inspektor lachend, «und was würden Sie zur nächsten Folgerung sagen? Da niemand außer Ihnen ein Interesse daran hatte, diese Flasche auszutauschen, sieht es so aus, als müßte ich Ihnen Handfesseln anlegen.»

«Das ist allerdings eine unangenehme Folgerung», protestierte Egg, «und ich hoffe, Sie werden sie nicht ziehen. Ich hätte es gar nicht gern, wenn so etwas passieren würde, und meine Arbeitgeber fänden es auch nicht nett. Glauben Sie nicht, es wäre eine gute Idee, wenn wir, bevor etwas geschieht, was wir nachher vielleicht bedauern müßten, erst einmal einen Blick in den Heizungsraum werfen würden?»

«Warum in den Heizungsraum?»

«Weil Craven gerade den nicht erwähnte, als wir ihn fragten, wo jemand etwas, das er gern loswerden wollte, möglicherweise verschwinden lassen könnte.»

Der Inspektor schien über diese Argumentation betroffen. Er beorderte ein paar Polizisten zu Hilfe, und bald wurde die Asche des Zentralheizungsofens durchwühlt. Der erste Fund war ein dicker Brocken halbzerschmolzenes Glas, der einst zu einer Weinflasche gehört haben könnte.

«Es hat den Anschein, als könnten Sie recht haben», sagte der Inspektor, «aber ich sehe keine Möglichkeit, etwas zu beweisen. Es spricht wenig dafür, daß wir aus diesem Ding da Nikotin herausbekommen.»

«Das glaube ich auch nicht», stimmte ihm Egg betrübt zu. «Aber» – sein Gesicht hellte sich auf – «was ist damit?»

Aus dem Sieb, durch das ein Polizist die Asche schüttelte, nahm er ein dünnes, verbogenes Stück gedrehtes Metall, an dem noch ein Klumpen verkohltes Elfenbein hing.

«Was in aller Welt ist das?»

«Es sieht nicht mehr nach viel aus, aber ich meine, es war einmal ein Korkenzieher», sagte Egg freundlich. «Etwas daran kommt mir bekannt vor. Und wenn Sie hersehen wollen, werden Sie, glaube ich, feststellen, daß der Metallteil hohl ist. Es würde mich nicht wundern, wenn der dicke Beingriff ebenfalls hohl war. Er ist jetzt natürlich stark verkohlt, aber wenn Sie ihn aufbrechen könnten und innen einen Hohlraum fänden und vielleicht gar ein bißchen verschmortes Gummi – nun, das wäre eine Erklärung für vieles.»

Der Inspektor schlug sich auf die Schenkel.

«Beim Himmel, Mr. Egg», rief er aus, «ich glaube, ich begreife, worauf Sie hinauswollen. Sie meinen, wenn der Korkenzieher ausgehöhlt wurde und eine Gummipipette enthielt wie ein Füllfederhalter, um das Gift zu speichern, dann konnte man durch Kolbendruck oder ähnliches das Nikotin ausfließen lassen.»

«Genau so», sagte Mr. Egg. «Der Korkenzieher mußte sehr sorgfältig in den Korken gebohrt werden, damit der Kanal unbeschädigt blieb, und er mußte lang genug sein, daß er über den Korken hinausragte, aber das ließ sich machen. Mehr noch, man hat es gemacht, oder warum sonst sollte dies kleine Loch im Metall sein, etwa einen halben Zentimeter vom Ende entfernt? Gewöhnliche Korkenzieher sind nie hohl – meiner Erfahrung nach nie, und ich bin, wenn man so sagen darf, mit Korkenziehern aufgewachsen.»

«Aber wer, in diesem Fall . . .»

«Nun, der Mann, der den Korken herauszog, meinen Sie nicht? Der Mann, dessen Fingerabdrücke auf der Flasche waren.»

«Craven? Aber wo ist sein Motiv?»

«Das weiß ich nicht», antwortete Egg. «Aber Lord Borrodale war Richter, und ein harter Richter dazu. Wenn Sie Cravens Fingerabdrücke an Scotland Yard schicken, werden sie dort vielleicht identifiziert. Ich weiß es nicht. Aber es ist doch möglich, nicht wahr? Oder unter Umständen weiß auch Miss Waynfleet etwas über ihn. Oder er könnte auch einfach in den Memoiren erwähnt sein, die Lord Borrodale in Arbeit hatte.»

Der Inspektor verfolgte diese Spuren unverzüglich. Weder Scotland Yard noch Miss Waynfleet wußten etwas gegen den

Butler zu sagen, der seit zwei Jahren in seiner Stellung war und sie stets zur Zufriedenheit ausgefüllt hatte; doch ein Nachschlagen in Lord Borrodales Richtermemoiren ergab, daß er vor einer Reihe von Jahren einen jungen Mann mit Namen Craven, einen Metallfacharbeiter, der anscheinend in eine Betrugsaffäre auf Kosten seines Arbeitgebers verwikkelt war, zu einer harten Zuchthausstrafe verurteilt hatte. Weitere Nachforschungen ergaben, daß dieser Mann sechs Monate zuvor aus der Haft entlassen worden war.

«Cravens Sohn natürlich», sagte der Inspektor. «Und er hatte auch die manuelle Geschicklichkeit, einen Korkenzieher herzustellen, der die genaue Imitation des gewöhnlich im Haushalt benutzten war. Ich frage mich, woher sie das Nikotin hatten? Nun, wir werden auch das bald aufklären können. Ich glaube, es ist nicht schwierig, es zu bekommen, man braucht es im Garten. Ich bin Ihnen sehr dankbar für Ihre fachliche Hilfe, Mr. Egg. Es hätte uns viel Zeit gekostet, die richtigen und die falschen Flaschen herauszufinden. Ich nehme an, Sie begannen Craven zu verdächtigen, als Sie feststellten, daß er Ihnen die falsche Flasche gegeben hatte?»

«O nein», antwortete Egg mit bescheidenem Stolz, «ich wußte, daß es Craven war, von der Minute an, als er das Zimmer betrat.»

«Nein, wirklich? Sie sind ein regelrechter Sherlock Holmes, nicht wahr? Aber woher wußten Sie's?»

«Er nannte mich ‹Sir›», erklärte Egg und hüstelte diskret. «Das letztemal, als ich hier vorsprach, redete er mich mit ‹junger Mann› an und sagte, Vertreter hätten die Hintertür zu benutzen. Ein schlimmer Mangel an Höflichkeit. ‹Ob du unrecht hast oder recht, Unhöflichkeit ist immer schlecht›, wie es im Handbuch für Handlungsreisende heißt.»

JANWILLEM VAN DE WETERING

# *Mangrove-Mama*

Jamy ist ein bißchen beschränkt, und ich glaubte nicht, daß er seine Freundin Mangrove-Mama umgebracht hatte. Doch er behauptete, es getan zu haben, während er mich mit den Augen eines Zwölfjährigen anstarrte. Jamy ist beinahe vierzig, aber geistig zurückgeblieben. Er habe Mangrove-Mama getötet, sagte er, indem er sie in ihren schwangeren Bauch getreten habe. Unabsichtlich natürlich. Er sei in dem Moment einfach völlig durcheinander gewesen, und außerdem habe er einen kleinen Kokainrausch gehabt.

Die Umstände haben mich, ganz ohne mein Zutun, zum Hüter dieser Insel gemacht. Diese Insel ist Egret Key, Florida, ein provisorischer Himmel für die Reichen. Warum mich? Ich glaube, man brauchte einen Schutzengel, und ich sehe einfach so aus, als ob ich für dieses Amt geeignet wäre. Niemand, außer um Anhänger werbende Fernsehprediger und kämpfende Mullahs natürlich, hat jemals einen Engel gesehen, doch wenn Niemand mir begegnete, könnte Niemand diesen freundlichen und harmlosen alten Kauz mit der Inkarnation eines solch verehrungswürdigen Wesens verwechseln.

Hallo! Jannie ist mein Name. Ich bin in der niederländischen Stadt Rotterdam geboren, zusammen mit meinen Eltern ausgewandert und als kleiner Immobilienmagnat in Boston zu Geld gekommen.

Vor vielen Jahren habe ich mich hierher zurückgezogen, auf meinen viertausend Quadratmeter großen Besitz mit Blick auf Egret Cove und, am Horizont, Eagle Island. Ich kam mit meiner lieben Frau hierher, die mich nie mochte, sich aber an mich gewöhnte, dann jedoch starb, und mit meinem lieben Papagei, der sich nie an mich gewöhnte, aber mit der Zeit lernte, mich zu mögen.

In letzter Zeit kreischt der Papagei nicht mehr durchdringend, wenn wir uns begegnen, sondern macht es sich auf meiner Schulter bequem, nagt und knabbert an meinem Ohr und imitiert sanft, unendlich sanft, den bellenden Hund meines Nachbarn.

«Arf-arf-arf», macht der Papagei leise, keucht dann «Huh-huh-huh» und holt scharf Luft, und ich erstarre vor Angst, denn das Kreischen eines Papageis in solcher Nähe zerreißt einem leicht das Trommelfell, aber nein, sein Schlußrefrain ist wieder ein melodiöses «Arf-arf-arf».

Der Papagei war gerade bei seiner Hundenummer, als der betrunkene Jamy an jenem Abend erneut gestand, die wunderschöne Mangrove-Mama mit den langen Beinen und den hohen Brüsten, Mutter seines ungeborenen Kindes, getötet zu haben.

«Das ist nicht gut, Jamy», stimmte ich zu und schenkte Bourbon ein. Wir hatten bißfeste Steinkrebse und frisches französisches Weißbrot mit Butter gegessen, gefolgt von einer lockeren, schaumigen Zitronentorte und kubanischem Kaffee. Wir pafften dominikanische Zigarren. «Also, was ist passiert?» fragte ich.

Jamy erklärte, und Bad George, sein Kapitän, und Sopwith, sein Diener, brachen in laute «Ooohs» und «Aaaahs» aus.

Der Schauplatz? Eagle Island, wo Jamy in der genauen Nachbildung eines buddhistischen Tempels aus der Tang-Dynastie residiert, der zum Teil über einer Lagune erbaut ist. Delphine spielen, während Jamy zu Abend ißt. Ganz Eagle Island war, nachdem Jamy drei Jahre zuvor alle wildlebenden Tiere und wildwachsenden Pflanzen ausgerottet hatte, von dem Zen-Architekten «Goldy» Yamamoto für eine runde Million oder zwei gestaltet worden. Das Ergebnis ist ein haarsträubender, übertriebener Luxus, selbst gemessen an unseren märchenhaften Key-Maßstäben.

Ich meide Eagle Island heute. Diese Art von Menschenhand geschaffener Perfektion stößt mich ab. Im Innern der Gebäude umgeben endlose Flächen pastellfarbener Wände schneetigerfellbezogene Möbel aus Elefantenzähnen. Jamy fährt ein Lincoln-Kabriolett, Baujahr 1920, mit Holzspeichen, auf seiner wenige Meilen langen asphaltierten Privatstraße. Die Zufahrt zum Tempel säumen per Hubschrauber eingeflogene Mahagonibäume, deren Rinde sich eindrucksvoll schält, immer blühender Jasmin und eine sorgfältig angelegte Banjananpflanzung, deren Umfang sich jährlich verdoppelt. Jamys Yachthafen ist mit symmetrisch angeordneten Quellenbäumen verziert, deren fächerförmige Wedel einladend winken. Lebensgroße Pelikane, Reiher, Fischadler, ja sogar – der Teufel soll die Seele des lieben Jungen holen – Weißkopfseeadler, alle aus Plastik, sitzen auf geschwungenen Toren und gewölbten Dächern. Ein olypmpischer Swimmingpool ist von riesigen Spiegelwänden umgeben, der Neun-Loch-Golfplatz wird durch eine Berieselungsanlage mit Wasser zu einem Dollar die Gallone frisch gehalten. Diener Sopwith muß die Bäume im Kokospalmenwäldchen hinaufklettern, um Riesennüsse zu pflücken, die Jamys lieben Kopf zerschmettern könnten, wenn er in seiner Hängematte unter den Bäumen schaukelt und Gedichte verfaßt.

*... eines Abends, beim Tanz auf dem Mallory Square, traf ich meine Lihiebe ...*

Ledergebundene Ausgaben der fertigen Gedichte, auf Pergamentseiten handgedruckt, werden ausgewählten Empfängern überreicht. Zu denen ich gehöre. Oh, Jamy ist schon ein lieber Junge, aber meistens ärgert er mich. Sie sollten einmal seine Yamamoto-Küche sehen, mit den rostfreien Stahltheken an den Wänden, dem Boden aus echtem italienischen Marmor und mit einer vollständigen Ausstattung an Küchenmaschinen (makellos saubergehalten von Sopwith), einschließlich eines Backofens, eines Pastetenofens ... Und was ißt Jamy gewöhnlich zu Abend? Ein Fertiggericht vor dem Fernseher, das Bad George, der Fährmann, mit dem Schnellboot herbeikatapultiert. Kein Wunder, daß Jamy gern bei mir vorbeischaut, und wenn ich gerade einen frischen Schnapper-Fisch oder andere erlesene Meeresdelikatessen zubereite, mit denen mich Egret Cove bei meinen täglichen Ausfahrten mit dem Ruderboot versorgt, nun, dann mag Jamy, da er sich nun einmal als mein Freund betrachtet, ruhig Platz nehmen und kräftig zugreifen.

Ich sitze hier in meinem alten Haus fest, das ich, lange bevor die Keys in Mode kamen, gekauft habe. Mir graut vor dem Aufheulen von Jamys Rennboot, das die Entfernung zwischen Eagle Island und meinem Ufer in wenigen Minuten zurücklegt. Ich habe nie Zeit zu entwischen. Ich hasse Jamys endlos sich wiederholenden Monologe; sie verursachen mir Kopfschmerzen, die nur der Papagei mit «Arf-arf-arf-huh-huh-huh-arf» besänftigen kann. Doch ich verzieh Jamy beinahe, als er mir von seinem Mord erzählte.

Wie aufregend. Sollte er Mangrove-Mama tatsächlich in den Bauch getreten haben? Noch dazu in Gegenwart seines aufsässigen Sklaven Sopwith und seines eifersüchtigen alten Kumpels Bad George?

Hm.

Wenn meine Key-Mitbewohner mir schon göttliche Fähigkeiten zuschreiben, kann ich sie genausogut auch nutzen. Übrigens, es macht mir Spaß, Menschen zu manipulieren, und während Jamy weinte und schluchzte, sah ich plötzlich eine Möglichkeit, die Dinge zum Besseren zu wenden.

Worum geht es hier also? Ich werde Ihnen sagen, worum es hier geht: ein wunderbares Zusammentreffen von Umständen, die zu einer Verbesserung des Planeten führen können.

Lassen Sie mich ein wenig die Vorgeschichte erläutern.

Bevor unsere Florida Keys zu dieser verrückten, übervölkerten, Touristen anlockenden Bonanza wurden, war Eagle Island einer der vielen Mangrovensümpfe, wie sie Vögel anziehen. War es nicht ein großartiger Anblick, wie die silbergrauen Pelikane, die die Wildnis ernährte, grazil dahinschwebten, bevor sie geräuschvoll im Sturzflug ihren täglichen Fisch jagten? Es gab auch weiße Reiher und schieferfarbene Silberreiher und einige bunt schillernde Ibisse, eine Menge zierlicher kleiner Schnepfenvögel und natürlich den unaufhörlich kreisenden Truthahngeier, doch am meisten faszinierte mich ein Paar Weißkopfseeadler. Weißkopfseeadler sind aufsehenerregende Geschöpfe und selten, eine gefährdete Art.

Jamy hat diese beiden Adler abgeknallt.

Woher ich das weiß? Weil er es mir erzählt hat, nach einem anderen Abendessen, ebenfalls in Bourbon-Laune.

Ich glaube, für diesen Adlermord gab es damals ein gutes Motiv. Harmlose freilebende Tiere zu töten ist genau das, was egozentrische liebe Jungen tun, besonders wenn sie reich sind und während der prägenden Jahre unter langer elterlicher Abwesenheit zu leiden hatten.

Welches Motiv genau?

Eitelkeit. Ursprünglich kaufte Jamy Eagle Island, um damit anzugeben. Es genügte ihm nicht, sich mit anderen glücklichen Leuten eine normale Insel zu teilen, nein, er brauchte eine Insel ganz für sich allein. Dann begegnet er «Goldy» Yamamoto in einer Striptease-Bar auf Key West, und Yamamoto ist, wie sich herausstellt, Spezialist für antike chinesische Architektur. Ein Vertrag wird unterzeichnet. Doch bevor Bulldozer aus Landungsfahrzeugen ausschwärmen, um die Flora der Insel niederzuwalzen, inspizieren unsere Verschwörer das Gelände und entdecken nistende Adler.

Nistende Adler sind ein Grund, Baugenehmigungen zu verweigern.

Jamy, total vollgekokst, schultert sein Automatikgewehr Kaliber zwölf, besteigt sein Superschnellboot, braust nach Egret Cove und knallt zwei seltene Adler ab – bildschöne Exemplare mit einer Flugspannweite von zweieinhalb Metern und makellos weißen Köpfen und Schwänzen. Wie oft habe ich sie nicht morgens beobachtet und bewundert, wenn sie sich in ihrem hoch oben in den Mangroven versteckten Nest zum Ausruhen niedergelassen hatten.

*Peng! Peng!*

Jamy schießt auch gleich noch die Ibisse und Pelikane mit ab.

Zen-Architekt Yamamoto unterbreitet seine Pläne der Baubehörde von Egret Key, der ich angehöre. Ich war damals abwesend. Die anderen Mitglieder sahen keinen Grund, den Antrag abzulehnen. Sie überprüften die Insel, aber es gab dort keine gefährdeten Arten – nichts, nur uns und die immer noch zahlreich vorhandenen Enten und Kormorane.

Sie fragen sich, wie ich Jamy noch zu meinen köstlichen Abendessen einladen konnte, nachdem er mir erzählt hatte, was er mit diesen prächtigen Vögeln gemacht hatte?

Weise behalten eine kühlen Kopf.

Gestatten Sie mir noch ein paar Bemerkungen zur Vorgeschichte.

Jamys Vater machte Millionen mit Öl, Häuten, Hochhäusern und anderen texanischen Dingen in jenen hochfliegenden Zeiten. Jamys Mutter ließ sich währenddessen von Macho-Männern bumsen.

Jamy selbst schmückte seinen hübschen Kopf mit einer Kornblumengirlande, stieg aus allem aus und kam in unserer Hauptstadt, Key West, wieder zum Vorschein. Wie diese höchst unabhängige kleine Stadt schien dieses ungewollte Kind die elterliche Vernachlässigung zu begrüßen.

Ich vermute, daß er hier glücklich war in diesen ungebundenen Jahren. Trotz all seiner schlechten Gewohnheiten ist Jamy immer noch attraktiv; in seiner Jugend muß er umwerfend ausgesehen haben. Er lernte Mangrove-Mama kennen, eine vollkommene Gefährtin mit unübertroffenem Lorelei-Sex-Appeal. Weitere Mitglieder der Bande waren: der schlaksige Bad George, der mit «Stoff» handelte, und der vertrottelte Sopwith, der sich dazu hingezogen fühlte, deutsche Gentlemen zu bedienen. Es ist hier von Blumenkindern die Rede, späteren Hippies, die sich einen Dollar verdienten, wenn es sein mußte, und sich meistens an exotischen Orten herumtrieben, betrunken, bekifft, ohne Bedürfnis nach Sinn.

*... Eines Abends, beim Tanz auf dem Mallory Square ...*

Jamy, damals Teilzeit-Küchenhilfe, betätigte sich ein wenig als Zuhälter für Mangrove-Mama, die Kellnerin spielte und sich nebenbei einsame Touristen angelte. Zweifellos amüsierten sich alle großartig.

Ein weiterer Sonnenuntergang sieht unsere Bande zu den Gitarren kubanischer und haitianischer Flüchtlinge tanzen und New Yorker Poeten in einen Bongorausch verfallen.

Eben dieser Sonnenuntergang sah eine kleine Weile davor Jamys Vater in seinem 1958er Cadillac einen tödlichen Herzanfall erleiden. Das Auto gerät zwischen San Antonio und Austin wild ins Schlingern, kommt von der Straße ab und schießt durch eine Reihe von Musterhäusern hindurch. Verkäufer und ihre Kunden springen von Balkonen und verletzen sich. Jamy senior war bei der Kollision bereits tot.

Derselbe Sonnenuntergang, noch etwas früher, sah, wie Jamys Mutter, eine schmächtige Frau, hinter den Plastikrollos eines Motels in Montana von einem überenthusiastischen Lastwagenfahrer totgequetscht wurde.

Waisenkind Jamy ist reich.

Und was tut er nun?

Eine Zeitlang begeistert sich Jamy für die Gemeinschaftsidee. Er teilt sein Vermögen mit den anderen. Mama fährt den Jaguar, den ihr Jamy als Zeichen der Verbundenheit gekauft hat, umgehend zu Schrott. Sopwith gerät bei dem Versuch, den frühen Marlon Brando zu imitieren, unter seine Vierzylinder-Honda. Bad George verliert in seiner Rolle als Popeye infolge böiger Winde und offener Luken vor den Bahamas eine teure Yacht. Alle zusammen ruinieren sie eine Villa, als sie in der Absicht, großzügigere Räumlichkeiten zu schaffen, tragende Wände niederreißen. Um zu sparen, kaufen Bad George und Sopwith aus der Gemeinschaftskasse einen gebrauchten Schulbus. Beim Restaurieren dieser Rostlaube werden zweihundert Liter alten Benzins in einen städtischen Kanal abgelassen. Besser man verbrennt das Benzin. Ein Streichholz löst heftige Explosionen aus. Die Stadt präsentiert eine Rechnung für neuen Beton. In keinem der Fälle hatte es eine Versicherung gegeben. Während Jamy die Ersatzansprüche regelt, protestiert er, nicht so sehr wergen der entstandenen Verluste, sondern weil keiner Respekt vor ihm hat. Er löst die Kommune auf.

Da er noch immer nicht gelernt hat stillzusitzen, stürzt er sich in weitere Schwierigkeiten.

Jamy kauft Grundstücke, um deren Verkäufer zu beeindrucken, die aber nur so lange beeindruckt sind, bis der Vertrag abgeschlossen ist. Auch die Frauen, mit denen er sich verabredet, lassen Jamy im Stich. Sie halten ihn für verrückt. Es sind überwiegend Barbekanntschaften. Er erzählt ihnen, welche Grundstücke er besitzt, kritzelt Gesamtbeträge von Staatsanleihen, Aktien, Optionsscheinen, Edelmetallbarren und Barreserven in ausländischen Währungen auf Servietten. Er lädt seine neuen Freundinnen zu Reisen auf der Queen Elizabeth und mit der Concorde ein. Sie tauchen nie an den verabredeten Orten auf. Er kann sich nicht vorstellen, warum.

Auch Mangrove-Mama macht eine schwere Zeit durch. Sie befindet sich im Suchtstadium. Das Tauschgeschäft Sex gegen Drogen funktioniert bei ihr nicht. Sie wird in einem Lieferwagen vergewaltigt und an einem Strand ausgesetzt. Ein erregter Liebhaber wirft ihre Kleider aus dem Fenster einer billigen Absteige. Es passieren andere bizarre Dinge, an die sie sich nicht genau erinnert, aber ständig tauchen Polizisten auf, um ihr lästige Fragen zu stellen. Mama findet ein Kanu und paddelt, um unbegreiflichen Auseinandersetzungen aus dem Weg zu gehen, zwischen den äußeren Keys hin und her, wo ihr ein verlassenes Kokainschiff Zuflucht bietet. Sie beginnt von Seetang und rohem Fisch zu leben.

Bad George transportiert als Pilot eines Flugzeugs mexikanisches Marihuana. Die alte Kiste stürzt in die Everglades. Er wird mit der Ambulanz ins Gefängnis gebracht.

Sopwith fährt wieder mit einsamen Deutschen auf blauen

Mietfahrrädern, doch keiner der Touristen möchte ihn behalten. Er versucht es mit Gartenarbeit und füttert schwere Palmwedel in lärmende Reißwölfe. Er mogelt bei den Stunden und wird ständig entlassen.

Also, sind wir nicht einer Meinung, daß diese Kinder die Hilfe eines Schutzengels brauchen?

Außer Mangrove-Mama, der blonden Loreleisirene, die ein Leben in der Wildnis führt und bei Egret Cove herumpaddelt, bin ich noch keinem dieser Kinder begegnet. Mama und ich verstehen uns gut. Gelegentlich bringe ich ihr Feinschmeckermahlzeiten ans Schiff.

Und nun beginnt das Treiben auf Eagle Island. Ich entdecke zu meinem Kummer und Zorn, daß die Adler verschwunden sind. Die Insel wird ihrer Mangroven beraubt, Yamamoto baut seine gräßliche Tempelvilla, Jamy zieht ein.

Jamy und ich lernen uns in der Bucht von Egret Cove kennen, als ich ihn anbrülle, weil er mit dem Kielwasser seines Rennboots mein Beiboot beinahe zum Kentern bringt. Die ausgiebigen Entschuldigungen des lieben Jungen sind der Anfang meiner fürstlichen Bewirtungen dieser Halunken.

Der meist arbeitslose Sopwith und der bedingt haftentlassene Bad George erledigen zu jener Zeit Gartenarbeiten für mich, und Jamy trifft die beiden auf meinem Grundstück. Er stellt sie als Butler beziehungsweise Kapitän ein, versichert seinen ehemaligen Kumpels jedoch, daß es keinen Mr. Freundlich mehr gibt.

Sopwith besucht mich gelegentlich, um sich über seinen Herrn zu beklagen, der ihn und Bad George auf Distanz hält. Ich erfahre, daß auch Mangrove-Mama ihre frühere Beziehung zu Jamy wiederherzustellen versucht, aber lediglich ab und zu eine Nacht bei ihm verbringen darf.

Soviel zur Geschichte. Ich hoffe, ich habe die wesentlichen Linien von Ursache und Wirkung deutlich machen können. Jetzt wollen wir sehen, wo sie sich kreuzen. Vielleicht ergibt ihr Schnittpunkt ein erfreulicheres Bild als Mangrove-Mamas blutende Leiche.

Ich schenkte aus der Flasche nach und verteilte mehr Zigarren. Die Zitronentorte ruhte leicht auf den Steinkrabben. Ich konnte spüren, wie sich die kleinen trockenen Füße des Papageis auf meiner Schulter bewegten. «Arf-arf», murmelte der Vogel schläfrig. Ein weiterer lieblicher Abend unter Palmen, genossen im Kreise von Freunden.

«Mangrove-Mama totgetreten, wie?» fragte ich. «Erzähl's mir noch einmal, Jamy. Und laß nichts aus.»

Jamy erhob sich, setzte sich in Positur und gestikulierte. Da stand er wieder auf dem Schauplatz des Verbrechens, am Rande seiner Lagune, und dort zerrte Mama bettelnd mit spitzen Fingern an seinem Ärmel. Sie wollte über Nacht bleiben. Er wollte nicht, daß sie über Nacht blieb. Er wollte New-Wave-CDs auf dem neuen Klangsystem hören, das Bad George installiert und Sopwith erklärt hatte.

«Arf-arf-huh-huh-huh . . .»

Lieber Papagei.

«Und dann hast du Mama getreten?» fragte ich.

Jamy sagte, er erinnere sich, ihr einen Schubs gegeben, sie fallen und eine Menge Blut auf dem Fußboden gesehen zu haben.

«Aber hast du sie getreten?»

Jamy konnte sich nicht erinnern. Bad George behauptete, Jamy habe sie getreten, und Sopwith bestätigte es, also hatte Jamy sie wohl getreten. Hier waren zwei nüchterne Zeugen, und Jamy, der Täter, war voll mit Kokain.

«Du warst benebelt, mein Lieber?»

Jamy gab zu, ein bißchen geschnupft zu haben, um sich auf den New-Age-Jazz auf seinen neuen CDs richtig einzustimmen.

«Kannst du dich erinnern, sie geschubst zu haben?»

Das konnte er.

«Du kannst dich nicht erinnern, sie getreten zu haben?»

Das konnte er nicht. Bestimmt? Bestimmt. Er erinnerte sich jedoch an das Blut, viel Blut, das unter Mama hervorkam, die ihr Baby verlor, weil Jamy sie getreten hatte. Jamys Baby. So sagten Sopwith und Bad George später.

«Hatte Mama dir erzählt, daß sie schwanger war?»
Das hatte sie nicht.

«Wie konnte sie dann das Baby verlieren? Dein Baby? Wieso *dein* Baby?»

Jamy gestand, er habe hin und wieder mit Mama geschlafen.

Ich sagte zu Jamy, daß Mama jetzt über vierzig sei. Vierzigjährige Frauen werden zwar manchmal schwanger, doch was war mit Mamas genügsamem Lebensstil, ihrer Kanufahrerei jeden Tag, ihren Mahlzeiten aus rohem Fisch und Meeresalgen . . .

«Hast du jemals eine Frau geschwängert?» fragte ich.

Er antwortete, äh, jetzt, wo ich davon spräche, äh, nein . . .

«Nun stirbt Mama», sagte ich. «Sie liegt auf deinen Marmorfliesen im Zen-Salon dicht bei der Lagune, und sie stirbt.»

Nein, nein, das hätte ich mißverstanden, meinte Jamy. Da lebte Mama noch, aber sie sei sehr krank gewesen und blutete, und er sei high gewesen und außerstande, mit der Situation fertig zu werden. Bad George und Sopwith jedoch seien nüchtern gewesen, deshalb habe er sie gebeten, Mama ins Key West Hospital zu bringen und sie behandeln zu lassen. Bad George sagte, Krankenhäuser nähmen keine alleinstehenden Frauen auf, die bluteten, nicht ohne Geld. Jamy spuckte Geld aus.

«Wieviel?»

Tausend Dollar, sagte Jamy. Während er das Geld holte, wickelten Bad George und Sopwith Mama in eine Decke und trugen sie ins Schnellboot – die Rettungsmannschaft schießt in die dunkle Nacht davon. Das Boot gleitet über die flachen Wellen von Egret Cove, das Gebrüll der beiden Außenbordmotoren verliert sich im schwarzen Raum.

«Du bist zu Hause geblieben, Jamy?»

Ja, sagte er. Jamy haßt Blut, und er haßt leidende Frauen. Und da waren noch die neuen CDs. Während Mangrove-Mama von der modernen Medizin wieder zusammengeflickt wurde, wollte Jamy sich beim Klang der sanften, sphärischen

New-Age-Musik entspannen und seine geistige Energie konzentrieren, um sie auf telepathischem Wege Mama zu übermitteln, damit sie umgehend wieder gesund würde. Sie wurde nicht umgehend wieder gesund. Sie starb, bevor sie die Krankenhaus-Küste erreichte. Bad George und Sopwith brachten die Leiche zurück, die immer noch in die blutige Decke gewickelt war. An der einen Seite hingen Mamas lange blonde Haare heraus und an der anderen ihre toten Füße. Ein unerträglicher Anblick, der Jamy dazu brachte, seine Musikanlage auszuschalten.

«Wo ist die Leiche, Jamy?» fragte ich, aber ich mußte eine Pause einlegen. Jamy, im Alkoholrausch, schlurfte um meinen Stuhl herum, fuchtelte wild mit den Armen und stimmte sein Klagelied an. Wie sehr er Mangrove-Mama geliebt habe, jammerte er, wie sehr er sich wünschte, den Schaden, den er ihr, allen und allem zugefügt habe, wiedergutzumachen. Die Welt gehe zugrunde, und er habe mit seinen Millionen gespielt, zur zerstörerischen Verschwendung und Verschmutzung beigetragen, das Ozonloch vergrößert, während er ein weiterer Heiliger wie Jean-Jacques Cousteau hätte sein können oder Kapitän eines Greenpeace-Schiffes mit Mama als Maat; oder er hätte japanische Walfangschiffe torpedieren können oder ein solargetriebenes Flugzeug fliegen, um über russischen Atommüllagern zu patrouillieren, die die Versorgung mit Pfifferlingen beeinträchtigten, mit denen New Yorker Bettlerinnen ernährt werden konnten.

«Ja», sagte ich, «ja.»

Während ich dem Papagei, der ebenfalls genug hatte, in seinen Käfig half – der müde kleine Kerl fiel mir fast von der Hand – ging ich zur Analyse über.

War es der französische Romancier Stendhal, der einmal gesagt hat, daß erfolgreiche Geschäftsleute gute Philosophen abgeben, weil sie den Mut haben, die Dinge klar zu sehen? Großverdiener sehen, was vor sich geht, anstatt das zu sehen, was sie möchten, daß es vor sich geht, und ziehen Gewinn aus dem Akzeptieren unangenehmer Wahrheiten.

Was würde ich gern sehen? Gerechtigkeit natürlich. Jamy in Handschellen und unkrautjätend am Straßenrand, während ein Kaugummi kauender sadistischer Südstaatenwachposten mit dem Gewehr vor seiner Nase herumfuchtelt.

Und dann würde ein anderer reicher Dummkopf auf Eagle Island herumlümmeln. Sieh ihn dir doch an, diesen nichtsnutzigen Trottel, diesen elenden Schwachkopf Jamy, wie er daherplappert . . .

Egret Keys Schutzengel zwingt sich, ruhig, wohlwollend, freundlich distanziert zu bleiben und härter an sich zu arbeiten. Ja, selbst Engel geraten in Versuchung, aber ich hatte nicht die Absicht, Luzifer zu folgen. Es sei denn, der Schritt gefiele mir.

«Hast du die Leiche ins Meer geworfen?» fragte ich. Meine Atmung wurde ein wenig unregelmäßig. Dies war die entscheidende Frage, von der meine Lösung abhing.

«Habe Mama begraben», schluchzte Jamy.

«Wo, mein lieber Junge?»

«An Bad Georges Pißfelsen», schluchzte Jamy.

Besser, viel besser. Dieser Steinhaufen, überwuchert mit giftigen Florida-Stechpalmen und von Säure tropfenden Pappeln befindet sich auf halbem Wege zwischen Eagle Island und meinem Haus. Wir haben ihn so genannt, nachdem Bad George anfing, ihn auf seinen Fährtouren über die Bucht als Pissoir zu benutzen.

«Laß uns hinfahren und einen Blick darauf werfen», sagte ich.

Jamy, erschöpft von der Selbstanklage, war auf meinem Walnußfußboden eingeschlafen. Ich goß mehrere Gießkannen über ihm aus. Jamy begann zu wimmern, erhob sich jedoch.

Der Papagei wachte auf. «Arf?»

«Nein, du bleibst hier, kleiner Freund.» Ich fand einen Spaten, schleppte Jamy zu meinem Anlegeplatz und ließ ihn ins Ruderboot fallen. Jamy umklammerte meine Knie. «Bitte, Jannie, laß Mangrove-Mama in Frieden.»

Er blieb im Boot, vornüber gesunken, den Kopf in den

Händen, während ich grub. Bad George und Sopwith hatten gute Arbeit geleistet, die Leiche lag zwei Meter unter Steinen und Geröll, aber es war nicht Mangrove-Mama. Ich glaubte, das alte Mädchen zu erkennen. Auf der anderen Seite von Egret Cove gibt es eine ganze Flottille von Schiffswracks, auf denen ständig wechselnde Bootsbesetzer leben. Diese Frau hatte mir einmal mit erhobener Flasche zugewinkt, als ich vorbeiruderte, und eine sexuelle Begegnung vorgeschlagen. Ich entwickelte eine Theorie, die mit allen Fakten übereinstimmte. Wieder einmal betrunken, war diese Frau ins Wasser gefallen und ertrunken. Ihr Körper trieb in jener verhängnisvollen Nacht in der Bucht und kollidierte mit dem Boot von Bad George, Sopwith und Mangrove-Mama.

Das Licht meiner Taschenlampe erfaßte Mangrove-Mamas blonde Locken, die geschickt in das verfilzte Haar der toten Frau geflochten waren. Wer hatte sich diese schauerliche Mühe gemacht? Mama war angeblich krank. Der zimperliche Sopwith? Während Bad George ihn mit drohend erhobener Faust dazu zwang? Ich mußte lächeln, als ich mir die Szene vorstellte: das Plätschern der Wellen, die Schreie der Eulen, das Flattern von Fledermausflügeln, unheimliche Laute, die Sopwiths schwachen Protest begleiteten. Sein Quieksen klingt wie Stan Laurels dünnes Greinen, und Bad George, der stolz einen Bowler trägt und dicker geworden ist, verkörpert an der Seite des bemitleidenswerten Introvertierten den unerbittlichen Oliver Hardy. Mangrove-Mama glänzt darin als die schöne Frau, die Komikerpaare als Kontrast brauchen.

Ich verneigte mich vor dem Leichnam, schaufelte das Geröll zurück, stampfte das Grab wieder fest und stieg in mein Boot.

«Wie geht es Mama?» fragte Jamy.

«Ausgezeichnet», antwortete ich. Wir ruderten schweigend zu meinem Haus. Ich brachte Jamy im Gästezimmer unter. Am nächsten Morgen schlug Jamy, während er mir beim Frühstücken zusah und sich in eine Wolke aus Zigarettenrauch hüllte, vor, ich solle ihm die Hand halten, wenn er sich dem Sheriff auslieferte.

«Nicht nötig», sagte ich. «Ich kann dich retten, mein lieber Junge, unter bestimmten Bedingungen.»

Voller Ehrfurcht flüsterte Jamy: «Du kannst Mangrove-Mama wieder zum Leben erwecken?»

«Warum nicht?» entgegnete der Weise von Egret Key seinem unerleuchteten Schüler.

Ein Hoffnungsschimmer glomm in Jamys Augen auf.

Wie schon gesagt, schreiben mir meine Nachbarn gewisse Kräfte zu. Das hängt mit diesem teuflischen New Age zusammen. Es gibt hier alle möglichen reichen selbsternannten Spiritualisten, und der allgemeine Trend geht dahin, das Wachstum der Seele voranzutreiben. Die meisten Suchenden an dieser Küste streben nach dem Buddhawesen, und um etwas Abwechslung in die allgemeine Suche zu bringen, gestehe ich, daß ich es mit dem Tao halte.

Taoisten, abgesehen davon, daß sie den namenlosen Weg namens Tao gehen, vollführen Tricks. Die hiesige Legende verweist auf meinen «magischen Swimmingpool», der «den Geist reflektiert», auf meinen betagten Hibiskusbaum, «einen Startpunkt für den astralen Sprung in den Raum», auf mein Barbecue-Gestell, «ein alchimistisches Instrument zur Herstellung unsichtbar machender Zaubertränke». Mein Alter wird auf hundert Jahre und mehr geschätzt. Da ich in Europa geboren bin, traut man mir zu, daß ich mich an den 1. Weltkrieg und den belgischen Freiheitskampf erinnern kann. Wenn ich dazu gedrängt werde, bestätige ich, daß ich bei dem zaristischen Spion Gurdjieff im Kum-Bum-Kloster in Tibet tantrischen Lamaismus studiert habe. Auf einer von der Smithsonian Institution finanzierten Reise nach Neuguinea, die ich kürzlich unternommen habe, erwarb ich eine Schädeltrommel, die bei Vollmond meine indianischen Penobscot-Tänze begleitet. Ich singe häufig Kinderlieder und kann in W.-C.-Fields-Manier mit Telefonbüchern jonglieren. Kein Wunder, daß Jamy mir glauben wollte.

«Jamy», sagte ich, «du hast in gemeiner, egoistischer und ignoranter Weise, was drei Seiten derselben Medaille sind, ein Paar herrlicher Adler, wenigstens vier Pelikane einer bedrohten Art und eine Gruppe seltener Ibisse getötet, um dir ihre Insel anzueignen. Du bist ein übergeschnappter Tyrann. Ich kann dir Mangrove-Mama wiedergeben, aber ich muß dafür auf deiner prompten Besserung bestehen.»

Jamy murmelte salbungsvolle Versprechen.

«Okay?»

«Okay», flüsterte Jamy.

«Also gut», sagte der Hüter der Insel, während er sich über den weißen Schnurrbart strich und seine stahlblauen Augen aufblitzen ließ, «du wirst Mama zurückbekommen, um sie zu lieben und für sie zu sorgen. Du und deine karmischen Brüder Sopwith und Bad George, plus die von mir wiederzubelebende Muse, werdet eure wahre Bestimmung erfüllen und den heiligen Jean-Jacques Cousteau unterstützen. Nachdem . . .»

«Arf?» fragte der Papagei aus seinem Käfig.

«Ja?» fragte Jamy aus seiner Hölle.

«. . . du die Behörden aufgesucht und ihnen mitgeteilt hast», sagte ich von meiner Wolke herab, «daß du ein Vogelschutzgebiet für bedrohte Arten einrichten willst und die Genehmigung brauchst, dein häßliches Haus abzureißen. Überwache persönlich das Abbrennen des Gebäudes sowie die Sprengung deiner Privatstraße und deines Jachthafens. Übertrage den Besitz von Eagle Island auf die Egret Key Wetlands Conserving Society und ermächtige mich, ihren Präsidenten, die Insel für alle Zeiten in ein offiziell anerkanntes Naturschutzgebiet umzuwandeln.» Ich wies auf die Tür. «Tu es *jetzt*, lieber Junge»!

Jamy faltete seine Hände. «Und du wirst mir Mama zurückgeben?»

Ich sagte, daß ich diese Kleinigkeit erledigen würde.

Ich befreite den Papagei. Gemeinsam beobachteten wir, wie Jamy am Anfang eines geschäftigen Tages wiedergeboren wurde. Wenn Jamy eine Sache erst einmal begriffen hat, weiß er, wie er sie anpacken muß.

Ich ruderte hinaus, um Mama ausfindig zu machen. Sie versteckte sich zuerst, aber ich hatte ein Mittagessen mitgebracht, und der gute Duft lockte ihr Kanu aus den Mangroven hervor.

«Unser kleiner Plan funktioniert also nicht», meinte sie, nachdem sie meinen Freßkorb ausgeräumt hatte.

«Er funktioniert sehr gut», sagte ich. «Was macht die Blutung, Mama?»

Sie errötete unter ihrer Inselbräune. «Ein Frauenleiden, Jannie. Ich bin jetzt in einem gewissen Alter, und dieses karge Leben bringt die Dinge nicht ins Gleichgewicht. Entweder alles oder nichts.»

Ich errötete ebenfalls. «Keine verunglückte Schwangerschaft?»

«Nein», sagte sie.

«Es ist alles einfach so passiert?» fragte ich. «Ihr habt nicht zuerst die Leiche der alten Frau gefunden, sie irgendwo an die Leine gelegt und dann im richtigen Augenblick hervorgeholt, um deinen Liebhaber in ein Erpressungskomplott zu verstricken?»

«Es ist alles einfach wieder passiert», schluchzte Mangrove-Mama, «so wie immer alles einfach passiert ist.» Zuerst sei sie blutend zusammengebrochen, dann sei das Boot gegen die Leiche der betrunkenen Frau gestoßen, und dann seien sie auf den dummen Erpressungsplan verfallen.

«Alles ist in Ordnung», sagte ich. «Jamy liebt dich.»

Ich sang: *«Eines Abends, beim Tanz auf dem Mallory Square . . .»*

Ich deutete auf ihr kurzes Haar. «Sieht hübsch aus.»

Mama schluchzte weiter.

«Das brauchst du nicht», sagte ich. «Warte hier noch ein wenig. Die Aussichten sind gut.»

An jenem Abend sahen ich, Bad George und Sopwith von meiner Kaimauer aus dem Feuerwerk auf Eagle Island zu.

«Ich würde Jamy ja gern dabei helfen», sagte Bad George, «aber ich glaube, er ist wütend auf mich.»

«Bad George», murmelte ich. «Mit der Leiche der alten Frau herzumzupfuschen und für Geld Lügen zu erzählen, ist nicht ganz das, was dein Pfadfinderführer im Sinn hatte.»

Bad George senkte seinen dicken Kopf, und Sopwith gab wieder das Stan-Laurel-Quieksen von sich. Sie wollten wissen, wann der Sheriff sie abholen würde.

«Engel verpfeifen keine Kumpel», sagte ich, «aber es wird sich einiges ändern müssen.»

Mangroven haben wieder Besitz von der Insel ergriffen.

Jamy kam kürzlich von der Entziehungskur zurück. Die Ärzte haben gute Arbeit geleistet. Der Patient hat sogar das Rauchen aufgegeben. Mangrove-Mama hilft ihm, einen alten Schoner zu restaurieren. Bad George und Sopwith sind mit von der Partie, und die Bande nimmt an einem Navigationskurs der Küstenwache teil. Wer als erster die Prüfung besteht, wird Kapitän der *Saint Cousteau* und darf das Schiff auf Patrouille steuern, Umweltsünder verfolgen, Wale aus frei herumtreibenden Netzen befreien.

Jamy sagt, ich dürfe mitkommen und zusehen.

Während ich geduldig warte, bewundere ich einen Adler, der hoch über der Bucht schwebt und dann und wann hinabgleitet, um seinen prüfenden Blick über die Insel schweifen zu lassen. In der Nähe des Ortes, wo einst «Goldy» Yamamotos Zen-Tempel sein Dach erhob, habe ich auf einem Pfosten ein Holzrad installiert. Es hat noch nicht den Beifall des Vogels gefunden.

# *Quellenverzeichnis*

*Joan Aiken:* «Smell» (Dem Geruch nach), aus: Joan Aiken WIE ES MIR EINFÄLLT, Copyright © by Diogenes Verlag AG Zürich. Aus dem Englischen übersetzt von Felix Gasgarra.

*Robert Bloch:* «That Hellbound Train» (Expreß zur Hölle), aus: DOLLY DOLITTLE'S CRIME CLUB 7, Copyright © 1958 by Mercury House Publishers, renewed in 1958 by Robert Bloch. Aus dem Amerikanischen übersetzt von Kurt Bracharz. (Veröffentlicht mit Genehmigung Nr. 55248 der Paul & Peter Fritz AG in Zürich).

*Agatha Christie:* «Philomel Cottage» (Haus Nachtigall), aus: Agatha Christie DER UNFALL UND ANDERE FÄLLE, Copyright © 1924 by Agatha Christie. Aus dem Englischen übersetzt von Maria Meinert & Renate Weigl. Scherz Verlag Bern, München, Wien.

*Ursula Curtiss:* «Good Neighbor» (Gute Nachbarn), aus: Ursula Curtiss MORD AUS LIEBE, Copyright © 1985 by Katherine Reilly. Aus dem Amerikanischen übersetzt von Ingrid Hermann. Deutschsprachige Rechte beim Scherz Verlag Bern, München, Wien.

*Roald Dahl:* «Pig» (Schwein), aus: Roald Dahl KÜSSCHEN, KÜSSCHEN, Copyright © 1962 by Rowohlt Verlag GmbH, Reinbek. Aus dem Englischen übersetzt von Wolfheinrich von der Mülbe.

*Colin Dexter:* «At the Lulu-Bar-Motel» (Die Leute sind so leichtgläubig), aus: Colin Dexter IHR FALL, INSPEKTOR MORSE. thriller 43148, Copyright © 1995 by Rowohlt Taschenbuch Verlag GmbH, Reinbek. Aus dem Amerikanischen übersetzt von Ute Tanner.

*Stanley Ellin:* «The Blessington Method» (Die Segensreich-Methode), aus: Stanley Ellin DER ACHT STUNDEN MANN, Copyright © by Stanley Ellin. Aus dem Amerikanischen übersetzt von Kristin Wallstroem. Scherz Verlag Bern, München, Wien.

*Ron Goulart:* «Back on My Feet Again» (Der Sarg wartet schon), aus: Ellery Queen (Hrsg.) MORDE NACH ART DES HAUSES, Copyright © by Ron Goulart und den Agenturen Fifi Oscard Agency, New York und Agentur Thomas Schlück in Garbsen. Aus dem Amerikanischen übersetzt von Mechtild Sandberg-Ciletti.

*Patricia Highsmith:* «The Wine of Scotland» (Wein aus Schottland), aus: DOLLY DOLITTLE'S CRIME CLUB 5, Copyright © by Diogenes Verlag AG Zürich. Aus dem Englischen übersetzt von Anne Uhde.

*Stephen King:* «One for the Road» (Einen auf den Weg), aus: Stephen King NACHTSCHICHT, © 1977 by Maine Magazine Co., Inc. Aus dem Amerikanischen übersetzt von Stefan Sturm. Nutzung der Übersetzung mit freundlicher Genehmigung des Bastei-Verlags Gustav H. Lübbe GmbH & Co., Bergisch-Gladbach.

*Peter Lovesey:* «Vandals» (Vandalen), aus DOLLY DOLITTLE'S CRIME CLUB 5. Aus dem Englischen übersetzt von Harald Beck. Copyright der deutschen Übersetzung by Diogenes Verlag AG Zürich. (Veröffentlicht mit der Genehmigung der Liepman AG in Zürich).

*Hansjörg Martin:* «Der Tod in der Thermosflasche», aus: Hansjörg Martin DIE LANGE, GROSSE WUT. thriller 43009, Copyright © 1977 by Rowohlt Taschenbuch Verlag GmbH, Reinbek.

*Lia Matera:* «Counsel for the Defense» (Die Verteidigerin), aus: Marilyn Wallace (Hrsg.) TÖDLICHE SCHWESTERN, Copyright © 1989 by Lia Matera. (Veröffentlicht mit Genehmigung der Dominik Abel Literary Agency Inc. und der Agentur Thomas Schlück in Garbsen). Aus dem Englischen übersetzt von Sonja Hauser. Nutzung der Übersetzung mit freundlicher Genehmigung des Wilhelm Heyne Verlags GmbH & Co. KG, München.

*Sara Paretsky:* «Settled Score» (Quitt), aus: Sara Paretsky (Hrsg.) SISTER IN CRIME, Copyright © 1991 by Sara Paretsky. (Veröffentlicht mit der Genehmigung der Agentur Thomas Schlück in Garbsen. Aus dem Amerikanischen übersetzt von Vera Mansfeldt. Copyright © der deutschen Übersetzung by R. Piper GmbH & Co. KG, München.

*Ruth Rendell:* «A Bad Heart» (Ein schlechtes Herz), aus: Ruth Rendell DER GEFALLENE VORHANG. thriller 43009, Copyright © 1990 by Rowohlt Taschenbuch Verlag GmbH, Reinbek. Aus dem Englischen übersetzt von Ilse Bezzenberger.

*Dorothy Sayers:* «Hagman's Holiday» (Gift im Portwein), aus: Dorothy Sayers DER MANN, DER BESCHEID WUSSTE, Copyright © 1933 by Anthony Fleming. Aus dem Amerikanischen übersetzt von Gerlinde Quenzer. Deutschsprachige Rechte beim Scherz Verlag Bern und München.

*Giorgio Scerbanenco:* «Il Centodelitti» (Eine feine Dame), aus: Giorgio Scerbanenco EINE FEINE DAME, Copyright © by 1970 Aldo Garzanti Editore s.a.s. Aus dem Italienischen übersetzt von Heinz Kausträter. Deutschsprachige Rechte beim Scherz Verlag Bern und München.

*Henry Slesar:* «Solo for Violin» (Das Violinsolo), aus: Henry Slesar TEUFLISCHE GESCHICHTEN FÜR TAPFERE LESER, Copyright © 1992 by Diogenes Verlag AG Zürich. Aus dem Amerikanischen übersetzt von Jürgen Bürger.

*Julian Symons:* «The Birthmark» (Das Mahl), aus: Jost/Hetzel (Hrsg.) HEIMLICH, STILL UND MÖRDERISCH, Copyright © by Rowohlt Taschenbuch Verlag GmbH, Reinbek. Aus dem Englischen übersetzt von Klaus Fröba. (Veröffentlicht mit der Genehmigung der Agence Hoffman in München).

*Janwillem van de Wetering:* «Mangrove Mama» (Mangrove-Mama), aus: Janwillem van de Wetering SONNE, SAND UND COOLE KILLER. thriller 43129, Copyright © by Rowohlt Taschenbuch Verlag GmbH, Reinbek. Aus dem Amerikanischen übersetzt von Elfi Hartenstien.

Wir danken den genannten Rechtsinhabern für die Genehmigung zum Abdruck der Auszüge aus den obengenannten Werken. In jenen Fällen, in denen es nicht möglich war, den Rechtsinhaber resp. Rechtsnachfolger zu eruieren, konnte ausnahmsweise keine Nachdruckerlaubnis eingeholt werden. Honoraransprüche der Autoren oder ihrer Erben bleiben gewahrt.